Return to The Most Essential Keys to Management

回归本源学管理

电力员工能力提升10项修炼

上册

员工能力与责任的提高，是企业成功之源

员工思想与素质的提升，是企业发展之本

李永莱 主编

中国电力出版社
CHINA ELECTRIC POWER PRESS

内 容 提 要

本书为《回归本源学管理——电力员工能力提升 10 项修炼》，全书分为上下两册，共十章，主要内容包括企业战略管理、团队管理、精益管理、绩效管理、标杆管理、创新能力、供应链管理、危机管理、社交礼仪和大数据管理。各章内容各自独立且相互关联，涵盖了员工管理能力提升所需具备的知识和能力。

本书可作为电力企业管理者和员工管理能力提升的通用培训教材，也可作为高等院校企业管理专业的教学参考书。

图书在版编目（CIP）数据

回归本源学管理：电力员工能力提升 10 项修炼／李永莱主编. —北京：中国电力出版社，2018.1（2018.2 重印）

ISBN 978-7-5198-1594-3

Ⅰ.①回… Ⅱ.①李… Ⅲ.①电力工业－工业企业管理 Ⅳ.① F407.616

中国版本图书馆 CIP 数据核字（2017）第 316814 号

出版发行：中国电力出版社
地　　址：北京市东城区北京站西街 19 号（邮政编码 100005）
网　　址：http://www.cepp.sgcc.com.cn
责任编辑：郑艳蓉（010-63412379）
责任校对：李　楠　马　宁
装帧设计：郝晓燕　赵姗姗
责任印制：蔺义舟

印　刷：北京博图彩色印刷有限公司
版　次：2018 年 1 月第一版
印　次：2018 年 2 月北京第二次印刷
开　本：710 毫米 ×980 毫米　16 开本
印　张：30.25
字　数：420 千字
印　数：2001—3500 册
定　价：98.00 元（全 2 册）

编委会

前 言

企业的兴衰靠管理。随着电力企业改革趋于深入和电力市场形势的不断变化，对企业员工提出了更高的要求和更新的挑战。他们必须学会和掌握现代管理知识，善于运用综合能力，并不断提升自身素质，方能使企业在日益激烈的竞争中保持优势。即企业员工需要持续不断地学习和培训，从而保持开阔的眼界和正确的认知。

在新形势下，提高员工队伍综合能力是一项系统工程，企业要想在将来发展中更好的立足，就应抓住机遇尽快提高员工队伍综合能力，从而占据企业科学发展的制高点和主渠道。企业要在加强员工队伍综合能力的教育培训上下功夫，拥有一支知识结构新、政治素质高、业务技能全、工作能力强的新型员工队伍是每个企业未来的发展方向。

本书应这一现实要求而生。编著者们均为长期从事电力企业管理和员工培训的专家学者，他们具有丰富的一线工作经验，了解基层电力企业员工的现状和未来需求。在长期管理工作与培训教学实践的基础上，他们编撰了本书。

全书分为上下两册，内容包括企业战略管理、团队管理、精益管理、绩效管理、标杆管理、创新能力、供应链管理、危机管理、社交礼仪和大数据管理。每章内容各自独立且又相互关联，涵盖了员工管理能力提升所需具备的知识和能力。

本书着眼于企业员工综合能力的提升和修炼，更注重通用能力的更新与提高。文字力求精练简洁，摈除艰深晦涩理论。原理和案例更贴近电力企业实际，更注重实际操作和实践应用，且充分考虑到电力企业的特殊性。因此，本书是电力企业管理者和员工管理能力提升的通用培训教材。

在本书的编写过程中，得到了许多专家和兄弟单位的大力支持和热心帮助，在此一并表示衷心感谢。由于时间有限，又碍于作者自身水平和经验欠缺，书中难免存在不足之处，敬请各位读者和有关专家批评指正。

希望本书的出版，能为电力企业员工综合能力的提升提供帮助，为电力企业深化改革发展贡献微薄之力！

编者

2018 年 1 月

目 录

下册

第六章　创新能力

第七章　供应链管理

第八章　危机管理

第九章　社交礼仪

第十章　大数据管理

第一章

企业战略管理

第一节 企业战略管理概论

“战略管理不是一个魔术盒，也不是一组技术。战略管理是分析式思维，是对资源的有效配置。计划不只是一堆数字。战略管理中最重要的问题往往是不能被数量化的。”

——彼得·德鲁克［美］

一、企业战略管理的一般概念

（一）企业战略

战略原来是军事方面的术语，是研究战争全局规律性的东西。所谓战略就是在充分分析企业外部环境存在的机会、威胁和内部条件存在的优势、劣势基础上，确定企业未来一段时间内的总体发展方向和计划安排。

战略是一种谋划，是对企业未来行动方案的总体规划；战略的主旨是确立企业的竞争范围；战略是对企业资源的最优配置；战略是企业寻求优势的手段；战略是一种协同；战略是一种观念；战略是一种意向；战略是一种计谋；战略是一种定位；战略是将内部优势与劣势，外部机会与威胁进行整体谋划。

企业战略是企业发展方向和行动计划的多层方案的集合，是整个组织上下各层级的经理和管理人员设计的。在市场经济条件下，企业以超越对手、发展自己为目的，以争夺顾客、争夺市场为主要内容，所开展的一系列带有全局性、根本性和长远性的谋划。它是企业战略思想的集中体现，是企业经营范围的科学规定，同时，企业战略又是制订各种计划的基础。

一个企业的发展，不能没有企业战略。通过产业视角的企业战略，规划未来的发展方向，绕过发展困难和障碍，使企业得以持续成长，长期生存发展。只有从企业发展战略着眼，进行运作、机制和管理的重组，才能真正适应市场经济，培育出具有世界级品牌企业内在机制、竞争力、赢利方式的企业。

正如企业目标是多层次的，有总体目标、各层次目标、各经营项目目标，组成完整的目标体系。企业战略，不仅要说明企业整体目标及实现这些目标的方法，还要说明企业内每一层次、每一类业务、每一部分的目标及其实现方法。因此，企业的总部制定总体战略，分公司制定经营单位战略，部门制定职能性战略。

大型企业有三种层次，中、小型企业因其内部没有相对独立的经营单位，便不必分为三个层次。企业的经营规模越大，多元化程度越高，担任战略角色的管理层自然越多，所拥有的方案也就越多。企业战略一般可以分为三个不同的层次。

1．总体战略（公司战略）

大中型企业，特别是多种经营企业中，总体战略是最高层次的战略。内容为从公司的经营发展方向到公司各种经营单位之间的协调，从有形资源的利用到整个公司价值观念、文化环境的建立。

2．经营单位战略（经营战略）

经营单位战略是在企业总体战略的制约下，指导和管理具体经营单位的计划和行动，为整体目标服务。经营单位战略，主要是针对不断变化的外部环境，在各自的经营领域里有效竞争。要有效地控制资源的分配和使用，协调各职能层的战略。

3．职能部门战略（职能层战略）

职能部门战略是企业内主要职能部门的短期战略计划，使职能部门的管理人员可以更加清楚地认识到本职能部门在实施企业总体战略中的责任和要求，有效地运用研究开发、营销、生产、财务、人力资源等方面的经营职能，保证实现企业目标。

（二）企业战略的构成要素

1．经营范围

经营范围是企业从事生产经营活动的领域，又称为企业的定域。它反映出企业目前与其外部环境相互作用的程度，也可以反映出企业计划与外部环境发生作用的要求。

2．资源配置（企业的特殊能力）

资源配置是指企业过去和目前资源和技能配置的水平和模式。企业资源是企业生产经营活动的支持点。企业只有以其他企业不能模仿的方式，取得并运用适当的资源，形成自己的独特技能，才能很好地开展生产经营活动，如果企业资源贫乏或处于不利境况时，经营范围便会受到限制。

3．竞争优势

竞争优势是企业通过其资源配置模式与经营范围的决策，在市场上所形成的与其竞争对手不同的竞争地位。

4．协同作用

协同作用是企业从资源配置和经营范围决策中所能寻求到的各种共同努力的效果，也即分力之和大于各分子简单相加的结果。协同作用可以分为四类：

（1）投资协同作用。企业内各经营单位联合利用企业的设备、共同的原材料储备、共同研究开发的新产品，分享企业专用的工具和专有的技术。

（2）作业协同作用。充分利用已有的人员和设备，共享由经验曲线造成的优势等。

（3）销售协同作用。企业产品使用共同的销售渠道、机构和手段。

（4）管理协同作用。管理协同作用是相当重要的，不能简单定量表示，不同的经营单位可以分享以往的管理经验。实践表明，协同作用可以正，也可以负。

（1）~（3）实际上是发生在生产经营活动过程的三个阶段上的，（4）是从质方面把握的。

（三）企业战略制定的本质

（1）市场竞争是战略存在的合理基础与前提。没有竞争，也就不存在战略问题。

（2）战略制定就是要建立企业独特竞争优势，寻求与对手的差异化是产生竞争优势的基础。对企业来说，这种探索是一个反复、全面、细致的分析、比较和认识的过程。

（3）战略必须着眼于确立自己将来“是什么样子”，随着市场竞争的加剧，越来越多的企业将围绕自己的核心目标，而非产品和服务来构筑自身的形象。

（4）战略目标是企业战略的核心。为了实现企业的战略目标，企业需要建立一种机制。

（5）企业总体战略目标只能是一个，而实施这个目标的分目标和途径、策略将是多个。所谓“战略上偏执，战术上灵活”。

（6）战略制定必须是建立在理性分析与直觉、远见相结合的基础上。

（7）战略要掌握时机，要选择适宜的时机提出战略。

（8）战略要能激发组织士气。

（9）战略要能使组织“不平衡”，能使员工产生危机感和紧迫感。

（10）企业战略是一种文化，一种“上下同欲”的文化，再好的战略，没有企业文化这条根，也很难成功。

（四）企业战略管理

使用战略作为手段对企业活动进行管理，谓之企业战略管理。它的主要作用是启发管理者注意到今后可能发生的变化，丰富并在一定程度上检核自己的战略思路。

战略管理是管理科学领域中出现较晚的学科，其思想渊源却很悠久；战略管理是成功导向十分鲜明的学科，以探求成功的原因作为学习和研究的目标；战略管理的主要研究对象是企业，其理论也适用于非营利组织和个人；战略管理是高级管理人员应该掌握的理论，但实际工作中，中层管理人员往往是应用者。

成功的企业未必把握住了成功的要领，一次成功可以为多次失败提供伪装；失败的企业也有成功的经验可资借鉴。错误的理论有时也能为自己找到实证的支持，但错误的理论无法对成功给出系统的说明。战略管理的各种学说中都含有一些基本概念，认真理解这些概念的含义是进一步学习和讨论的基础。工作中注意收集一些企业翔实的资料，并运用经济学、管理学的理论观点对这些资料进行系统分析。

战略管理具有以下特点：

（1）战略管理是管理科学领域中出现较晚的学科，其思想渊源却很悠久。

（2）战略管理是成功导向十分鲜明的学科，以探求成功的原因作为学习和研究的目标。

（3）战略管理主要的研究对象是企业，其理论也适用于非营利组织和个人。

（4）战略管理是高级管理人员应该掌握的理论，但中层管理人员往往是应用者。

（5）探索性。企业对成功的执着追求，促就了新学说的不断涌现。

（6）实践性。实践是理论的来源，也是理论的应用对象。

（7）启发性。战略管理理论不能也不可能为企业提供唯一正确的抉择。没有放之四海而皆准的成功战略，但战略规划的确可以提高组织的绩效。

二、企业战略管理的产生和发展

（一）20 世纪 60 年代——战略管理的兴起

小阿尔福莱德 · D. 钱德勒（Alfred D. Chandler Jr）详细、全面地分析了环境、战略和组织结构之间的互动关联，结论为：企业战略应当适应环境变化（满足市场需求），而组织结构又必须适应企业战略的要求。研究环境、战略、结构之间的相互关系，形成了战略构造中的基本学派——设计学派（Design School），代表人物为哈佛商学院的安德鲁斯，设计学派将战略构造区分为制定与实施两大部分，制定过程采用 SWOT 分析法。通过一种模式，将企业的目标、方针政策、经营活动和不确定的环境结合起来。同时，产生计划学派（Planning School），代表人物安索夫，计划学派将战略区分为企业总体战略和经营战略两大类。

（二）20 世纪 70 年代——战略管理的热潮

1972 年安索夫在“战略管理思想”一文中提出“战略管理”的概念。1979 年出版《战略管理》，系统地提出了战略管理模式。提出了八大要素，即外部环境、战略预算、战略动力、管理能力、权力、权力结构、战略领导、战略行为。

（三）20 世纪 80 年代——战略管理的回落

其原因是：

（1）企业管理的“软化”。20 世纪 80 年代是“热带丛林”，1981 年威廉·大内的《Z 理论》，在美国掀起了“向日本学习”的狂潮。把“战略”“制度”“组织”等都称作“硬性”因素，其他因素称作“软性”因素。认为传统的管理强调“硬性”，应提倡软化成分。

（2）各种战略分析方法的应用易使企业走向以财务分析预测为主导的盲区。往往只关注自我可见的财务指标，而不是从环境与企业的相互作用中去发掘新的战略机会，拾一漏万。如美国通用电气公司（GE）为了财务指标的健全性，根据 PPM 分析，从计算机和半导体事业中撤退，虽然保证了财务利润，但丧失了技术领域中的机会。

（3）实际应用战略管理不当，使声誉日衰。如采用不恰当的多角化经营战略。

（四）20 世纪 90 年代——战略管理的重振

科技使大家生活在“地球村”，环境更加多变、复杂，企业如何在国际市场上扬长避短、制定有效的竞争方略？如何抢先设计新产品、投产、抢占市场、转移市场？如何充分了解、掌握需求变化，及时调整经营方向、竞争策略、灵活主动？战略管理以预测和分析未来环境为基石，以寻求长期竞争优势为目标，是企业成功的宝典。企业再造工程（reengineering the corporation）“十年计划”“百年战略计划”屡见不鲜。

进入 21 世纪以来，随着环境不确定性的急剧增加，企业越来越难以保持持续的竞争优势，而传统的战略理论对此又无能为力。在这样的背景下，以环境不确定性、未来不可预测性、系统复杂性和发展非均衡性为基础的“后现代”企业发展战略理论应运而生。

“后现代”企业发展战略理论其实并不是一个体系化的理论，目前尚处在形成和演化过程之中，很不完善。后现代企业发展战略理论所强调的，正是不确定性、随机性、直觉性、偶然性、试错性、应急性、学习性、自组织性和自适应性等特征。

三、战略思维和战略三角

（一）战略思维

战略思维是系统思维、超前思维和创造性思维的统一。

（1）系统性思维。作为思维对象的企业及其活动的系统性，决定了需要与之相适应的系统性思维，这种思维必须具有全方位的统一性、时空统一性、无限开放性。

（2）超前性思维。指面向未来，超越客观事物发展进程的思维。

（3）创造性思维。企业家的本质在于创造性，而企业家的创造又突出体现在企业家的战略管理活动。创造性思维具有独立性、求异性、联动性、多向性。

（二）战略三角

把战略思维方式运用于企业战略的分析、构思、策划，其基本模式就是企业战略三角。企业与环境、顾客、竞争对手三者的关系构成了企业战略三角（见图1–1），实际上，所有影响企业生存发展的各种因素，最终都是通过影响这三个战略三角形来发挥作用的。

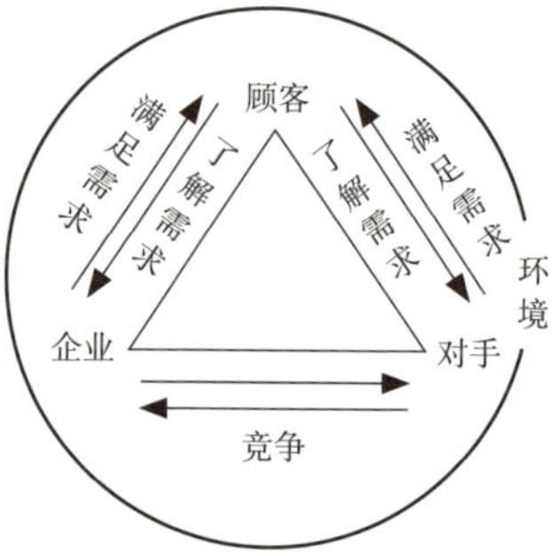

图1–1　企业战略三角

【小资料】

成功的企业未必把握住了成功的要领，一次成功可以为多次失败提供伪装；失败的企业也有成功的经验可资借鉴。错误的理论有时也能为自己找到实证的支持，但错误的理论无法对成功给出系统的说明。战略管理的主要作用是启发管理者注意到今后可能发生的变化，丰富并在一定程度上检核自己的战略思路。

【案例 1–1】 沃尔玛中国本土化战略。

沃尔玛百货有限公司（简称沃尔玛）由美国零售业的传奇人物山姆·沃尔顿先生于1962年在美国阿肯色州成立。经过五十多年的发展，沃尔玛已经成为世界最大的私人雇主和连锁零售商，多次荣登《财富》杂志世界500强榜首及当选最具价值品牌。

沃尔玛于1996年进入中国，在深圳开设了第一家沃尔玛购物广场和山姆会员商店。在中国经过20年的发展，已拥有约10万名员工。与在世界其他地方一样，沃尔玛在中国始终坚持"尊重个人、服务顾客、追求卓越、始终诚信"的四大信仰，专注于开好每一家店，服务好每一位顾客，履行公司的核心使命，以不断地为顾客、会员和员工创造非凡。

沃尔玛在中国的经营始终坚持本土化战略，他们很清楚地认识到，要真正实现其全球扩张的战略，在中国扎下根，就必须坚决地实行本土化战略。

（1）管理团队本土化。沃尔玛一直以其良好的团队建设及对员工的有效培训著称。1996年沃尔玛在中国开设第一家商店之前，曾花了整整8个月的时间对其主管级以上的管理层进行系统的培训。尽管到目前为止，沃尔玛的决策层基本上仍然是美国人，但他们希望在今后几年，创建基本上能够自治的、由本地人员管理的团队，这些本地管理人员将负责当地的人力资源、财务及营运。管理人员将被授权灵活地处理沃尔玛的章程，以便更好地为当地市场服务。

（2）采购本土化。“采购中国”是沃尔玛在中国发展战略的一部分。本土化采购不仅可以有效地节约成本，而且还能促进与当地政府、商界的关系，可谓一举两得。沃尔玛在中国经营的商品有95%以上是由中国生产的。2000年，沃尔玛在中国直接采购和通过供应商间接采购的中国产品总额，超过了任何一家外贸出口企业的业绩。按照每个工业职工年均产品销售收入10万人民币计算，沃尔玛中国公司的采购额相当于解决了中国80多万人的就业问题。

（3）经营方式本土化。近年来，沃尔玛新开设的分店和最初进入中国开设的店铺已经有很大的变化，调整的范围不仅包括产品结构，还涉及经营方式。沃尔玛和中国的零售企业一样，对供应商的付款也延长了账期，这些将大大改变沃尔玛的商业风格。

沃尔玛在中国的本土化战略已初见成效。目前沃尔玛在中国经营多种业态和品牌，包括购物广场、山姆会员商店等。截至2016年12月31日，沃尔玛已经在中国189个城市开设了439家商场、8家干仓配送中心和11家鲜食配送中心。正如《华尔街日报》在一篇文章中所写的：沃尔玛已不再像初来乍到时那样手足无措了。沃尔玛对中国经济和市场充满信心，并致力于在中国的长期投资与发展。沃尔玛希望能更好地适应中国经济新常态，创造更多就业岗位，在与中国经济共发展的同时，成为消费者信赖的优秀企业公民。

第二节 企业战略环境分析

“知彼知己，胜乃不殆；知天知地，胜乃可全。”

——《孙子兵法·地形》

现代企业经营的实质，是解决企业外部环境、内部条件和经营目标三者之间的动态平衡问题。松下总裁松下幸之助回答经营秘诀时说：“没有别的，看到下雨了，就要打伞”，简言之，就是要顺应天地自然的规律去工作。

环境是企业的生存空间，对环境的侦察是制定企业战略的关键一步。侦查环境的目的是“知彼”，即商机、需求在哪里？威胁问题有哪些？这样才能“成竹”在胸，“胜券”在握。环境是企业生存发展的土壤和条件。环境分析的目的，不仅是为了了解环境的性质和一般变化趋势，更重要的是要明确它们对企业可能的影响，从而帮助管理人员制定正确的战略。

客观环境的变化可能使行业的边界发生移动，即行业的范围会随着环境的变化而变化。如美国法律的变化已经改变了财务服务、电信和航空等行业的范围。现在要说明服务或电信行业的概念已很困难，因为这些行业所提供的产品和服务的范围正在迅速变化。

环境变化也能显著影响企业消费者的数量、特性和行为。例如，在长时期内，人口及其购买力几乎影响所有市场的大小和潜力。再如人口老龄化，老年人用品市场、养老服务市场正在形成和扩大。

环境变化直接影响供应商的数量、类型及其产品和供货成本。例如，政治、法律环境变化影响供应商行业的结构和竞争动态，而税收政策、直接补贴和进出口限额可能帮助或限制供应商的有关经营行为及其竞争强度。

环境变化会导致产品替代，如晶体管取代电子管、彩显管取代黑白管、石英表和电子表取代机械表等，还有从农村移居城市、双职工家庭及晚婚等生活、工作方式的变化，已对建筑业、娱乐业产生重要影响。社会价值观的变化也能引起产品替代。例如人们越来越多关注自身生存环境和健康，优先选择营养食品、饮料，花钱购买各种健身器材，美化居住环境。通常，开发技术能创造新的成功因素。例如，电子企业进入手表行业，从机械表制造商手中夺取了大量的市场份额。

一、宏观环境分析

宏观环境分析一般采用 PEST（politics, economics, society, technology；政治、经济、社会、技术）分析。在分析一个企业所处背景的时候，通常是通过这四个因素来分析企业所面临的状况（见图 1–2）。

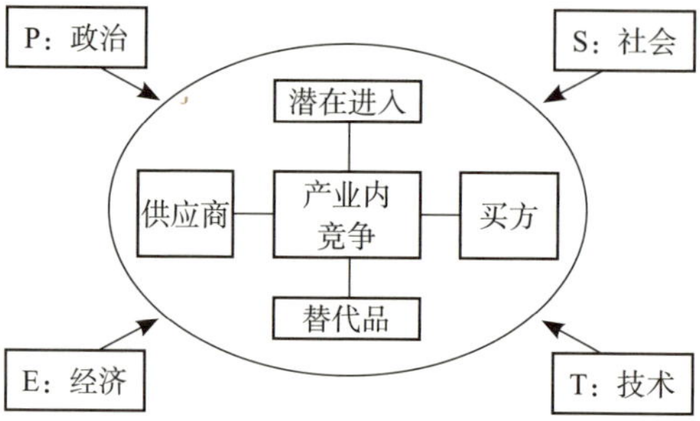

图 1–2　宏观环境分析示意

（一）政治法律环境

政治环境的稳定与否，对企业的经营影响很大。稳定的政治环境可以给企业提供一个良好的经营空间。

政治环境的特点主要表现如下：

（1）直接性。即国家政治环境直接影响着企业的经营状况。

（2）难以预测性。对于企业来说，很难预测国家的政治环境的变化趋势。

（3）不可逆转性。政治环境因素一旦影响到企业，就会使企业发生十分迅速和明显的变化，而这一变化企业是无法驾驭的。

法律环境是政治环境的具体体现形式，其主要分析因素有：

1）法律规范。特别是和企业经营密切相关的经济法律法规。如《公司法》《中外合资经营企业法》《合同法》《专利法》《商标法》《税法》《企业破产法》等。

2）国家司法执法机关。在我国主要有法院、检察院、公安机关以及各种行政执法机关，此外，还有一些临时性的行政执法机关。

3）企业的法律意识。是法律观、法律感和法律思想的总称，是企业对法律制度的认识和评价。企业的法律意识最终都会物化为一定性质的法律行为，并制造一定的行为后果，从而构成每个企业不得不面对的法律环境。

4）国际法。国际法律环境和目标国的国内法律环境。

（二）经济环境

经济环境是外部环境中最基础、最重要的因素，影响着企业的供给和需求。企业在宏观经济环境中应当加强经济环境意识。如果企业忽略了对宏观经济环境的观察、了解和思索，那么，一旦经济环境发生变化，会影响企业的经营活动，此时，企业只能被动应付。

1．社会经济结构

指国家经济中不同的经济成分、不同的产业部门以及社会生产各个方面在组成国民经济整体时相互的适应性、量的比例及排列关联的状况，主要包括产业结构、分配结构、交换结构、消费结构、技术结构，其中最重要的是产业结构。

2．经济发展水平

指一个够家经济发展的规模、速度和所达到的水准。反映一个国家经济发展水平的常用指标有国民生产总值、国民收入、人均国民收入、经济发展速度和经济增长速度。

3．经济体制

指国家经济组织的形式，规定了国家与企业、企业与企业、企业与各经济部门的关系，并通过一定的管理手段和方法，调控或影响社会经济流动的范围、内容和方式等。

4．经济政策

是国家履行经济管理职能、调控国家宏观经济水平与结构、实施国家经济发展战略的指导方针，包括综合性的经济发展战略、产业政策、国民收入分配政策、价格政策、物资流通政策、金融货币政策、劳动工资政策、对外贸易政策等。

（三）社会环境

1．人口因素

人口因素主要包括人口规模、年龄结构、人口分布、种族结构以及收入分布等因素。其对企业战略的影响主要包括：人口总数直接影响着社会生产总规模；人口的地理分布影响着企业的厂址选择；人口的性别比例和年龄结构在一定程度上决定了社会需求结构，进而影响社会供给结构和企业生产；人口的教育文化水平直接影响着企业的人力资源状况；家庭户数及其结构的变化影响到耐用消费品的生产规模等。

2．文化因素

文化环境对企业的影响是间接的、潜在的、持久的，其对企业内部文化会产生重要的影响。企业对文化环境分析的目的是要把社会文化内化为企业的内部文化，使企业的一切生产经营活动都符合文化环境的价值检验，最终落实到对人的关注上，如有效地激励员工、有效地为顾客服务等。

（四）技术环境

技术环境指企业所处的社会环境中的技术要素及该要素直接相关的各种社会现象的集合。技术环境大体包括社会科技水平、社会科技力量、国家科技体制、国家科技政策和科技立法四个基本要素。

1．社会科技水平

包括科技研究的领域、科技研究成果门类分布及先进程度、科技成果的推广和应用三个方面。

2. 社会科技力量

指一个国家或地区的科技研究与开发的实力。

3. 国家科技体制

指一个国家社会科技系统的结构、运行方式及其国家经济其他部门的关系，主要包括科技事业与科技人员的社地位、科技机构的设置原则与运行方式、科技管理制度、科技推广渠道等。

4. 国家科技政策和科技立法

指国家凭借行政权力与立法权力，对科技事业履行管理、指导职能的途径。企业需要密切关注与本企业产品有关的科学技术的现有水平、发展趋势及发展速度，尤其要特别重视硬技术（如新材料、新工艺、新设备等）、软技术（如管理方法、管理技术等）。

二、行业环境分析

每个企业都归属于或主要归属于某一行业。而企业已经进入的行业或将要进入的行业，是对企业影响最直接、作用最大的外部环境。行业分析的目的在于弄清行业的总体情况，发现环境中存在的威胁，寻找企业发展的机会，把握竞争的形势，进行行业选择以及在职待业中所处地位的选择。

（一）行业竞争要素分析

1. 新进入者的威胁

新进入者是行业重要竞争力量，它会对本行业带来很大的威胁，称为进入威胁，其大小取决于进入障碍和原有企业的反击程度。影响进入障碍大小的主要因素有规模经济、产品差异优势、资金需求、转换成本、销售渠道、其他因素。

2. 现有竞争者的抗衡

行业内部现有企业之间总是存在着竞争，但是，不同行业现有企业之间的竞争激烈程度是不同的。它们主要受制于竞争者之间的实力对比、行业销售的增长程度、产品及服务的差异程度、企业信奉的战略使命和不同的企业的不同战略目标，以及进入及退出屏障的高低等。

3．替代品的竞争压力

满足同一市场需求的不同性质产品，一个行业部门中的所有企业都将和生产替代品的其他行业部门的企业进行竞争，企业在拟定战略时，必须识别替代品的威胁及程度。

4．购买者和供应者的讨价还价能力

任何行业的购买者和供应者，都会在各种交易条件上尽量迫使对方让步，使自己获得更多的收益，在这个过程中，讨价还价的能力起着重要的作用。

5．其他利害相关者

如政府、工会、地方社区、股东、特殊利益集团等。

（二）行业价值链分析

行业整体价值链指将一个企业的价值链放在一个更大的活动体系之中进行考虑，包括上游供应商的价值活动、将产品送至用户的下游客户或联盟的价值活动、最终客户的价值活动。准确测度一个企业在终端市场上的竞争力，需要整体思考产品或服务送至最终用户的整个价值链体系，而不仅仅是企业自身的价值链。

1．后向价值链

上游供应商的生产成本和质量影响着企业成本和质量，为此，企业需要分析后向价值链，降低供应商的生产成本或提高供应商的产品质量，从而提高企业自身的竞争力。如本田公司从美国多佑利公司购买反光镜，同时本田公司派工程师进入多佑利公司指导生产，以降低成本和提高质量，第一年就降低 2% 的成本，而且本田公司也赢得了低价格、高质量的零部件。

2．前向价值链

对于一个企业来说，其下游企业的成本和利润是最终用户所支付价格的一部分，为此，企业需要分析前向用户或销售商的价值链，合作改造或者重新设计它们的价值链，从而提高两者的共同竞争力。如铝罐生产商把生产工厂建在啤酒厂附近，用顶端传输器将铝罐直接传输到啤酒厂的装罐线上，这样可以大大减少容器生产商和啤酒生产商在生产安排、装运、存货领域里的费用。

（三）行业生命周期分析

一个行业一般需要经历由成长到衰退的过程，这个过程称为行业的生命周期。行业的生命周期可分为四个阶段，即初创阶段、成长阶段、成熟阶段和衰退阶段。在不同的行业生命周期阶段，企业具有不同的侧重点、基本导向和发展战略。

1．初创阶段

这一阶段的行业特征是：行业初建阶段，只有为数不多的创业公司；顾客对行业产品缺乏了解，产品市场需求狭小；厂商产品研发费用较高，市场上的产品单一、低质、高价；厂商面临的投资风险较大。随着行业生产技术的提高、生产成本的降低和市场需求的扩大，逐步由高风险、低收益的初创期转向高风险、高收益的成长期。

2．成长阶段

这一阶段的行业特征是：产品经过宣传和消费者试用，市场需求开始上升；投资的厂商开始增加，厂商研发成本开始下降；市场上的产品变得多样、优质、低价；行业利润开始增长，但破产率与合并率也开始提高。

3．成熟阶段

这一阶段的行业特征是：少数大厂商垄断了市场，每个厂商占有的市场份额比例变化程度较小；厂商之间竞争从价格手段转向非价格手段，如提高质量、改善性能和售后服务等；新企业难以打入市场，行业利润水平较高；市场需求基本饱和，产品销售增长率减慢；有可能重新出现快速成长期，前提是有新的技术突破使成本大大降低或者是开发出全新产品。

4．衰退阶段

这一阶段的行业特征是：企业利润空间开始出现萎缩；由于替代品的出现，行业市场需求开始减少，产品销售量开始下降，一些厂商开始向其他行业转移资金，原行业厂商数目减少。

三、企业内部条件分析

（一）企业资源分析

1．企业资源类型

（1）有形资源。企业经营中，只要是可利用的东西都可以称为资源。有形资源是构成企业竞争力的基本条件，指具有实物形态并可以用货币度量的资源，具体包括财务资源和物化资源。有形资源易于用货币来定量测量，通常可以通过企业财务反映出来，如生产设备、工具、厂房、资金等。

（2）无形资源。无形资源指非货币形态的资源或者非实体形态的特殊性资产，价值难以用货币准确计量。无形资源是企业在长期经营活动中积累、开发形成的资源，其一旦形成就可以反复使用、同时使用，在使用过程中还可以不断开发出新的价值，使价值增值。无形资源主要包括企业的信誉、专利、专有技术、商标、版权、人力资源、品牌等。

1）信誉。信誉资源是企业在和其有交易关系的企业、顾客交易中形成的良好声誉，能够促使企业的其他资源价值增加。信誉和法律是维持市场交易秩序的两个基本机制，存在正式合同的交易行为主要由法律体系来规范和约束，而许多无法通过法律机制来执行的非正式合同的交易行为则由信誉来保证完成。交易双方只有形成了良好的信誉才能以较低的交易成本进行交易，形成更多的社会信誉资源。

2）专利。专利权是指经过规定的法律程序，对某一产品的造型、配方、结构、制造工艺或程序拥有的使用和转让的特殊权利。专利权是一种财产，具有排他性，未经专利持有人许可，任何其他个人和单位不得以生产经营为目的使用其专利方法或制造、销售其专利产品。专利权包括发明、实用新型和外观设计。企业不能将其所拥有的一切专利都予以资本化，只有那些能够给企业带来较大经济价值的专利，才能作为无形资产管理。

企业在经营方面运用专利，有利于对抗和排挤竞争对手，以较小的投入获取最大的市场占有份额。在技术的研发方面，可使自己的发明创造及时得到法律保护，及时掌握技术的最新发展，节约人力、物力、财力和时间。

3）专有技术。专有技术亦称非专利技术或技术诀窍，指未经公开的、未申请专利保护的、在生产和经营活动实践中已经采用了的、可以带来经济效益的技术知识和经验。主要包括：工业专有技术，即在生产上采用仅限于少数人知道，不享有专利权或发明权的生产、装配、修理、工艺流程和加工方法等方面的知识；管理专有技术，即企业在生产和经营过程中形成的经营方法、管理方法、培训方法等。非专利技术可以通过图纸、配方、技术记录、操作方法说明书等载体表现出来，也可以通过技术指导、人员培训的方式表现出来。非专利技术具有明显的特征，包括：经济性，即在生产经营过程中使用非专利技术，可以显著提高企业的技术水平和管理水平，给企业带来较高的经济效益；机密性，是企业长期生产经营过程中总结出来的，一旦公开，就失去了存在的价值；动态性，即随着时间的推移而不断发展。

4）商标。商标权指在某类指定的商品或产品上使用特定的名称和图案的权利。商标经过注册就获得了法律上的保障。经核准注册的商标为注册商标，商标注册人享有商标专有权，受法律保护。商标权包括两方面的含义：独占使用权，即商标注册人拥有商标注册范围内独家使用其商标的权利；禁止权，即商标注册人有排除和禁止他人对商标独占使用权进行侵犯的权利。

5）版权。版权又称著作权，指创作者依法对科学研究、文学艺术创作所享有的专用权。由法律保护并享有专有权的著作，包括文字、艺术作品和自然科学、社会科学、工程技术等作品。受版权保护的作品应具有独创性、可复制性和合法性。版权有一定的期限规定，包括版权受法律保护的时间界限和著作许可使用的期限，在对其估价时主要看后者。受法律保护的期限，包括著作财产权和著作人身权的保护期限。著作财产权的保护期限，如果是公民的，保护期限为著作者在生年加上其死后 50 年或者 50 年以上；如果是法人的，保护期限为 10 ~ 50 年不等。著作人身权的保护期限往往是无限制的。版权许可使用的期限，根据《中华人民共和国著作权法》的规定，许可使用合同的期限不能超过 10 年，合同期满可以续订。

6）人力资源。人力资源指有正常思维活动或劳动能力的人将人的体能、知识、技能、行动视为一种“活”性的资源，具有可能性、无限性、耐磨性和易损性。人力资源具有有形和无形双重性质，作为生物实体的人是有形的，作为蕴涵于人身上的知识、智力、才能是无形的。人力资本是人力资源发展的产物。构成人力资本的不是人的数量，其核心是劳动者的健康状况、价值观念、知识存量、技能水平。人力资本不是自然生成的，而是投资的结果，投资的主要途径是教育。人力资源作为一种能动资源，起主要作用并处于中心地位，使用、操作、控制着其他资源，能够使其他资源得到合理、有效的开发、配置和利用。

7）品牌。品牌反映的是设计、生产、工艺、广告和销售的综合实力，是产品与顾客之间信任的纽带。在市场化的国家，当某品牌被并购时，提倡确认品牌的价值，对并购中出现的“商誉”进行记账。根据美国会计原则，品牌作为无形资产具有无限的生命力，公司必须在资产负债表上将所并购公司的商誉资本化，品牌价值不需要在损益表上摊销，但要经过年度亏损检验，如果价值下降，则其结存价值必须降低。

2．企业资源培育

（1）资源提升。企业需要不断地投资以保持和维护有价值的资源。如果一家企业并不掌握任何特殊资源或者重要资源被竞争对手效仿或取代，该企业就必须不断对资源进行质量上的提升，以推迟这些资源的贬值，包括升级已有的资源、增加新的资源、转移资源到更关键的位置等。

（2）资源配置。企业资源本身的特性存在差距，从高度可替代性资源（如现金、机械设备、一般的管理技术）到高度专业化资源（如专业技术、产品秘方）相差较大。专业化资源在确保竞争优势方面常扮演重要的角色，但由于其过于专业化，一旦脱离了原有的环境就会失去价值；高度可替代资源虽然能够调配到广泛的市场上，但很少能够成为竞争优势的来源。企业战略并非各种资源的随意堆砌，而需要优化配置。不同的资源需要在不同的业务中发挥出特殊的作用。当资源对业务的成功起到决定性作用时，就形成了竞争优势；当机构的设置使业务部门能够借助于资源时，就能获得协同效应。

（二）企业竞争优势分析

1．业务协同优势

协同指两个或多个部门或企业联合起来创造更大价值的能力。大多数业务协同可选择下列六种方式：

（1）共享技术秘诀。业务部门通常会在某一特殊流程、职能上共享技术诀窍，可以写在手册上，也可以写在政策与程序说明书中，但更为常见的是以战术的形式存在，而没有正规的备案。

（2）协调战略。将两个或多个业务部门的战略统一起来可能会有利于形成企业的优势。如把市场划归为各个部门会减少部门之间的竞争，而各部门协调一致对付共同的竞争对手是有效抵制对手威胁的一种方法。

（3）共享有形资源。各部门共享有形资产或资源可能会节约大量资金。如通过共享生产设施或研究机构，可以实现规模经济，避免重复工作。企业收购相关业务常常是为了通过共享资源实现协同。

（4）纵向一体化。协调产品或服务从一个部门流动到另一个部门可以减少库存和成本，加速产品开发，提高生产能力利用率，改进市场准入能力。

（5）集中谈判力量。将采购职能集中起来，联合不同部门能够对供应商产生更大的影响，从而降低成本，甚至提高产品质量。与其他有利害关系的人（如客户、政府、研究机构）进行谈判也可以获得同样的好处。

（6）联合创建业务。方便新业务创建有几种方法，如：将不同部门的技术诀窍结合起来；从不同的业务部门抽调互不相干的业务合并到新的部门；或者建立内部的合资企业或联盟。

2．价值链活动管理优势

（1）价值链活动分析模型。企业所有的互不相同但又相互联系的生产经营活动构成了创造价值的一个动态过程，即价值链。如果企业所创造的价值超过其成本，企业便有盈利；如果盈利超过竞争对手，企业便有更多的竞争优势。

价值活动分为基本活动和支持性活动两大类。基本活动是涉及产品的物质创造及其销售、转移买方和售后服务的各种活动，这些活动与商品实体的加工流转直接相关，是企业基本的增值活动。支持性活动是指用于支持基本活动且内部之间相互支持的活动，并通过提供采购投入、技术、人力资源以及各种公司范围的职能支持基本活动，支持性活动与每项具体的基本活动有着密切的联系。企业的基本职能活动支持整个价值链的运行，而不与每项主体直接发生联系。

企业要分析自己的内部条件，判断由此产生的竞争优势，首先要确定自己的价值活动，然后识别价值活动的类型，最后构成具有自身特色的价值链。

1）基本活动。

a．内部后勤。是指与接受、存储和分配相关联的各种活动，如原材料搬运、仓储、库存控制、车辆调度和向供应商退货等。

b．生产经营。是指将原材料投入生产过程，并生产出产品的各种相关活动，如机械加工、包装、组装、设备维护、检测等。

c．外部后勤。是指集中、存储和将产品发送给买方有关的各种活动，如产成品库存管理、原材料搬运、送货车辆调度等。

d．市场销售。是指向顾客（购买方）提供买方购买产品的方式和引导他们进行购买产品相关的各种活动，如广告、促销、销售队伍、渠道建设等。

e．服务。是指与提供服务以增加或保持产品价值有关的各种活动，如安装、维修、培训、零部件供应等。

2）支持性活动。

a．采购。是指购买用于企业价值链各种投入的活动，既包括企业生产原材料的采购，也包括与支持性活动相关的购买活动。如企业聘请咨询公司为企业进行广告策划、市场预测、管理信息系统设计、法律咨询等都属于采购管理。企业的采购部门是为企业整体服务的，它的采购政策也是适用于整个企业。但某项具体的采购活动一般是与某项具体活动或支持性活动有关。在分析企业的采购活动时不能笼而统之，要具体问题具体分析。采购活动的费用在总成本中可能只占很少的比重，但它对企业采取低成本战略或差别化战略起着重要作用。所以，改进采购管理活动，可以在很大程度上改进购买的投入品的质量和费用以及使用该投入品的质量和费用。

b. 技术研究与开发。每项价值活动都包含着技术成分，无论是技术诀窍、程序，还是在工艺设备中所体现出来的技术。这里的技术既包括生产性技术，也包括非生产性技术。企业价值链中所涉及的技术，有的属于生产方面的工程技术，有的属于通信方面的信息技术，还有的属于领导的决策技术。这些技术开发活动不仅仅与企业最终产品直接相关，而且支持着企业的全部活动，成为判断企业实力的重要标志之一。

c. 人力资源管理。包括涉及所有类型人员的招聘、雇用、培训、开发和报酬等各种活动。人力资源管理不仅对基本活动和支持性活动起到辅导作用，而且对整个企业价值链起支撑作用。人力资源管理在调动职工生产积极性上起着重要作用，影响着企业的竞争力。

d. 企业基础设施。与其他的支持性活动不同，企业基础设施支撑了企业的整个价值链条，包括企业的组织结构、控制系统以及文化等活动。在多种经营的企业里，公司总部和经营单位各有自己的基础设施。

（2）价值链分析对应的管理层次。对于企业价值分析，目的在于找出企业价值链条的哪个环节可以提高客户价值、哪个环节可以降低生产成本。一般情况下，要提高客户价值就意味着增加相应的活动，势必造成成本的增加；反之会降低成本。价值链分析是为了解决在降低成本的同时维持价值不变，或在提高价值的同时保持成本不变，最佳的情况是既能提高客户价值又能降低成本。

企业的经营管理一般分为决策层、管理层和运营层三个层次。相应地，价值链模型中不同部分应由不同层次的管理者进行分析，才能起到应有的效果，否则会产生管理错位，降低管理效率，分析结果不细致、不完善等弊端。企业的决策层应对企业的经营方向和资源配置等进行分析；企业的管理层具有财务管理、行政、人力资源、信息服务、科技研发等职能，负责对企业的效率和成本费用进行控制；企业的运营层则涵盖了企业从采购、生产到销售和服务的诸多环节。

【小资料】

组织与其外部环境总是处在相对变化的状态，两种极端的情况是，外部环境变化而组织没有改变；组织变化而外部环境没有改变。无论在哪种情况下，都有可能使组织与环境不相适应，对企业而言，表现为市场地位下滑，收益减少，甚至陷入财务危机。

【案例 1–2】 铱星公司破产的原因和启示。

1991 年，美国摩托罗拉公司决定建立由 66 颗低轨道卫星组成的移动通信网络，目的在于突破地面的移动通信的局限，通过太空向任何地区、任何人提供语言、数据、传真及寻呼信息服务。1998 年 5 月，随着最后一颗卫星发射成功，筹备了 7 年的铱星系统完成组网工作，并于同年 11 月正式投入商业运营。1999 年 5 月，铱星公司宣布 1999 年第一季度的营业收入为 145 万美元，亏损 505 亿美元，难以按期偿还月底到期的 8 亿美元债务。1999 年 8 月，由于无法按期偿还巨额债务，向特拉华州联邦破产法院申请破产保护，进行改组。虽经多方努力，铱星公司还是走上了破产之路。2000 年 3 月 17 日，美国纽约地方法院法官阿瑟·冈萨雷斯批准了铱星公司提出的终止向顾客提供通信服务的申请，这意味着铱星公司的破产保护期改组计划失败正式进入破产程序。

什么原因使铱星公司在短短的一年半时间内破产呢?

一是采用了先进但不成熟的技术。

铱星系统使用的是 20 世纪 90 年代初期发展起来的新技术，为此铱星公司获得了 1998 年度《大众科学》杂志年度 100 项最佳科技成果奖中的电子技术奖。但该系统在技术上存在着一些问题，如铱星电话只能在空旷的地方使用，在室内和车内不能通话；通话的可靠性和清晰性较差；在欧洲、亚洲和非洲的许多国家无法使用；铱星手机重达 1 磅。20 世纪 70 年代末发展起来的移动电话技术尽管不那么先进，但在短短的 20 年时间里，先后经历了模拟信号、GSM / CDMA 等阶段，网络覆盖面积很广，通话质量很好，手机做到了个性化，消费者接受度越来越高。

二是缺乏技术和成本之间的技术经济分析。

由于技术太超前，导致高成本、高价格。由 66 颗低轨卫星构成的卫星电话系统耗资 50 多亿美元，除摩托罗拉等公司的投资和发行股票筹集的资金外，铱星公司共借贷 30 亿美元，每月的财务费用达 4000 万美元。高经营成本使铱星公司不得不把手机售价定为 4000 美元，通话费用为 7 美元 / 分钟。在市场反应冷淡的情况下，又被迫将手机价格调整为 3000 美元，通话费为 1.89 美元 / 分钟。但与移动电话相比，仍较高。开业近 10 个月时，用户还不到 2 万，远少于 65 万用户的盈亏平衡点。

三是技术满足不了顾客的个性化需求。

顾客用远高于移动电话的价格购买铱星手机，目的是能在移动电话网无法工作的地方保持及时联系，但铱星手机存在的技术问题使顾客的这一核心利益得不到保证。笨拙的铱星手机没能向顾客提供附加利益，即没有满足个性化需要。到铱星公司破产时，铱星系统只能同时为 2.5 万名用户服务；铱星公司原计划在中国发展 10 万名用户，却只发展了一家代理商。

第三节　企业的几种竞争战略

“成功的战略必须将主要的资源用于最有决定性的机会。”

——廉 · A. 科恩 [美]

企业要想成功地占据一个重要的市场地位，无论所选择的战略是什么，其选择必须能够适应行业环境、竞争环境及企业的内部资源，因为企业内部资源与竞争环境相匹配是选择竞争战略的基础或者依据。企业在制定战略的过程中，首先面临的是选择最基本的竞争战略；其次面临的是选择能够适应于基本竞争战略的不同战略手段；最后面临的决策是在企业经营的每一个职能部门的战略选择。

企业如何确立自己的独特地位，从而在市场中获得长久的竞争优势，是竞争战略需要解决的问题。企业的竞争战略决定企业的竞争行动是否成功，包括满足顾客的需求、对竞争者进行进攻和防御行动、对某一时刻市场环境变化的反映、对提高市场地位的主动行动等。竞争意识和抗衡性是企业战略最突出、最鲜明的特征，它体现在企业的战略思想上，渗透在企业的每个具体战略中。竞争战略就是在明确竞争对象及其行为的基础上，使企业在双方竞争关系方面处于主动有利地位的战略。

竞争性战略就是要做到与众不同。它意味着要仔细选择一组不同的经营活动来表达一种独特的价值理念。战略的本质在于行动，即选择与众不同的方式、实施行动或者实施与竞争对手不同的经营活动。否则，战略就只能停留在营销口号的层面上，根本经不起竞争的考验。

每个企业的战略方式都包含了一些必要的行动来与自身环境和行业环境相适应，严格来说有多少个企业就有多少种战略。两家企业采用细节上几乎完全相似战略的可能性微乎其微。但探究实质，竞争战略之间最大、最重要的差异可以归结为：一是企业市场目标范围较宽还是较窄；二是企业通过低成本还是产品差异化来获得竞争优势。

一、成本领先战略

成本领先战略着眼于全局（整个价值链）的成本最低，而不是局部的低成本。成本领先战略强调通过成本结构调整来实现成本领先，而不是单纯凭借严格的成本控制实现。严格的成本控制是企业理应具备的基础，但成本控制无法保证企业达到其成本领先的战略目标。

成本管理的首要任务是关注成本战略空间、过程、业绩，可表述为“不同战略选择下如何组织成本管理”。即将成本信息贯穿于战略管理整个循环过程之中，通过对公司成本结构、成本行为的全面了解、控制与改善，寻求长久的竞争优势。

（一）成本领先战略定义

成本领先战略又称低成本战略，是指企业的全部成本水平低于竞争对手，即在追求规模效益的基础上降低成本。20世纪70年代由于“经验曲线”理论的流行，使成本领先战略得到了普遍应用。尽管企业对产品质量、服务以及其他方面也不可忽视，但成本领先战略的主旨是使企业的成本水平低于竞争对手。采用成本领先战略，意味着企业可以通过其低成本地位来获得持久的竞争优势，从而成为行业中高水平的经营单位。

成本领先战略是三种通用战略中最清楚明了的。如果企业决定成为所在产业中实行低成本生产的厂家，则要力求做到总成本比竞争对手更低，要在不牺牲质量性与基本特性的情况下降低成本。

成本优势的来源是企业必须追求规模经济；使用专利技术，争取原材料优惠；提高管理水平。如果一个企业能够取得并保持持续的成本领先地位，那么，它只要能使价格相等或相近于该产业的平均价格水平，就会成为所有产业高于平均水平的超群之辈。当成本领先的企业的价格相当于或低于其竞争厂商时，其低成本地位就会转化为高收益。

（二）成本领先战略实施的条件

1．与竞争对手的价格战非常激烈

实施成本领先战略的企业在面对价格竞争时处于有利地位，可以靠低价的吸引力来抢占竞争对手的市场份额，在激烈的价格竞争中仍然能够获利并在价格战中生存下来。

2．本质上一样的产品

顾客可以得到任何一家企业的供应，商品同质性和供应充足为价格战创造了条件；在这样的市场上，那些低效率、高成本企业的利润将会大大缩减，能为顾客提供差异化产品的方法很少。当品牌对顾客来说并不重要的时候，顾客更注重价格的不同，并期望以最低的价格购买产品。

3．大部分购买者以相同的方式使用这些产品

针对顾客共同的需求，标准化的产品就能够满足顾客需求。在这种情形下，低成本、有无附加特征和质量是顾客选择产品的主要因素。

4．顾客转换成本低

顾客很容易从一个卖家转向另一个卖家，低转换费用使顾客能够灵活地转向具有相同质量但价格较低的产品或替代产品。一个低成本领导者能够在使用低价减少顾客转向竞争品牌或替代品机会方面占据有利地位。

5．购买者数量很大

购买者数量很大，具有非常大的讨价还价能力。低成本提供者在与大量购买者讨价还价时具有部分利润空间。

6．行业新进入者

行业新进入者通过低价吸引购买者。低成本领导者能够通过降低价格来组织新进入者抢占顾客，成本领先战略的降价能力成为新进入者的进入壁垒。

成本领先战略实施者能够赢得对价格敏感的顾客、建立市场底价和获取利润方面的最大优势，同时也可以保护其市场地位。成本领先战略还有不足之处，首先，过于追求价格的降低，最终只能获得比较低利润水平。成本或价格优势只有在以下几种情况下才能获得差额利润：一是价格的降低低于成本的降低；二是虽然单位边际利润降低，增加的销售数量能够带来利润的上升。其次，不能保证获得成本优势的方法不被竞争对手模仿。成本优势的价值在于它的可持续性，因此是否能够用竞争对手无法模仿和获得成本优势途径尤为关键。第三，缺乏特色。企业努力去推动成本降低，必须预防判断错误或忽视顾客在特色和服务上的变化、价格敏感的变化和新产品的影响，否则将面临失去市场的风险。

二、差异化战略

当顾客的需求和偏好多样化，而标准化的产品或具有同一生产能力的厂商不能充分慢去其需要时，差异化战略就更为适合。差异化战略是指在一定的行业范围内，企业向顾客提供的产品或服务与其他竞争者相比独具特色、别具一格，能使企业建立起独特的竞争优势。差异化战略应该是顾客感受到的、对其实际价值的产品或服务的独特性，而不是企业自我标榜的独特性。

如果一个企业想通过差异化战略获得成功，需要认真研究顾客的需求和行为，了解顾客认为重要的、有价值的、愿意购买的分别是什么；然后根据顾客的期望设计其产品或提供服务，这样就可以使自己与其他竞争对手区别开来，达到明显的差异化。

成功的差异化战略可以为产品设定较高的价格，或者增加单位销量，并可赢得顾客的忠诚度。当产品的附加值远远高于其获得差异化的成本时，差异化带来的利润将提高。而当顾客不看重品牌，或者差异化的方法很容易被其竞争对手模仿时，实施差异化战略则很容易失败。

（一）差异化战略的特点

1．思维差异

企业不随流俗，进行逆向思维，找准市场的“空白点”，并及时去填补，赢得消费者的青睐。

2．功能差异

功能效用是满足消费者潜在需求或显在需求的载体。企业应以产品的功能差异去满足消费者的需求差异，在两者的结合中形成并发展自己的目标顾客群。

3．质量差异

质量是产品的生命，“零缺陷”的产品质量无疑是消费者所追求的，产品质量是具体而实在的。许多情况下，需要以质量的差异来满足顾客群的需求差异。

4．品牌差异

品牌的基本功能是辨识卖者的产品或劳务，以便与竞争者及其产品相区别。品牌是一种知识产权，更是企业宝贵的无形资产。

（二）差异化战略的途径

1．改进产品价值链

差异化战略最有吸引力的地方是能够使竞争对手很难模仿或者模仿时

付出的代价高昂。可持续的差异化必须与核心竞争力相关联，独特竞争力和高水平的管理价值链的能力会实现与竞争对手的差别，当差异化基于产品革新、技术领先、产品质量和可靠性、全面的客户服务和独特竞争力时，会保持很长时间并且获得较高利润。对于这样的差异化，竞争对手也很难模仿或降低其利润，而且顾客也普遍认为其有价值。

差异化并非广告和市场营销方面的差异，也不局限于服务和质量方面。差异化可以存在于企业价值链的所有活动组合中：一是对上游供应原料的控制，供应链上游活动会在根本上影响企业的业绩和终端产品质量；二是产品研发设计，通过产品研发设计，以最低的成本制造满足顾客要求的产品，会使生产的方式更有利于环境或者提高产品的质量、可靠性和表现形式，让顾客有更多的产品选择，增加消费者的使用价值；三是生产活动控制，生产活动控制可以减少产品的不足，防止产品生产的失败，延长产品的生命周期，更好地保证产品的功能，改进使用的经济性；四是物流活动控制，通过输出物流活动控制，可以实现快速接订单、降低运输成本、减少库存及准时补货等；五是营销活动控制，销售和售后服务可以为顾客提供更好的技术支持、更及时的维修和服务、更多的产品信息、更好的培训材料、更可靠的信誉条件、更快的订货程序和更大的便利性等。

2．降低顾客的差异化成本

企业的差异化战略往往会增加成本，但是，可以通过减少顾客使用原材料的浪费、拉长维修间隔和产品的可靠性来降低顾客的维修费用，降低顾客使用产品的成本；还可以运用在线系统降低顾客的购买和订货成本并提供更自由的技术支持，如顾客可以通过快递公司网站跟踪包裹的运输过程；出版商可以运用网站来给顾客提供附加培训资料。

3．提高顾客的满意度

通过给顾客提供更好的可靠性、耐用性或者便利性来实现。方法包括企业产品和服务更干净、安全、安静和更方便。如宝马和劳力士建立了与顾客期望的地位、形象、声望、时尚、先进的技术和高品位的生活方式。

4．创造顾客价值

建立出相对竞争对手的优势来创造顾客价值。如更快地推出新产品并更快地满足顾客偏好；更快更全面地发布新闻；实现设计、创造、分销以及广告方面具有广泛的竞争优势。

（三）差异化战略的适合条件

差异化战略在具备以下条件时可以得到良好的运用：

1．顾客的需求多样化

顾客的偏好越多样，就会有更多的企业用不同的方式实现差异化。

2．技术的变革加速

竞争伴随着产品的特性演进，产品的快速更新会使顾客继续保持兴趣，使企业有更大的空间来寻找不同的差异化路线。

3．差异化具有价值

有许多方法可以实现产品和服务的差异化，但这些差异化必须是有价值的。只有顾客明显对某一特征有偏好时，差异化才能带来企业的利润。当购买者对产品的基本功能满意，但是认为多余的特性不值得花费更高的价格购买时，这种差异化战略是失败的。

4．差异化难以被对手模仿

如果竞争对手能够在短时间内复制该企业产品的大部分或者全部特征，那么使用这种战略方法注定会失败。可快速模仿意味着对手间的消失，因为每一个企业在产品中采取了一些能够打动购买者的独特之处，其他竞争对手会效仿。因此，为了使用差异化战略获得竞争优势，企业必须找到差异的根源，使竞争对手需要耗费更长的时间模仿，或者难以承担的模仿成本。

三、集中化战略

与成本领先战略和差异化战略不同，集中化战略只是关注市场的一小部分，并不是要在整个行业范围内取得竞争优势，而是围绕某个特定的目标市场开展其战略经营活动。采用集中化战略的逻辑依据是：企业比竞争对手更有效地为较窄范围的目标顾客群服务。从总体市场上看，也许集中化战略并未取得成本领先或差异化优势，但是，它却能在较窄的市场范围内，取得成本方面或差异化方面的竞争优势。

采取集中化战略最典型的企业是美国的麦当劳公司。1948年，迪克·麦当劳和莫里斯·麦当劳兄弟俩合伙开了一个叫麦当旁的餐馆，主要出售汉堡包、炸薯条和饮料及冰淇淋。当时兄弟俩并无太大的雄心，对在其他地方开设类似的餐馆无多大兴趣。但在1954年，瑞·克罗克建议他们在全国范围内设立餐馆，麦当劳兄弟俩采纳了克罗克的建议，随即成立了麦当劳公司。直到现在，麦当劳公司的主要产品仍是汉堡包，辅以炸薯条和饮料或冰淇淋。近年来，它也增加了早餐食品、炸排骨、炸鸡块和其他快餐食品。麦当劳公司的发展是通过区域扩张、维持高质量和优质服务以及洁净的名望等手段来实现的。目前，麦当劳公司占有美国餐饮市场的7%份额、中国快餐市场的18%和中国快餐汉堡包市场45%的份额，它的国际部是美国十大餐饮公司之一。

（一）集中的成本领先战略

以低成本为基础，通过向目标市场的顾客提供比竞争对手低的价格，来保证和获取竞争优势。当企业针对一个定义清晰的顾客群来降低成本时，采用这种战略是十分有利的。自有商标产品的生产者，可以将产品直接销售给那些零售连锁店，在产品开发、市场营销、分销配送和广告方面获得低成本。如小的打印机配件制造商以低成本的产品来替代那些由惠普、利盟、佳能和爱普生商标的高价墨盒和色带盒，用这些色带盒的零件替代、组装出来的产品比名牌产品便宜50%。

（二）集中的差异化战略

集中的差异化战略通过给集中的客户提供满足其独特品位和偏好的产品来获取竞争力。是否成功地运用集中的差异化战略取决于寻找独特产品的顾客群或者销售人员的能力以及公司抵抗同一领域的竞争对手的攻击能力。如香奈儿、劳斯莱斯、哈根达斯和戈尔公司都成功地运用了集中的差异化战略，它们锁定了偏爱世界水平的产品和服务的高层次消费者。事实上，大多数的市场都有一部分愿意为最好的服务付出最高价格的顾客，因此那些瞄准高端市场的企业就会运用集中的差异化战略。

（三）集中化战略的使用条件

集中化战略就是在低成本或差异化的基础上建立竞争力，这种战略在以下几种条件下越来越具有吸引力。

1．存在多个细分市场

任何一个竞争者满足所有细分市场的特定需求以及主要顾客的期望都十分困难且代价昂贵。由于存在多个细分市场，集中化战略的实施者可以面对同类顾客竞争。

2．目标市场有盈利空间和成长潜力

细分市场的需求和偏好在一段时间不会转变为大众消费需求，即消费者需求的差异不会渐渐消失，竞争对手不会进入相近领域而与其争夺顾客。

3．行业的领导者忽视这个目标市场

这个目标市场的吸引力不应该过大，不至于吸引很多竞争对手，使竞争加剧，削薄利润。同时，可以避开与行业的强硬竞争者的面对面竞争。

【小资料】

企业的竞争优势，主要有两种：一是低成本，二是产品的差异性。企业可以根据自己的产业特色、公司体制，选择成本竞争或特色竞争。不论竞争战略如何，不断创新、持续提高生产力，是企业维持竞争优势的唯一途径。制定竞争战略时应该考虑：明确目标顾客、产品特征或服务的范围、核心能力、关键资产、需要自己做或是别人做的工作、保持顾客关系的准则和供应商网络等。

企业在制定竞争战略之前，必须先认真回答以下问题：应该选择谁作为竞争对手（如果你只有一颗子弹，你准备打谁？），竞争对手会不会以及会做出什么样预期的反应（竞争对手有什么样的子弹以及他的子弹会不会打你？）；你应该采用进攻策略（先动有什么优势和劣势？）还是采用反击策略（跟进有什么优势和劣势?）；你的竞争行为会给竞争对手和你本身造成什么影响（获得短期优势，还是长期优势?），而竞争对手的反应又会给你造成什么影响（造成短期劣势，还是长期劣势?）；你的竞争行为会给整个行业市场和竞争结构造成什么样的影响，而改变后的市场和竞争结构又会对你将来的行为产生什么样的影响。

【案例 1–3】 美国西南航空公司的成本领先战略。

美国西南航空公司（简称西南航）是一家在固定成本极高的行业中成功实施低成本竞争策略的优秀公司。它从 20 世纪 70 年代在大航空公司夹缝中谋求生存的小航空公司一跃发展成为美国的第四大航空公司，持续 30 余年保持高于行业平均水平的高利润和远低于行业水平平均值的低成本。更值得敬佩的是，无论在机票价格或经济衰退的年代，还是在遇到石油微机、海湾战争、“9·11”事件抑或其他意想不到的灾难之时，其优秀的表现都一如既往。

20 世纪 70 年代，美国的航空业已经比较成熟，利润较高的长途航线基本被瓜分完毕，新进入者很难找到立足的缝隙；短途航线则因单位成本高、利润薄而无人去做。在这种情况下，成立不久的西南航审时度势，选择了把汽车作为竞争对手的短途运输市场，“与行驶在公路上的福特车、克莱斯勒车、丰田车、尼桑车展开价格战，要把高速公路上的客流搬到天上来”，这一独特的市场定位实现了与现有航空大高速的差异化竞争，开辟了一个新的巨大的市场。为了避免和实力强大的航空公司形成正面冲突，西南航刻意回避大飞机，不飞远程，而且采取稳扎稳打的策略，开始时只运营其总部所在地德克萨斯州内的 3 条航线，选择在各城市的次要机场之间提供廉价的点对点空运服务。在后来的发展中，不论业务范围如何扩展，西南航都始终坚持最初制定的“与汽车竞争”的低价位、短航线业务市场定位，并为此严格进行低成本控制，不曾偏离。

坚持正确的市场定位，不受外界干扰地依据定位所确定的标准对成本进行不间断的控制。航空公司原有的高额固定成本行业特性和“与汽车竞争”的低成本竞争定位无疑促使西南航致力于对成本的控制。面对这一巨大的挑战，西南航取得了非凡的成绩。统计数据表明，西南航每座位英里的运营成本比联合航空公司低 32%，比美国航空公司低 39%；美国航空业每英里的航运成本平均为 15 美分，而西南航每英里的航运成本不到 10 美分；在洛杉矶到旧金山航线上其他航空公司的票价为 186 美元，西南航的票价却仅为 59 美元。

从战略视角看，成本是根据企业的战略设计出来的。西南航成功的成本控制是一项复杂的系统工程。选择短途支线运营的西南航必须在运营的各个细节中，围绕低成本这一战略定位，想方设法化解所有比传统航空公司更大的成本压力。

西南航只拥有一种机型波音 737，其客机一律不搞豪华铺张的内部装饰，机舱内既没有电视也没有耳机。单一机型的做法能最大限度地提高飞机的利用率，因为每个飞行员都可以机动地驾驶所有飞机，简化了管理，降低了培训、维修、保养的成本。同时，西南航将飞机大修、保养等非主业业务外包，保持地勤人员少而精。飞机降落以后，一般只有 4 个地勤人员提供飞机检修、加油、物资补给和清洁等工作，人手不够时驾驶员也会帮助做地勤工作。

在坚持只提供中等城市间的点对点航线的同时，西南航尽可能选用起降停机费低廉的非枢纽机场。这样做不仅直接降低了某些费用，而且也保证了飞机快速离港和飞机上限量供应等低成本措施的可行性。为了减少飞机在机场的停留时间，增加在空中飞行的时间也就是挣钱的时间，西南航采用了一系列措施以保证飞机的高速离港。

选择低价格服务的顾客一般比较节俭，客户乘坐飞机最重要的需求就是能实惠地从某地快速抵达另一地。于是，西南航在保证旅客最主要满意度的基础上，尽一切可能将服务项目化繁为简，降低服务成本。西南航认为，消费者更加看重企业产品或服务的整体品质或价格与成本之间的匹配性。在顾客满意度上，西南航一直是业内佼佼者。

即使是经济繁荣期间，西南航也非常重视成本控制。1999 年，国际油价大幅下跌，最低的时候只有每桶 10 美元，西南航的员工因此一度变得大手大脚起来。对此，西南航立即采取了针对性的措施：一是要求员工消减非燃料支出，公司董事长亲自给员工写信要求每人每天节约 5 美元，使当年开支消减了 5.6%；二是提倡节约燃油，大幅减少公司的用油量。正是这种持之以恒坚持成本控制的作风使西南航在 1990~1994 年的民航业低迷期依然独树一帜地保持盈利。1993 年第四季度到 1994 年间，西南航在成本已经很低的前提下将成本从平均每座位 7.11 美分进一步降低到 6.94 美分，如果没有这一点保证，西南航 1994 年第四季度的利润跌幅将是 84%，而不是实际上的 48%。

第四节 企业核心能力管理

"市场的整合力就是海尔的核心竞争力，它是一种使品牌不断升值的能力。"

——张瑞敏（海尔集团总裁）

一、企业核心能力

（一）核心能力的概念

最近十年来，运用企业核心能力理论揭示战略管理的奥秘，已成为世界管理学界的新潮流。许多战略管理专家认为，企业所拥有的特殊资源和能力，即核心能力，是影响企业长期竞争优势的关键因素。

核心能力是一个企业所拥有的最突出的优势能力。各个公司所表现出来的核心能力是多种多样的：生产高质量产品的技能，创建和操作一个能够快速而准确地处理客户订单系统的诀窍，新产品的快速开发能力，提供很好的售后服务的能力，选择良好的零售地点的技能，采购和展销产品的技能，在重要技术上的特有知识，研究客户需求和品位以及准确寻求市场变化趋势的良好方法的体系，同客户就产品的新用途和使用方式进行合作的技能，综合使用多种技术创造全新产品的能力等。

核心能力应该能够迅速地为顾客创造利益——锁在保险箱内的技能是成不了核心能力的。核心能力创造的价值必须是独特的，能够为用户重视的价值。用户购买产品就是购买核心能力造就的核心价值。顾客是核心能力的最终裁判！如 Intel 公司的微处理器生产技术为大量电脑用户带来了快捷和稳定的超值享受；本田公司的发动机制造技术为顾客提供了剩油、低噪音、易加速等顾客最想要的效益。

核心能力是打开未来市场之门的钥匙，而且不是一把钥匙，是一串钥匙。核心能力更具有竞争性，能使企业全部产品受益，是保证企业多元化发展的关键。如摩托罗拉公司建立在其无线电通信技术专长基础之上的核心竞争力，不仅使其在核心业务交换机等通信产品市场上享有持久的优势地位，而且在 BP 机、双向移动无线装置和蜂窝式电话等产品领域也遥遥领先；夏普公司的液晶显示技术，使其可以在笔记本电脑、袖珍计算器、大屏幕电视显像技术等领域都能获得一席之地。

企业的核心能力与一定时期的产业状态、市场需求、管理模式、企业资源高度相关。随着时间的推移，经历产生、成长、成熟、衰亡等阶段。核心能力形成后，面临着培育和提升的问题，否则将会沦为一般竞争力，甚至会完全丧失竞争优势。企业的核心能力是与企业的组织结构、管理模式、资源、文化等因素高度融合的。因此与企业拥有的实物资产不同，核心能力难以从企业主体中分离出来，一旦形成就相对稳定。一方面核心能力必然会为企业创造出竞争优势，这一点已经被飞利浦、摩托罗拉等公司的发展所证实；另一方面竞争优势不完全是由核心能力带来的，除了核心能力之外如品牌、低成本、原料、人力资源等因素都可以成为竞争优势的来源。

一个公司拥有的核心能力可能不止一种，但是，同时拥有几种核心能力的公司是比较少见的。

（二）核心能力的标准

核心能力有四个标准，即有价值的能力、稀有的能力、难以模仿的能力和不可替代的能力。

1．有价值

指那些能为企业在外部环境中利用机会降低威胁而创造价值的能力，让企业在特定的竞争环境下形成战略优势，并为客户创造价值。有价值的能力如果容易得到，就不会成为企业的战略性资产。

2．稀有

指那些极少数现有或者潜在竞争对手拥有的能力。评估这项能力需要清楚地知道到底有多少竞争对手拥有这种能力，或者会有多少潜在的竞争对手会获得这样的能力。

3．难以模仿

企业在开始创立时建立的价值观、信仰能形成独特的企业文化，而这些因素的不可见性让其他企业很难模仿，这是隐藏在员工的行为和思想之中的。如通用汽车公司、福特汽车公司的员工到丰田汽车公司的汽车生产部门去参观，但是这两家美国汽车公司还是不具备日本丰田汽车公司的生产效率和员工士气，不清楚隐藏在生产优势后面的能力到底是什么。

企业内部社会关系包括员工之间的相互信任、融洽的关系、友谊和默契的配合；企业外部社会关系包括广泛而有价值的客户网络、与供应商之间的相互信任和支持，以及企业出力外部关系的声誉等。这些社会关系的复杂性对企业来说相当重要，但又不易被察觉和复制，因此成为难以模仿的能力。

4．不可替代

一种能力越是难以被替代，它所产生的战略价值就越高；能力越是不可见，企业就越难找到它的替代能力，竞争对手就越难模仿以产生价值。

（三）核心能力的构成要素

核心能力给人的直观印象是高科技，但不能简单地认识。高科技可能是核心能力中最核心的部分，但绝不是全部。核心能力的构成要素主要包括：

（1）洞察、预见和抓住机遇能力；

（2）战略企划能力；

（3）由技术创新引导市场的能力；

（4）融资及理财能力；

（5）娴熟的独特的运作技巧；

（6）市场营销能力；

（7）品牌与企业形象；

（8）政治及社会资源。

（四）核心能力的作用

有没有核心能力是一个企业健康与否的标志，中国有众多的大公司资金雄厚，却往往在十几个领域里发展，每个领域投资数千万，分散经营，既没有主导产业，也没有形成突出的优势能力，市场一旦发生变化，最先倒闭的往往就是这些四处撒网的公司。

核心能力是保持公司旺盛生命力的主要支柱，是保持公司自身独特个性的标志。

（五）核心能力实例

日本索尼公司的核心能力是产品创新能力，特别是小型化开发能力，它以此抢先争夺新产品喜爱者的市场。

日本松下公司的核心能力是质量与价格的协调能力，他们不求标新，只求模仿之后以适当的价格吸引市场。

中国海尔集团的核心能力是广告与销售活动。

中国科龙公司的核心能力是无缺陷能力，即在产品生产和销售的各个环节消灭错误的可能。例如，他们发现火车运输中的野蛮装卸现象，就派人护送列车运输全过程。

以照相机起家的佳能公司，经过专注经营，以独特的影像技术为核心，集成了最先进的精密机械技术、光学技术和微电子技术，构成了图像化方面的核心竞争力。在此基础上，把业务领域从原来单一的照相机业务，延伸到复印机、打印机、传真机等新行业，取得了多元化经营的巨大成功。同时，进入新业务领域的成功，并未影响照相机的技术领先和市场地位，反而促进了照相机产品的更新换代和继续发展。1988 年，佳能公司提出了“二次创业”，再次以自身的核心竞争力为基础，进入信息机器、映像机器和液晶装置、半导体这三大发展潜力大的新领域。如今，佳能公司已经实现了从“影像的佳能”到“信息的佳能”的过渡，并开始迈向“社会生态学的佳能”。

二、核心能力的培养

核心能力不同于主导主业，它是一种能力的培养，这种能力可能是生产某种产品的能力，而更重要的是在企业经营、管理或者科研开发某一方面的独特能力。

培养核心能力的前提是认定企业已经拥有的核心能力或者寻找企业将要培养的核心能力的方向。企业应该有意识地培养核心能力，在核心能力的观念进入企业领导人的意识之前，核心能力的形成是一种无意识的企业行为的结果，其形成和成长的速度很慢。与此相比，根植于核心能力观念的企业领导人，往往能够在认准市场需求和产品技术变化趋势的基础上，对企业的核心能力进行准确定位。然后建立相应的企业机制，配备相应的环境条件，来塑造和提升核心能力，并将其转化成竞争优势。同时，这一切反过来又进一步增强了企业的核心能力。

培育和提升核心能力，并把它转换成竞争优势的机制，一般包括企业的组织结构和流程制度，而管理风格、企业文化和资源状况则构成了转换环境。核心能力是否能转变成竞争优势，取决于相应的转换机制和环境条件是否能促进这种转换。因此，在确定变革目标的过程中，还需要对企业的组织结构、流程制度、管理风格、企业文化、资源状况等进行评估，按照是否有利于促进培育和提升企业的核心能力，既而向持续竞争优势转化的标准，决定在哪些方面进行多大程度的改革。

德国汉尼尔公司拥有 2000 个子公司，是一家在船舶、环保、机械等众多领域里成功的大企业。1983 年，汉尼尔公司委托罗兰·贝格咨询公司寻找、认定自己的核心能力，罗兰·贝格咨询公司经过大量调查分析，确定汉尼尔公司的核心能力是对新兴市场的把握能力，此后，汉尼尔公司每年自觉向新兴市场开拓，迅速发掘出潜在的新兴市场。1983 年至今，原有的业务领域只占了 30%。新兴市场开拓业务占 70%。

三、在核心能力上易犯的错误

（一）偏离核心能力导致公司严重失误

珠海巨人集团的核心能力是高科技开发的突破能力，开发脑黄金即是证明。但做房地产则严重偏离自己的核心能力，以好大喜功的心态甚至不惜用银行贷款奋力一搏，结果以惨败而告终。

（二）不重视核心能力的价值

公司经营状况较好，大家忙于事务，不重视核心能力的认定和培养，一旦外部条件发生变化，公司会措手不及陷入困境。

（三）轻易放弃核心能力

中国有句老话：“人无我有，人有我优，人优我转。”前两句是对的，但最后一句轻易地放弃了核心能力是不对的。核心能力就是要强化自己的绝对优势，达到竞争中的制高点，企业要善于把握自己相对优于对手的核心能力。一个健康的公司正是拥有核心能力，并能自觉地强化它。

在德国巴伐利亚的一个深山沟里有一家生产缝纫机针的大公司，占了全球 60% 的市场份额，世界上几乎所有缝纫机品牌都使用他们的产品，曾经有人提出过可以削掉其庞大仓库的 2/3，但公司领导表示拒绝，因为任何情况、任何时候，都有足够仓库存品提供任何种类的缝纫机针，正是该公司的核心能力。

【小资料】

核心能力不是一剂药方，而是有疗效的药方＋改进药方的能力＋甄选药材＋炮制过程。核心能力的识别和培养是一个长期的过程，核心能力的培养可以与业绩提升同步。核心能力是根植于一个组织或团队的相互补充的技能和知识基础的集合，该集合导致能够执行达到业内先进标准的一项或多项关键程序的能力。

【案例 1–4】 好利来公司的核心能力——食品质量。

好利来公司创建于 1992 年 9 月，创始人为现任总裁罗红先生。好利来公司现拥有上亿元固定资产，7000 多名员工以及包括北京好利来企业投资管理公司、北京好利来工贸有限公司、北京好利来商贸有限公司三家控股公司的大型中西式糕点专营连锁企业集团。好利来公司以连锁店的形式主营生日蛋糕、西点、中点、面包等产品并为顾客提供相关服务。目前已在东北、华北、华东、西南、西北等 50 多个大中城市开设了 500 多家连锁饼店，并建立了庞大的连锁经营体系。

1993 年的中秋节，好利来公司仍有 12 万元的月饼没有被卖掉，由于离保质期还有一段时间，有人认为可以将月饼打碎做成糕点，这并不会影响产品质量，而且也是行业中许多公司的一贯做法。然而，为了让员工树立很强的质量意识，好利来公司决定将 12 万元的月饼全部倒掉。

2000 年，好利来公司投资 4000 万元的沈阳月饼工厂建成了，经过好利来公司自己检测，还存在一些问题，主要是因为进入车间的空气没有经过过滤，专家的建议是只有推倒了重建才能确保百分之百的合格。因此，好利来公司决定推倒新建的工厂，再次投资 6000 万元重新建起了新工厂。2002 年，好利来公司又投资 1.5 亿元在北京建立了大型现代化的月饼生产工厂，其中仅消毒程序就有八道，难怪当时的烘焙行业协会秘书长说，好利来公司把整个行业的门槛提高了。

因为重视信誉及食品质量，对于扩张，好利来公司始终坚持一个原则，那就是绝不开一家加盟店，所有的门店都由总部直接投资和控制。如果采取加盟的形式，虽然扩张的速度要比现在快得多，但加盟店的质量很难控制，不同的加盟者有不同的价值观，很容易产生分歧。因此，为了确保质量宁肯牺牲扩张速度。质量就是生命，是好利来公司赖以生存和在市场上保持领先的核心竞争要素。2001 年南京冠生园月饼陈馅事件发生后. 整个月饼行业都陷入了信任危机，许多厂家都纷纷减产。但当时好利来公司的月饼在离中秋节还有一个星期时就全部卖完了，并以当年 1.1 亿元的销售额一跃登上全国月饼行业第三的位置。好利来公司依靠质量保障能力赢得了市场，取得了市场上的竞争优势。

第五节 战略实施及控制

如果将一个设计完好的战略方案束之高阁不予实施，则可谓“纸上谈兵”，无任何实际意义。企业一旦选择了合适的战略方案，战略管理的重点就转向了战略实施。

一、战略实施

一个企业的战略方案确定后，必须通过具体化的实际行动，才能实现战略及战略目标。如果说战略制定是“做正确的事”，那么战略实施就是“正确地做事”。成功的战略制定是战略实施的先决条件，但成功的战略制定并不能保证成功的战略实施。

（一）战略实施的内涵

战略实施就是将公司战略付诸实践的过程。战略在尚未实施之前只是纸面上或人们头脑中的东西，而企业战略的实施是战略管理过程的行动阶段，因此它比战略的制定更加重要。

战略实施是一个自上而下的动态管理过程。所谓“自上而下”主要是指，战略目标在公司高层达成一致后，再向中下层传达，并在各项工作中得以分解、落实。所谓“动态”主要是指战略实施的过程中，常常需要在“分析—决策—执行—反馈—再分析—再决策—再执行”的不断循环中达成战略目标。

（二）战略实施的阶段

企业战略实施包含四个相互联系的阶段。

1．战略发动阶段

在这一阶段，企业领导者要研究如何将企业战略的理想变为企业大多数员工的实际行动，调动起大多数员工实现新战略的积极性和主动性。这就要求对企业管理人员和员工进行培训，向他们灌输新的思想、新的观念，提出新的口号和新的概念，消除一些不利于战略实施的旧观念和旧思想，以使大多数人逐步接受一种新的战略。

对于一个新的战略，在开始实施时相当多的人会产生各种疑虑，而一个新战略往往要将人们引入一个全新的境界，如果员工们对新战略没有充分的认识和理解，它就不会得到大多数员工的充分拥护和支持。因此，战略的实施是一个发动广大员工的过程，要向广大员工讲清楚企业内外环境的变化给企业带来的机遇和挑战、旧战略存在的各种弊病、新战略的优点以及存在的风险等，使大多数员工能够认清形势，认识到实施战略的必要性和迫切性，树立信心，打消疑虑，为实现新战略的美好前途而努力奋斗。在发动员工的过程重要努力争取战略的关键执行人员的理解和支持，企业的领导人要考虑机构和人员的认识调整问题一扫清战略实施的障碍。

2．战略计划阶段

将经营战略分解为几个战略实施阶段，每个战略实施阶段都有分阶段的目标，相应的有每个阶段的政策措施、部门策略以及方针等。要定出分阶段目标的时间表，对各分阶段目标进行统筹规划、全面安排，并注意各个阶段之间的衔接，对于远期阶段的目标方针可以概括一些，但是对于近期阶段的目标方针则应该尽量详细一些。对战略实施的第一阶段更应该是新战略与旧战略有很好地衔接，以减少阻力和摩擦，第一阶段的分目标及计划应该更加具体化和可操作化，应该制定年度目标、部门策略、方针与沟通等措施，使战略最大限度的具体化，变成企业各个部门可以具体操作的业务。

3．战略运作阶段

企业战略的实施运作主要与六个因素有关，即：各级领导人员的素质和价值观念；企业的组织机构；企业文化；资源结构与分配；信息沟通；控制及激励制度。通过这六个因素使战略真正进入到企业的日常生产经营活动中去，成为制度化的工作内容。

4．战略的控制与评估阶段

战略是在变化的环境中实践的，企业只有加强对战略执行过程的控制与评价，才能适应环境的变化，完成战略任务。这一阶段主要为了是建立控制系统、监控绩效和评估偏差、控制及纠正偏差。

（三）战略实施的基本原则

企业在战略的实施过程中，常常会遇到许多在制定战略时未估计到或者不可能完全估计到的问题，在战略实施中有三个基本原则，可以作为企业实施经营战略的基本依据。

1．适度合理性的原则

由于企业经营目标和企业战略的制定过程中，受到信息、决策时限以及认识能力等因素的限制，对未来的预测不会太准确，所制定的企业战略也不是最优的。而且在战略实施的过程中由于企业外部环境及内部条件的变化较大，情况比较复杂。因此，只要在主要的战略目标上基本达到了战略预定的目标，就应当认为这一战略的制定及实施是成功的。

在客观生活中不可能完全按照原先制定的战略计划行事，因此战略的实施过程不是一个简单、机械的执行过程，而是需要执行人员大胆创造、大量革新，因为新战略本身就是对旧战略以及旧战略相关的文化、价值观念的否定，没有创新精神，新战略就得不到贯彻和实施。因此，战略实施过程也可以是对战略的创造过程。在战略实施中，战略的某些内容或特征有可能改变，但只要不妨碍总体目标及战略的实现，就是合理的。

另外，企业的经营目标和战略总是要通过一定的组织机构分工实施的，即要把庞大而复杂的总体战略分解为具体的、较为简单的、能予以管理和控制的问题，由企业内部各部门以至部门各基层组织分工去贯彻和实施，组织机构是为适应企业经营战略的需要而建立的，但一个组织机构一旦建立，就不可避免地要形成自己所关注的问题的本位利益，这种本位利益在各组织之间以及和企业整体利益之间会发生一些矛盾和冲突，为此，企业的高层管理者要做的工作就是对这些矛盾冲突进行协调、折中、妥协，寻求各方面都能接受的解决办法，而不能离开客观条件去寻求所谓绝对的合理性。只要不损害总体目标和战略的实现，是可以容忍的，即在战略实施重要遵循适度的合理性原则。

2．统一领导，统一指挥的原则

对企业经营战略了解最深刻的应当是企业的高层领导人员，一般来讲，他们掌握的信息要比企业中下层管理人员以及一般员工多，对企业战略各个方面的要求以及相互联系的关系了解得更全面，对战略意图体会最深，因此战略的实施应当在高层领导人员的统一领导和指挥下进行。只有这样，其资源的分配、组织机构的调整、企业文化的建设、信息的沟通及控制、激励制度的建立等才能相互协调、平衡，从而使企业为实现战略目标而卓有成效地运行。

同时，要实现统一指挥的原则，要求企业的每个部门只能接受一个上级的命令，但在战略实施中所发生的问题，能在小范围、低层次解决问题时，就不要放到更大范围、更高层次去解决，这样做付出的代价最小。因为越是在高层次的环节上去解决问题，其涉及的面也就越大，交叉的关系也就越复杂，当然其代价也就越大。

统一指挥的原则看似简单，但在实际工作中，由于企业缺少自我控制和自我调节机制或这种机制不健全，因而在实际工作中经常违背这一原则。

3. 权变原则

企业经营战略是基于一定环境条件的假设条件上制定的，在战略实施中，事情的发展与原先的假设会不可避免地有所偏离，战略实施过程本身就是解决问题的过程，但如果企业内外环境发生重大的变化，以致原定战略的实现不再可行，显然这时需要把原定战略进行重大调整，这就是战略实施的权变问题。其关键在于如何掌握环境变化的程度，如果当环境发生并不重要的变化时就修改了原定的战略，这样容易造成人心浮动，带来消极后果，最终导致一事无成；但如果环境确实已经发生了很大的变化，仍然坚持实施既定的战略，将最终导致企业破产，因此关键在于如何衡量企业环境的变化。

权变的观念应当贯穿于战略实施的全过程，从战略的制定到战略的实施，权变的观念要求识别战略实施中的关键变量，并对它做出灵敏度分析，提出这些关键变量的变化超过一定范围时，原定的战略就应当调整，并准备相应的替代方案，即企业应该对可能发生的变化及其造成的后果，以及应变替代方案，都要有足够的了解和充分的准备，以使企业有充分的应变能力。当然，在实际工作中，对关键变量的识别和起动机制的运行都是很不容易的。

（四）战略实施步骤

在实际工作中，大多数企业经理还是认为，战略实施要比战略制定困难得多。主要是因为战略制定只需对几个人进行协调，而战略实施则要对众多人进行协调；战略制定主要是一种思维过程，而战略实施主要是一种行动过程，与企业运营管理相关，涉及多种管理及人为因素，到目前为止，还没有一种可以“放之四海而皆准”的被证明有效的战略实施步骤。

虽然没有统一的战略实施步骤，各组织在实施战略时因环境不同而采取不同的方法，但无论怎样，都应包含如下因素：

（1）建立一个有竞争力、生产能力和资源力量的组织以成功地实施计划。

（2）建立预算将足够的资源投入到对战略成功至关重要的价值链活动中。

（3）支持战略的政策和程序。

（4）对价值链活动进行最佳运作，并不断提高其运作水平。

（5）建立信息、交流和运营系统，使公司员工能够在日常工作中成功地承担其战略角色。

（6）制定年度目标，将报酬和激励与达到业绩目标及实施相联系。

（7）创立一种支持战略的工作环境和公司文化。

（8）发挥带动战略实施所需的内部领导作用，不断提高实施战略的水平。

战略实施前，必须制订一个详尽的战略实施行动计划（包括5W1H）和预估财务报表，同时针对可能遇到的困难和问题制订应急计划，这是保证战略能够顺利实施的重要方法。

二、战略控制

为了实施中的战略达到预期的目的，实现既定战略目标，还必须对战略的实施进行控制。战略控制不仅仅监控组织及其成员目前的绩效，或该企业利用现有资源的情况，它还关注如何去建立激励机制来激发员工的积极性，关注组织在未来可能面临的重大问题。

（一）战略控制的概念

战略控制主要是指在企业经营战略的实施过程中，检查企业为达到目标所进行的各项活动的进展情况，评价实施企业战略后的企业绩效，把它与既定的战略目标与绩效标准相比较，发现战略差距，分析产生偏差的原因，纠正偏差，使企业战略的实施更好地与企业当前所处的内外环境、企业目标协调一致，使企业战略得以实现。

所有的管理者都应当承担控制的职责，即便其部门完全按照计划行动。因为管理者对已经完成的工作与计划所要达到的标准进行比较之前，他并不知道部门的工作是否进行正常。企业活动与预定的战略目标偏离时，如果不及时采取措施加以纠正，企业的战略目标就无法顺利实现。要使企业战略能够顺应不断变化的内外环境，除了使战略决策具有应变性外，还必须加强对战略实施的控制。

（二）战略控制的内容

（1）设定绩效标准。根据企业战略目标，结合企业内部人力、物力、财力及信息等具体条件，确定企业绩效标准，作为战略控制的参照系。

（2）绩效监控与偏差评估。通过一定的测量方式、手段、方法，监测企业的实际绩效，并将企业的实际绩效与标准绩效对比，进行偏差分析与评估。

（3）设计并采取纠正偏差的措施，以顺应不断变化的条件，保证企业战略的圆满实施。

（4）监控外部环境的关键因素。外部环境的关键因素是企业战略存在的基础，这些外部环境关键因素的变化意味着战略前提条件的变动，必须给予充分的注意。

（5）激励战略控制的执行主体，以调动其自控制与自评价的积极性，以保证企业战略实施的切实有效。

（三）战略控制在战略管理中的作用

（1）企业战略实施的控制是企业战略管理的重要环节，它能保证企业战略的有效实施。战略决策仅能决定哪些事情该做、哪些事情不该做，而战略实施控制的好坏将直接影响企业战略决策实施的效果好坏与效率高低，因此企业战略实施的控制虽然处于战略决策的执行地位，但对战略管理十分重要、必不可少。

（2）企业战略实施的控制能力与效率的高低又是战略决策的一个重要制约因素，它决定了企业战略行为能力的大小。企业战略实施的控制能力强，控制效率高，则企业高层管理者可以做出较为大胆的、风险较大的战略决策，反之，则只能做出较为稳妥的战略决策。

（3）企业战略实施的控制与评价可为战略决策提供重要的反馈，帮助战略决策者明确决策中哪些内容是正确的、符合实际的，哪些是不正确的、不符合实际的，这对于提高战略决策的适应性和水平具有重要作用。

（4）企业战略实施的控制可以促进企业文化等企业基础建设，为战略决策奠定良好的基础。

（四）战略控制的方式

从控制时间来看，企业的战略控制可以分为如下三类。

1．事前控制

在战略实施之前，要设计好正确有效的战略计划，且该计划要得到企业高层领导者的批准后才能执行，其中重大的经营活动必须通过企业领导者的批准同意才能开始实施，所批准的内容往往也就成为考核经营活动绩效的控制标准，这种控制多用于重大问题的控制，如任命重要的人员、重大合同的签订、购置重大设备等。

由于事前控制是在战略行动成果尚未实现之前，通过预测发现战略行动的结果可能会偏离既定的标准，因此管理者必须对预测因素进行分析与研究。一般有三种类型的预测因素：

（1）投入因素。即战略实施投入因素的种类、数量和质量，将影响产出的结果。

（2）早期成果因素。即依据早期的成果，可预见未来的结果。

（3）外部环境和内部条件的变化，对战略实施的控制因素。

2．事后控制

即在企业的经营活动之后，比较战略活动的结果与控制标准，其工作重点是要明确战略控制的程序和标准，把日常的控制工作交由职能部门去做，即在战略计划部分实施之后，将实施结果与原计划标准相比较，由企业职能部门及各事业部定期将战略实施结果向高层领导汇报，由领导者决定是否有必要采取纠正措施。

事后控制方法的具体操作主要有联系行为和目标导向等形式。

（1）联系行为。即对员工的战略行为的评价与控制直接同他们的工作行为联系挂钩。员工比较容易接受，并能明确战略行动的努力方向，使个人的行动导向和企业经营战略导向接轨。同时，通过行动评价的反馈信息修正战略实施行动，使之更加符合战略的要求；通过行动评价，实行合理的分配，从而强化员工的战略意识。

（2）目标导向。即让员工参与战略行动目标的制定和工作业绩的评价，既可以看到个人行为对实现战略目标的作用和意义，又可以从工作业绩的评价中看到成绩与不足，从中得到肯定和鼓励，为战略推进增添动力。

3. 随时控制

即过程控制，企业高层领导者要控制企业战略实施中的关键性过程或全过程，随时采取控制措施，纠正实施中产生的偏差，引导企业沿着战略的方向进行经营，这种控制方式主要是要对关键性的战略措施进行随时控制。

应当指出，以上三种控制方式所起的作用不同，因此，在企业经营当中是可以被随时采用的。

从控制主体的状态来看，战略控制可以分为如下两类。

1. 避免型控制

即采用适当的手段，使不适当的行为没有产生的机会，从而达到不需要控制的目的。如通过自动化使工作的稳定性得以保持，按照企业的目标正确工作；通过与外部组织共担风险减少控制；转移或放弃某项活动，以此来消除有关的控制活动。

2. 开关型控制

开关型控制又称为事中控制或行与不行的控制。其原理是在战略实施的过程中，按照既定的标准检查战略行动，确定行与不行，类似于开关的开与止。

开关控制方法的具体操作方式有以下几种：

（1）直接领导。管理者对战略行动进行直接领导和指挥，发现差错及时纠正，使其符合既定标准。

（2）自我调节。执行者通过非正式的、平等的沟通，按照既定的标准自行调节自己的行为，以便与协作者配合默契。

（3）共同愿景。组织成员对目标、战略宗旨认识一致，在战略行动中表现出一定的方向性、使命感，通过不同的方法最终实现共同的目标。

开关控制法一般适用于实施过程标准化的战略实施控制，或某些过程标准化的战略项目的实施控制。

从控制的切入点来看，企业的战略控制可以分为如下五种：

1．财务控制

是用途极广的、非常重要的控制方式，覆盖面广，包括预算控制和比率控制。

2．生产控制

即对企业产品品种、数量、质量、成本、交货期及服务等方面的控制，可以分为产前控制、过程控制及产后控制等。

3．销售规模控制

销售规模太小会影响经济效益；销售规模太大会占用较多的资金，影响经济效益，为此要对销售规模进行控制。

4．质量控制

包括对企业工作质量和产品质量的控制。工作质量不仅包括生产工作的质量，还包括领导工作、设计工作、信息工作等一系列非生产工作的质量，因此，质量控制的范围包括生产过程和非生产过程的其他一切控制过程，质量控制是动态的，着眼于事前和未来的质量控制，其难点在于全员质量意识的形成。

5．成本控制

通过成本控制使各项费用降低到最低水平，达到提高经济效益的目的。成本控制不仅包括对生产、销售、设计、储备等有形费用的控制，还包括对会议、领导、时间等无形费用的控制。在成本控制中要建立各种费用的开支范围、开支标准并严格执行，要事先进行成本预算等工作。成本控制的难点在于企业中大多数部门和单位是非独立核算的，因此缺乏成本意识。

（五）战略控制的基本特征

战略控制的基本特征与战略控制过程的基本特征不同，它是对战略控制的一些基本要求。

1．适宜性

判断企业战略是否适宜，首先要求该战略具有实现公司既定财务和其他目标的良好前景。因此，适宜的战略应处于公司希望经营的领域，必须具有与公司相协调的文化，且尽可能建立在公司优势的基础上，或者以某种被确认的方式弥补公司现有的缺陷。

2．可行性

是指公司一旦选定了战略，就必须认真考虑其能否成功实施。公司是否有足够的财力、人力或者其他资源、技能、技术、诀窍和组织优势，换言之，企业是否有有效实施战略的核心能力。如果在可行性上存在疑问，就需要将战略研究的范围扩大，并合并能够提供所缺乏资源或能力的其他公司或者金融机构等方式，通过联合发展达到可行的目的。特别是管理层必须确定实施战略要采取的初始的实际步骤。

3．可接受性

可接受性强调的是与公司利害攸关的人员，是否满意推荐的战略，并且给予支持。一般来说，公司越大，对公司有利害关系的人员就越多。要保证得到所有利害相关者的支持是不可能的，但是，所推荐的战略必须经过最主要利害相关者的同意，而在战略被采纳之前，必须充分考虑其他利害相关者的反对意见。

4．整体利益和局部利益、长期利益和短期利益的不一致性

企业的整体是由局部构成的。从理论上讲，整体利益和局部利益是一致的，但在具体问题上，整体利益和局部利益可能存在不一致性。企业战略控制就是要对这些不一致性的冲突进行调节，如果把战略控制仅仅看作是一种单纯的技术、管理业务工作，就不可能取得预期的控制效果。

5．多样性和不确定性

公司的战略只是一个方向，其目的是某一点，其过程可能是完全没有规律、没有效率和不合理的，因此这时的战略就具有多样性。同时，虽然经营战略是明确的、稳定的且具有权威性，但在实施过程中由于环境变化，战略必须适时调整和修正，因而也必须因时因地提出具体控制措施，即战略控制具有多样性和不确定性。

6．弹性和伸缩性

战略控制中如果过度控制，频繁干预，容易引起消极反应。因而针对各种矛盾和问题，有时需要认真处理、严格控制，有时则需要适度的、弹性的控制。只要能与战略目标保持一致，就可以有较大的回旋余地且具有伸缩性。所以战略控制中只要能保持正确的战略方向，尽可能减少干预实施过程中的问题，尽可能多授权下属在自己范围内解决问题，对小范围、低层次的问题不要在大范围、高层次上解决，反而能够得到有效的控制。

（六）影响战略控制的因素和趋势

在制定和实施战略的过程中，必须同时考虑现有的定量分析、信息上的缺陷、不确定性、不可知以及人类心理等因素。部分因素是企业内部的特点，正是这些特点才使同一行业中的各个公司有所差异；还有部分因素由于受到行业性质和环境的制约，则使一个行业中的企业战略较为相似。

无论何种行业，尽管各种因素的影响力度不同，但影响战略控制的因素可以分为需求和市场、资源和能力、组织和文化三类。这三类因素在现代企业中呈现如下趋势：

（1）更加重视质量、价值和顾客满意度。不同的需求驱动因素（如便利、地位、风格、属性、服务等）在不同的时间和地点扮演了不同的角色。现代顾客在做出购买决策时更加重视质量和价值。一些卓有成效的公司致力在于提高质量的同时降低成本，它们的指导思想是持续不断地用更少的成本提供更多的东西。

（2）更加重视关系建设和竞争导向。现代企业关注于培养顾客的忠诚度，从交易过程转向关系建设，与企业的关联者保持和谐融洽的状态。

（3）更加重视业务流程管理和整合业务功能。现代企业从管理一系列各自为政的部门转向一系列的基本业务流程，组成跨部门的工作团体管理这些基本流程。

（4）更加重视全球导向和区域规划。现代企业的边界日益扩张，无国界经营成为发展潮流。当企业进入国外市场时，必须适应当地的发展趋势。企业必须从全球化的角度进行战略思考，但战略计划和实施却是区域化、当地化的。

（5）更加重视战略联盟和网络组织。一旦企业全球化，就会意识到无论规模或资产多大，都已经失去了保证成功的某些资源和能力。考虑到完整的价值链，企业认识到了和其他组织进行合作的必要性和重要性。高层管理者把越来越多的时间用于设计战略联盟和网络组织上，以此形成竞争优势。

（6）更加重视权势架构及其影响。任何组织都存在利用权势实现个人或集团利益的现象，在许多时候，企业的战略决策就是由权势决定的。现代企业面临的复杂环境决定了人们在目标、价值观念、利害关系、职责和认识上的分歧，同时彼此对对方有控制权，在某种程度上依赖对方。

【小资料】

中国企业战略实施中的几个常见现象：

（1）利润与销售收入“靠天收”；

（2）市场越来越难做，抱怨越来越多；

（3）对企业发展战略，公司每一个人都有自己的不同理解；

（4）缺乏现实业绩目标的动力，执行力不尽人意；

（5）当公司的业绩目标没有实现时，互相推诿责任；

（6）ISO9000认证虽然通过了，但产品因质量原因的退货率越来越高；

（7）流程再造后，新的流程规则难以执行。

实践证明，战略实施并不是轻而易举、水到渠成的，它涉及大量资金、时间和人力的安排，因此，战略实施较之战略分析和战略选择来说，可能涉及面更广，问题也更多。

战略控制包括三项基本活动：

（1）考察企业战略的内在基础；

（2）将预期结果与实际结果进行比较；

（3）采取纠正措施以保证行动与计划的一致。

【案例 1–5】 戴尔电脑公司的战略实施。

戴尔电脑公司（简称戴尔公司）是 20 世纪 90 年代迅速崛起的企业之一，它的股票价格以每年 100% 的速度上升，这令股东们非常高兴。随着戴尔公司的不断成长，其最大的挑战之一，始终是管理和变革戴尔电脑公司的组织结构、控制系统以及组织文化。

1984 年，当戴尔年仅 19 岁时，他花了 1000 美元购买了计算机零件，自己动手组装成电脑，然后通过电话卖了出去。顾客对他的电脑的需求日益增加，这意味着在几周之内，戴尔就要雇人来做帮手，不久，戴尔就指导着 3 名员工围着一张 6 英尺（1 英尺 =0.3048 米）的桌子组装电脑，而另外 2 名员工则通过电话接受订单。到了 1993 年，戴尔雇用了 4500 名工人，而且每周都要雇用上百名新工人才能跟上电脑需求的步伐。当他发现自己每天要工作 18 个小时来管理企业时，他认识到，自己已经不能再这样单枪匹马领导企业了。公司的增长需要加以管理，他需要招募和雇用战略经理，这些人应当具有管理诸如营销、金融以及制造等不同职能领域的经验。戴尔从 IBM 公司和康柏公司招募主管，在他们的帮助下创造出了职能结构：工人们按照他们具有的共同技能，或者他们完成的任务加以分类，组织起来把电脑传递给客户所必需的价值链活动。作为这种组织流程的组成部分，戴尔公司的结构变得更加高大，管理层次也更多，以确保戴尔和他的经理们能对日益增长的企业的不同活动有足够的控制。戴尔把公司的职能价值链活动的控制权授予他的经理们，这就使他能够腾出时间去执行为企业寻找新机遇的企业家的任务。

戴尔公司的职能结构运行良好，在新的管理团队的领导下，公司继续飞速成长。而且，戴尔公司新的结构又把缩减成本所需要的控制权交给了职能经理们。结果，戴尔公司成了成本最低的电脑制造商。分析家还报道说，戴尔公司开发出了一种精益的组织文化，这意味着员工们已经养成了这样的规范和价值观：强调努力工作，互相帮助寻求创新之路来生产产品、保持低成本、提高可靠性。由于客户投诉极少，戴尔公司已经成为客户最满意的电脑制造商之一，其员工则由于为不会安装计算机的客户提供卓越的售后服务而闻名遐迩。

戴尔认识到，新的、不同的问题在不断产生。现在戴尔公司正在出售大量计算机给各种各样的客户，例如家庭、企业、教育机构以及政府各部门等。由于客户需要特点各异、功率不同的计算机，戴尔公司的产品线迅速扩大，员工开始难以有效满足这些不同类客户的需要，因为每一个员工都需要了解所有产品特点的信息，或者说在其产品范围内的数以千计的不同销售品的信息。

1995 年，戴尔着手把公司改革成面向市场的结构，创建了一些独立的部门，如消费者部、业务部等，去适应不同客户群体的需要。在每一个部门，员工组成的团队专门为其中一类客户群体的需要服务。这种更加复杂的结构，也使每个部门形成独特的适合其任务的亚文化，从而使员工们能够深入了解有关市场需求，有助于他们更好地对客户需要做出响应。这一结构和文化的变革获得了巨大的成功。1999 年，戴尔公司的收入超过了 300 亿美元，其利润则超过了 25 亿美元。

戴尔继续改变公司的结构，对客户需求不断变化的性质做出响应，戴尔公司独特的企业竞争力与时剧增。例如，戴尔认识到，他能够利用公司在材料管理、制造以及互联网销售方面的优势去生产范围更广的计算机硬件产品，所以，他决定开展组装服务器、工作站以及储存装置的业务，来和 IBM 公司、SUN 公司以及康柏公司竞争。互联网日益增长的重要性，引领戴尔把市场部门分成 35 个针对更加具体客户群体的较小单位，它们通过互联网从事大部分业务，戴尔公司能够向大型公司、小型公司以及私人购买者提供范围齐全的、实现需求客户化的计算机、工作站以及硬件装置。

为了协调公司内日益增多的活动，戴尔公司越来越多地利用公司内部的互联网和信息技术（IT），使各部门之间的活动标准化，在各职能之间实行整合。由于经理们将日常的决策制定授权给部分员工，他们可通过IT技术获取他们为提供卓越的客户服务所需要的信息。这样，戴尔公司的管理层就减少了。为了有助于降低成本，戴尔公司也将一些客户服务活动外包出去。由于这些进展，戴尔公司的职工更加努力保持其低成本的优势，而且成本意识的文化已经成为竞争优势的重要源泉，令其竞争者羡慕不已。

第二章

团队管理

第一节 团队含义

21世纪的智慧，是集体的智慧；21世纪的竞争，是集体的竞争；个人只有融入团队，才能强悍无敌，企业只有组建团队，才能在激烈的竞争中立于不败之地！

福特汽车公司创始人亨利·福特曾经说："相聚是开始，相处是进步，合作是成功。"的确，这是一个到处都需要团队协作的年代，体育比赛是团队协作赢得成功的典范，但如果你细心观察，就会惊异地发现，各行各业、各个领域，无不需要团队协作，每一次成功的背后，无不充盈着令人振奋的团队精神！

"团队"，并不是我们人类的首创，在我们所生活的这个自然当中，到处都可以看到团队和团队精神的存在。比如狼和大雁，这两种动物都是以特殊的"团队精神"而著称的。在植物界，也有类似的例子。世界上最高大的植物，要数美国加利福尼亚州的红杉，红杉高90米，相当于30层楼那么高。一般来说，高大的植物，它们的根要深深地扎在泥土中，否则一股大风吹来，就有可能将其连根拔起。然而红杉的根却浅浅地埋在地表。后来人们发现，原来红杉并不是单独生长，而是一株一株地连在一起，形成上万公顷的红杉林，它们彼此连接在一起，再大的飓风也无法撼动它们！

红杉的生存和强大在于它们的团队精神！彼此支撑，彼此缠绕，相互连接，相互依存，这样才能共生共荣，共同发展！

一、团队的含义

（一）团队的概念

所谓团队，就是一群以任务为中心，为共同的目标而积极合作的人的组合。

在团队中，大家互相协作，每个人都把个人的智慧、能力和力量贡献给自己所从事的工作。

（二）团队≠工作群体

这里所说的“团队”与我们随处可见的工作群体不同，详见表 2–1。

表 2–1　团队与群体的区别

工作群体	团　队
群体规范与人们从事的任务没有关系	团队规范以任务为导向
群体中的成员不一定要参与到需要共同努力的集体工作中，不存在积极的协同作用	通过其成员的共同努力能够产生积极协同作用
群体的绩效，仅仅是每个成员个人贡献的总和，不能够使群体的总体绩效大于个人绩效之和	团队成员努力的结果，使团队的绩效水平大于个体绩效的总和

从表 2–1 的对比可以发现：

（1）团队是一个有机的整体，成员以任务为导向，通过共同努力，能够产生积极的协同作用。成员之间相互依赖的程度比较高，每个人的工作都和其他成员的工作密切相关，彼此之间相互依存，互为因果，大家都是同一流程中的一个必要环节。一个人的工作没有成绩，整个团队的业绩就会受到影响。比如，一支正在比赛的足球队，就是一个典型的团队。

（2）工作群体是一个松散的集合，群体中的每个人都是独立工作的，各有各的指标，各有各的任务，相互依赖程度不高，虽然大家集中在一起工作，但彼此之间并不相互依存，不需要协调配合，群体的绩效只是个人成绩的总和。这样的工作群体随处可见，比如学校中，一个教研组的授课教师，工厂里，同一车间、同一个工种的工人。

在团队中，更强调个人创造力的发挥，更强调团队整体的协同作战，更注重成员间的密切配合。

随着经济的快速发展和企业内部管理分工的进一步细化，我们的工作内容和工作方式都在发生变化，越来越多的工作需要团队来合作完成。团队合作远远要比松散的工作群体所能创造的绩效更高。对于企业来讲，很多的工作，也都需要通过团队管理的方式进行运作。各级管理者应有意识地运用这种方式去管理，同时加快现有常规工作群体向团队的转化。

为了更加深刻地理解团队的意义，我们安排下面这样一个活动：

【团队活动 2–1】 组建团队。

1．活动目的

（1）组建学习团队，让学员亲身参与团队运作的过程。

（2）向学员展示，成为一个团队中的一员是多么令人愉快，而被团队排除在外时是多么令人不安。

2．所用材料

事先准备好的足够多的短语卡片和信封，在进行游戏时发给所有的参与者。

3．活动步骤

（1）将准备好的短语卡片复制若干份（根据参与者人数确定），另外准备 1～5 张短语卡片，每张卡片上的短语都不同，将所有卡片按类别分装在信封里，让学员每人抽取一张卡片。

（2）让学员按短语卡片上的内容组建团队，相同短语为同一团队。

（3）当除了几个“孤独者”之外的所有人都找到了自己的团队后，引导整个团队进行后面的讨论。

4．讨论题

（1）当你发现自己与别人有相同的短语，找到了自己的团队的时候，你的感受如何？

（2）没有被一个团队或小组接纳的时候，你的感受如何？在工作中发生过类似的事情吗？

这个活动能让参与者亲身体会团队的重要意义，体会融入团队对于个人的重要作用。

（三）团队 = 共同的目标 + 团结协作

通过前面的分析和实践，我们了解到团队和单纯的工作群体是有区别的。那么，什么样的群体才是团队呢？一支正在打比赛的足球队，成员的角色不同，所负的责任也不同，但彼此之间却要相互密切协作。大家有一个共同的任务——进球，共同的目标——赢得比赛胜利，这是一个典型的团队。团队这个概念的关键和实质应该是：共同的目标加上团结协作。

共同的目标加上团结协作，是团队的本质特征。如果进一步阐释，它可以体现为：

（1）团队成员具有共同的目标和愿景。

（2）成员之间的工作密切相关、相互依赖。

（3）团队成员才能互补、相互协作。

（4）团队绩效是“总体大于局部之和”，而不是个体成绩的简单相加。

（5）团队成员要有一种为团队绩效而甘愿牺牲自我的奉献精神。

下面这个案例非常典型地说明了团队的本质特征。

【案例 2-1】 “豪华阵容”缘何战绩不“豪华”。

足球场上，常常可以看见弱小球队战胜“豪门”的例子。比如2016年欧洲杯足球赛上的法国国家队，当时他们拥有吉鲁、格列兹曼、博格巴等一众青年才俊，可谓豪华阵容，却在本土败给了并不强大但更为默契的葡萄牙队，是这些球星们没有尽力吗？还是他们根本就是徒有虚名？都不是。

这样一支大咖云集的球队败北，真正的病根还在于大牌球星虽多，却始终未能成为一个有机的整体，团队的运作始终不能稳定高效，投入虽大，产出却不成比例。而足球作为一项集体运动，前锋、中场、后卫、门将，各司其职，具有一定的组织层次，更加强调相互之间的协作和配合。单凭个人的力量难以取得稳定、优异的成绩。这也是一些默默无闻的小球队能战胜知名球队的最主要原因。

二、塑造团队内部的不同角色

团队是由众多成员组成的群体，成员间各自的角色应该是不同的，如果仔细观察，你会发现，在一个标准的团队当中，通常会包含这样 8 种角色。

（一）协调人

（1）时刻想着团队目标，具有一种个人魅力，这种魅力能激发别人的忠诚和热情。

（2）通常不是借助权威，而是通过营造宽松、和谐的气氛来实现对团队的支配。

（3）成熟、自信，胸怀坦荡，不无端猜忌，懂得如何恰当地利用每个成员的长处和不足。

（4）在团队中，他并不是最聪明或最有智慧的成员，但他有眼光，有胆识，有见地，视野宽。

（5）能认真听取各种有价值的意见和建议，看问题客观全面，做决策审慎果断。

（6）协调人相对的弱点是：个人在创造力、想象力方面不十分突出，因为在团队中，他并不是智慧最卓越的成员。

（二）智多星

（1）思想奔放，创造力强，是团队中思想和创意的源泉。

（2）团队陷入困境时，率先提出一种解决问题的全新方法。

（3）个性鲜明，经常陶醉于自己的创造力和想象力当中，工作起来有时不太顾及整体目标和利益。

（4）不太善于接受别人对自己的批评，很难接受反面意见，甚至有时会拍案而起，拂袖而去。

（5）人际沟通技巧欠佳，有点天马行空，凭着自己的想象来与人相处。

（三）塑造家

（1）他的作用与名字一样，是把集体的工作任务具体化、成型化。智多星迸发出的火花，由他整理为可操作的具体方案。

（2）努力把团队的各种活动规定为某种模式、某种形式，并尽快做出计划并付诸行动。

（3）团队中最有效率的成员，说干就干，从不拖延，能在压力很大时产生动力，引发行动。当一个工作集体处在复杂环境中，或工作极难向前推进时，其作用显得极为重要。

（4）工作积极性高，性格外向，易动感情，个人的成功欲望特别强，爱向别人挑战，也善于应战，有时可能为此经常与别人争吵，但从不心存积怨。

（5）同智多星一样缺乏对人际关系的理解，以致给人感觉有点妄自尊大，让人敬而远之，内部人常有一种被其驱使的感觉。

（四）监督员

（1）生性严肃，有点冷血气质。不爱激动，有很强的分析、判断能力。对集体的贡献在于其能冷静慎重地对问题进行分析。

（2）不大可能提出启迪人思考的好主意，但很可能阻止一项使集体误入歧途的方案。

（3）善于解决大量复杂的问题，善于评估团队其他人的意见，考虑问题周到、审慎，善于进行正反两方面的利弊权衡。

（4）生性爱批评，尤其是看到工作中有漏洞时。有时集体的士气很高，他却会出来泼冷水，让人扫兴。

（5）本人缺乏热情和想象力，看起来有些枯燥无味，但稳重可靠，判断几乎很少失误。

（五）外交家

（1）性格外向，热情开朗，待人随和，交际广泛。

（2）善于与团队内外的人进行沟通，虽然不太容易自己产生思想火花，但他有广泛的外界联系，能把组织之外的各种思想信息带到组织中来，不让团队停滞、僵化，与外面世界失去联系。

（3）很少坐在办公室里，即使在办公室，可能也是在不断地向外打电话。

（4）有广泛多样的外界兴趣，使他把过多的精力放在个人感兴趣但与本职工作不相干的事情上，同时他也容易犯事过境迁兴趣马上转移的毛病，所以要对他随时保持激励，否则他的热情可能会很快消退下去。

（六）凝聚者

（1）团队中最敏感的人，了解团队中所有成员的个人需求和疑虑，能清晰地体察团队的潜在情绪，并能及时进行疏导和沟通。

（2）性情温和，易于结交，待人处事有较强的灵活性，能适应各种不同环境和不同人，往往是一个团队的黏合剂和润滑剂。

（3）比较善于倾听别人的倾诉，能有效防止和解决由智多星、塑造家这些角色偶尔引起的摩擦和不合，并尽力去维持和谐的工作气氛。

（4）凝聚者个人贡献的价值有时不像其他团队角色那样立竿见影，有时他个人处理问题也不够果断，但当团队面临压力和困难时，他的作用就会显得异常重要。

（七）实干家

（1）工作的实际组织者和操作者，把各种决定、决策变成明确的、具体的工作任务，使人们确实能够接受并予以实施。

（2）具有自我约束和控制的能力，喜欢辛勤的工作，有计划有系统地解决问题。

（3）对集体十分忠诚，总把工作放在第一位，不太计较个人利益。

（4）具有踏实的个性、严谨的风格和完成任务的良好技能，工作有效率、有条理，追求完美。

（5）因为习惯于按部就班工作，按既定步骤做事，所以突然的变化会使他难以应付。在工作中有时缺乏灵活性，不善于变通。

（八）善后者

（1）经常担心可能会出什么差错，所以会时刻跟进检查，关注细节。

（2）在工作中，往往不太注意放权，喜欢自己来完成所有的工作。

（3）最重要的特点就是强调秩序，按部就班，严格按日程办事，遵守时间。当工作需要高度集中和精确无误时，他的秩序性、高标准、精确性及其对细节的关注，都会成为团队中十分有价值的财富。

（4）有时会没耐心，不能容忍团队中那些稀里糊涂和漫不经心的成员，因而会压抑团队内的其他成员的士气。

（5）有时会因为过分拘泥于细节，而偏离了总体的目标和方向。

这是团队内部成员的角色分工，但不是说，一个团队就是由 8 个人或 16 个人组成的，在很多团队中，成员的角色分工并没有表现得这么典型和明确，角色与角色之间可以相互渗透，一个人也可以身兼几个角色。但无论如何，一个团队如果能囊括这 8 种角色，这个团队工作起来才有可能创造最佳效益。

俗话说，“得士者昌，失士者亡”，人才是世界上最宝贵的财富，只有聚集英才，借助于众人的力量，团队的事业才能兴旺发达。闻名于世界的微软公司，正是靠团队合作取得成功的典范。

【案例 2-2】 比尔·盖茨身后的战友们。

微软帝国——这是人们对比尔·盖茨辉煌成就的习惯称呼，但微软所取得的成就，并不单单属于他一个人，在比尔·盖茨的光芒下，还站着他创业中不可或缺的团队成员。

在比尔·盖茨的学生时代，他结识了一生中最重要的两个朋友，也是他最重要的合作伙伴——保罗·艾伦和史蒂夫·巴尔默。保罗·艾伦和比尔·盖茨有着共同的伟大理想，他们都对计算机技术有着狂热的兴趣。1975 年，比尔·盖茨和保罗·艾伦共同创办了微软公司，他们的想法是：为各种各样的微电脑开发软件。比尔·盖茨在合作协议中获得了微软大部分的股权，比尔·盖茨占60%，保罗·艾伦占40%，后来这种比例又调整为64∶36，但是，两个人都十分清楚，从股份的多少不能划分的是比尔·盖茨和保罗·艾伦这个精干的创业团队，缺一不可。

微软管理团队中另一个重量级的人物史蒂夫·巴尔默，则为微软的巩固立下了汗马功劳。史蒂夫·巴尔默与比尔·盖茨有着很多不同，史蒂夫·巴尔默善于社交，经常穿梭于哈佛的每一个角落，他似乎认识哈佛的每一个人，而比尔·盖茨则在天性上常流露出腼腆和拘谨。史蒂夫·巴尔默性情暴躁但雄心勃勃，他从哈佛大学毕业后，到斯坦福大学攻读商业管理硕士学位，但最终与比尔·盖茨一样没有念完就退学了。史蒂夫·巴尔默对计算机没有兴趣，但他与比尔·盖茨一样对数学有着共同的兴趣。史蒂夫·巴尔默和比尔·盖茨的性格也有相同的地方，用比尔·盖茨的话说，他和史蒂夫·巴尔默属于“高频段交流”，另一方刚好能接受这一方的全部信息。1998年7月，史蒂夫·巴尔默担任微软公司总裁，2000年1月，出任微软公司CEO。有人这样形容，如果说比尔·盖茨是微软公司的大脑，那么史蒂夫·巴尔默就是微软公司狂野的心脏。史蒂夫·巴尔默担任CEO只有一年，微软公司就再一次公布了创纪录的营业额和利润。史蒂夫·巴尔默的足迹遍布微软公司的管理、销售、市场、产品和服务，他制定了微软公司客户服务的新模式，倡导渠道革新，与客户建立起密切的关系。是他负责重新营建了微软公司的工作环境，也是他对微软公司进行了改组和重塑。

从微软团队的成功背后可以看出，即使精明如比尔·盖茨这样的老板，如果没有自己的人才团队，没有团队内部的角色互补，也无法铸造“微软帝国”的皇冠。

第二节 团队协作

所有一流的团队，以及所有一流的组织，都是围绕一个共同的梦想，或共同的内在目标而组建起来的。

一个高绩效率的团队，需要成员具有清晰的目标、自发的动机、共同的理念，在积极创新的同时表现出良好合作的个性品质。建立了团队之后，如何将一支常规状态下的团队，打造成一支高绩效的团队，是每一个团队需要解决的问题，这也是建立团队、实施团队运作的主要目的之一。那么，如何才能打造一支高绩效的团队呢？下面给您提供了解决问题的五大工具。

打造高绩效团队的工具之一：构筑清晰的目标

（1）一个高绩效的团队，要有清晰的目标，成员要对团队目标有清楚的了解，并坚信这一目标包含着重大的意义和价值。

（2）团队成员在共同目标的激励下，自觉地将个人目标升华到团队目标中去，自觉地与团队目标保持一致。

（3）在共同目标的引领下，成员间相互信任，每个成员对其他人的行为和能力都深信不疑，成员间相互协作，彼此间不存在恶性竞争，而是资源共享、信息共享的关系。

（4）在团队内部，并不特别主张奖励个人，而是集体奖励。

【案例 2-3】 巨额奖金如何分配。

在一次世界杯足球赛上，韩国队打入了四强，韩国很多企业及有关部门为球队颁发了一笔数目可观的奖金，当时，关于这笔奖金如何分配的问题，曾引起一场讨论，有人主张不论球星还是普通球员，一律平均分配；还有人认为球员应按身价不同拉开差距。后来按照第一种方案进行了奖金的分配。理由就是，团队绩效是大家共同努力的结果，球星也好，普通球员也好，在赛场上都是不可或缺的一员，个人技术再高超，离开了别人的协同配合，也无法进球。至于个人身价、技艺等方面上的差别，在平时的薪水中已经有所体现了。因而实行了团队集体奖励，成员平均分配奖金，这样的例子在我们的日常工作中也时常有所体现。

打造高绩效团队的工具之二：建立自发的动机

高绩效团队必须重视发掘成员的主观能动性，点燃他们胸中的创造之火，让人人处于一种“基于自发的动机”而工作的忘我状态中，从而打造出“激情团队”。任何外部的动机，比如想赚钱、升职或出名，没有发自内心的热情，没有满足高层次精神需求的欲望，没有创造的冲动，只是出于世俗的、浅层次的动机而工作，这样的集合无法成为优秀的团队。

动机问题会直接体现为积极性问题。现在很多企业都越来越注重“绩效”，但是“绩效”却是一把“双刃剑”，处理不好，非常容易损伤人的积极性。

【案例 2-4】 绩效主义毁了索尼？！

日本索尼公司（简称索尼）前常务董事天外伺朗曾经发表过一篇文章，题目叫《绩效主义毁了索尼》，在这篇文章中，他的代表性观点就是：索尼之所以遇到一系列的麻烦和困境，远离了往日的辉煌，主要原因，就是实行了“绩效主义”。他认为，片面地强调“绩效”，导致现在的索尼“挑战精神消失了，团队精神消失了”，因为，业务成果和金钱直接挂钩，职工是为了拿到更多报酬而工作，“你努力干我就给你加工资”，那么以工作为乐趣的这种内在的动机就会受到抑制。因为要考核业绩，几乎所有人都提出容易实现的低目标，追求眼前利益的风气蔓延，短期内难见效益、但却关系到团队长远利益的一些工作就会受到轻视。索尼还会对各业务部门进行绩效考核，由此决定整个业务部门的报酬，最后导致的结果是，业务部门相互拆台，都想方设法从公司的整体利益中为本部门捞取好处。这样一来，绩效主义慢慢洗刷了曾经辉煌的索尼，用天外伺朗的话说就是，“过去它像钻石一样晶莹璀璨，而今却变得满身污垢、暗淡无光。”

打造高绩效团队的工具之三：铸造共同的理念

（1）团队成员具有共同的理念，包括共同的价值观、职业理想、作观、职业操守等。

需要强调的一点是，这些理念必须是共同的，团队成员共同认可的，这样才能调动所有人的热情。

中国古代著名兵书《孙子兵法》中，总结了两军交战决定胜负的五个因素，谓为“道”“天”“地”“将”“法”，其中“道”被解释为“道者，令民与上同意也，故可以与之死，可以与之生，而不畏危！”非常形象地阐释了共同理念的重要性。

共同的理念是将理想化为现实的桥梁！

（2）团队成员对团队高度忠诚和认同，他们会自觉地表现出对团队目标的无私奉献精神，愿意为实现这个目标而调动和发挥自己的最大潜能。

日本企业的员工在这一点上做得非常突出，让我们来看这样一个案例。

【案例 2-5】 “公司遇到如此困难，你怎能安心待在家里呢？！”

日本是一个经济强国，但日本经济发展有一个致命的软肋——能源。日本的能源完全依赖进口，20 世纪 70 年代中东石油禁运，日本就遭受了很大的损失。当时通货膨胀率高达 25%，经济大幅度下滑。在这场灾难中，日本很多企业停产或破产。企业员工无所事事，很多人不得不暂时回家。因为日本的企业基本上都是终身雇佣制，为了培养员工的忠诚度，一般不裁员，哪怕是困难的时候。一经被雇佣，就终身是企业的员工，回家也就等于是休假或待岗，也还是企业的人。但是，回家的员工根本没有心思待在家里，他们又自动自发地回到企业，清理车间，剪除杂草，或者干点别的事情。他们认为企业有了困难，自己有义务尽力帮助企业，甚至这就是在帮助自己。其中有一位工人向记者坦言，他回到家时，被妻子训了一顿："公司遇到如此大的困难，你怎能安心待在家里呢？！"员工热爱企业，就会心甘情愿去奉献，连员工的家属也会爱屋及乌。

这样的员工，他们将个人目标与团队目标紧密地联系在一起，具备了为团队奉献的高境界；也只有这样的团队，才能真正地创造高效率！

打造高绩效团队的工具之四：设定创新的目标

创新是一个团队的灵魂，没有创新能力，很难能高效地完成任务。创新就是要进行创造性的思维，不要拘泥于固有的框架，要突破思维定势。

何为思维定势？指的是"过去的感知影响当前的感知"，它是反复思考同类或类似问题所形成的、定型化的思维模式。

思维定势在人类社会进步中扮演了极为重要的角色，因为它有利于常规思考，使人在思考同类问题时，不用重复地去摸索试验，节省时间少走弯路，直接运用已有经验，驾轻就熟地解决问题。

然而，有时候经验却又是靠不住的。思维定势会使我们的意见和观点不可避免地带有主观色彩，有时必须打破常规，以全新的视角看待事物，抛开经验，寻找新的出路……

【案例 2–6】 "聪明"的蜜蜂和"愚蠢"的苍蝇。

美国一所著名大学的实验室曾经做过一个著名的实验，把 6 只蜜蜂和 6 只苍蝇装进一个玻璃瓶里，然后把瓶子放倒，瓶底那面朝着亮光，瓶口那一面对着黑暗。结果发生了什么呢？蜜蜂不停地在瓶底那一面爬来爬去，它们认为，有亮光的地方，必然是这个瓶子的出口，所以它们不停地按着这种逻辑去行动，结果，因为它们对经验的笃信不疑，最终都没逃出这个瓶子。而苍蝇呢，它们对事物的逻辑一无所知，也不顾光亮的吸引，没头苍蝇，四下乱飞。结果不到两分钟，6只苍蝇全都逃之夭夭了。

通过这个案例，不难发现：人类也常常像蜜蜂一样，经验使我们习惯于按常规的办法考虑问题，有时被困于一种无法解脱的怪圈当中，难以杀出重围。此时，我们是否考虑过要学一学苍蝇呢？！

下面安排一个创新能力训练的小游戏。

【团队活动 2-2】 创新能力训练——你习惯了吗？

1．活动目的

（1）说明人们是多么易于养成并且不断利用无意识的习惯；

（2）说明旧有的习惯可能会影响我们采取新的行为方式，因此创新首先要做到对原有经验的“无知”。

2．活动步骤

（1）请穿三件套西装的人、穿夹克衫的人（4～5位）站起来，脱掉他们的外衣；

（2）让他们穿上外衣，并提示所有人注意他们先脱、穿的哪一只袖子；

（3）请他们再次脱、穿外衣，并要求先脱、穿另一只袖子。

讨论题：

（1）颠倒了习惯的穿衣次序你有何感觉？在旁观者看来又是怎样呢？

（2）是什么阻碍我们采取新的做事方式？我们进行改变时应怎样做才能不让旧的习惯影响到新的行为方式？

通过这个小游戏，你会发现：创新十分重要，但说起来容易做起来难。习惯性的东西一旦养成，是很难改变的。但是，你更要记得：现代社会，到处充满了激烈的竞争，企业如同在“逆水行舟”，不进则退，创新虽然难，但却是别无选择的选择！

打造高绩效团队的工具之五：培养合作的个性

高效团队是由一群高效的成员组成的，他们应该具备实现团队目标所必需的技术和能力，而且相互之间有能够良好合作的个性品质。后者尤为重要，却常常被人们忽视。有精湛技术能力的人，并不一定就有处理群体内关系的高超技巧，因此应特别注重个体合作能力的养成。

良好合作的个性品质，是可以通过有意识的行为来进行塑造的，下面提供几个方法以供参考。

★ 方法1：多看别人的优点

要多看别人的优点。团队强调协同作战，少有命令和指示，团队的工作气氛很重要，它会直接影响团队的工作效率。如果大家都能积极地去寻找别人的长处，多看别人的优点，心情就会好，人与人之间的协作就会顺畅，团队整体的工作效率就会很高。反之，总是盯住别人的缺点，怎能有好的心情去合作呢？！

★ 方法2：时常检视自己的缺点

常问自己："我是不是很冷漠？固执？很尖刻？"在团队中，这是致命的缺点！

团队工作需要大家在一起不断地商量，如果固执己见，听不进去别人的意见，无法与人达成一致，工作就很难开展。

俗话说"江山易改，禀性难移"，如果你有这些毛病，并且已经意识到很难改掉，那就坦诚地说出来，让大家监督你改掉，千万不要一味地去回避。

★ 方法3：赞扬别人

每个人都有被重视的渴望，特别是知识型员工。一句小小的鼓励、赞许，可以使他干劲倍增。

日本松下老板鼓励员工的"三件宝"，拍肩膀是其中之一，就是及时赞许。管理学中也讲，好的员工是赞扬出来的。

不仅是赞扬，及时赞扬更重要。下面讲一个香蕉别针的故事。

【案例 2-7】 “香蕉别针”的故事。

在 IBM 创业早期，“蓝色巨人”曾经一度面临着技术和市场占有率上的低谷，为尽快摆脱这场危机，IBM 所有的技术人员都在夜以继日地工作着，他们急于进行一项技术上的创新。一天，已经是凌晨 3 点钟了，一位技术员还在伏案工作，突然间，他产生了一个灵感，这足以攻克一直以来困扰公司的难题，于是他非常兴奋地跑到总裁办公室，把自己的想法向总裁说了一遍。当时 IBM 的总裁是小汤姆斯·沃特森，他听了技术员的创意后，非常激动，握着对方的手说，“太好了，这将拯救 IBM!”然而片刻之后，总裁突然转身跑回自己的办公桌前，弯腰将所有的抽屉打开，反反复复地找着什么东西。过了一会，总裁兴奋地来到技术员面前，将一样东西放在技术员手里，并对他说，“这是对你的奖赏，谢谢你拯救了 IBM!”

谁也不会想到，总裁送给技术员的奖赏，居然只是一个香蕉！然而，这却是他当时翻遍了所有的地方后，能找到的唯一的奖赏了。技术员握着这只香蕉，眼中充满了惊喜和激动的泪花。他被深深地震动了，身上顿时迸发出一种莫名的巨大力量，而这力量，完全是由这只小小的香蕉创造出来的。

后来，这个故事被人们广为传诵，并一直延承了下来。在 IBM，人们所能得到的最高荣誉，就是总裁亲手颁发的一枚小小的香蕉别针。

★ 方法 4：让别人喜欢你

在团队中，你的工作需要得到大家的支持和认可，所以必须让大家喜欢你。除了一起工作外，还要和大家一起参加各种活动，要关心别人，热情、随和，让人觉得你不仅仅是个好同事，还是好朋友，愿意与你相处，培养融洽的感情。“待遇留人、事业留人、感情留人”，人际关系，同事间的感情，对团队工作绩效有着很大的影响。因此，在团队中，我们要设法做一个讨人喜欢的人。

★ 方法5：谦虚

（1）骄傲自大的人，任何人都不喜欢。

（2）你可能在某方面是专家，但别人可能在另一方面远远超过了你，你不可能样样都行。

（3）谦虚使人进步，同时也能使人与人更好地相处，形成和谐友好的团队气氛。不要拿自己的强项同别人的弱项去比，这样才能保持谦虚！

★ 方法6：控制情绪

一个人的情绪，会直接关系到团队的工作气氛。

据研究，人的一生当中，有30%的时间，处于情绪不佳状态，人的情绪时好时坏，就像太阳东升西落一样正常，本无可厚非。但是，在团队中，如果任由坏情绪发作而不加以控制的话，就会造成严重的负面效应。

【案例2-8】 男孩与钉子。

有一个男孩，脾气很坏，经常控制不住自己。父亲跟他讲，“以后你每次发脾气的时候，就去往后院的那棵树上钉一根钉子”。男孩按照父亲的说法，每次发脾气，就往后院的那棵树上钉一根钉子。当钉了37根钉子后，男孩终于能控制自己的脾气了，于是他兴奋地跑去告诉父亲。父亲却又对男孩讲，“很好！那你这样，每当你能控制住自己情绪时，就去拔出一根钉子。”男孩遵照父亲的话做了，终于有一天，他将所有的钉子全都拔了出来。父亲拉着他的手来到树下，指着那棵树，对男孩说：“孩子，我非常高兴你再也不会乱发脾气了。但是，你看到这棵树了吗，它已经满是创伤，即使你拔掉了所有的钉子，它却再也恢复不到从前的样子了。话语的伤痛，就如同真实的伤痛一样，无论你说过多少次对不起，当初造成的伤害，都无法再愈合……”

这个故事非常形象地说明了控制情绪的重要性。现在有一种说法，叫作“情商决定命运”，情商对一个人的事业，甚至对人一生的成败，都会有着十分重要的影响。

请记住这句话：话语的伤痛，就如同真实的伤痛一样，无论你说过多少次对不起，当初造成的伤害，都无法再愈合……

下面安排一个团队活动，是针对本节内容的一个实际操作训练环节，可以帮助受训者将本节所讲述内容进行综合融通。

【团队活动 2-3】 团队协作训练—资源共享。

1．活动目的

（1）帮助学员建立团队协作意识和合作能力。

（2）进一步完善团队建设，训练学员通过默契的合作、沟通，高效率地完成任务。

2．所用材料

一开大白纸若干张，彩笔，直尺，剪刀，双面胶，小卡片等。

3．活动步骤

（1）每组选出本队队长；

（2）设计自己团队的名称、标志、口号；

（3）每人设计资源卡片，载入自己的个人信息；

（4）将所有设计内容展示在白纸上；

（5）每队展示本队的成果，各队分享交流。

4．讨论题

（1）你们团队在活动过程中是如何进行分工协作的？

（2）团队协作有什么样的意义？它与团队绩效有怎样的关系？

第三节 团队决策

决策时一定要把握正确的目标和方向。方向错了，会越走越远，工作做得再多，也是徒劳。从绩效上看，不但不会增加，反而会是负数。

决策是团队的重要功能。

决策也是每一个团队都会遇到而且经常会遇到的问题，尤其是一个“决策性质”的团队，比如某一个领导班子，可能它日常工作的大部分内容，都是要进行决策。那么：

（1）如何科学决策？

（2）如何发挥创造性思维？

（3）决策时如何充分发挥团队合作的优势？

（4）领导者如何有效授权？

一个高效团队，必须解决好这一系列问题。

一、把握正确的方向

一定要把握正确的目标和方向。

方向错了，会越走越远，工作做得再多，也是徒劳。从绩效上看，不但不会增加，反而会是负数。

把握正确的方向，需要有广博的知识，敏锐的洞察力，卓越的分析力、判断力。不仅是领导者，团队其他成员也应如此，这样才能最大限度地保证团队沿着正确的方向行进。其中，领导者的作用，是最关键的因素之一。

二、发挥创造力

要突破阻碍，发挥创造力。

每一个人都具有创造力，但并非每一个人的创造力都能表现出来，人的创造力会受到很多因素的阻碍。从某一个个体的角度讲，你会发现，有时候，个体的思维很有创造力，很有预见性，后来的事实也证明，他的决策质量高于团队决策质量。但是，在当时，他的意见却没能成为决策方案。

这是为什么呢？究竟是什么阻碍了个体乃至团队的创造力的发挥呢？

大概有以下几种情况，请对照一下，看看你是否曾经有过类似的体验。

1．从众心理

自觉不自觉地向大家的观点看齐。假如你的观点与团队的观点不太一致，心里就会产生一种无形的压力。迫于这种压力，就会去迎合众人的观点。总是这样，你的手脚就被束缚住了，创新就很难了。人云亦云，就是这种心态的典型写照。

2．情感障碍

情感障碍会使你怕犯错误，怕失败，怕担风险，这是影响创造力的最大障碍。很多人不愿轻易尝试新东西，因为害怕受批评或被嘲笑，他们会想，新事物总是会受到很多人的抵制，即便是成功了，也难免使自己陷于困境。

而事实上，当你进行创造性思维的时候，就必须承担风险，而且这种风险有时会很高。只有打破思维定势，才能有所创造！

3．思维定势

思维定势将会导致下列结果的出现：

（1）思路闭塞；

（2）思想僵化；

（3）因循守旧；

（4）抱残守缺。

而上述种种因素，都会阻碍创造性思维的发挥！只有打破思维定势，才能有所创造！

4．迷信权威

要敢于质疑一切，不要迷信权威。

很多人迷信权威，认为权威、专家的话一定对，这种心理严重阻碍了创造力的发挥。

要敢于“怀疑一切”，对待任何事物都要敢于提出质疑。所有的发明创造，都是挑战、质疑的结果。慎思而不盲从，是一切创造的源泉。

下面安排一个小测试，看看你是不是一个凡事敢于质疑的人。如果是，你自然会发现其中的玄机：

【团队活动 2-4】 简单的算术测试。

说明：这里有三处错误，你能找到它们吗？

1. $\sqrt{169}=13$
2. $243\div3=61$
3. $4\times27=98$
4. $(213-23)\div2=95$
5. $7^3=343$
6. $242-12\div3=238$
7. $6^2+8^2=\sqrt{10000}$

三、团队决策，充分发挥民主

团队集体决策，自然要比个人独断优越得多。

在团队集体决策时，不要简单地少数服从多数，要知道，真理往往掌握在少数人手中。

管理学研究表明，在团队集体决策时，最容易犯的错误叫群体思维，一定要注意避免群体思维的出现。

群体思维通常会有下列表征：

（1）无懈可击。群体盲目自信，认为自己的方案是最完美的，是无懈可击的。

（2）群体压力。对不同意见成员施加强大的压力，想方设法使他们妥协。

（3）自我检查。强大压力使持不同意见的人不得不保持沉默，不再坚持自己的意见。

（4）一致通过。这是最危险的，如果一个群体对于一个决策，全体成员都一致赞成，这就有可能有的人隐藏了自己的观点。

（5）权利威慑。领导人率先表态，别人不敢违背他的意见。

群体思维的典型代表，要属美国“挑战者号航天飞机惨案”。那是一起典型的由于群体思维导致的灾难。在事件的整个过程中，群体思维的几个表征，几乎全部都暴露出来。遗憾的是没有被及时纠正，最终的结果是：航天飞机发射后，73 秒钟就爆炸了。这是航天史上最严重的灾难之一，它打乱了美国的航天计划，对美国乃至全人类的航天事业造成了重大的损失。

四、团队科学决策的操作方法

下面介绍几种管理专家推崇的团队决策时经常采用的有效方法。

★ 方法 1：头脑风暴法

这是美国创造工程专家奥斯本发明的。它有四条规则：

（1）不允许对不同意见进行反驳，也不允许下结论，让对方一直把话说完。

（2）欢迎鼓励个人独立思考，广开言路，集思广益。

（3）追求数量，所提的意见和建议越多越好，不要害怕彼此之间相互矛盾。

（4）寻求意见的改进与联合。

★ 方法 2：戈登法

这是由美国心理学家戈登发明的一种创新技术，它也是通过集体讨论的方式来激发人们的创造性。具体步骤为：

（1）以抽象的形式引入问题。

（2）不断缩小范围，越来越清晰。

（3）向小组成员揭示最初问题。

（4）通过激发出的想法，寻求解决最初问题的新见解或新思路。

★ 方法 3：德尔菲法

这是一种专家集体判断法，但并不把专家们集合在一起，以防止相互见面所造成的影响和干扰。具体步骤为：

（1）将征询的问题书面送交各专家，让他们提出书面意见。

（2）将专家意见集中起来进行归纳整理。

（3）将整理后的意见再次寄给各位专家，让他们重新考虑自己的意见。

（4）反复多次，直到取得一致意见为止。

★ 方法 4：名义群体法

这是一种集体讨论法，群体成员相互见面，但在出主意、想办法时不允许交谈。具体步骤为：

（1）给出需要决策的问题。

（2）群体成员默默地将意见写在纸条上。

（3）由记录员依次将每人的意见抄写在记事板上或宣读，不进行任何讨论。

（4）重复几次，直到所有意见都找到。

（5）评估与排序：对每一条意见进行讨论，通过评估，与会人员匿名对这些意见进行排序，综合所有人排序，排在第一位的意见就是决策意见。

下面安排一个团队活动，是针对本节内容的一个实际操作训练环节，可以帮助受训者将本节所讲述内容进行综合融通。

【团队活动 2-5】 团队决策训练—海上遇险。

1．活动目的

比较个人决策与团队决策的不同效果，体会团队决策的优越性。

2．活动过程

发给学员如下案例。

海上遇险

你们正随一艘游艇漂浮在太平洋海面上，一场原因未明的大火已烧毁了游艇艇身及大部分内部设备，游艇正在下沉！由于关键航海仪器被损坏，你们不知道自己所处的位置，你们和船员们都手忙脚乱，以至于忘记了去控制火势。

离你们最近的陆地大约在西偏南方向上，最乐观的估计，你们距那里

1500 千米。下面列出 15 件幸存的物品，此外，还有一个带浆的、可容纳你们及所有船员的救生筏。

所有生存者身上所有的东西仅仅是一包香烟和几盒火柴，5 张 5 元面值的人民币。

现在，你们的任务是把这 15 件物品，按照在求生中的重要程度重新排序（见表 2-2）。

表 2-2　物品排序

物品	第一步 个人排序	第二步 小组排序	第三步 专家排序	第四步 第一步与第三步之差	第五步 第二步与第三步之差
1. 六分仪					
2. 剃须镜					
3. 一桶 25 升的水					
4. 蚊帐					
5. 一箱压缩干粮					
6. 太平洋海区图					
7. 坐垫（漂浮设备）					
8. 一桶 9 升的油气混合物					
9. 小半导体收音机					
10. 驱鲨剂					
11. 2.5 平方米的不透明塑料布					
12. 一瓶烈性酒					
13. 尼龙绳 5 米					
14. 巧克力 2 盒					
15. 钓鱼工具					
个人总分 X					
小组总分 Y					

说明：

第一步：小组中的每个人先自己排定顺序，不要相互讨论。

第二步：以小组为单位排定顺序，但不需要改变个人的排序。

第三步：宣布救生专家的排序结果（见表 2-4）。

第四步：计算个人排序与专家排序的差（取绝对值，即均为正数）。

第五步：计算小组排序与专家排序的差（取绝对值，即均为正数）。

然后，继续完成下列步骤（见表2–3），并在相关的栏目中填入相应的分数。

表 2–3　　计算相应分数

步骤	一组	二组	三组	四组	五组
第六步：个人平均分（将小组中的个人分数相加除以小组人数）					
第七步：小组分数					
第八步：实际得分（小组分数与个人平均分之差，如果小组分低于个人平均分，则得正分“+”，反之，则得负分“–”）					
第九步：小组个人最低分					
第十步：小组中个人分低于小组分的人数					

说明：

第六步：表明小组中个人平均决策水平。

第七步：表明小组整体决策水平。

第八步：表明团队决策的效果，反映团队优势是否充分发挥。

第九步：是小组中决策质量最高的人。

第十步：是小组中被埋没的人才数目，越多，说明被埋没的人才越多。

注意：只有个人总分 *X* 小于 40 分的人才有可能生存下来！

3. 讨论题

（1）这个活动使我们得到哪些启示？

（2）你的个人决策质量（某一项或某几项也可）高于小组决策质量，但你为什么会屈从于别人？

（3）比较个人决策与团队决策的效果。

（4）在决策中领导者应起到怎样的作用？

表 2-4 救生专家排序结果

物品	第一步 个人排序	第二步 小组排序	第三步 专家排序	第四步 第一步与第三步之差	第五步 第二步与第三步之差
1. 六分仪			15		
2. 剃须镜			1		
3. 一桶 25 升的水			3		
4. 蚊帐			14		
5. 一箱压缩干粮			4		
6. 太平洋海区图			13		
7. 坐垫（漂浮设备）			9		
8. 一桶 9 升的油气混合物			2		
9. 小半导体收音机			12		
10. 驱鲨剂			10		
11. 2.5 平方米的不透明塑料布			5		
12. 一瓶烈性酒			11		
13. 尼龙绳 5 米			8		
14. 巧克力 2 盒			6		
15. 钓鱼工具			7		

第四节 团队沟通

一个人，除了睡觉外，70% 的时间用于沟通；所有的人际冲突，最主要的原因是沟通不畅；阻碍团队工作绩效的最大障碍，也是缺乏有效的沟通。

一、沟通的含义

沟通是一项重要能力。研究表明，人们除了睡觉，70% 的时间都是在进行沟通。团队中的各种工作，大量的都是在沟通。沟通是团队管理中的一项重要内容。

（一）沟通的概念和目的

1．沟通的概念

沟通就是为了设定的目标，将信息、思想和情感在个人和群体间传递的过程。

2．沟通的目的

如图 2-1 所示。

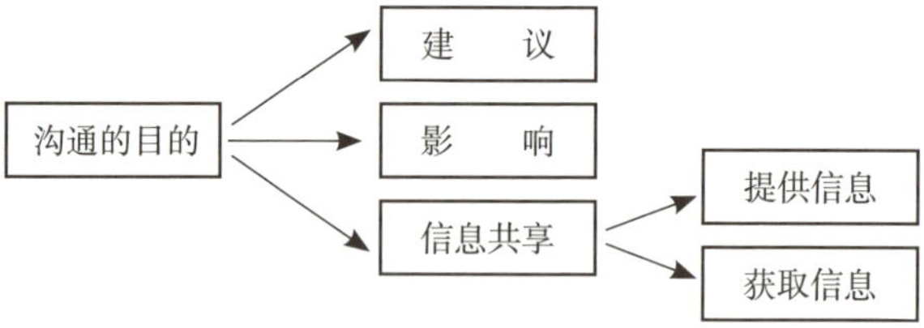

图 2-1 沟通的目的

（二）沟通的类型

1．正式沟通与非正式沟通

正式沟通比如组织对内外的公文来往、召开的会议、传达的命令等。这种沟通很常见，它严肃、正式传递的信息具有权威性。一般来讲，正式沟通表现为以下几种模式（见图 2-2）：

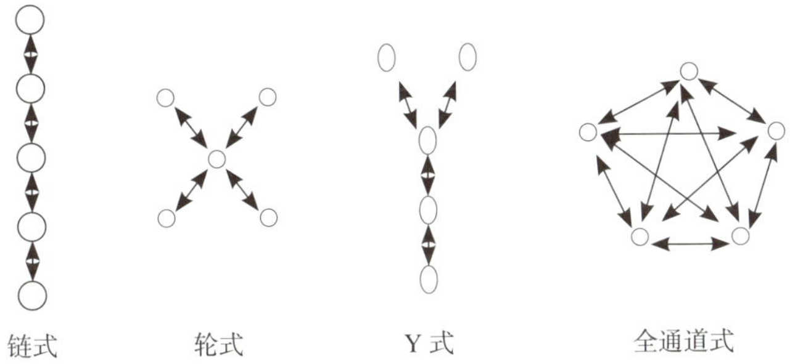

图 2-2　正式沟通的几种模式

（1）链式沟通渠道。纵向的一条路径，信息按高低层次逐级传递，可以自上而下传递，也可以自下而上交流，一级传一级。它的优点是信息传递速度快，但由于单线联系，信息差异大，层层过滤，层层删减或添枝加叶，到最后一个环节时，不知会变成什么样子。

（2）轮式沟通渠道。一个中心点，分别同若干个部门发生联系。就好像一个主管领导，直接管理几个部门，只有这个领导了解全面情况，并向他的各个下属发布命令。而下级部门和基层的公众，他们之间没有任何沟通联系，只了解本部门的情况。这种沟通模式能加强控制，有利于争时间、抢速度；缺点是沟通不够全面。

（3）Y 式沟通渠道。比如你是一个中层主管人员，上面有两个部门直接指示你，你再把信息、命令纵向向下传播。反过来，你把下面纵向一层层汇上来的信息汇总后，反馈给你的两个上级部门或领导。其中你是沟通活动的中心环节，起着一种媒介作用。

（4）全通道式沟通。是一种开放式的信息沟通系统，其中每一个成员之间都有一定的联系，彼此十分了解，民主气氛浓厚，合作精神很强。这是一种比较大胆、比较理想的沟通模式，但在我国目前的企业中很难办到。

（5）秘书专政式。各部门的汇报都要经过总经理的秘书转达给总经理，而总经理的指示也要通过秘书转达给各部门。在这个模式中，秘书是沟通的中心。

对于企业而言，可能有多种多样的沟通模式。为了达到有效管理的目的，应该根据不同的情况，选择不同的沟通渠道。上述几种沟通模式各有利弊，但是只要根据具体情况具体运用，就能保证上下左右部门之间的信息能顺利地沟通。

非正式沟通是指员工们的私下交谈、传闻和小道消息。主要有四种传播方式（见图 2–3）。

（1）单线式。一个传一个，最终传出去。

（2）流言式。由一个人主动把小道消息同时传播给多个人，像开小组会、小团体聚会，传播花边新闻之类的。

（3）偶然式。消息由一个人开始，按偶然的机会传播给他人，他人又按偶然机会往外传，并没有一定的路线。

（4）集束式。由一个人有选择地告诉自己的朋友或有关人员，别人也有选择地告诉一些人。这种沟通方式是最普遍的，小道消息一般都是按这种方式传播。管理学家又把这种渠道叫作葡萄藤式沟通渠道。

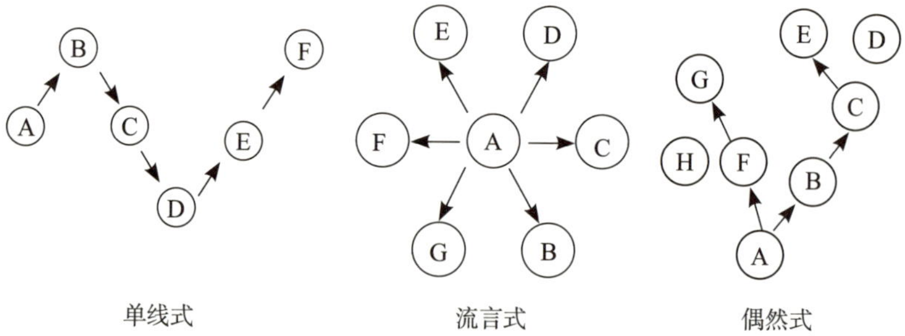

图 2–3　非正式沟通的传播方式

小道传闻，从总体来讲，不利于企业各种工作的正常运转。因为是道听途说，消息往往失真、不准确，容易导致人心浮动。所以精明的管理者应该扩大正式沟通的渠道，用正式沟通来驱赶小道消息。但是，这不容易办到。而且小道消息有时也有一定的正面作用，比如：

（1）它可以真实反映员工的倾向和需求；

（2）能满足员工情感方面的需求；

（3）可以弥补正式沟通的不足；

（4）可以对正式通道有一个监督制约作用。

在现代公共关系活动中，很多大企业都非常重视这种非正式沟通。他们会利用各种方式和渠道，营造开放的沟通网络。

2．下行沟通、上行沟通与平行沟通

下行沟通是主管、管理者对员工自上而下去沟通；上行沟通是员工向主管报告或建议的沟通；平行沟通是组织内部同阶层工作人员之间的横向联系。一般来说，由上而下的沟通渠道很多，而自下向上的沟通就难得多了。

【案例 2-9】 玛丽·凯公司的“开门原则”。

美国著名的化妆品公司玛丽·凯公司，非常注重内部气氛的营造，他们有一个“开门原则”，就是：总经理办公室的门，每天都是敞开的，随时随地欢迎员工进来提建议，与总经理交流、沟通，他们认为，“不要让一扇门、一堵墙，把大家隔开”，这种做法充分体现了对人的重视，表明玛丽·凯公司非常强调上下通气，重视公司内部人与人之间的沟通。

3．书面沟通与口头沟通

书面沟通的内容准确、信息量大、不易误解，而且可以永久保留。口头沟通来得快、有亲切感，双方可以相互激发，能及时反馈信息，灵活、方便。但口头沟通对语言的措辞要求高，一定要准确、清楚地表达，不要给对方造成误解。

4. 单向沟通与双向沟通

单向沟通是信息由此及彼，一方是信息的发出者，另一方是信息的接收者，双方之间没有反馈和互动，比如单纯的开会布置任务、传达精神等。

双向沟通则相反，双方同时是信息的发出者和接收者，在沟通中，双方之间随时可以进行信息的反馈和互动，比如座谈会、职工代表大会、民主生活会等。

很显然，双向沟通在效果上要优于单向沟通，但单向沟通的效率高，有时也是必要的沟通方式。

单向沟通与双向沟通的比较见表 2–5。

表 2–5　　单向沟通与双向沟通的比较

项目	单向	双向
沟通前的准备	充分而且有计划	无准备，需要随机应变
传播的速度	快	慢
内容的正确性	劣	优
传播情况	安静	嘈杂
反馈	低	高
传送者心理压力	小	大

5. 语言沟通与非语言沟通

语言沟通是指用语言、说话来进行的沟通。而非语言沟通是指除了语言以外的其他沟通符号，比如姿态、声调、语调、面部表情、动作、眼神、空间、距离、方向、身体接触等方式。

非语言在沟通中起的是替代或辅助性作用。一般来讲，以语言为主，以非语言符号为辅助。但也不是绝对的，有时非语言符号表达的却是最真实的信息。

语言沟通与非语言沟通又同时是沟通的两种基本媒介（见图 2–4）。

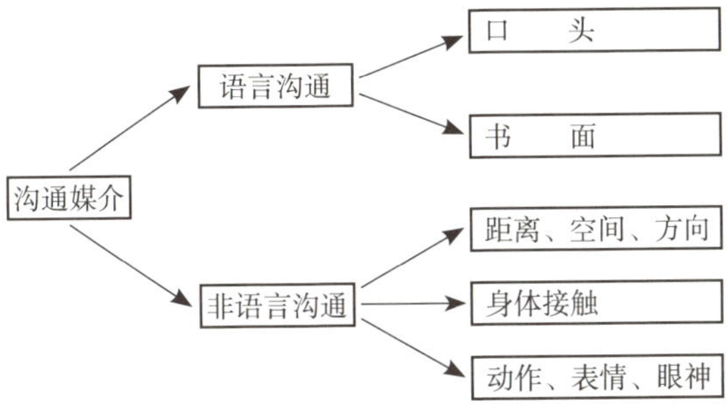

图 2-4　沟通的两种基本媒介

二、了解有效沟通的障碍

沟通虽然占据了团队日常活动的大部分时间，但客观上和主观上，都存在有形或无形的障碍，使团队内部无法达到有效沟通的目的，这些沟通的障碍大致可分成三大类。

（一）信息传送的问题

1．噪声

如果外在环境嘈杂、吵闹或者沟通的双方因生理或心理因素而无法专心，则会降低沟通的正确性。

2．传达的工具不灵

口齿不清晰的人应尽量少用口头沟通，文笔工夫不够或字迹欠佳的人应少进行书面形式的沟通。

3．层次过多

一个组织过于庞大或层级过于严密，则书面公文履行的时间必然要加长，自然会产生过滤的现象，从而降低沟通的有效性，如图 2-5 所示，称为沟通漏斗。

4．地位的差异

由于员工对主管有惧怕心理，所以不会主动与主管沟通；而一般主管在潜意识里轻视员工，甚至在下意识里希望员工不要提出太多的问题或建议，因此堵塞了有效沟通的渠道。

图 2-5　沟通漏斗

（二）语言的问题

（1）专业术语过多。

（2）字义含糊不清。

（三）团队成员行为和心理上的问题

1. 需求层次上的差异

主管的社会背景、势力以及受教育程度常常优于员工，生活经验的不同使得主管与员工对组织的知觉有所差异，主管希望通过团队来达到自我实现的目的，因而比较关心团队的使命和目标；相对而言，员工比较关心个人安全和生理上的需要，一般对团队的目标采取淡然处之的态度。由于主管和员工的这种知觉上的差异，沟通时也容易造成偏见，难以达成和谐的沟通结果。

2.“把地图当领土”的问题

地图不是领土，同样，语言也不是事实。一个不太了解实际情况的主管，在评估团队成员的绩效时，往往容易根据别人的语言报告作为衡量的标准，这样一来，就增加了主管与员工之间的沟通障碍。

3. 表达障碍

任何人都会有词不达意的时候，这会限制沟通的有效性。

4.“刻板印象”

人类对于自己无法经历的事情，容易形成具有偏见色彩的“刻板印象”。

“刻板印象”一旦形成，不但影响沟通时的诚意与信心，而且会加深彼此怀疑与猜测，进而使有效的沟通成为不可能的事。

5．“歪曲事实”

人们在运用语言重新叙述某一事物的过程时，会不经意地遗漏、添加或更改某些细节，这就足以达到对事实的歪曲，无论是有意还是无意，这种歪曲都会阻碍有效的沟通。

6．情绪性

极端的情绪体验，如狂喜或悲痛，都可能阻碍有效的沟通，无法进行客观而理性的思考，代之以情绪性的判断。

7．想当然，过早下结论

根据先入为主的印象，或依据心中的成见，或凭着个人的推测，在尚未完全了解事实或尚未进入情况时，以推测代替事实，匆匆忙忙地下结论，不仅浪费了沟通时间，而且也掩盖了事实真相。

8．不善于倾听

在沟通中，大部分人不是好听众。管理学家把倾听能力欠佳的人分为五种：

（1）喜欢讲而不愿意听的人；

（2）只注意听的内容而忽视说话者感觉的人；

（3）过分积极而让人胆怯的人；

（4）过分被动而懒得听的人；

（5）时常把别人的意思领会错的人。

三、如何实现有效沟通

（一）信息传送方面

（1）沟通的环境气氛要宁静，不受外来干扰，以除去噪声干扰的因素。此外，沟通时所使用的工具要能切实准确地表达心中的意思。

（2）组织庞大的机构应定期举行聚会，以达到上下沟通、水乳交融的目的。

（3）提供自下而上的沟通渠道，主管要主动与员工沟通，以打破彼此之间的地位障碍。

（4）有选择地进行单向沟通与双向沟通。譬如，要强调传播内容的正确性，要进行双向沟通；若要快速传达命令，则应选择双向沟通。

（5）尽量提供反馈的渠道，给信息的接受者以充分表达的机会。

良好的沟通，对于任何组织和个人，都相当重要。

（二）语言方面

（1）减少使用专门术语，尽量选择对方容易理解的、简明的语言，增加传播内容的可接纳性。

（2）尽量多用具体化语言。必须要用抽象语言的时候，可鼓励对方反馈，以促进彼此的了解。

（3）语言选择要合乎正确、简洁、适当、经济的原则。所谓正确与简洁，是表示不要选择意义容易混淆的言辞；适当是表示语言合乎主题、场合及沟通参与者的需要；经济是表示使用的语言不需要费九牛二虎之力才能理解。

（三）行为与心理方面

（1）考虑周全，准备充足；

（2）确定目标，始终不要偏离方向；

（3）尊重对方，平等相待；

（4）敞开心扉，坦诚相见；

（5）设身处地，换位思考；

（6）授人以柄，让他有主动操控的感觉；

（7）不要以推测当事实，过早下结论。

【团队活动 2-6】 沟通训练——敞开心扉，坦诚相见。

1. 活动目的

对学员进行沟通的行为及心理训练，鼓励团队成员敞开心扉，坦诚相见，彼此分享、交流。

2. 活动过程

让全体学员回答下列问题，并在规定时间内完成。

（1）至今为止，让你感到最自豪的事是什么？让你感到最不如意的事是什么？

（2）在你所拥有的一切中，你最珍视的是什么？

（3）如果给你一个实现梦想的机会，你首先要做的是什么？

（4）假如你漂泊到一个荒岛上，你最希望此时谁在你的身边？

（四）态度方面

人类所以能够相互交流思想，原因之一就是人类具有相互理解、设身处地、换位思考的能力。沟通时应采取“支持性而非防御性”的态度。

什么叫“支持性而非防御性”的态度呢？具体的讲，它可以分解为这样几层意思。

1. 平等而不优越

表现出对别人平等、尊重，对才能、价值、地位、权力的差异并不在意。

2. 询问而不评价

询问就是真正去了解情况，不要总是想让对方接受你的观点，不要总是想改变别人的态度。

评价就是马上对人或事做出判断评价。在沟通中，一般先不要急于做出评价和判断。

3. 建议而不武断

建议就是运用适当的修辞表示自己的态度不是不可以改变，可以重新考虑自己的行为和意见。武断就是看起来一切都已经定型了，无法改变；武断的另一个表现就是认为自己的看法是真理，拼命地去捍卫，这种态度在沟通中要不得。

4. 多听而少说

多听可以充分了解对方的真实心理，从而做出正确的反应。有效沟通的技巧，最重要的一项就是做一个好的倾听者。要善于倾听，这是良好沟通的基础。

少说为佳，说多了，有时容易泄露一些不该说出的信息，结果惹祸。

请看这样一个案例。

【案例 2-10】 都是热情惹的祸。

有一家公司的总经理秘书接了一个电话，找总经理，她非常热情客气地对人说："真对不起，总经理不在，他去A公司谈业务去了。"结果对方是一个大客户，与该公司有长期业务关系。而A公司又恰恰是他们的最有力的竞争对手，且双方长期不睦，一听说总经理去A公司了，当时这位老板就很生气。心想：你们与A公司还有业务关系，而且他们比我还重要啊！于是撤销了本来定好的一笔大买卖。后来，总经理费了好大的周折，才做通这位老板的思想工作，挽回了这笔买卖。

事后，这位秘书非常困惑地说："原来热情也会惹祸呀！？"

你看，无意中多说一句话，泄露了一个消息，造成多大麻烦。所以千万记住少说为佳，只需回答所问到的问题，不要节外生枝。

四、语言沟通技巧

语言沟通是沟通中最普遍的形式，人们工作中的大部分时间都在进行语言沟通。下面列举语言沟通方面的常用技巧。

（一）电话交谈应注意的问题

电话交谈占据了交谈的很大比例。打电话、接电话，每个人每天都要花大量时间去做这些事。打电话里面的学问你是不是都做到了呢？

（1）理清思路；

（2）养成随时记录的习惯；

（3）立即表明自己的身份；

（4）确定对方是否有合适的通话时间；

（5）避免中途与别人交谈；

（6）道歉力求简洁；

（7）不要占用对方过多的时间。

（二）交谈中的五项禁忌

（1）不要谈论他人的短处和隐私；

（2）不要自我吹嘘；

（3）不要用质问的语气来谈话；

（4）不要总是谈论自己或自己感兴趣的事；

（5）不要与人争辩。

尽量避免发生争辩，包括所谓的“学术争辩”，任何意义上的争辩，都会伤及人与人之间的情感。

（三）有效批评的十种技巧

（1）考虑一下是否有必要批评；

（2）缓和地提出批评；

（3）说话考虑后果；

（4）选择合适的时机；

（5）对事不对人；

（6）友好接近对方；

（7）重行为而非个性；

（8）批评准确无误；

（9）称赞与批评相结合；

（10）针对可以改变的事实提出批评。

五、倾听的艺术

倾听是管理者必备的素质之一，成功的管理者，大多是善于倾听的人。事实上，沟通首先是倾听的艺术。我们每天花在倾听上的时间，要超出其他方式许多（见图 2-6 和表 2-6）。

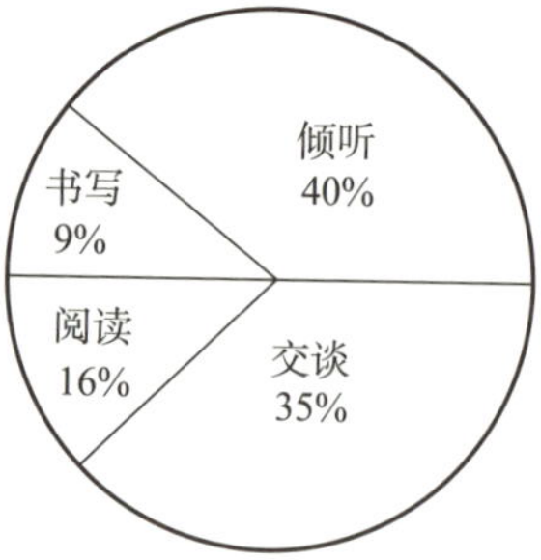

图 2-6 各种沟通方式的比例

表 2-6 各种沟通感官的比例

感官	视觉	听觉	触觉	味觉	嗅觉
比例	75%	13%	6%	3%	3%

可见，听是人们日常生活中十分重要的内容。一个人，当感到被重视、被关注的时候，他就会发生奇迹般的变化。上帝给了我们两个耳朵、一张嘴，就是想让我们多听少说。可是我们中的绝大多数人却不懂得怎样去倾听。

（一）倾听为什么重要

（1）倾听是获得信息的重要方式；

（2）倾听可以弥补自身的不足；

（3）倾听的人能及时发现他人的长处；

（4）善于倾听是给人留下良好印象的有效方式。

【案例 2-11】 可我什么也没有说呀！

注意倾听是给人留下良好印象的有效方式。美国著名社会学家卡内基曾经讲过一个故事：在一个宴会上，他坐在一位植物学家身旁，专注地听植物学家将各种有关植物的趣味故事，几乎没有说什么话，但分手时候，那位植物学家却对别人说，卡内基先生真是一个最有意思的谈话家。卡内基惊异地问那人："可我什么也没有说呀！"

正是因为卡内基什么也没有说，所以他成了最受欢迎的人。通过卡内基的故事，你是否觉得，善于倾听，就已经足够了呢？！

（二）怎样倾听

（1）只听不讲，保持沉默，不打断对方，或多听少讲，因为如果总是讲话，就无法静下心来去倾听。

（2）不要因为不喜欢对方的语气和方式，就不听他说，应该注重他说什么而不是怎样说。

（3）时常点头、皱眉或提一两个问题，让对方感到你在认真听而且有反应。

（4）听别人讲话时要心平气和，不要冷漠或不耐烦，切勿读信、看报纸，也不要乱写乱画，或做一些漫不经心的动作。

（5）情绪镇定，特别是对方的想法与自己的想法冲突时，要谨慎的对待争论和批评，切忌急躁，因为盛怒之下情绪会失控，以至于说出一些不该说的话。

（6）既要倾听讲话者直接表达的意思，也要注意弦外之音，分辨出对方的实质意图。

（7）如果对方的话题令人厌烦或毫无价值，可以通过适当的提问，转移谈话的方向。

（8）如果谈话内容技术性、专业性很强或难以理解，要认真思考，虚心请教，尽量调动自己的知识积累去理解，不要打断对方或表现出不愿意听的情绪。

【案例 2-12】 知名企业的团队沟通技巧。

现代企业都非常注重沟通，既重视外部的沟通，更重视与内部员工的沟通，沟通才有凝聚力，以下是一些值得借鉴的好做法。

1. 波音讲故事

波音公司在 1994 年以前曾遇到一些困难，总裁康迪上任后，经常邀请高级经理们到自己的家中共进晚餐，然后在屋子外围着个大火坑讲述有关波音的故事，康迪请这些经理们把不好的故事写下来扔到火里烧掉，以此埋葬波音历史上的阴暗面，只保留那些振奋人心的故事，以鼓舞士气。

2. 丰田聊天

奥田是丰田汽车公司第一位非丰田家族成员的总裁，在长期的职业生涯中，他赢得了丰田汽车公司内部许多成员的爱戴，他有三分之一的时间在丰田城里度过，他常常和人聊天，聊最近的工作，聊他们生活上的困难，还有三分之一的时间走访5000多名经销商，和他们聊业务，听取他们的意见。

3. 解除员工的后顾之忧

某航空公司总裁凯勒尔了解到员工最大的担心是失业，因为很多航空公司都是旺季时大量招人，在淡季时辞退员工，凯勒尔上任后宣布永不裁员，他认为不解除员工的后顾之忧，员工就没有安全感和忠诚心，从此，该公司以淡季为标准配备人员，当旺季到来时，所有员工都会毫无怨言地加班加点。

4. 惠普鼓励越级报告

在惠普公司，总裁的办公室从来没有门，员工受到主管的不公正待遇或看到公司发展的问题时，可以直接提出，还可以越级反映，这种企业文化使上下信息通达，消除了不满、对抗和内讧。

5. 福特动员员工参与决策

福特公司每年都要制订一个全年的“员工参与计划”，鼓励员工参与企业管理，激发、培养员工对企业的归属感，员工的合作性、积极性不断增强，合理化建议越来越多，生产成本大大减少。

6. 三洋返聘被辞退的员工

日本三洋公司曾经购买美国弗里斯特市电视机厂，日本管理人员到弗里斯特市后，不去社会上公开招聘年轻力壮的青年工人，而是聘用那些以前曾在本厂工作过，而眼下仍失业的工人，只要工作态度好，技术上没问题，厂方都会优先聘用。

7. 松下及时表扬

表扬不但是当今企业公认的最有效的激励方法，事实上它也是团队中最有效的沟通方式。日本松下集团，很注重对员工的及时口头表扬，总裁松下幸之助如果碰到进步快或表现好的员工，他会立即给予口头表扬。如果不在现场，他还会亲自打电话表扬下属。松下还经常在发工资的时候，给员工附上一封信，与员工进行书面沟通。

六、澄清沟通中的三个错误观念

★“沟通是很容易的事，我们每天不都在沟通吗?”

一件事情的自然存在，并不表示我们已经把它做得很好了，由于沟通如此“平凡”，以至于我们经常忽略它的复杂性，也不肯承认自己缺乏这项基本能力。如果我们要成为一个更成功的沟通者，那么就必须意识到虽然沟通看起来很容易，但有效沟通却是一件非常复杂而困难的事。

★“我告诉他了，所以我和他沟通了”

我们经常听到有人说，“我告诉他了，可他没搞懂我的意思”，他深信要表达的意思都在字眼里面，以为只要能找到合适的字词来表达，就完成沟通了。其实，语言本身并不是万能的，它需要一个翻译、转化、理解的过程，这个过程才决定沟通的最终效果。

★“只有当我想要沟通的时候，才会有沟通”

举个例子吧。你一定见到过一个演说者，因为紧张而僵硬地走上讲台，当他犹豫地拖着脚步前进时，他的双肩下垂着，他挺胸、直瞪观众、用严肃的语调发言，来克服他的怯场。演说者发出的这些信息，并非他的本意，它发生在演讲者毫无意识的情况下。

七、树立正确的沟通理念

★ 理念 1：如果想进行有效的沟通，必须避免以自己的职务、地位、身份为基础去进行沟通

你与他人有多少共同点，将决定你与他人沟通的程度。

共同点意味着目标、价值、态度和兴趣的共识，如果缺乏共识而一味地去沟通是徒劳无益的。一位经理若只站在自己的立场而不考虑员工的利益、兴趣，势必加大与职工之间的隔阂，从而给沟通制造一个无法逾越的屏障。

应向他人表现出倾听的诚意，即使不同意对方的观点。每个人都是站在自己心理经验的世界之中，对他而言，他所经历过的才是真实的，而不是你所说的。

★ 理念 2：试着去适应别人的思维框架，体会别人的看法

换言之，不只是替他着想，更要能想象他的思路，体会他的世界，感受他的感受。在此过程中，你很可能会不同意你所看到和听到的，可是，跳出自我立场而进入他人的心境，目的是要了解他人，并不是要同意他人。一旦你体会了他人如何去看事实、看自己，以及他如何衡量他和你之间的关系，才能避免坠入“和自己说话”的误区。

★ 理念 3：你的目标是要沟通而不是要抬杠

有效的沟通不是斗智斗勇，也不是辩论比赛。对接受者而言，沟通中的发送者所扮演的角色是仆人，而不是主人。如果发觉听话者心不在焉或不以为然时，他就必须改变沟通方式。接受者握有“要不要听”和“要不要谈”的决定权，你或许可以强制对方的沟通行为，但你却没有办法指挥对方的反应和态度。

第三章

精益管理

第一节 精益的起源与发展

积极行动起来，彻底地消除浪费，持续地进行改善，让精益思想贯穿于企业的每一个角落。

“如果你的公司能够在精益之路上抢得先机，你总能高人一筹；一旦落于人后，再想追赶就非常困难。”

——布鲁斯·A. 汉德森（《精益企业》作者）

近年来，“精益”成为管理界的热门话题。顾名思义，精益的“精”就是“精益求精”“尽善尽美”；“益”即所有的经营活动都要有效益。精益管理之所以有吸引力，是因为它所带来的希望是其他方式无法企及的：低成本、高品质、持续改善。

一、精益的内涵

精益起源于日本的丰田汽车公司（简称丰田公司）。20 世纪 60 年代，丰田公司首先推出了一种崭新的管理方法，这种方法人们称之为丰田生产方式（Toyota Production System，TPS），也称精益生产方式。

丰田生产方式是丰田公司在考察欧、美汽车工业之后，根据自己的实际情况，经过近 30 年的努力而创立和完善的生产管理方式。大野耐一作为丰田生产方式鼻祖，被誉为“日本企业复活的教父”，该荣誉至今无人能及。

丰田汽车实施精益生产方式，获得了巨大成功。在短短的二三十年时间里，它由一家日本本土的小汽车制造厂，发展成为全球顶尖的跨国汽车公司，以低成本、高品质的产品享誉世界，成绩斐然。

20 世纪 90 年代，精益管理发展于美国，美国人称其为 LEAN（精益）的生产方式，LEAN 的含义是什么呢？它有很多含义，可以是动词、名词、形容词，它的直译是很精瘦、很精干。美国人去牛排馆吃饭，他要点一块牛排，他就告诉服务员，我想要一块 LEAN 的牛排，一块 LEAN 的牛排是什么意思呢？一块肉上，它的边上往往会有一些白肉、筋头巴脑等，我要把这些多余的东西都去掉，只剩下中间的红红一块肉，这就叫很 LEAN 的一块牛排。

类比 LEAN 牛排的生产方式是什么样呢？例如，生产一辆汽车没有任何多余的人工、任何多余的设备、任何多余的材料、任何多余的时间等，总而言之，任何多余的浪费都没有，这样的管理方式叫做很 LEAN。

那么，一个生产系统怎么才能做到任何多余的浪费都没有呢？他不是一朝一夕就可以做到的，而是在经年累月的经营当中，靠精益求精、日积月累的改进才能达到的，所以中文没有把它翻译成很瘦的生产方式，而是翻译成精益生产方式。

90 年代以后，精益生产方式的概念扩展的越来越大，它不仅仅在生产领域得到广泛的应用，在管理领域也得到广泛的应用。因而，精益生产方式又被称为精益企业、精益管理。精益管理在制造业、航空、电信、IT 等各行各业均得到了广泛的应用。

“TPS，确切地说就是精益生产方式，是一种不做无用功的精干型生产系统。”

——麻省理工学院

二、精益管理的起源与发展

“以铜为镜，可以正衣冠；以史为鉴，可以知兴衰。”追溯精益管理的起源与发展，我们既可以以史为鉴，又可以更深刻地领会精益管理的丰富内涵。

精益管理的发展和日本汽车工业的崛起息息相关。1945 年 8 月 15 日是日本战败的日子。日本在二战中战败以后，其发展战略从军事帝国转向经济帝国。如果要成为经济帝国，就要发展产业。到底优先发展哪些产业呢？首先想到的就是汽车工业。管理学大师彼得·德鲁克在他的《公司的概念》一书中曾经称汽车工业为“工业中的工业”。直到今天，汽车工业仍然是世界上最大的制造业。

而当时日本汽车工业的现状是什么呢？我们可以用一个例子来说明：丰田公司从 1937 ~ 1950 年，经历了 13 年的时间，陆陆续续生产了 2685 辆轿车，这个数字是什么概念？当时福特公司一个工厂日产量是 7000 辆汽车，也就是说丰田公司 13 年的累积产量还不如当时福特公司一个工厂一天的产量。可以说当时日本的汽车工业几乎是从零开始的。

1950 年，丰田公司为了制造汽车，派了一个代表团到美国的底特律，对福特公司进行了为期 3 个月的审慎考察，得出结论：日本的外部市场环境和美国截然不同，福特的生产方式丰田公司没有办法照搬照抄。为什么？主要有三个原因：

第一，从资金的角度。福特公司设备自动化程度很高，属于技术密集型和资金密集型的企业。而二战后的日本资金匮乏，意味着没有足够的钱去购买西方先进的生产技术。

第二，从生产方式的角度。二战后，美国经济处于高速增长期，市场需求巨大，所以美国奉行的是大规模生产方式，即大批量、单一品种。在经济学中有一个规模经济的概念，如果批量越大，规模效益就越高，就可以有效降低成本。二战后的日本，经济处于恢复期，市场需求小而且多样化，所以需要制造小批量、多品种的汽车。

第三，从产品的角度。20 世纪 50 年代的美国，石油资源丰富，道路宽广，房屋宽敞。所以，美国车很宽敞、很舒适，也很耗油，这种车型对美国人来说是适用的。而日本资源匮乏、石油稀缺，道路狭窄，房屋狭小。这种车型对日本人来说是不适合的。

丰田公司必须探索一种适合日本本土国情的生产方式。经过十年的时间，50 年代末期，丰田创造了一种小批量、多品种、可以满足不同市场需求，同时又是高质量、低成本的生产方式——丰田生产方式。日本本土的其他汽车公司，比如说当时的日产、三菱和本田，纷纷仿效。丰田生产方式成为整个日本汽车产业可以高质量、低成本制造汽车的秘密武器。

70年代初，日本的汽车产业发展到一定程度，满足了国内需求以后，它开始寻求出口。众所周知，日本是一个典型的外向型经济国家。日本的企业发展到一定程度，必须向外出口才能不断扩张。同时，在70年代初，世界经济史发生了一件大事：全世界发生了石油危机，燃油价格一下子涨了好几倍。石油危机之前，世界汽车市场的主流产品还是美国的大型车。石油危机之后，汽车市场对小型车的需求大增。而欧美的汽车公司已经发展到了40万、50万人这样大型的企业集团，组织机构臃肿，决策缓慢。“船大难掉头”，它很难调头马上生产小型车。而小型车本来就是日本的强项，日本正好还在寻求出口。这样，日本车一下就打到了全球市场。在全球市场，使用过日本车的人发现，它不仅省油、价格低，而且还质量好、不易坏，不用经常去汽车修配厂。所以日本车在全球市场卖得越来越好，给欧美的汽车厂商带来了巨大的冲击。到了70年代末期，日本汽车在全球市场的占有量曾经高达50%左右。

欧美人就纳闷了，你们日本人一开始不会造汽车，你们造汽车还是跟我们学的，而现在却超过了我们，有什么奥秘吗？

从1985年开始，以美国MIT（麻省理工学院）的教授为首，联合了英国剑桥大学、美国的三大汽车巨头（福特、通用、克莱斯勒）、欧洲的五大汽车企业，凑成了七八十人的研究队伍，对丰田生产方式进行研究，这个研究整整做了五年，研究的最终成果以一本书的形式出现，即《改变世界的机器》。这本书对丰田生产方式做了全面的归纳和总结，并将丰田生产方式重新定义为LEAN（精益）生产方式，并得出结论：“起源于丰田公司的精益生产方式是人类制造史上高质量、低成本制造产品（无论是汽车还是其他产品）的十分优越的生产管理方式，适合于各行各业的企业。”

【案例3-1】 精益企业的改善。

通过对实施精益生产方式的全世界组织机构的观察，可以得出了下面的简单经验法则：通过用户的有效拉动，把典型的“成批与排队”的生产系统转化为连续流动，可以使：

（1）整个系统中的劳动生产率（指在从原材料到产品发货过程中的直接生产者、管理者和技术人员的劳动生产率）翻一番；

（2）减少生产时间的90%；

（3）减少整个系统库存量的90%；

（4）在用户手中发现的错误、生产过程中的废品和工伤事故通常都会下降一半；

（5）新产品面市时间也将缩短一半；

（6）用户只需增加极少的费用，就可以得到产品族范围内更多的变型品种。而且，如果能腾出一些设施并且把不用的设备卖掉，那么所需资本投资就很少，甚至是负投资。

在2010～2012年财富杂志全球500强榜单排名中，前十的企业只有一家汽车公司——丰田汽车。那么，丰田公司制胜的法宝是什么呢？就是精益管理。精益管理使日本从零开始的汽车业，赶超了欧美国家成为世界汽车工业的领头羊。精益管理也在全球的各行各业得到了广泛应用。

目前，世界各国制造业最强调的是什么呢？是零库存生产、精益供应链、精益物流，这些都来源于精益管理的思想。

在美国，戴尔计算机是实施精益的业界典范。

戴尔计算机是以网上直销而闻名于世的公司，它曾经用了六个月的时间，从一个一文不名的电脑商，成为网上个人电脑销售排行第一的零售商，每月的销售量增长均保持在20%。2001年，戴尔计算机库存周转64次，比最大的竞争对手多50次，运营成本则降低了一半以上。戴尔计算机为何能取得如此骄人业绩？原因之一就是该公司成功实施了精益管理。该公司的创始人迈克尔·戴尔（Michael Dell）说，他们成功的原理很简单："为什么要把显示器装上卡车，运到德克萨斯州奥斯丁，然后又从卡车上搬下来，到仓库里转一圈，最后再装到另一辆卡车上？这根本是在大大地浪费时间和金钱。"

在中国，精益管理也得到了学术界的高度重视和企业界的广泛应用，如一汽大众汽车有限公司（简称一汽大众）、海尔集团、格兰仕集团等。

一汽大众汽车大力推进了精益管理，初见成效，为国内其他的企业提供了很好的经验。一汽大众轿车厂厂长汪玉春曾说过："一汽大众三十多年对丰田生产方式的推广应用，使精益生产方式的核心实质及灵魂已在我头脑里生根、开花、结果，它不但改变了我的价值观和经营理念，而且运用精益生产方取得了可喜成果和质的飞跃。"

实践证明，精益管理是企业在激烈市场竞争中取胜的法宝。

第二节 精益生产方式

精益生产方式必将在工业的各个领域里取代大量生产方式与残存的单件生产方式，成为标准的全球生产体系。

"精益不是一个项目，而是一个通过消除所有损失的根源不断追求完美的过程。"

——约翰·德鲁（《精益之道》作者）

彼得·德鲁克是当代世界上最著名的管理学家，被誉为"大师中的大师"。1946 年，他在《公司的概念》一书中曾称汽车工业为"工业中的工业"。

今天，汽车制造仍然是世界上最大的制造业。可以这样说，汽车工业的发展史就是一部制造业的发展史。

一、生产方式的发展

从 19 世纪末汽车工业的起源时期至今，其生产方式经历了单件生产方式、大批量生产方式到精益生产方式的发展过程，如图 3–1 所示。

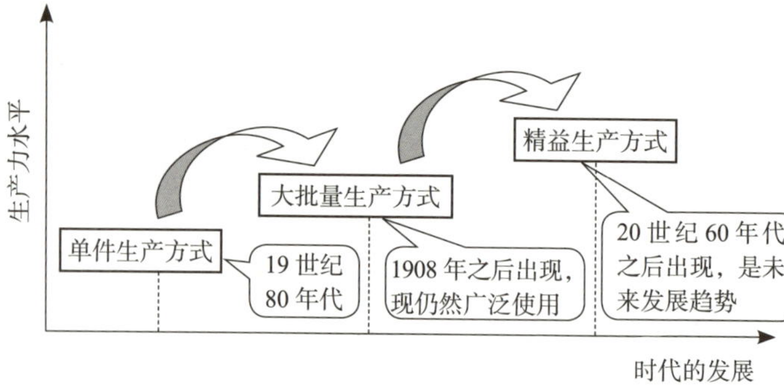

图 3-1　三种生产方式的演变

在 21 世纪内，汽车工业已两度改变了我们对如何制造的概念。

★ 第一次改变

第一次世界大战之后，美国的亨利·福特与通用公司的阿尔弗莱德·斯隆开创了世界制造业的新纪元，把欧洲企业领先了若干世纪的单件生产方式转变为大量生产方式。其最大成果是，美国很快控制了世界经济。

★ 第二次改变

第二次世界大战之后，丰田英二与大野耐一在日本丰田公司首创了“精益生产方式”。当日本其他汽车公司与工业采用这一优越的体制后，日本很快达到了今天的经济领先地位。

詹姆斯·T. 沃麦克教授在《改变世界的机器》一书中写道：“精益生产方式必将在工业的各个领域里取代大量生产方式与残存的单件生产方式，成为世纪的标准的全球生产体系。这种精益生产方式的原理可以应用于全球每一种工业，向精益生产的转变将对人类社会产生深远影响，也就是说这一转变将真正改变世界。”

二、精益生产方式

那么，到底什么是精益生产方式呢？概括起来可以从以下七个方面展开：

（一）杜绝浪费

企业中的各种浪费，是企业制造成本一直居高不下的重要原因。精益生产方式是通过杜绝浪费来降低成本的。

日本丰田公司的经理大野耐一（1912～1990）非常痛恨浪费，因此，丰田汽车的制造成本是相当低的。

“我认为只要杜绝浪费，生产效率就有可能提高10倍。”

——大野耐一

企业中的浪费主要有以下七种。

1．过量生产

例如：市场需要10件产品，而我却生产了20件。多余的10件产品卖不出去，而我为这卖不出去的10件产品付出了人工、设备、材料、时间等资源，这些资源全部浪费掉了。同时，我还要为这10件卖不出去的产品寻找库房。

过量生产是最根本的浪费，因为会产生大部分的其他浪费，也是制造业常见的浪费。

2．等待的浪费

例如，机器发生故障不能正常作业，或者缺乏零部件而停工等活等，这些等待本身不创造价值，也是一种浪费。

再比如，某天刮大风，小区忽然停电了。一问原因，因为风大，电线杆刮倒了。物业的人告知要停一上午电。大家可以想一想，停一上午电要有多少电费收入的损失啊，如果我们以最快的速度把线路修好，又第一时间通知用户，缩短停电的等待时间，这样给用户提供便利的同时，电力企业也可以减少损失。

3．不必要的搬运

例如，货物的盲目调动，或者货物从一个地方到另一个地方的盲目运输。

4．过程不当

例如，与生产进度和产品质量没有任何关系的工序。

5．多余的动作

例如，不合理的操作，效率不高的姿势和动作等。

要考虑动作的经济性，有四大原则：

（1）减少步行距离，例如加工场所要尽量窄，道路要尽量宽。

（2）同时使用两只手进行工作。两只手在距离 25 厘米以内进行加工时工作效率可以增加一倍。

（3）在放置工具和零件时，要做到一个动作既可以取到工具，又可以取到零件。例如，需要用右手取工具时，需要把工具放到右手可以取到的位置，如果放的位置不合理，需要先用左手取到工具，再倒换到右手的动作，这样是不经济的。

（4）考虑工作的负担，采取低负担的工作方式。例如，改造加工台的高度后，需要弯腰的工作就可以直起腰来进行，从而减轻工人的负担。

6．质量瑕疵、返工修理的浪费

例如，我投入了 100 个产品的材料，只生产出来 90 个合格品，这是不是浪费呢？做这 10 个废品的材料、设备、人工和时间都浪费了。

再比如，返工修理时，需要修理的场地，需要技术工人，需要工时等，这些都属于浪费。

7．库存的浪费

如果消除了 1～6 的这些浪费，库存必然会减少。因此，根据企业的情况，最好在最后阶段消除库存的浪费。

一般情况下，最大的浪费还是由库存过剩造成的。

【案例 3-2】 如果库存产品超过了需求，会产生哪些浪费？

某工厂库存产品超过了需求。如果工厂容纳不了这些库存品，就得盖仓库。接着，就必须雇佣搬运工，把产品运到仓库里。

在仓库里，为了防止生锈和管理库存，就要配备若干保管员。尽管这样，库存产品也容易生锈和受到损坏，在从仓库取出使用之前，还需要有人修理。

一旦存入仓库，就要掌握每种产品的数量。为此，作为库存管理部门，需要花费相当数量的工时。而且，在超过一定的限度后，就会希望引进电子计算机来管理库存。

一旦没有完全清楚掌握这些库存品的情况，就会发生缺货。在每天开足马力全力生产也发生缺货时，我们可能会认为是生产能力不足，在下年度的设备投资预算案中，就会增加预算，而设备一增加，库存就增加得更多。

这个案例中，仓库、多余的保管员、电子计算机、增加的设备等都是由过量库存而引起的浪费。

浪费还有很多种。随意观察一下企业一天的日常活动，各种各样的浪费现象无处不在。例如，下班时电脑没有关掉，电灯没关，打印时可以双面打印却只用了单面，水龙头没有拧紧等，浪费远比想象得要多得多。

由浪费而造成的成本增加，是绝不能忽视的。浪费会把企业仅有的百分之几的利润全部吃掉。所以，企业必须把这些浪费不断地找出来，找到一个排除一个，日积月累，才有可能极大地降低成本。

2009 年起，国家电网公司实行“三节约”（节约一分钱、节约一张纸、节约一根导线。）为主题的降本增效活动，和精益管理“彻底地杜绝浪费”的基本思想相辅相成。如果全公司的每一个人都这么做，日积月累，将是多么大的成本降低。

目前，我国全社会都在参与“光盘行动”。“光盘行动”倡导人们厉行节约，杜绝浪费，就餐时不浪费粮食、吃光盘子里的东西、吃不完的饭菜打包带走等。

浪费在我们的工作和生活无处不在，只要我们每一个人都努力去节约，无论是对社会、对企业，还是对个人，都是一笔不小的财富。

【思考与行动】

在我们的企业中存在着哪些浪费？如何来消除？

（二）需求决定一切

为了消除浪费，降低成本，企业必须严格按照顾客需求来进行生产。

这意味着企业的一切过程都要考虑到顾客的需求，要根据市场而不是根据自己的主观臆断来做出决策。

大部分管理人员都喜欢说："我们知道如何利用已经买到的材料和设备来生产这种产品。如果用户不接受，我们可以调整价格，或者增加一些装饰品。"而实际上他们真正要做的是站在用户的立场上，从根本上重新思考顾客的需求。

【案例 3-3】 当今的航空运输业。

长期以来，经常使用航空运输服务的用户，详细记录了自己的体验，并且将自己对价值的定义与航空运输领域中大多数公司所说的价值定义做了比较。我们的价值公式非常简单，那就是价格合理、转机次数最少、安全地从我们的所在地到达我们的目的地；而航空公司的定义似乎是以最"有效益"的方式运用他们现有的资源，哪怕是让我们先到马里的延巴克图再到我们要去的任何地方也行。为此，他们提供了附加的服务项目，如机场服务中心的高级管理人员候机厅、每个座位上精心设计的娱乐系统等，以求客人能容忍各种不方便之处。

为什么航空公司和飞机制造商不用小型喷气机提供费用低廉的从点到点服务，而要发展越来越大的喷气机呢？为什么航空公司不开发小机场、小飞机的快速往返系统，而是在不合理的"机场服务中心"兴建大型中转站呢？

因为航空公司和飞机制造商考虑到大型飞机极高的成本、更高的工程知识与生产设施，以及大机场的复杂性。他们认为，利用这些资源和技术的最好方法是让大批的人乘坐大飞机，而要做到这点就要使更多的旅客经过昂贵的中转站。

航空运输业这种效益计算方法把重点放在飞机和中转站上，但这只是整个旅程中的两个环节，忽视了全局。更糟糕的是，从旅客的价值观点看，这种做法根本就没抓到点子上。

根据顾客的需求进行生产，这一点国外的企业做得比较好。国外的很多企业都是采取订单式生产。例如，你要买一辆汽车，汽车销售公司就会给你下一个订单，这个订单会传到汽车制造厂，汽车制造厂根据订单组织生产。大概 3 个月左右的时间，你就会拿到汽车了。这是一个典型的按需生产的例子，汽车制造厂没有订单就不生产，这个订单式生产就是按需生产。

【案例 3-4】 丰田公司按需生产。

丰田汽车工业公司的各厂全部是按“需求量”进行生产。

建在名古屋的丰田汽车销售公司，每天都接到日本全国的零售店送来的订单。通过电子计算机，他们按照车种、车型、发动机的排气量、级别、变速方式、颜色等项对订单加以分类，然后送到丰田汽车工业公司。对于丰田汽车工业公司各生产现场来说，这个“需求量”才是生产的数量。

而我们国内的许多企业，习惯于“先生产，后销售”的方式，不管能不能卖出去，先生产大量的产品堆积在卖场。如果卖不出去，大量的产品就会积压，造成巨大的浪费。

【案例 3-5】 图书的出版发行。

你手里拿的这本书其实是很“幸运”的。每年印制的图书可能有一半还没有找到读者。为什么会这样呢？因为出版、印刷和发行从来没有研究过顾客的需求。如果书店脱销，库房也没有库存，读者要好多星期后才能重新订到书，然而大部分书上架销售的时间非常短。出版社必须在读者对一本书最有兴趣的时候把书卖出去，否则就失去很多的销售量。由于出版社无法事先精确预测需求，唯一的办法就是在书刚一推出时印上万册，供“填满渠道”，尽管一种书平均可能只能卖掉几千本，当销售旺季过后，剩下的书只能返回出版社。

（三）两大支柱

准时化（just in time，JIT）和自动化是精益生产方式的“两大支柱”，是排除制造过程中各种浪费的有效方法。

1. 准时化

在流水作业的过程中，所需要的零部件在需要的时刻，以需要的数量，不多不少地送到生产线旁，这就是“准时化”。例如，我想 12 点准时吃午饭，如果准备得太早，吃的时候就会凉了；午饭准备得太晚，就会产生等待的时间。

目前，大部分制造业都是采用流水线生产，在生产的过程中，如果生产线上的零部件比所需要的数量多，在生产线旁边就会产生积压，增加生产成本；反之，如果生产线上的零部件比所需要的数量少，生产线就会停滞，降低生产效率。准时化减少了生产中最大的浪费——库存的浪费，大大降低了成本（见图 3-2）。

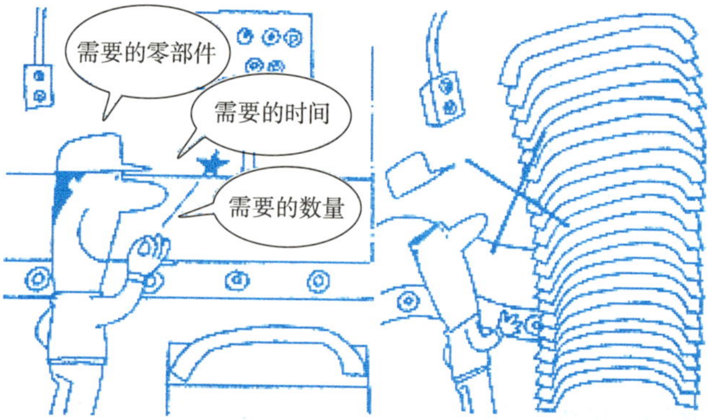

图 3-2　准时化

准时化是一种理想的状态。丰田公司在日本耗时 50 年建立了一个供应商基地。这个基地简直是丰田工厂的延伸。在日本，丰田公司的供应商一般距离工厂只有 59 英里（1 英里 =1.6 公里），每天可以运送 8 次即时生产所需的产品。而通用汽车公司，一般供应商的距离是 427 英里，每天只能运送两次。

2. 自动化

丰田生产方式的另一个支柱是“自动化”，但不是单纯的机械“自动化”，而是包括人的因素的“自动化”，见图 3–3。

在精益生产方式中，只要组装线上出现问题，每个工人都可以立即让整条组装线停下来，彻底解决这个问题。不难想象，一开始，组装线会经常停下来。但是当所有的问题识别出来并加以修正后，差错的数量就大为减少。

如今在丰田公司的工厂里，每个工人都可以让组装线停下来，但是产量却达到计划的 100%。更惊人的是汽车出厂前的返修工作不断减少，出厂汽车的质量稳步上升。因此，自动化保证了产品的高品质。

在大量生产方式的工厂里，只有负责组装线的高级管理人员才有权让组装线停下来。为了保持组装线不停顿而放过组装中的错误，会使错误不断地倍增。第一个差错，不论是零件有问题或是组装不得当，很快就会又和以后工序中的差错迭加在一起了。

图 3–3　自动化

在大量生产方式中，只在装配线的终端检验和返修汽车。由于要到组装线的终端才会发现问题，那么很可能已经有部分汽车出现问题了。同时，不论质检多勤快，都不可能把复杂的汽车中的每一个缺陷都检查出来。

在当今许多大量生产方式的工厂里，有 20% 的厂房面积和 25% 的工时是用于返修的。

3.“准时化”和“自动化”的关系

那么，丰田生产方式的两大支柱“准时化”和“自动化”是一种什么关系呢?

可以用篮球队来做比喻。“准时化”是发挥球队队员间相互配合的协作精神，“自动化”则是提高每一个队员的个人技术。球场上的每个选手，相当于生产线上的各道工序，他们只有及时控球，相互之间密切配合，才能准确投篮。

一个能掌握“准时化”生产现场的生产团队，就如同一个配合默契的球队。

在比赛中获胜的球队都有一个共性：团队协作与个人技术都很棒。很好地发挥二者相结合的效果，就构成了一个球队的核心竞争力。

同样，“准时化”和“自动化”并存的生产现场，比任何地方的任何组织都更具优势。

（四）现场主义——“百闻不如一见”

1. 三现

精益管理解决问题的根本思想是“三现”主义（也叫现场主义），“三现”即现场、现物、现实。换句话说就是到现场去，观察现物，了解现实。

为了解决现场发生的问题，最好到现场采取行动。与其坐在办公室里听汇报，不如到生产现场直接获得第一手的信息。因为一般情况下，汇报只能传达事实的部分内容，而且有时事实会被夸大或者缩小。

【案例 3-6】 **改善故障维修。**

在一家大型电信公司，一个小组想要改善故障维修。他们很快发现得走出办公室，看看工作现场的实际情况。一名管理者说得好：“我们以前都在办公室纸上谈兵，没有亲身的实地体验。虽然我们有满是资料的数据库，但我们却发现最重要的是质，而不是量。在跟随现场技术人员一整天之后，我们就发现了问题真正的根源。现在，我们的结构和常规都会要求管理者定期花时间到现场去。‘实地去看’的原则，已成为我们文化的一部分。”

2. 五个“为什么”——打破砂锅问到底

如何解决现场存在的问题？精益管理提供了一个解决问题的方法，叫作“五个为什么”。对于出现的问题，要连续问五个“为什么”，层层深入地寻找问题的根本原因，然后提出措施，使问题不再发生。

【案例 3-7】 五个“为什么”。

长途汽车在运输途中车轮胎爆了。

你就要问：

（1）“为什么轮胎爆了？”“因为轮胎磨损比较严重，路况又不好。”

（2）“为什么轮胎磨损比较严重？”“使用时间太长，五万公里没更换了。”

（3）“为什么五万公里没更换了？”“因为维修队没有规定行驶几万公里要更换。”

（4）“为什么维修队没有行驶几万公里就要更换的规定？”“因为没有制定规定。”

（5）“为什么不制定规定？”“马上制定相关规定！汽车轮胎的检查、维护、更换规章制度。”

通过追问五个“为什么”，我们得到的最终答案是马上制定汽车轮胎检查、维护、更换的规章制度，而不是简单地更换一下轮胎就把事情解决。连续问五个“为什么”，直到找到事故的根本原因并加以解决，以杜绝类似事故的再次发生。

【思考与行动】

（1）如果现场出现了问题，你是第一时间赶往现场吗？

（2）解决问题时，你问了几个为什么？

（五）目视管理

一眼就能看明白工作进展到哪，现在正在做什么，下一步应该做什么，这就是“目视管理”。

一个精益化的工厂是用眼睛管理的。一般情况下，一个世界一流的工厂，在工厂四周的墙壁上会挂着各种图表和展示，目视图表可以让每个员工及时了解到诸如产量与目标、质量、成本与运输、设备维护、人员培训等信息。

目视图表要简单易懂、一目了然，少用文字，多用图示和表格，及时把各种生产信息与出现的问题清晰地展示出来。

在实践中，经常采取以下四种方法来进行目视管理。

1．生产管理指示牌

用眼看一下就知道生产状况相对于计划是提前还是滞后了。把计划生产数量与实际生产数量的差显示出来。

2．指示灯

让现场中的人知道在生产过程中发生了什么异常。例如：

（1）绿灯：没有声音，正在运行中，绿灯亮。

（2）黄灯：有音乐，发生异常时（缺少零件、产生不合格产品时）。

（3）红灯：蜂鸣器，生产线一停止，红灯就亮。

这就像道路上的红绿灯，只要看一眼红绿灯，就知道车应该前行还是停车等待。

3．标准作业图表

标准作业图表把标准作业的步骤、内容、时间、注意事项等用图表的方式展示出来，贴在墙上，使加工作业内容也达到目视化管理。

如何来制定工作标准，有一个关于中国人和德国人煮鸡蛋的小故事。

【案例 3-8】 中国人和德国人煮鸡蛋。

一个中国人和一个德国人每天早餐都是一杯牛奶一个鸡蛋，中国人把鸡蛋往锅里一放，然后出去洗漱洗漱或干点别的，等再回来鸡蛋就煮好了。但德国人会用一个差不多刚好装得下一个鸡蛋的专门容器，然后加满水，1 分钟水就开了，3 分钟就关火。关火之后他们利用余热再煮 3 分钟，把鸡蛋煮到刚刚达到营养价值最高的状态。接下来用凉水泡 3 分钟，使这个蛋很好打开，德国人认为这样做很标准。跟中国人相比，他们节约了 4/5 的水、2/3 的热，同时还让鸡蛋达到了最佳的营养状态。

故事里的德国人在煮鸡蛋的过程中摸索出了一套非常适用的煮蛋程序和控制方法，并严格执行，结果每次用水、耗热最少，鸡蛋营养还最大。

因此，我们需要在工作中不断地总结，将最安全、最有效率的工作方式确定下来，并制定成标准重复使用。这对大家都有好处：顾客会得到更好、更一致的质量；企业因为生产力提高而获利；员工有清晰安全的工作程序可以遵循。

【案例 3-9】 一个关于德国标准的故事值得我们深思。

青岛原德国租借区的下水道是德国人当年留下的工程，在高效率地使用了 100 余年后，一些零件老化了需要更换，但是当年的公司早已不复存在。城建公司的员工开始四处寻觅配件公司，后来一家德国的相关企业给他们发来一封电子邮件，说根据德国企业的施工标准，在老化零件周边 3 米以内的范围内，应该可以找到存放备件的小仓库。城建公司根据这个提示，在下水道里找到了小仓库，里面全是用油布包好的备件，熠熠生辉。

这个故事，令人不禁叹为观止！

4. 已发事故揭示台

为了防止已经发生的事故再发生，在车间的明显位置安放已发事故揭示台，揭示解决问题的步骤和方法，是“对事不对人”。

下面这个案例，充分展现了目视管理的一目了然。

【案例 3-10】 **一位德国人图示中西文化差异。**

所有图中，蓝图是西方人，红图是中国人。

（1）表达个人观点（见图 3-4）。

（2）生活方式。西方人独来独往；中国人呼朋唤友（见图 3-5）。

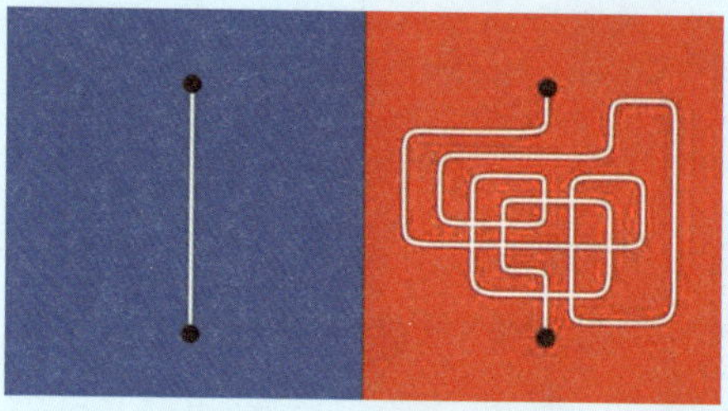

图 3-4　表达个人观点差异

图 3-5　生活方式差异

（3）守时（见图 3-6）。不守时在德国是很讨人厌的行为！

（4）人际关系。西方人的人际关系不仅仅简单，而且大多数仅限于两三人之间。也就是说，我的朋友和我好朋友的朋友也许根本不认识，认识了也不一定就会有来往。这一点，中国人的人际关系加了个“网”字，是非常精确的。由于是张网，套住了就很难脱身，说话办事得瞻前顾后，个个利害关系都得考虑周全，不然，说不准就得罪了谁谁谁，或者谁的谁。其实，大家都痛苦，但就是冲不破这张网（见图 3-7）。

图 3-6　守时差异

图 3-7　人际关系差异

（5）表达愤怒的方式。西方人情流于表；中国人道行高的，都是笑里藏刀，找机会背后捅你，让你死都不知道是怎么回事（见图 3-8）。

（6）自我（见图 3-9）。

图 3-8　表达愤怒方式差异

图 3-9　自我差异

（7）星期日街景：西方国家，节假日，是家人团聚的时间，一般都是家庭活动，不会把时间浪费在“闲逛”上面（见图 3-10）。

（8）聚会（见图 3-11）。

图 3-10　星期日街景差异

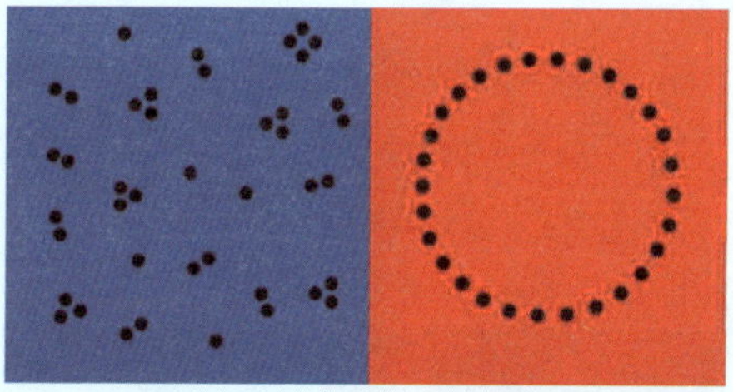

图 3-11　聚会差异

（9）餐厅里。越是公共场合，西方国家就越是安静，尽管他们是那么的自我！这就是素质和修养问题了（见图 3-12）。

（10）旅游时（见图 3-13）。

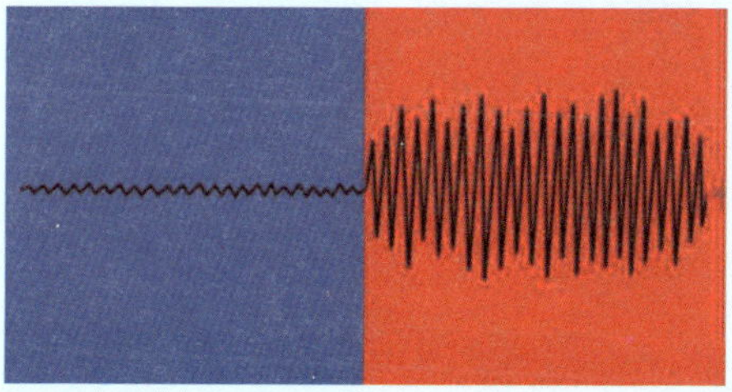

图 3-12　餐厅里差异

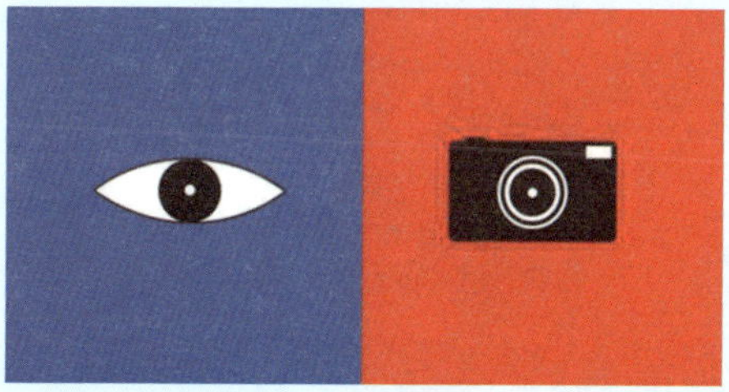

图 3-13　旅游时差异

（11）美女标准。欧洲人种皮肤白，所以他们钟情深色皮肤，一到夏天，就晒成古铜色；中国人是“一白遮百丑”的审美观（见图3-14）。

（12）处理问题的方式。面对问题，解决！中国人能绕就绕过去，问题还存在（见图3-15）。

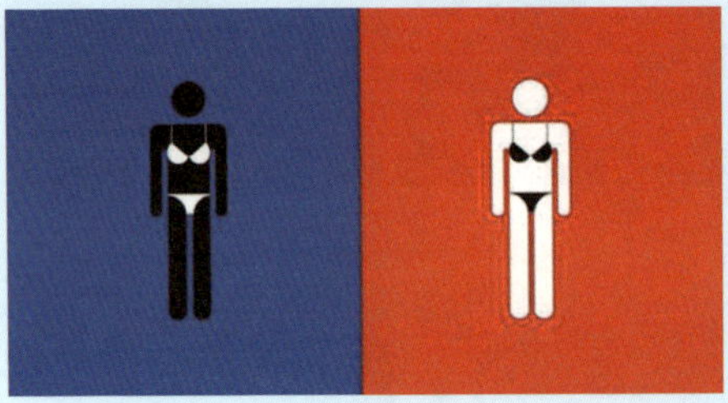

图3-14　美女标准差异

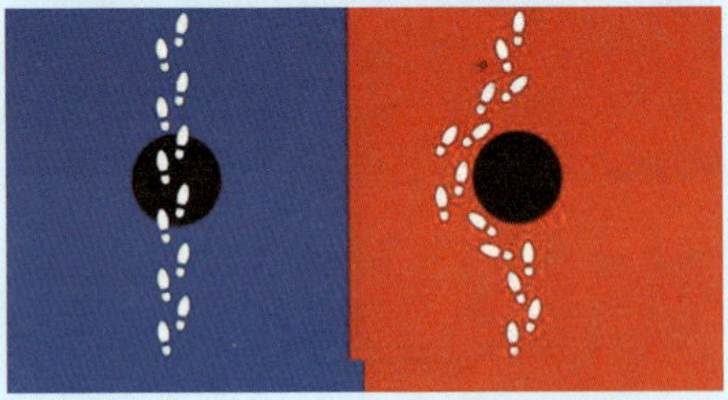

图3-15　处理问题方式差异

（13）交通工具。欧洲人的环保意识很强，再加上强身健体的意识，很多人自愿选择自行车代步。看看西门子公司的老板、工程师、员工们，很多都是骑车上班（见图3-16）。

（14）晚年生活（见图3-17）。

图3-16　交通工具差异

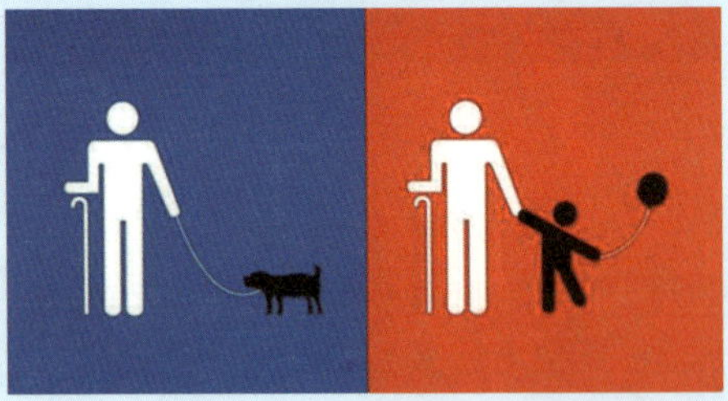

图3-17　晚年生活差异

（15）领导（见图3-18）。

（16）时尚。哪个德国人如能使用筷子，在中餐馆里那无言的得瑟劲（见图3-19）！

图 3-18　领导差异

图 3-19　时尚差异

（17）孩子。西方国家，孩子是父母的——教育、责任、义务；在中国，祖父母 / 外祖父母掺和的分量和父母均等。其实，在国内年轻的父母往往是想教育自己的孩子而祖辈干涉，也有很多年轻的父母把照顾、管教孩子责任完全丢给祖父母 / 外祖父母（见图 3-20）。

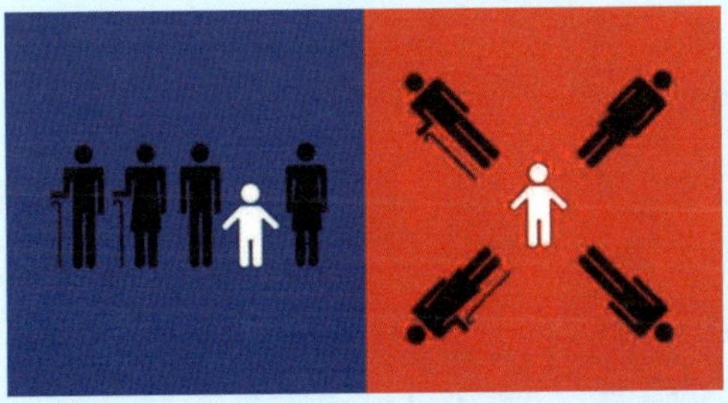

图 3-20　孩子差异

【思考与行动】

（1）你的工作现场目视化了吗？

（2）你制定标准作业表了吗？挂在墙上了吗？

（六）5S 管理

大部分人低估了工作现场安全、有序、整洁的重要性。有人做过统计，25%～30% 的次品与这一因素直接相关。危险、脏乱、管理混乱的企业生产的产品质量一般不高。

这里存在着一个很重要的心理因素，现场员工在一个整洁舒适的环境里工作，会有一种心情舒畅的感觉，生产能力也会提高。相反，如果工作在一个脏、乱、差的环境里，就会心情颓丧，产能低下，更不会关心质量问题。

精益管理建立了极为简便有效的机制，可以确保车间生产的安全、有序、整洁，称为5S管理。5S管理起源于20世纪60年代的日本丰田公司，至今已有四五十年的历史。所谓5S是整理（seiri）、整顿（seiton）、清洁（seisou）、展开（seiketu）、保持（situke），因为这5个日文首字母均为S，所以称作5S。

1．清理

清理所有不需要的物品，并彻底清除出工作场所。对于不需要的物品，它们既占用了宝贵的场地，又产生各种浪费现象。例如，经过清理的车间、办公室不但塑造了清洁的工作环境，还腾出了长期被占用的宝贵场所，也减少了因杂乱无章而花时间去寻找资料、工具的浪费现象，达到降低生产成本的目的。

我们在清理物品的时候，可能什么东西都不舍得扔，这就需要有所谓的“舍弃的智慧和决心”。将所有的东西分为绝对需要、或许需要、不需要。绝对需要和不需要的东西可能比较容易区分，拿不定主意的暂且留下，成为或许需要的东西，一段时间之后再确定是否需要。

清理的目的：

（1）清理工作现场，增加工厂的场地使用面积。

（2）防止误搬、误用。

（3）减少无用的作业和浪费。

（4）创造清洁的环境。

2．整理

采取三定政策，即固定的东西、固定的数量、固定的场所，创造一目了然的工作场所。

例如，工具应该放在搁板上，并在搁板上画出工具的外形。这样，在需要使用工具、资料等时，可以不用寻找就能迅速地取到。而且，如果工具一旦不在上面，就很容易发现。如果在使用是没有问题的。如果在一个不太安全的地方，就会引起安全隐患。

大件物品的标记，可以采用在机场办理登机时使用的隔离线。

3．清洁

这可能是最容易理解的S，即擦洗所有的机器设备，清扫工作场所，保持清洁状态。

所有的设备、工具、工作台面、地面等都应该光洁如镜。如果一个客户走进一家肮脏不堪的工厂，他会怎么想，是否会对产品的质量抱有信心，是否会对供货商充满信任？回答一般是否定的。

清洁的目的是要达到“地板都可以吃掉”的程度。除了清洁之外，损坏破碎的工作台面也应该及时修复等。

4．维持

工厂的整洁有序需要维持，让清洁和日常维护成为每个工作日的一部分。

如何让员工维持工厂的整洁有序呢？可以采用一种标准的检测方法，定期对各部门的工作进行检查；可以采取扣分制，对违反纪律的现象进行扣分，并将每次评估结果张榜公示。这种方法严格、彻底而且十分有效。

5．素养

要让5S成为一种习惯、一种生活方式。也就是说，每个员工每天都要确保达到5S工作标准，无论有没有客人来访，都能保持工厂的安全、整洁、有序。

有研究表明，养成一个习惯需要大概一个月的时间。一个月的时间可以固化一种行为。例如每天都抽出半个小时的时间运动，这个时间最好不容易被打扰，每天都能保证。一个月以后，就可以养成运动的习惯。这个时候，如果不运动就会觉得身体很滞，像少了点什么似的。

刚开始执行5S的时候，如果要真正落实5S，需要不断地监督。但当5S成为一种习惯、一种素养之后，5S就变成员工一种自动自发的行为，不需要监督、奖惩，能够自觉地实行5S。由此，5S管理的目的也就达到了。

实施5S管理时，注意不能把5S活动搞成单纯的美化运动。通过5S管理，可以保证工人和机器设备的安全，提高工作效率和产品质量，降低成本，使工厂达到目视化管理的水平。

5S 是行之有效的现场管理方法，为世界各国的企业所广泛使用。如果你去参观世界一流的工厂，基本都是厂区光线充足，机器锃明瓦亮，地面墙壁一尘不染，整个工厂无可挑剔。

一个现代企业，是讲究内质外形的。也就是说一个企业的内质需要外形来体现出来。例如，各大奢侈品牌的店面，从橱窗到店面的设计，到物品的摆放，再到服务生的着装和言谈举止，就给人一种时尚、高品质的感觉。

对于生产企业来说，5S 管理不仅可以提高产品的质量，而且可以把企业的内质充分体现出来。

【思考与行动】

（1）你的工作场所 5S 了吗？

（2）如何让 5S 成为员工的一种习惯？

（七）团队作业高于一切

在现代工业化时代，“团队合作”比个人技艺更为重要。

8 个人划的赛艇，9 个人打的棒球，6 个人打的排球、11 个人踢的足球，决定胜负的关键都在于合作。有趣的是，假如合作不好，就算有一两个明星选手也未必能够获胜。

企业生产一般按小组进行的，一个小组负责一个或几个产品线。10 个人或者 15 个人生产一种产品，需要每个人都发挥自己的作用去共同完成。拿流水作业来说，从原材料直到制成一件产品，也是每个角色通过分工合作才可以完成的。这时，团体协作就更显重要了。

这就好像划船，船由 8 个人来划。4 人在左，4 人在右，划得不好，船就走得弯来弯去。假如说，我力气大，他力气小，干脆自己顶两个人划吧，一个人便大划特划起来，结果就会造成混乱，小艇左冲右闯不能沿着直线前进。如果大家用力均匀，按着一个拍子，把桨伸入到同一深度一齐动作，是使小艇快速前进的最好方法，见图 3–21。

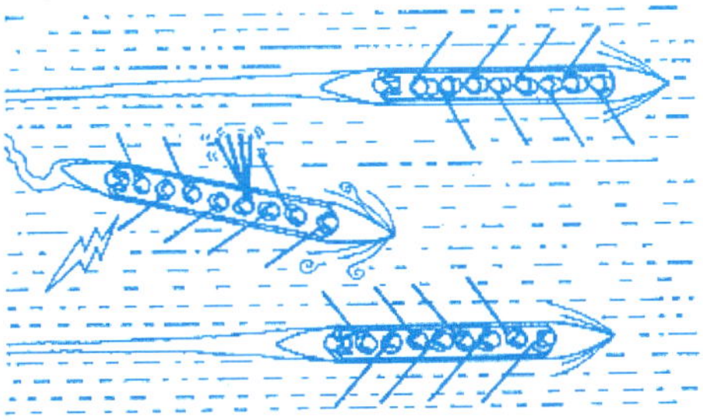

图 3-21　划船方法

企业也是如此，每个人不能仅仅做好份内工作就万事大吉了，还需要相互之间密切配合。

（八）持续改进

持续改进是最符合哲理的一个管理思想。任何企业在任何环境下，实际上都有改进的余地，因为企业所面临的外部环境是动态的。即使你现在的管理水平足够好，已经适应了外部的环境。但是，外部环境是不断变化的，技术在变，顾客的需求在变，进出同一个市场的企业竞争态势在变，企业的管理方法也应该相应地加以改变。所以，从这个意义上讲，企业在任何时候都有改进的余地。

改进什么呢？成本有没有进一步降低，产品或服务质量有没有进一步提高，订单处理周期有没有进一步缩短，库存水平有没有进一步下降，工作效率有没有进一步提高，业务流程有没有可能合理化，会议效率也没有可能提高等都可以作为改进的对象，而所有的改进最后都可以归结为一个货币表示——成本，所以这是持续改进基本的管理思想。

“要认为现在的方法是最坏的。”

——大野耐一

只有认为现在的方法是最坏的，才能产生改善的欲望。

改善是永无止境的。金无足赤，人无完人。尽管做不到十全十美，但我们可以离完美更近一步。

总之，精益生产方式以其“品质第一”“坚决消灭各种浪费”“无库存生产”“持续改进”等朴素、扎实的思想理念赢得了全世界的瞩目。无论是制造业，还是服务业，全世界的各行各业都在学习和应用精益生产方式。

每个企业的产品不同，经营管理方法也各不相同，不存在“放之四海而皆准”的方式。这就需要企业根据自身的实际状况，量体裁衣，寻求适合自己的精益生产方式。

对精益生产方式的理解有广义和狭义之分，狭义的精益生产方式就是生产系统的精益化，广义的精益生产已超越了生产系统，将精益思想运用于企业的市场营销、供应链、品质管理、人力资源、财务管理、绩效管理等系统中，广义的精益生产其实就是精益管理。

【思考与行动】

你的企业，有哪些需要改进的地方？你如何来改进？

第三节 精益实践

只有精益实践，才是精益管理的真正目的。

“管理是一种实践，就其本质来说，不在于知，而在于行。”

——彼得·德鲁克

知道精益和理解精益是两个不同的门槛，现场执行精益则是一个更高的台阶。只有精益实践，才是精益管理的真正目的所在。

【案例 3-11】 决定飞向南方的鸟。

有一位经理，最爱问员工一个问题："五只停在电线杆上的鸟，有三只决定飞向南方。现在剩几只？"

"两只。"员工小心翼翼地回答。

"错！"经理得意地说道："剩五只！那三只虽然决定要飞向南方，可是却什么都没做！"

中国儒家倡导"知行合一"。从企业实践的角度来说，只有"知"，没有"行"，与"无"知是一样的。只有学以致用，知行合一，才是目的所在。

一、精益的挑战

卓越的表现可以激励人心。

观看世界羽毛球冠军林丹的比赛，会促使我们拿起尘封已久的球拍，前往附近的羽毛球球场。我们会立下雄心壮志，保证要克服自己的缺点，要多花时间练球，少费时间泡吧，甚至会报名参加专业球手执教的课程，或者花大价钱买个新球拍，希望能提升自己的表现。

但我们都知道，光有雄心壮志是不够的。一旦三分钟的热度消退，接下来就得靠决心和努力才能坚持下去了。我们一再发现，原来达到目标远比想象中来得困难。

对企业本身及其改善计划来说也是一样。世界上有许多公司为日本汽车制造商的成功所鼓舞，决定采取精益的方式，改变工厂的运营以减少浪费，从而提升绩效。不过，就绝大多数企业而言，改善通常都无法持久，而且无论获得任何成效，都得付出特别的努力与额外的资源。一旦管理者松懈下来，即便只是一时松懈，整个改善就会烟消云散。

究其原因，任何改善，若非刻意努力贯彻始终，都难以维持。在当今变化莫测的环境中，光是维持现状就已经很费力，更遑论努力改善现状了。因此，许多企业精益还来不及扎根就消失了，当初的雄心壮志被每日的琐事所消磨，于是为了应付外在压力而转移了工作重点。

精益之旅是条漫漫长路，不适合胆怯的人，无法半途而废，也不能指望半心半意还会有所收获。在出发之前，你必须要能下定决心全力以赴。

下面以一家引入新的精益系统的零售企业为例，说明人们常常低估实现行为转变所需付出的努力，实现精益转型面临艰巨的挑战。

【案例 3–12】 打破企业运营的恶性循环。

有一家零售企业，门店网络广布，所售商品众多。在着手变革前，商店总是人潮爆满，不过其中不到半数的人会真正购物。后来发现，那些忠实顾客即便不买东西也会来逛逛。许多人来到商店是想碰运气，看看有没有特价品。

近年来，该公司大量运用促销来刺激销售。然而促销策略的副作用之一，就是促销后剩余的库存会累积起来，使得运营问题雪上加霜。不仅如此，产品可获得性也很差：平均而言，商店货品名录中仅有70%的商品上架，是顾客随时买得到的。

如果缺货，负责上架的员工不会让货架保持空缺，而会放上其他商品。因此，商店的陈列有时候和总部所规划的相去甚远。这么一来，要评估不同商品销售的成功程度就很困难。如果某商品的销售数据显示该商品在某家店很受欢迎，那么原因是这种商品真的很受欢迎，还是它在货架上占的空间更大呢？供应链的管理也深受其苦，因为总部确定的上架标准受到背离，这意味着关于商品库存水平的数据也不可靠。

因此运营上的需要是从商店中清除过多库存、有效管理库存空间，并改善产品可获得性。要处理这些问题，不仅会牵涉管理架构的改善，而且要挑战某些根深蒂固的行为。比如要改善产品可获得性，总部必须要知道究竟哪些商品缺货，这意味着在最初几个月，商店必须保留货架上的空缺，这会让员工很不自在。要员工不去填满货架上的空缺，必须要获得员工的理解，还需要纪律约束，以及理念与行为上的彻底转变。

对这种情况的分析显示，总部负责拟定和发布门店计划的职能单位与负责在一线执行计划的门店经理之间的反馈圈（feedback loop）出现了问题。总部未能掌握门店的实际状况，而门店则认为总部的规划不切实际。

有鉴于此，变革计划主要由三大部分构成。第一，通过提高总部数据采集系统的效率，确保关键业务指标符合现实，从而改进整个规划系统；第二，运用店内标准提高规划遵守度；第三，新系统必须制度化，成为企业文化的一部分。

变革计划一开始，需要彻底诊断一些问题，比如分析出商品真正的上架可获得性，以及商品缺货的原因。在某些情况下，其实仓库中有货，只不过没有放到货架上，原因是商品比规划晚送达了几周，因此分配给这些商品的空间已经让给了其他商品。在另一些情况下，则是商品已经没有库存，但是因为库存控制系统运作不良，未能记录已经售罄的商品。

第二步是制定解决方案，并从整个连锁体系中挑选具有代表性的六家店来做测试。企业采用了几种简易流程，如用彩色标签来标明暂时以替代商品填充的货架。这种措施可以提醒员工，等原来的商品到货之后，必须货归原位。

然而试验结果却显示，即便这么容易的解决方案却依旧无法长期实行，问题还是一再发生。项目小组经过调查，发现区域经理与总部的管理者都未花足够的时间到门店了解他们必须亲自处理的系统问题。即便已经花了时间的管理者，也未能树立正确的样板。

门店经理维持以前的做法，一件商品缺失时，会用别的商品填补货架上的空缺，而不是保留空缺。而店里的员工也觉得新流程不合理，对他们来说，空间保留给缺货的商品，而不用来卖其他东西，简直是匪夷所思。这是因为他们根本不了解，也没有动力以不同的方式来工作。

缺乏了解并不是唯一的障碍。门店的激励制度还是完全依据业绩和利润而定，而要求进行试验的门店员工遵循的这些新做法，在短期内可能会导致他们的销售业绩下滑。虽然这些做法的目的是改善长期的商品可获得性与销售额，但是因为激励措施与理想的新行为有直接冲突，员工仍会依过去的方式来行事。

发现这些问题之后，项目小组便采取行动，以促使变革持久。小组撰写了一页简单的指南，提醒高层管理者在视察商店时应该如何行事，以在员工中强化新流程。这份指南要求他们在视察初始就与门店经理就视察的目标达成共识，然后由门店经理带头，尊重商定的结构与时间安排。项目小组也强调，花时间和一线员工在一起，以及询问一线员工的意见都十分重要。

高层管理者还被要求不要在商店团队面前讨论他们注意到的任何问题，除非问题特别严重；相反，他们应该在离开销售现场后询问门店经理。这样才能避免高层管理者不慎危及门店经理的地位，使其无法扮演门店员工主要角色榜样。而为了强化门店经理与总部之间新的权力平衡，小组还建立了“伙伴制度”，即每个门店经理都分配一名总部的管理者，负责听取问题并给予指导。这个制度提供了一种高效而且自然的机制，帮助高层管理者能重新掌握门店的现实状况。

在实践过程中，该公司很快认识到，以销售额为标准的激励制度并不适用于新环境。于是，该公司引入了每周审核的方式，来评估门店遵守新流程的情形。每周审核的主要目的，是帮助门店经理发现需多加注意的地方，但通过给遵守情况评分，每周审核也与激励制度挂起钩来。可是，这样又产生一些新问题，因为在零售业的常态下门店之间会彼此竞争，这又威胁到新工作方式的固化。

精益确实能产生立竿见影的效果，若要全面丰收，就必须把精益变成持续改善的过程。对现代企业来说，要能以长远眼光行事并不容易。大家都注重短期的绩效，加上高层管理者的任期短，因此精益无法光靠着个别高管的意志力来维持。企业必须使精益的实践制度化，成为企业能力建设的一部分。

二、实施精益管理的先决条件

实施精益管理，需要三个先决条件。

第一，高层管理者的决心与坚持。

所有的变革要想获得成功，都需要高层管理者的决心与坚持。实施精益管理，将改变员工原有的工作方式，一开始员工就会产生抵触。榜样的力量是无穷的，尤其是高层领导若能以身作则、正人先正己，就能更好地推动变革。

第二，上上下下的认同感。

精益管理，不能光靠企业高层来做，而需要企业上上下下在每天的工作中，排除各种浪费，不断降低成本来实现的。所以，实施精益管理需要上上下下有很强的认同感，才能比较容易见成效。

【案例 3-13】 少女还是老妇？

图 3-22 少女还是老妇

规则和程序：

（1）出示已经准备好的图片（见图 3-22）。

（2）请与会者在 10 秒钟之内判断出这幅图上的画像到底是少女还是老妇。要求大家保密答案，不得与他人交流。

（3）请大家举手表示，看看少女和老妇的人气指数各是多少。

（4）告诉与会者你已将少女变成了老妇，并且指出近看大多数人看到的是少女，而远看多数人则只见老妇。让与会者体验改换角度给问题带来的巨大变化。

"横看成岭侧成峰，远近高低各不同"，对于同一个问题，由于处于观察角度和出发点的不同，不同的人会对同一件事情有不同的看法。

一群人可能以相同的方式行事，但理由却完全一不同。

【案例 3–14】 同一行为的不同想法。

有位管理者着手进行改善，于是要求他的四个小组成员填写简单的日志，记录一整天下来的进展，并列出所碰到的任何问题。管理者给了小组成员明确的指示，也确保成员都有必要资源，但却无人一遵守。为什么？

第一个成员认为，这次改善只不过又是管理者一时兴起，几周之后就会和其他举动一样无疾而终。第二个成员不喜欢这位管理者，想给他制造麻烦。第三个成员担心新的工作方式对他也许没有好处。第四个成员感觉到同事们不愿照令而行，于是就随了大流。这四种不同的观念，最后却表现出同样的行为。

这个案例说明了什么？

第一，光看行为是看不出动机的，你可以去问，但可能问不出所以然来；第二，最好是你认为不知道某个人的动机，而不要自以为了解，我们应该接受大家各自的动机，而不要笼统而论；第三，即便没有明显的刺激，行为也常会改变，在进行变革的动态环境下尤其如此。

有些管理者相信可以强迫员工改变行为，于是期待部属会自动遵守、不加质疑地服从。但如果缺乏理由和解释，员工又凭什么要遵守呢？管理者的责任不在强迫员工完全服从，而是鼓励大家追求相同的目标。

【案例 3–15】 某超市的精益改善。

一家超市设立一个小组来改善上架方式，好让超市有更多时间来服务顾客。员工必须从一开始就能参与，这样他们才会明白变革背后的原因、将会发生的变化以及自己所应担负的角色。随着工作的展开，一线员工必须要能体会新工作方式的好处，比如能让他们多花时间在顾客身上，少费时间在幕后处理琐事或意外事件等。如果员工没有受惠，那么管理层就无法确保员工会继续付出更多努力，而这些却是精益改善所不可或缺的。

第三，具备精益技术支持。

如果上上下下都准备好了，要实施精益管理，还需要掌握实施精益技术。

精益技术支持，可以从两个方面来获得：一是通过学习；二是借助外脑，将业务外包。

三、实施精益管理的具体步骤

企业实施精益管理，按照以下步骤来操作：

（1）选取主营业务部门或关键部门做试点，从 5S 做起。

选取哪一个部门做试点？从何处着手？

选取关键部门，从 5S 做起。关键部门对企业至关重要，5S 看得见，摸得着，最容易见成效。

（2）确定关键业务流程。

部门的关键业务是什么？合理的业务流程应该是什么？

实际上，任何一个业务流程都包括下面三个步骤：

第一，真正创造价值的步骤。把毛坯做成了一个零件，把简单的数据做成一个报表，很多东西都是真正创造价值的步骤。

第二，Ⅰ型不增值步骤。本身不创造价值，但为创造价值的活动得以进行而必不可少的步骤，称为Ⅰ型不增值步骤。例如，把毛坯做成了一个零件，但需要把零件从工厂 1 搬运到工厂 2，从工厂 2 搬运到工厂 3，从工厂 3 搬运到组装线上才能组装成产品。这个搬运过程本身并不创造价值，但为了做产品，这个搬运是必需的。本身不创造价值，但又必不可少的步骤，这样的步骤越少越好。

第三，Ⅱ型不增值步骤。既不创造价值，也没必要的步骤，称为Ⅱ型不增值步骤。把零件从工厂 1 搬运到工厂 2，这个搬运是必需的。而搬运之前等待车辆的到来等了三个小时，而搬过去之后，等待卸车又等了三个小时。这两个环节的等待就是不创造价值也不必要的步骤，是Ⅱ型不增值步骤，这是可以立即去掉的步骤。

所以，一个业务流程，它往往是由增值步骤、Ⅰ型不增值步骤、Ⅱ型不增值步骤组成，画一个流程，标识出来这些步骤，保留增值步骤和Ⅰ型不增值步骤，去掉Ⅱ型不增值步骤。

（3）分析现状，寻找浪费。

现在来分析一下业务流程现状来寻找浪费。为了寻找浪费，需要每个人对每个工作过程细致的观察。

【案例 3–16】 我们的观察力如何？

为了测试一下学员的观察力，请所有学员用手盖住自己的手表，然后问几个这样的问题：

（1）这块表是什么品牌的？

（2）表盘是什么颜色的？

（3）12 个数字是什么样的吗？

（4）有没有日期的显示？

（5）有没有秒针？

统计一共有多少人全部正确。

讨论：

（1）谁没有通过这次测试？为什么？

（2）为什么我们观察得不够细致？

（3）你有没有见过由于人们忽视了常见的事物或问题而引发的事故？

大多数人无法全面而准确地描述他们的钟表，尽管他们一天要看几十次。人们往往对那些司空见惯的人或事物没有给予足够的重视，所以很难发现存在的问题。

一个业务流程的浪费主要从以下两个方面来寻找：

▲ 业务流程各主要环节

例如，有一个很复杂的业务流程，大概包括15个步骤，这个业务流程是需要改进的。那么，从哪个环节着手改进呢？如果所有环节同时改的话，肯定没有好结果。那就运用80/20原理，因为80%的成本发生在20%关键事项上。要降低成本，就把80%的精力放在这20%的事情上。这和领导艺术中的80/20原理是一样的，一个领导不可能要抓所有的事情，要把80%的精力放在最重要的20%工作上。所以一开始就要分析最主要的成本发生在哪？最主要的浪费发生在哪？最主要的时间都用在哪？

怎样排除业务流程中各主要环节的浪费呢？排除浪费的方法不可以照抄照搬，每个行业可以根据自己的特点开发相应的方法来排除。

▲ 业务流程中各环节之间的衔接

如果业务流程各主要环节的浪费都找到了，接下来需要注意的问题是什么呢？是各部门和各部门之间的衔接。企业最大的浪费往往不是来自部门的内部，而是产生于部门和部门的衔接、环节和环节的衔接上。越是大企业，这种问题就越明显。

【案例3-17】 **一家制造厂的系统优化。**

有一家制造电子产品的工厂，该厂的产品只有一部分是标准化的，大部分是按订单设计。设计与制造人员隶属不同部门。过去，设计部门优化了自己的资源和技能，却忽略了生产部门的需求与限制。其结果是生产陷入被动，甚至出现瓶颈，导致延迟交货给客户。设计部门独善其身，给生产部门带来了问题。

作为精益转型的一部分，工厂在设计阶段决定整合生产规划与流程，这意味着设计者未来必须考虑生产部门的限制。这不光是组织的变革，更意味着两个相关团队要转变理念与行为。为了纠正由来已久的问题，每个部门都要了解对方如何工作，并愿意交换信息，一同解决所面临的困难。

一般来说，80% 的浪费来源于部门和部门的衔接、环节和环节的衔接。对于绝大多数制造业企业来说，例如接到一个订单——订购 10 辆汽车，从接到订单到交货可能需要至少 1 个月的时间，但真正在生产线制造汽车，可能 3 天就完成了。由于现在各种设备的自动化程度越来越高，速度的实现不仅取决于每一个环节的提高，还取决于各个环节的衔接上。有人把它归纳成 95% 和 5% 的关系，只有 5% 的时间是真正在设备上制造汽车，而 95% 的时间浪费在各个环节的衔接上，如传递、运输等。所以，最重要的是让业务流程的各环节连续流畅地运转起来，这好像是水管里的水，从头到尾顺畅地流下去。

【案例 3–18】 福特汽车公司的生产流水线。

亨利·福特和他的助手们是最先真正认识到流动潜力的人。1913 年秋，亨利·福特把汽车的最后总装转变为连续流动的方式，使福特 T 型车的总装工作量减少了 90%。接着，他把生产 T 型车零件的所有机床，按照正确的顺序排列起来，并且试着使从原材料到成品车发货的整个过程流动起来，由此也大大提高了生产率。这标志着世界上第一条生产流水线的建立。

流水线生产使福特公司获得了巨大的成功，福特公司很快就成为当时世界上最大的公司。

（4）探究原因，采取措施解决问题。

如果问题找到了，就解决了一半问题。解决问题时，首先分析问题存在的原因。是不是上下游团结的原因？是不是不合理的规章制度造成的？是不是工作方法不对造成的？是不是一些习惯势力导致的？是不是技术手段太落后？

在这里我们谈一谈制度问题。制度可以改变员工的行为。不同的制度，会导致不同的工作结果。如果企业存在不好的工作习气，一定是制度出了问题。

【案例 3-19】 分粥的学问。

有七个人住在一起，每天共喝一桶粥，显然粥每天都不够。一开始，他们抓阄决定谁来分粥，每天轮一个。于是乎每周下来，他们只有一天是饱的，就是自己分粥的那一天。

后来他们开始推选出一个道德高尚的人出来分粥。强权就会产生腐败，大家开始挖空心思去讨好他，贿赂他，搞得整个小团体乌烟瘴气。然后大家开始组成三人的分粥委员会及四人的评选委员会，互相攻击扯皮下来，粥吃到嘴里全是凉的。

最后想出来一个方法：轮流分粥，但分粥的人要等其他人都挑完后拿剩下的最后一碗。为了不让自己吃到最少的，每人都尽量分得平均，就算不平，也只能认了。大家快快乐乐，和和气气，日子越过越好。

管理的真谛在“理”，不在“管”。管理者的主要职责就是建立一个像“轮流分粥，分者后取”那样合理的制度，才能激发员工的潜能，使工作做得更好。

分析问题时，有些问题深层次的原因需要反反复复问五个为什么，有些问题需要发动大家用头脑风暴法或因果图，才能把问题最根本的原因找到，然后采取措施，对症下药。

（5）建立持续改进的循环机制。

持续改进贵在持续，贵在全员参与。

为什么在改进前面加一个定语“持续”呢？改进不是一个一次性的项目，不是轰轰烈烈干上两个月，这个项目就能完成。改进最需要的是什么呢？是持续，是长而久之才能见成效的东西。改进贵在持续。

改进只靠高层领导的智慧和决心是做不到的，需要上上下下的全员参与。当时丰田公司老板曾经说过：“每一个企业的老板都希望降低成本，但怎么降低成本呢？他指望找到一个天才，这个天才给他支个绝招，一下子带来 10% 的成本降低。我不相信世界上存在这样的天才，我也不认为世界上有这样的绝招。但是，我如果想要我的成本降低 10%，我可以发动我企业的 100 个员工，让每个员工取得 0.1% 的成本降低。”这么小幅度的成本降低，相对而言是比较容易做到的。但汇集在一起就是一个很大的数额。改进贵在全员参与。

如何才能做到全员参与呢?

【案例 3-20】　提案制度。

丰田公司有一个全员参与的方法——提案制度。这个提案制度从 20 世纪 50 年代一直持续到今天，每年平均接到 60 多万提案，这 60 多万提案基本上都来自基层员工的。有的提案价值大，有的提案价值小，有的节约百万元，有的节约 1 万元。无论提案价值大小，只要合理、可行，丰田公司通通采纳。长此以往，日积月累，就累积成一个大的成本降低。

持续改进最终要达到什么目的呢?要改变人的思维方式，改变人的行为方式。让每一个人在工作中养成不断地寻找浪费、不断地排除浪费的习惯。而这个习惯长而久之，最终就会形成一个新的企业文化，这就是企业的 DNA。别人没办法复制，没有办法模仿。这才是企业长久竞争力的源泉。

在全球信息业迅速发展、全球经济一体化的情况下，一个企业的制造技术很容易被竞争对手所模仿。你开发了一个新产品，我也可以开发一个新产品；你买了一个新专利，我也可以买一个新专利；你买了一个新设备，只要我有钱，我也可以买一个新设备；你上了一个 ERP，我花钱也可以上一个 ERP。这个技术的差距不太可能长久地让企业和企业拉开距离，技术很容易被模仿。而一个企业，如果有能力创造一个持续改进的企业文化，是不容易被复制的。

持续改进的企业文化是企业保持持久竞争力的真正源泉。而精益管理最终会在企业中形成一个持续改进的企业文化。

“没有最好，只有更好。”只要我们持之以恒、不断改进，我们就会做得更好。

精益管理不仅给我们提供了诸多降低成本、提高质量的方法，更可贵的是它给我们一种精益求精、持续改进的基本思想。

精益管理是一种高质量、低成本、持续改进的管理方法，它强调以最小的投入满足客户的需求，在最短的时间内取得更大的回报。这是每个创业者和经营者的梦想，但如何实现却是最大的挑战。

精益之旅不是在林中漫步，而是一次大规模的远征。日复一日，年复一年，我们会逐渐从精益之旅中不断收获，虽然我们永远存在改善的空间，但我们可以距离理想更近一步。

第四章

绩效管理

第一节 绩效和绩效管理

竞争永远是推动企业管理变革的原动力。在市场经济发展的初期，大部分企业的成长是源自于国内的消费市场的快速增长。随着竞争的加剧，企业的成长将主要依靠高效的管理体系和制度所培育的独特的竞争力。其中尤其是绩效管理在企业管理中具有核心控制作用，是组织实现战略目标的有效控制手段，其重要性引起越来越多管理者的关注。绩效管理的思想和方法正在被世界范围内众多的公司所采用，也被越来越多的中国企业家所重视。绩效管理将是中国企业培育世界级竞争力最为重要的管理制度体系。

一、绩效的意义

一个组织的绩效至少取决于对三个因素相互作用的控制，这三个因素是资本、技术和人力资源。由资本获得的收益可以通过精密的会计制度来评测；由技术获得的收益可以通过与此相似的控制系统来评估；组织的人力资源对生产力的贡献难以精确衡量，可它恰恰是生产力三要素中最核心的因素。人力资源只能通过一段时间员工的工作结果与员工的工作行为来评价。并且，对员工业绩的考核，不仅仅是发现问题、解决问题，更重要的是让员工有一种持续改进、提高绩效的信心。聪明的管理者将绩效管理看作是与员工沟通、使员工了解企业、希望他们做什么的一个机会。

员工的工作绩效，是指员工在工作岗位上的工作行为表现和工作结果，它体现了员工对组织的贡献大小和价值大小。对组织而言，绩效就是任务在数量、质量及效率等方面完成的情况；对员工个人来说，则是上级和同事对自己工作状况的评价。

二、全员绩效管理的含义

传统的绩效考核往往忽略了绩效管理的过程，绩效考核与绩效管理并不是等价的。绩效管理是指为了达成组织的目标，通过持续开发的沟通过程，形成组织目标所预期的利益和产出，并推动团队和个人做出有利于目标达成的行为绩效管理。从广义上说包括绩效管理的基础性工作（目标管理和工作分析）、绩效指标的设定、绩效计划、绩效实施与管理、绩效考核、绩效反馈和绩效考核结果利用几个环节；从狭义上说绩效管理通常被看作一个循环，这个循环的周期通常分为 4 个步骤，即绩效计划、绩效实施与管理、绩效考核与绩效反馈面谈。绩效管理将绩效考核作为一个系统来认识。在这个系统中，绩效考核不仅包含应用某种方法考核员工工作绩效这一核心过程，而且将企业文化、企业战略以及人力资源政策对绩效考核的影响作用纳入其中，同时把考核结果反馈这一较孤立的环节与员工培训甚至人力资源开发紧密联系起来。绩效管理是一个完整的系统，图 4–1 表示这个系统中不同环节之间的关联。

要认识绩效管理，首先就要认清什么是绩效。人们对于绩效有许多不同理解。

（1）绩效等于结果。绩效可以是最终的成果。对于公司和企业来说，绩效可以作为衡量企业是否盈利以及盈利多少的标准。对于员工个人来说，绩效同样可以表现为员工个人的工作成果，但更多情况下往往只表现为员工的工作过程。

（2）绩效等于能力。绩效是员工的实际工作能力，同样按规则办事，能力强的人可以收到更好的效果。

（3）绩效等于态度。工作是否用心，与工作的结果有很大的关系。员工要有强烈的工作积极性和主动性，在适当的情况下还要有勇于不断创新的精神和观念。

（4）绩效等于勤奋。命运总是眷顾勤奋的人，有一分耕耘，必然就有一分收获。

（5）绩效等于人际关系。善于处理关系的员工，绩效往往也不错。因为他与同事关系处理得好，工作协调得好，就容易出成果；与客户关系处理得好，自然就容易获得客户的订单，为公司取得很高的经济效益。

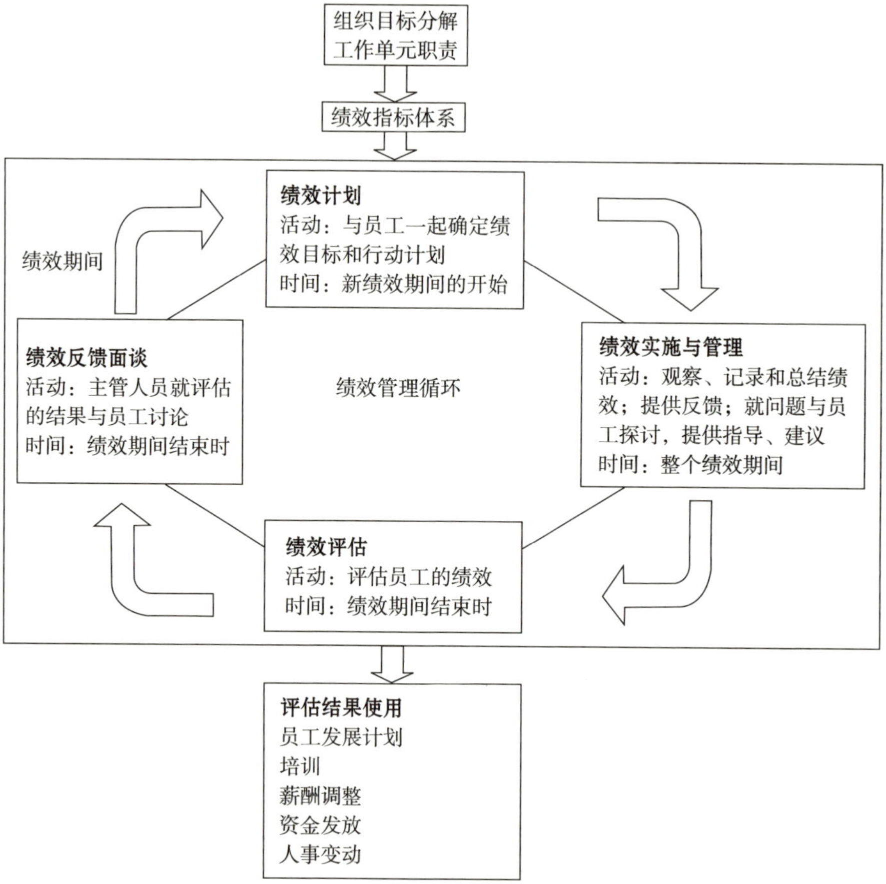

图 4-1　绩效管理系统中不同环节之间的关联

三、绩效管理系统的主要目的

绩效管理系统的主要目的有：

（1）定义和沟通员工的期望。

（2）提供给员工有关他们绩效的反馈。

（3）改进员工的绩效。

（4）将组织的目标与个人的目标联系起来。

（5）提供对好的绩效表现的认可准则。

（6）使员工现有的工作能力得到提高。

（7）使员工在未来的职位上得到发展。

（8）提供与薪酬决策有关的信息。

（9）识别培训的需求。

（10）将员工个人职业生涯发展规划与组织整体的人力资源规划联系起来。

四、绩效管理的重要性

无论从组织的角度，还是从管理者和员工的角度，绩效管理都能给我们带来益处。首先，绩效管理能为物质激励（工资调整、奖金分配）、人员调配和日常精神激励提供依据与评判标准，有效地激励员工。其次，通过绩效计划的设定、绩效考核和反馈工作，改进和提高管理者的管理能力和成效，促进被考核者工作绩效的改进，最终实现组织整体绩效的提升，使绩效管理成为管理者有效的管理手段。第三，通过层层目标分解，绩效管理成为保证组织战略目标实现的重要手段。

（一）组织为什么需要绩效管理

如图 4-2 所示，从整个组织的角度来看，组织的目标是被分解到了各个业务单元的目标以及各个职位上的每个工作者的目标；而个人目标的达成构成了业务单元目标的达成，组织的整个目标是由各个业务单元的绩效来支持的，也就是由每个员工的绩效来支持的。

既然这样，那么组织就不可避免地关心以下这些问题：

（1）组织需要将目标有效地分解给各个业务单元和各个员工，并使各个业务单元和员工都积极向着共同的组织目标努力。

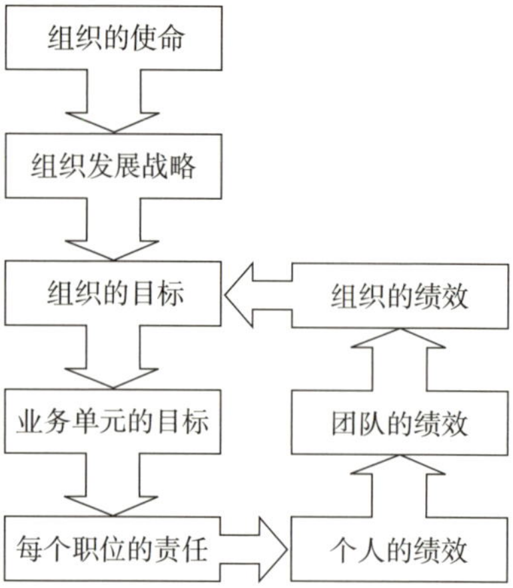

图 4-2 组织绩效管理的目的

（2）组织需要监控目标达成过程中各个环节上的工作情况，了解各个环节上的工作产出，及时发现阻碍目标有效达成的问题并予以解决。

（3）组织需要得到最有效的人力资源，以便高效地完成目标。一方面，通过人员的调配，使人员充分发挥作用；另一方面，加强对现有人员的培训和发展，增强组织的整体实力。

（4）绩效管理恰恰是解决上述问题的有效途径。通过绩效目标的设定与绩效计划的过程，组织的目标被有效地分解到各个业务单元和个人。通过对团队和个人的绩效目标的监控过程以及对绩效结果的考核，组织可以有效地了解到目标的达成情况，可以发现阻碍目标达成的原因。绩效考核的结果可以为人员的培训和发展提供有效的信息。因此，绩效管理是组织需要的一项活动。

（二）管理者为什么需要绩效管理

管理者承担着组织赋予自己的目标，而每个管理者都是通过自己的业务单元或者团队来实现自己的管理目标的。管理者都渴望自己在管理上取得成功，因此：

（1）管理者需要有机会将组织的目标传递给团队中的员工，并取得他们对目标的认同，以便团队成员能够共同朝着目标努力。

（2）管理者需要把组织赋予的目标分解到每个员工的头上，因为他们知道这些目标不是通过自己一个人的努力就可以实现的，而是必须通过团队中的员工共同努力才能实现的。

（3）管理者需要有机会告诉员工自己对他们的工作期望，使员工了解哪些工作最重要、哪些工作可以自己做出决策；管理者需要让员工知道各项工作的衡量标准是什么。

（4）管理者还常常希望能够掌握一些必要的信息。这些信息既有关于工作计划和项目的执行情况，也有关于每个员工的工作状况。

这些问题也是在绩效管理过程中需要解决的。绩效管理提供给管理者一个将组织目标分解给员工的机会，并且使管理者能够向员工说明自己对工作的期望和工作的衡量标准。绩效管理也使管理者能够对绩效计划的实施情况进行监控。

（三）员工为什么需要绩效管理

员工在绩效管理中通常是以被管理者和被考核者的角色出现的，考核对他们来说是一件有压力的事情，是与不愉快的情感联系在一起的。当理解了员工对工作的内在需要后，就会发现绩效考核与管理对于员工来说也是他们成长的过程中所必需的。

根据马斯洛需要层次理论，我们知道，员工在基本的生理需要满足之后，更多的高级需要有待于满足。每个员工在内心都希望能够了解自己的绩效，了解自己的工作做得怎样，了解别人对自己的评价。这首先是出于对安全和稳定的需要，避免由于不了解自己的绩效而带来的焦虑。其次，员工也希望自己的工作绩效能够得到他人的认可与尊重。另外，员工也需要了解自己目前有待于提高的地方，使自己的能力得到提高，技能更加完善。

员工希望了解自己的绩效表现，更多的是为了提高自己的绩效，提高自己的技能，增强自己的竞争力。因此，员工特别需要通过绩效管理来了解和提高自己的绩效，了解自己在哪些方面还有待发展，以提高自己的胜任能力。

（四）基于战略的全绩效管理实施模型

获取稳步提升的经营绩效是企业可持续发展的基石。绩效管理的一般过程包括绩效的“PDCA”循环，即绩效目标的确立、绩效监控系统的实施、绩效反馈与绩效改进四个阶段。其中绩效目标设定与绩效监控体系是绩效管理研究一直关注的焦点。

传统绩效管理侧重于绩效评价基础上的绩效管理，即强调在公司现有的业务模式下对企业绩效的产出进行鉴定，并在这种后馈评价的基础上设定薪酬、福利、职务进阶等激励机制，并调整设定下一考评周期的绩效目标。考评的标准一般参照年初提出的企业目标规划。这种考评方式在绩效目标的设定标准上存在主观性较大的问题。同时，对绩效产出结果而非过程的考评，容易造成为了实现企业设定的目标，忽视管理过程的均衡性。平衡记分卡（balanced scorecard, BSC）的提出弥补了企业绩效过程监控不得力的问题，但是在具体的操作上，也存在如何对职能、直线部门分别选取关键业绩指标（KPI）并分解下去的问题（Heinz Ahn, 2001）。一般的操作方法是由企业的高层管理人员结合各职能与直线部门管理人员，通过绩效指标面谈的方法经验选取。主观性也很明显。

衡量企业经营有效性的最终检验标准是客户的选择，对于企业内部而言，这种“客户”实际上是工作流程的下一个环节团队（布莱恩·沃特林，2002）。

在企业的财务指标评价方法中，沃尔评分法、雷达图法、二维矩阵分析法的局限性已经随着企业经营实践的展开，逐步显露出来（张涛、文新三，2002）。这些方法一个共同的特点是静态、孤立、面向结果地评价总体的经营有效性，而对于企业经营过程的评价缺乏监控信息的抽取机制。杜邦财务分析法进一步明确了企业的绩效产生源泉，通过对企业“权益回报率”这一经典指标的逐层分解，确定了企业绩效产生的经营行为起因。但是在企业绩效管理过程中，其最底层的分解指标也仅仅落实在企业的财务会计科目上，如销售收入、销售折让、投资收益、应收账款等指标，这些指标实际上也是综合累计的财务指标，无法与员工个体的指标直接衔接，即无法直接分解指标。如果直接以杜邦财务分析法来应用，只能找出企业改进绩效的方向。并且缺乏对内外部改进支持的可行性评估。

在企业非财务指标的绩效评价方法中，彼得德鲁克提出了“改革—问题”的绩效管理体系，以发现影响绩效的改革动因为基础，进行变革型的绩效改进；凯尔文·克罗斯（Kelvin Cross）与理查德·林奇（Richard lynch）提出了“业绩金字塔”模型，通过瀑布式传递企业的战略目标到企业的生产系统与市场营销部门，通过自上而下的分解、自下而上的反馈构成绩效目标设定的循环；罗伯特·霍尔（Robert Hall）提出了质量、作业时间、资源利用效率、人力资源开发的“四尺度绩效评价模型”，系统设定了企业绩效在以上四个方面的主要影响指标。目前的主流方法是罗伯特·S. 卡普兰（Robert S. Kaplan）与戴维·P. 诺顿（David P. Norton）1992 年提出的平衡记分卡的绩效管理模式。平衡记分卡的管理方法将企业的绩效产生原因以因果流程的方式描述出来，即企业的财务指标来源于客户的满意度，客户的满意水平取决于企业的流程运作水平，流程运作水平取决于企业员工的学习与创新的力度。在四个部分分别确立相应的 KPI 以及权重，通过对部门以及直接员工实行平衡记分的考核方式评比绩效。一张企业的总体平衡指标设定分解图就是一份企业战略实施纲要。平衡记分卡解决了长期困扰企业绩效管理的战略衔接问题，将具体的战略转化成企业员工人手一张的考核指标卡，但是在企业绩效指标的分解确立与指标间相关关系的处理上并没有实质性的突破。

一套完备的绩效管理系统，应该对企业经营绩效产生的全过程以及结果进行监控。绩效目标的确定、考评 KPI 的设定、指标权重的衡量都应有相对客观的操作方法（罗伯特·西蒙斯，2002），否则，绩效管理在推进的过程中会由于对指标与权重的确定不合乎理解，而遭遇员工与中层管理人员的抵制或规避性选择。

基于这种想法，笔者结合在长期的企业绩效咨询实践过程中运行绩效管理项目的经验，提出全绩效管理的实施操作模型。

▲ 全员绩效管理的整体思路

全绩效管理就是对企业的绩效产出的全程进行监控管理。按照绩效管理的流程分为：面向战略的绩效产出诊断、基于QFD的KPI获取体系、基于AHP的指标赋权体系、基于目标分解的平衡记分系统。其主体思路，就是通过对企业的财务指标产出过程的监测，衡量企业绩效改进的主要方向，并在工作过程中定期加以沟通、改进、总结。全绩效管理整体流程示意如图4–3所示。

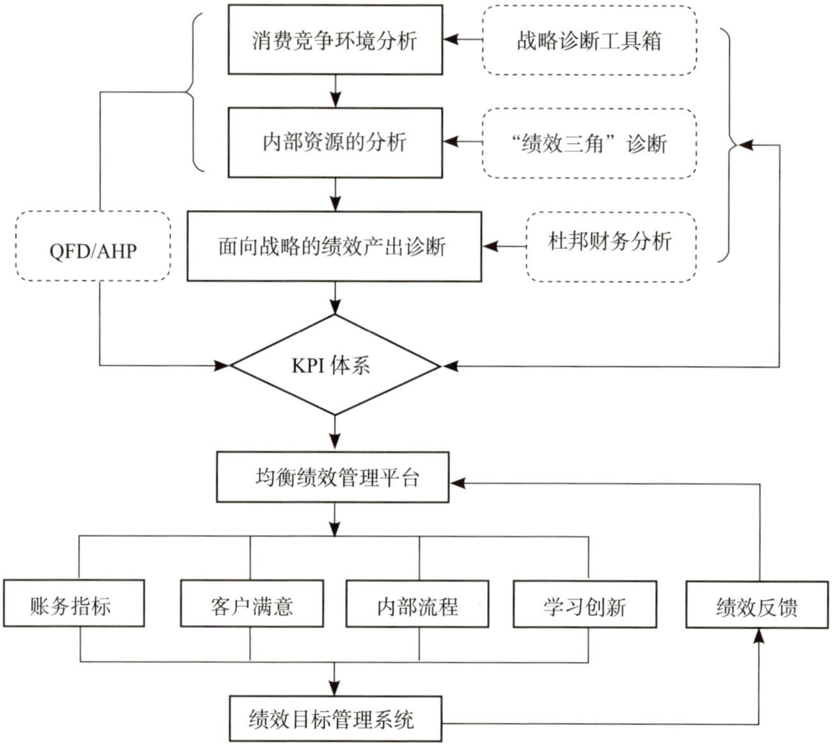

图4–3　全绩效管理整体流程示意

为分解说明全绩效管理模型的操作，下面按流程顺序剖析全绩效管理的操作实务。

★ 流程一：面向战略的绩效产出诊断

1．对外部竞争消费环境的战略诊断

对外部消费趋势与竞争战略的诊断方法很多，包括对外部的政治、经济、社会人口、技术指标进行研究的PEST分析、对企业内部优、劣势与外部机会、威胁进行分析的 SWOT 分析，对成长与占有率进行二维矩阵分析的 BCG 矩阵，对“产品—市场”进行二维分析的安索夫矩阵，对市场竞争格局进行分析的“五力”模型。各类传统分析工具可以从各个层面展开企业目前的战略处境，为全面绩效诊断找出可行的改进方向。分析工具的使用方法这里不再赘述，但其中很重要的使用事项是要注重联合分析，如在 SWOT 分析中，一般的操作方法是罗列出调研的企业的优、劣势与机会、威胁点就告一段落，而诊断性的分析是为了获取可操作的行动方案，所以对以上指标需要联合分析，以确定企业可以操作的绩效改进方向。SWOT 的联立分析方法见表 4–1。

表 4–1　　　　SWOT 的联立分析方法

SWOT	优势	劣势
机会	SO 战略发挥优势，利用外部机会	WO 战略利用外部机会弥补内部弱点
威胁	ST 战略利用优势，回避外部威胁	WT 战略减少劣势，回避外部威胁

2. 绩效三角的诊断方式

面向战略的全面经营诊断，动因是“绩效”，以绩效为中心，以干涉分析为出发点，在分析组织经营绩效的影响因素环节，有各种分类诊断方式，其中有职能分类与流程分类的诊断方式。为了清晰洞察企业组织的绩效产出因素，我们提出以“绩效三角”的方式来确定诊断的基本构架。绩效三角可以很好地解释企业绩效产出过程，如图 4–4 所示。

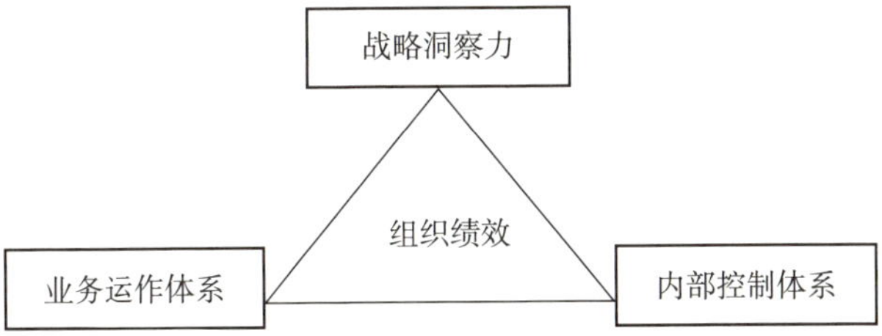

图 4–4　组织绩效三角

"绩效三角"的诊断内容主要以问题诊断方式为主，即对企业的战略洞察水平、业务运作体系、内部控制体系三个方面进行基于问题的全面诊断，分析影响企业绩效的主要因素，以提供建立绩效管理平台所需要的绩效改进方向。绩效三角分解诊断示意如图 4–5 所示。

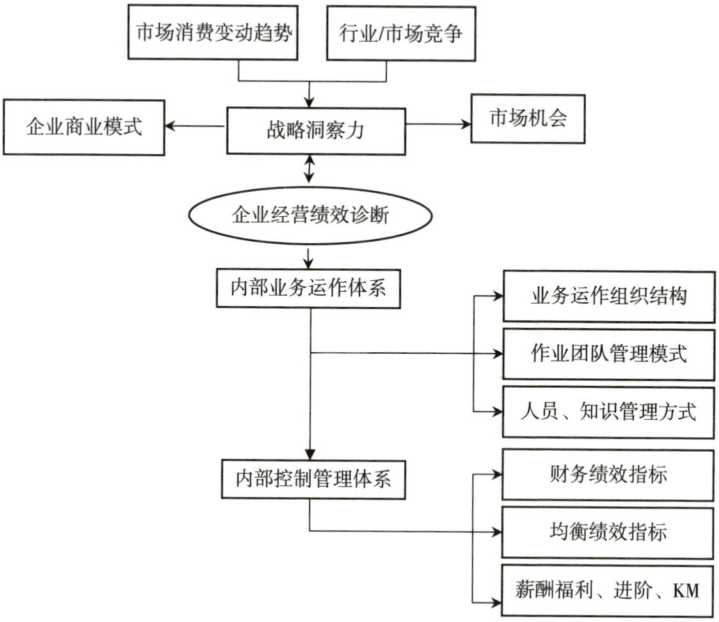

图 4–5　绩效三角分解诊断示意

（1）战略洞察力诊断。是企业对内外部环境分析的基础上，结合自身拥有的各种资源与经营路径，对企业未来应形成的经营状况进行情景规划，围绕各项工作应该达成的目标，提出落实目标的具体规划 [科利斯·D.J（Collis.D.J）、C.A. 蒙哥马利（C.A.Montgomery），1998]。

在企业现有的"资源—产品—市场"组合下，如何明确市场需求与竞争状况，把握消费趋势；定位产品线组合、定价机制，采取何种分销方式与分销渠道；新老产品、市场的交替启动、维护、退出；如何应对行业、区域市场的竞争性行动；如何对企业内部的人力资源进行合理的规划、使用、管理，建立一个均衡的人才发掘、成长与退出的梯队机制；如何对企业的有形资产进行使用规划，确立科学的投资、兼并、重组机制等都是企业战略洞察力的具体表现。

战略洞察力诊断决定了企业绩效的起点与方向。深刻把握、灵活调整是战略洞察力确定后的操作方式，其中内外部信息的掌握与分析、合理的决策机制是保证战略洞察力弹性的基本要素。

（2）业务运作体系诊断。是组织内部因应市场趋势，对配合相应的业务模式所形成的业务管理体系。诊断内容包括如何有效分解市场需求，在企业内部组织各相关部门或者建立联合团队，通过对业务的分解与协调，透过特定渠道将市场需求的产品制造并传递出去，以实现价值链中企业可能获取的利润。

内部的生产、采购系统如何有效组织，落实资源转化成具体的产品；企业的人力资源管理程序的合理确立。内部工作流程的明晰化，跨部门团队的建立与管理机制，合理的组织结构体系与决策、授权体系的建立。

（3）内部控制体系诊断。主要是通过对企业管理控制体系的诊断性调研，确定内部的财务指标与均衡发展指标体系，为基于目标管理的绩效平台建设做好铺垫。

对企业内部管理控制流程进行分解，结合企业的业务运作体系，对各岗位的岗位说明书与目标责任说明书体系进行预调研，分别对企业的高中层管理人员、员工进行基于目标绩效的考核指标调研与指标相关、冲突分析。

对薪酬管理、职务进阶机制与人力资源梯队的匹配性分析，对知识管理机制梳理，明晰企业员工的充沛性与梯队性，掌握企业显性与隐性知识产生、传播、扩散、管理的自然机制。

3．杜邦财务分析

杜邦财务分析的作用主要是确定企业在财务指标上可以改进的方向。即通过对“权益收益率”这一综合指标的逐层分解，对企业最底层的经营活动指标（通用会计科目）进行基于不同部门、岗位的相关性分析，得出可行的部门绩效、个体绩效改进的方向与具体目标。

杜邦财务分析法分解示意如图 4-6 所示。

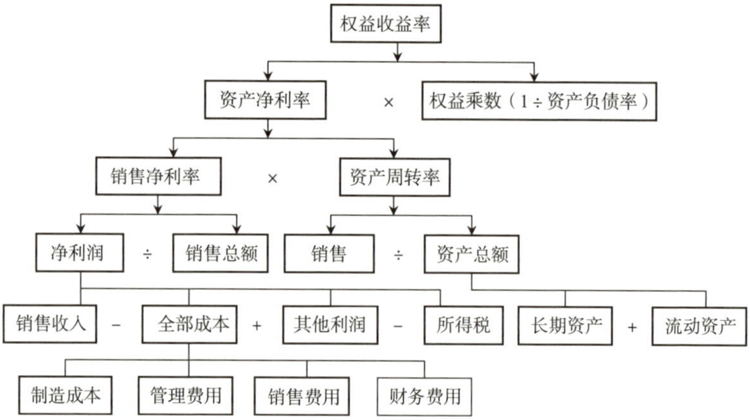

图 4-6　杜邦财务分析法在确定绩效改进方向中的应用

应用杜邦财务分析确定各会计科目指标偏高或偏低的原因，可以通过专家与中高层管理人员以及外部咨询顾问、上下游供应链合作伙伴联合参与，参照行业标杆或者市场化指标，倒推分析其提升或降低的可能性。

★ 流程二：KPI 指标与权重获取机制

1．基于 QFD 的 KPI 指标获取机制

建立全绩效管理的核心是确立一套能全面衡量企业财务与非财务指标的 KPI 体系，传统的 KPI 指标获取机制是通过经验获得，指标确定周期短，但由于决策机制集中在中高层，主观性与偶然性大，不容易获取真正符合企业发展所需要的关键业绩指标。

QFD（quality function development，质量功能展开）是一种面向顾客的产品和系统设计 / 开发的计划工具，是全面质量工程技术中源头治理的核心技术之一。其思路是通过建立质量屋（house of quality），将客户对产品的质量关注转化为企业内部流程设计的工艺要求。考虑到关键业绩指标（KPI）最终的衡量标准是市场或者下道工序的接受者，所以引入 QFD 的分析方法，来确定对企业各部门的关键业绩指标的设定。QFD 所关心的问题可归纳为：顾客希望什么样的品质；为了满足这些要求应提供什么样的功能；基于现有条件，如何才能满足顾客的需求。

应用质量屋分析对企业部门或者部门内具体岗位的 KPI 进行设定，以设定某家电企业市场营销部门的 KPI 为例，其下一级的“客户”是各地的家电代理商。

2．具体操作流程

（1）确定质量屋“左墙”的客户需求（what），通过对市场营销部门的直接“客户”电器代理商调研获取模糊指标。并给出客户需求的经验权重。

（2）确定“右墙”，对市场竞争能力进行评估，分析本企业的市场营销部门与竞争对手的市场营销部门在响应客户需求方面的差异，给出权值。计划质量部分是对新的业绩考核指标应用后的权值提高率进行计算，卖点则是可以极大提高指标权值的业绩指标得分，一般以 1.0、1.2、1.5 标识卖点的强弱。初始的客户需求权重在计划指标部分需要乘以提高率与买点强弱指标进行修正。

（3）确定质量屋“天花板”的业绩指标（how），即市场营销部门的日常业绩考核指标。

（4）在“房间”表格内填入客户需求指标与营销部门内部业绩指标的关系矩阵，记为 a_{ij}，即第 i 个客户的需求对应内部绩效指标 j 的重要性。一般按照关系的强弱采用 1、3、5、7、9 的标度等级。

（5）通过专家或者理层打分确定“屋顶”，即各项业绩指标自身间的相关矩阵，记为 b_{ij}。

（6）计算经过调整后关系矩阵，即客户需求与营销部门的业绩指标之间的关系矩阵

$$c_{ij}=\sum_{j=1}^{n} a_{ij}b_{ij}$$

（7）计算可得客户要求质量权值 c_i，标准化后的结果就是相对质量权值。

（8）通过计算房间关系矩阵的列和，得出“地板”——业绩指标相对客户需求的重要性权重。

（9）分析本企业营销部门与竞争企业营销部门业绩指标的竞争地位。

（10）确定本企业的 KPI，一般根据企业竞争的实际情况，以主要业绩指

标重要性权值累加达到某一标准为确认依据，如 5 个指标累加值达到 90%。

以 QFD 的方式确定企业的关键业绩指标，具有综合客户需求的客观性优点，值得注意的是在进行 QFD 质量功能展开分析的时候，上一流程的“how”到了下一流程就转化为“what”，这样连续运用 QFD 工具就可以将外部客户的需求逐步转化为企业内部的可考评的 KPI 指标。

3．基于 AHP 的 KPI 指标赋权机制

KPI 确定完成后，一个关键的问题就是考评指标的权重赋值。因为在将企业的战略性目标转化为具体的部门与岗位目标时，不能进行等权处理，如企业的财务部门与生产部门，对于客户满意度的关联程度是不等的。所以需要一种将总体指标权重分解到部门与岗位的指标综合赋权机制，AHP（层次分析法）是一种很好的综合赋权分解具。

基本的操作思路如下：

（1）对组织的一级绩效考核指标 a_i（$i=1, 2, \cdots, m$）行成对比较，按照专家小组方法获取指标权重的判断矩，记为 A，算矩阵特征向量，记为 C_1。

（2）确定某总体指标 a_i 的二指标 b_j（$j=1, 2, \cdots, n$），对 b_j 进行成对比权重，得判断矩阵 B，计算特征向量，为 C_2。

（3）二级指标 b_j 相对于某一级指标 a_i 的综合特征向量为 $C_1 \times C_2$，为指标 b_j 的综合权重。

★ 流程三：基于绩效目标管理的均衡绩效管理系统

通过面向战略的全面经营诊断确定影响企业绩效的主要因素，获取改进的方向，通过 QFD 的方法确定企业的 KPI，并通过 AHP 的方法来对指标进行综合赋权后，构筑均衡绩效管理系统的关键就在于将这些工具导入到企业绩效管理的实践中去。

目标管理的框架可以将企业的战略目标分解到可执行的绩效考核机制。如图 4–7 所示。

通过对获取的 KPI 进行基于部门的集成，由部门根据工作性质，从财务指标、客户满意、内部流程、学习创新四个维度设立部门的二级平衡记分卡，并根据考核指标性质分别进行月度、季度、年度绩效评估，将评估结果与被评估人进行沟通，分析产生差异性的原因。并进行下期的绩效计划。最后根据绩效指标的完成情况对 KPI 进行适当调整。

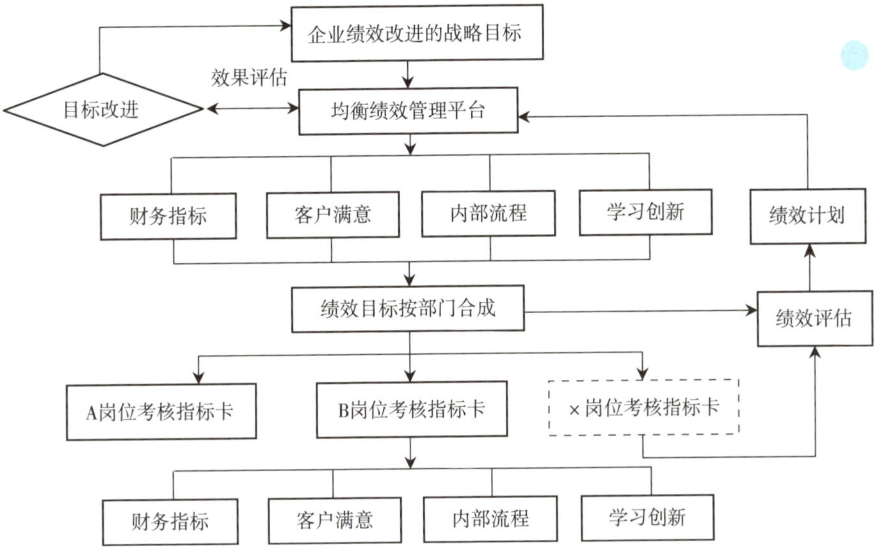

图 4-7 基于目标管理的均衡绩效管理系统

五、绩效考核失败原因

（一）组织方面

在考核过程中，难免造成情绪上主观的评价，一旦形诸笔墨，便会成为长久记录，影响员工资历，难怪主管常避之唯恐不及。

另外，组织常运用考核结果作多方面用途，如奖励或惩戒员工（部分组织运用极恶劣的考评来迫使表现不如人意的员工自己卷铺盖走人），主管基于这些顾虑，往往措辞委婉，不愿确实考核。通常一项考核事件的曝光频率愈高，主管所遭受的压力也愈大，困扰也愈多。

最后，考核工作一不谨慎，往往落人口实，甚至诉诸法律。若工作过程中不小心牵涉与工作无关的个人原因，如性别、种族、宗教等，则考核文件必然担负法律责任，主管更是敬而远之。未来，劳动方面的法律纠纷将会逐年上升。

（二）主管方面

中国人自古就向以不得罪人的文化积淀，大多数主管都不愿扮黑脸，做反面评量，因此只要有头痛人物，便设法延缓评估工作，幻想问题会自行消失。对员工而言，延缓考核似乎等于认可其偏差的表现，导致他因偏差行为而洋洋得意，更误导他人。

有些主管还顾虑另一问题，如被评为劣等表现会对员工造成负面回馈、打击工作信心和士气。在主管人员如此不甘愿的心态下，所做的考核必定是含糊混淆，无法对员工造成正面、有效的导引作用。

（三）员工方面

主管的偏见可使员工成为牺牲品。由于主观的成见或无心的小差错，都足以产生绩效考核的错误。就员工本身而言，多数认为绩效考核过程不够周密，认为自己最好的一面往往难有机会以常态呈现给主管。因此，他们常认为中等评价、普通、差强人意、合乎标准等，只不过是主管应付了事，令人泄气的评语罢了。

当然，除上述原因外，还包括考核标准的设定与评价标准不明确、考核的流程不当、考核的信度与效度不明显、绩效考核没有和员工的绩效改进相结合、缺乏对绩效考核系统的支持等问题。企业自以为找到了一个有效的管理“武器”，然而在操作过程中却走了样，从而造成绩效考核成了走过场，流于形式，先进成了“轮流坐庄”，以致最后主管不想考，员工不愿被考，人力资源管理人员也没兴趣组织。

六、有效落实绩效考核

实施绩效考核不是一蹴而就的，必须要建立一套有效的绩效考核体系。因此，坚持全面的、系统的与辨证的观念，切实把让绩效考核落到实处，应成为企业开展绩效考核工作的基点。

（1）让绩效考核思想深入全体员工（这里既有作为被考核者的员工，更有作为考核者的主管）心中，消除和澄清对绩效考核的错误及模糊认识。

绩效考核不是主管对员工挥舞的“大棒”，也不应成为无原则“和稀泥”式的每人都好。考核不是为了制造员工间的差距，而是实事求是地发现员工工作的长处、短处，以扬长避短，有所改进、提高。绩效考核要以尊重员工的价值创造为主旨，它虽是按行政职能结构形成的一种纵向延伸的考核体系，同时也是一种双向的交互过程，包括考核者与被考核者的工作沟通。通过沟通，考核者把工作要项、目标以及工作价值观传递给被考核者，双方达成共识与承诺。而且借助纵向延伸的考评体系，在公司形成价值创造的传导和放大机制。

绩效考核不能沦为为了考核而考核，考核是手段，不是目的，如果考核不能激发员工发展并整合为公司成长，那么考核的结果可想而知。企业主管若只想运用绩效考核来控制员工，往往令员工惊讶甚至反感、对抗。因此，要提升担当考核者的主管们的现代经理人意识和素质能力，真正使他们在公司管理的各个层次发挥牵引力。强化企业经理人的管理能力开发，是企业不可忽视的一个重要主题。

（2）进行工作分析，制定出切实可行的考核标准。许多企业，尤其是一些高科技型企业，工程设计、科研开发人员、市场销售与售后服务人员以及管理人员的工作一直是考核工作的难点，因为他们的工作与生产工人、操作人员相比具有复杂性、创造性，在考核实施过程中对考核指标的把握有一定的难度。但他们也确实需要得到一种科学合理公正的评价与认可，否则他们的工作积极性很难得到维持和提高，也无法形成优胜劣汰的竞争环境。因此，企业应通过用调查问卷、访谈等方式，加强与各主管和员工之间的沟通与理解，在公司中为每位员工做出工作职位说明书，让员工对自己工作的流程与职责有明确的认识，也使员工从心理意识上进入状态，接受考核。不同的岗位，不同的职责要求，不同的工作职位说明书，考核指标也理所当然有所不同。当然，在对考核指标的把握上宜遵循以下原则：贵精不贵多，5 个左右即可满足；贵明确不贵模糊，缺啥考啥；贵敏感不贵迟钝，能被有效量化；贵关键不贵空范，要抓住关键绩效指标（KPI）。

（3）让价值评价体系成为价值创造与价值分配体系的中介。企业管理的关键是要在管理中形成管理回路，形成公司成长的正向反馈机制，这也是比尔·盖茨描述的企业成长机制。价值评价作用的有效性，或者说价值评价要真正能在公司的价值创造中发挥牵引和激发作用，必须要解决好价值分配杠杆作用的发挥，这是一个根本性的问题。价值分配不仅仅包括物质的分配，也包括挑战性工作岗位的分配、职位的晋升等。从现在的物质分配来看，主要有工资、奖金、福利津贴以及远期收入。在工资方面，要充分让个人的工作能力、绩效在工资的组成结构占有合理的位置，并成为个人工资提高的主要因素。当然，更重要也更主要的还是要加强工作本身的激励，要不断创造有挑战性的工作岗位并将之赋给有创造、进取的高绩效员工，给他们创造更大的职业生涯发展空间。同时，对优秀的经理人员和研发人员应该给予股票或股票期权，使之成为他们的“金手铐”。考核评价要真正成为企业组织内部成员价值分配的客观、合理依据。

第二节 绩效管理计划

“计划就是调查、预测、预见、规划、预言以及努力穿透明天的看不见的帷幕。没有计划就像驾着一只无舵之船随风漂流，或者没有地图和指南针而在雾中航行。”

——迪克·卡尔森

“最蹩脚的建筑师从一开始就比最灵巧的蜜蜂高明的地方，是他在用蜂蜡建筑蜂房以前，已经在他自己的头脑中把它建成了。”

——马克思

“计划是从我们现在所处的位置达到将来预期目标之间的一座桥梁。它把我们所处的这岸，和我们要去的对岸连接起来，以克服这一天堑。有了这座桥，本来不会发生的事，现在就可能发生了。虽然我们很少能够预知确切的未来，虽然那些超出了我们控制的因素可能干扰制定最佳的计划，但是除非我们搞计划，否则就听凭自然了。”

——哈罗德·孔茨

一、绩效计划

绩效计划是指管理者和被管理者共同沟通，对被管理者的工作目标和标准达成一致意见，形成契约的过程。绩效计划发生在新的绩效期间的开始。制订绩效计划的主要依据是工作目标和工作职责。在绩效计划阶段，管理者和被管理者之间需要在对被管理者绩效的期望问题上达成共识。在共识的基础上，被管理者对自己的工作目标做出承诺。

当管理者和被管理者经过共同沟通完成绩效计划时，应看到如下结果：

（1）员工的工作目标与公司的总体目标紧密相连，且员工清楚地知道自己的工作目标与组织的整体目标之间的关系。

（2）员工的工作职责和描述已经按照现有的组织环境进行了修改，可以反映本绩效期内主要的工作内容。

（3）管理者和被管理者对被管理者的主要工作任务、各项工作任务的重要程度、完成任务的标准、被管理者在完成任务过程中享有的权限都已达成了共识。

（4）管理者和被管理者都十分清楚在完成工作目标的过程中可能遇到的困难和障碍，并且明确管理者所提供的支持和帮助。

（5）形成了一个经过双方协商讨论的文档，该文档中包括被管理者的工作目标、实现工作目标的主要工作结果、衡量工作结果的指标和标准、各项工作所占的权重，且管理者和被管理者双方都在该文档上签字。

由于所处的层次不同，计划可分为组织计划、团队计划，员工个人计划。绩效管理是对员工个人绩效进行的管理，它是在组织团队的运行机制下进行的。因此，绩效管理计划实质是在组织计划、团队计划的指导下，员工个人的计划。

二、绩效管理计划的重要性

1. 保证组织、团队计划的贯彻实施

个人的工作计划要服从组织计划，同时，组织计划的实施依赖于员工的工作。员工个人计划制订的好坏，直接关系到组织的生存和发展。

2. 有利于组织目标和员工个人发展目标相结合

这是绩效管理体系下，员工计划所具有的一项特殊的优势。各个层次的计划制订，应充分吸取员工意见，从而使员工有完成目标的动因和成就感。

3. 为员工提供努力的方向和目标

迷失了方向的航船只能在大海中随波漂流，没有目标的人只能在磋叹中消磨时光，方向和目标对人的激励作用是巨大的。

4. 便于员工发现自身优劣势、机会与威胁

采取防范措施计划时需对所处环境及自身情况通盘考虑，这样有利于员工发现自己的优势、不足，确定时机是否成熟，采取行动有什么障碍、威胁，从而审时度势，量力而行。

5. 有利员工采取适当的工作方法和途径

有了目标，有了对自身情况的清醒认识，员工就可以结合组织的目标方案，以及自身优劣势，和上级管理者协商确定开展工作的方式。

6. 有利于管理者对下属工作给予恰当的引导和支持

员工在分析了自身优劣势、机会与威胁之后，将这些信息反馈给管理者，这样有利于管理者了解情况，给予下属适时的支持和引导，采取措施防范风险，对员工的薄弱环节着重控制、指导。

7. 有利于优化组织资源配置

绩效管理主张员工的充分参与、自主管理、各层次员工加强沟通。员工主动性、协作意识大大增强，才能物尽其用、人尽其才。

8. 提供对员工进行绩效考评和培训的依据

绩效管理计划包括员工的个人职业生涯计划、工作设计、目标以及行动方案。其中目标和行动方案是绩效管理借以考核的依据，个人职业生涯计划及绩效考评结果是组织提供培训时的参考系数。

三、制订绩效管理计划的要素

制订绩效管理计划包括五要素，即传达组织、团队计划；制订和完善员工个人职业生涯计划；工作重新设计；制定员工业绩目标；选择实施方案。

（一）传达组织团队计划

1．组织、团队计划的制订

高层、中层、基层的管理者在制订各个层次的计划时，尽量听取下属的意见，给下属参与的机会，为以后计划顺利实施奠定基础。

2．组织、团队计划的传达

通过各种途径将组织、团队的计划告知全体员工，可以通过简报、板报、广播、正式文件、内部计算机网络等形式来传达。也可以通过各级管理人员与其下属的直接沟通来实现信息共享。

3．取得员工的认同

员工指组织的全体员工，既包括各层管理者，也包括普通员工。在管理层次的计划制订过程已经实现了管理者的参与，容易达成共识。关键是如何使普通员工将组织的目标作为行动纲领来履行。

（二）制订和完善职业生涯计划

职业生涯是一个人在其工作生活中经历的一系列职位、工作或职业，以及与之相关的价值观、工作态度、工作动机变化过程的总称。

有明确的职业生涯计划的员工，上级管理者应以组织计划为契机帮助他制订个人生涯计划。那些早有深谋远虑的员工，面对组织新一轮的发展规划时可能会有新的设想和憧憬，有必要对原有职业生涯计划加以完善和修订。

（三）工作重新设计

工作设计是为了有效地达到企业目标，合理地处理人与事的关系所采取的与满足个人需要有关的工作内容、工作职责和人际关系设计。工作设计不仅仅是一个新建企业的需要，现有企业也可能由于员工的精神需求与按组织效率原则拟定的工作需求发生冲突，影响士气而需要工作重新设计，或是由于组织目标、任务和体制的变化而需要重新设计。

（四）制定员工个人绩效目标

早在几千年前，卢修斯·塞尼加就曾说过：“如果没有目标，我们的计划就会失败。如果一个人不知道他寻找的是哪一个港湾，那么就无所谓风向。”所以，制定员工个人绩效目标极其重要。

（五）选择实施方案

确定了目标，解决了“到哪儿去”的问题。至于“怎么去”得靠制定和选择方案了。制定、选择方案要员工和上级主管协商确定，员工参与可以用其所长，克其所短；上级主管的指导可以使员工行动方案与组织团队的行动相协调。

【案例 4-1】 **李志刚与“五项绩效考核法”——采访李志刚手记。**

10 月 31 日，在某次绩效管理高级研讨会上，清华大学魏钧博士说：“在国有企业搞绩效管理如何绕开误区，我一直心存顾虑。看了国网淄博供电公司修验场‘绩效考核’的做法，我打消了顾虑，增强了信心。”

国网淄博供电公司修验场开展的绩效考核究竟有什么魅力，引起了魏博士如此的兴趣？他们的绩效考核有哪些经验值得学习与借鉴？

为什么要这么做？不这么做行不行？

修验场的绩效考核始于 1995 年，尽管在当时的大背景下绩效考核这个概念还不像现在这么清晰。

提起修验场，凡是有电力工作经验的人都知道那是一个比较艰苦的地方，绝大多数时间在野外作业，所干的工作也比较脏、累。有活派谁去不派谁去，在经济利益上体现不出来。长此以往，谁还有积极性多干活？

如何使工作与薪酬挂起钩来？修验场决定在分配上做一点改革。他们先把奖金的一小部分拿出来进行二次分配，虽然比例很小，但毕竟是一种尝试。奖金拉开的距离也很小。那时候每个职工的奖金四五十元钱，拿出几元钱参加二次分配。加班的职工与没有加班的职工在奖金的数目上开始只差5元钱。就是这很少的5元钱，让加班的职工感到了温暖，他的工作价值得到了肯定和承认。

修验场的绩效考核就是这样起步的。

后来就一点点拉大，多加班的职工多收入10元、20元……车间的职工也有一个渐渐接受的过程，慢慢接受了这种考核方法。

直到后来，那些以为不加班是占了便宜的职工发现自己的收入已经被别人拉开的时候，赶紧找原因，发现是因为自己工作太不主动！

绩效考核奖勤罚懒的原则真正体现出来的时候，一种机制已经渐渐形成了。

起步要稳，要职工接受有一个过程，机制形成后要始终坚持，这就是修验场的经验。

★　因循守旧没有出路，不断改进推出的“五项绩效考核”——基础数据工作一定要做好

修验场实行绩效考核后，出现了新的气象。李志刚也在工作中慢慢成熟起来，担任了车间副主任的职务。李志刚与车间其他领导一起对绩效考核进行深入研究，开始琢磨新的绩效考核办法，这就是工时定额制。这种考核制度规定，一定的工作量在一定的时间内由一定的职工人数来完成。经济利益分配是根据工时定额来确定的。这样就大大减少了无效劳动，使每个职工基本都是满负荷工作。

2003年，李志刚出任修验场车间主任。通过这些年的绩效考核，他发现了一些新问题。比如说在一个班组里当全班组集体加班的时候有的职工出工不出力，无法量化考核，也一样得到加班奖金；受到现有制度和激励机制的限制，职工的业务技术的动态管理不能有效进行，技术好的职工在单位时间内创造更多价值，但在分配上体现不多或者体现不出来……这些问题的出现，都对修验场的绩效考核提出了新的挑战。

李志刚反复研究，提出了“五项绩效考核”办法，这“五项绩效考

核”对生产加班、工作票执行者、班组长到位率、抢修、工作负责人五项内容进行量化，并根据责任风险和工作量大小考核兑现。它打破了“高岗高收入、低岗低收入”的传统分配机制，实现了岗位负责制轮换动态管理，给青年职工在比较重要的工作岗位上展现自我的发展空间，增强了职工的进取心。像解决职工自身技术高低的问题，以前没有什么好的办法，现在他们推出了复杂劳动与一般劳动的绩效考核办法。岗级高的职工如果技术不行只能从事一般的劳动，那么就比岗级低但能从事复杂劳动的职工收入少。这样，不仅仅在分配上拉开了距离，还鼓励职工积极学技术学文化，提高自身素质，推动了车间整体职工队伍素质的提高。

要想做好绩效考核，基础数据工作一定要做得扎实，做得细致，做得完善。在这方面，李志刚创造的经验非常值得学习。他建立了一个绩效考核数据库，所有关于绩效考核的原始数据都保存在数据库里，一切都让数字说话。

在这个数据库里，可以找到每一个职工、每一个班组原始的绩效考核的资料。职工每天做了哪些工作，加班是在哪一天，工作量有多大，合计成分值是多少，应该拿多少奖金一目了然。

正是因为不断地创新，修验场的绩效考核一步步走到现在，取得了可喜的成绩。原来修验场的设备消缺率只能达到60%，现在达到了92.8%，最好的班组已经达到了98%。

绩效考核管理带来的其他成果就更令人刮目相看了。修验场还出现了一个全国继电保护比武冠军和一个第六名，两个全省继电保护比武前六名。李志刚个人是山东电力十大标兵。10年来经他签发的工作票有三万多张，涉及的各种安全措施和操作程序几十万项，从没有发生过操作事故。李志刚的本领过硬是实实在在的。

★　做好与职工的情感交流沟通工作——奉献表率作用是搞好绩效考核最好的基础

在修验场实行了绩效考核以后，按照一般的想法，车间领导的管理工作比较好做了，只要按照规定严格考核就行了。但李志刚认为，越是搞绩效考核，越要做好与职工的情感交流工作。在加强绩效考核过程中，他借鉴了老一辈党员“同志加兄弟”的工作方法，得到职工的赞许。

修验场有个规定，班组里绩效考核的最后一名职工，班组长必须要找本人谈话，要指出他为什么落后，要告诉他努力的方向，怎么提高自己的工作水平。车间领导要找最后一名班组的班组长谈话，对不足的地方要提出来，要帮助寻找落后的原因，帮助这个班组赶上先进的班组。对情绪比较大的职工，与之谈心，做好交流沟通工作，使其认识不足，迎头赶上。正是有了这些情感的沟通，修验场的绩效考核才平稳地走过了10年，才有现在这样的成绩。

绩效考核中，李志刚总是不断听取职工的意见，改正工作中的不足。有一次，有的职工提出，现在天气冷了，外出工作回来，洗手还用凉水，很不舒服，也容易手裂。意见反映上来后，他们马上安排人买来了热水器，以便职工外出工作回来能用上热水。不要小看这些细节，只有把细节做好了，才能和职工真正把心贴在一起，才能提高执行力。

绩效考核不能只考核职工而把领导自己放在圈外，李志刚在这方面也做得很好。如果有职工外出维修或者抢修没回来，李志刚就不会走，一定会等着。看到职工安全回来了，他才会离开车间回家。

修验场的绩效考核做得越来越好，引起了广泛的关注，受到专家的好评。李志刚创造的一系列绩效考核的方法正在国网淄博供电公司进行推广。国家电网公司还做出了向李志刚学习的决定。说到绩效考核管理，李志刚认为，搞绩效考核不是把职工之间收入的差距拉得越大越好，而是要想方设法缩短这个差距。要有能力干的人多干多得，要促进有能力干而不想干的人坐不住也干起来，要让懒人不干就没有经济收益逼着他干，这才是绩效考核的真正目的。

讨论：国网淄博供电公司修验场开展的绩效考核究竟有什么魅力？他们的绩效考核有哪些经验值得学习与借鉴？

【思考与行动】

（1）你是怎样制订本企业绩效计划的？包括哪些内容？

（2）你认为怎样才能帮助企业员工制订一个“好”的绩效计划？“好”的标准是什么？

第三节 绩效考评

绩效是企业衡量员工工作效果的标尺，考核是了解员工绩效的方式，绩效考核始终是企业所关注的重点，提高绩效考核能力则是绩效考核成果的关键。

“有作为的经营者都会采用人事考核制度，努力对员工的能力和业绩做出客观而公正的评价。”

——松下幸之助

一、绩效考评内容

如何发现人才、合理地使用人才，有效的绩效考评是关键。绩效考评是考评者对照工作目标或绩效标准，采用科学的考评方法，评定员工的工作任务完成情况、工作职责履行程度和发展情况，并且将上述评定结果反馈给员工的过程。绩效考评是绩效考核和评价的总称，绩效考核是用科学的方法对员工绩效进行客观描述，绩效评价是应用考核结果的描述，并根据描述来确定绩效的高低。

制订了绩效计划之后，被考核者就开始按照计划开展工作。在工作的过程中，管理者要对被考核者的工作进行指导和监督，对发现的问题及时予以解决，并对绩效计划进行调整。绩效计划在制订了后并不是一成不变的，随着工作的开展会根据实际情况不断调整。在整个绩效期间内，都需要管理者不断地对员工进行指导和反馈。

绩效实施与管理的过程中主要需要做的事情有两个：一是持续的绩效沟通；二是对工作表现的记录。

员工和管理者通过沟通共同制订了绩效计划，达成了绩效契约，但这并不等于说后面的绩效计划执行过程就会完全顺利。俗话说："计划赶不上变化。"如今的工作环境再也不像过去那样稳定了，环境中的竞争在不断加剧，变化的因素也在逐渐增加。因此，在绩效实施的过程中进行持续的绩效沟通的第一目的就是为了适应环境中变化的需要，适时地对计划做出调整。在绩效期开始时制订的绩效计划很可能随着环境因素的变化变得不切实际或无法实现。因此，通过在绩效实施过程中员工与管理者的沟通，可以对绩效计划进行调整，使之更加适应环境变化的需要。

在考虑整个绩效管理循环的时候，往往把比较多的注意力放在对绩效的考核上，力图做到客观、公正。但客观、公正的绩效考核一定不会是只凭感觉，而是应该依据在绩效实施和管理过程中收集和记录的信息。所以在绩效实施与管理的过程中就一定要对被考核者的绩效表现做一些观察和记录，收集必要的信息。在绩效实施的过程中对员工的绩效信息进行记录和收集，是为了在绩效考核中有充足的客观依据，提供改进绩效的事实依据，发现绩效问题和优秀绩效的原因，在争议仲裁中保护员工的利益。

二、绩效考核

在绩效期结束的时候，依据预先制订好的计划，管理者对下属的绩效目标完成情况进行考核。绩效考核的依据就是在绩效期间开始时双方达成一致意见的关键绩效指标，同时，在绩效实施与管理过程中，所收集到的能够说明被考核者绩效表现的数据和事实，可以作为判断被考核者是否达到关键绩效指标要求的依据。

三、绩效考评的步骤

（一）绩效考评的实施

可以分为考评计划的制订、考评者的培训、考评资料的收集、考评结果的评定、分析运用考评结果五个阶段。

1. 制订绩效考评计划

要保证绩效考评的顺利实施，首先要制订一份完善的考评计划，主要包括考评目的确定与考评的标准的设置。

2. 绩效考评人员的培训

要想提高考评的水平，必须对考评者进行考评前的培训，培训的具体内容包括：

（1）绩效考评的含义、用途和目的。

（2）企业各岗位绩效考评的内容。

（3）企业的绩效考评制度。

（4）绩效考评的具体操作方法。

（5）绩效考评评语的撰写方法。

（6）绩效考评中考核双方相互沟通的方法和技巧。

（7）绩效考评的误差及其预防方法。

3. 收集考评资料

在实施考评时，为了保证资料的全面性、准确性，资料的收集应注重长期收集和随时收集。

4. 分析评价

这一阶段的任务是对员工个人的德、能、勤、绩等做出综合性的评价。

5. 绩效考评反馈

绩效考核结果出来以后，人力资源部门要将其反馈给员工个人，其表达方式主要有以下三种：

（1）评语式。由考核者依据考核结果及其他有关材料用语言文字对被考评者做出结论性评定。这种以定量为基础的定性描述，具有形象化特征，有助于对被考评者总体印象的形成。

（2）表格式。以统计表的形式表示被考评人员的考核结果。统计表的形式可以多样化，既可以是反映局部考核成绩的单项表，也可以制成反映总体考核成绩的复合表。

（3）图示式。以几何图形来表示被考评者的考核结果。具体可以分为柱状图、圆形图、分布次数图和曲线图等几种，其中又以柱状图和曲线图用得最为广泛。

（二）绩效考评要素

1．以事评人

绩效考核应当根据明确规定的考核标准，针对客观事实资料进行评价，就事论事，避免掺入感情色彩，切忌主观武断，以准确、全面地反映考评者的实际水平。

2．“脸对脸”而不是“背对背”

尊重，是一种人性的表现。在考核的过程中，应始终是一种“脸对脸”的坦诚相对。在考核过程中，被考核者有权在场。同时，考核标准、程序和考核结果都应当对全体员工公开，对考核结果不服的允许申诉，不搞“暗箱操作”。这样才能使员工对考核产生信任感，从而理解、接受考核结果。

3．立体化的考评

要想真实准确地反映员工业绩，应实行立体化考核，即多方面、多渠道、多层次、多角度地收集信息，对员工进行综合考核，通常包括上级考核、同级评定、下级评定、专家评鉴、自我评估等多种方式。

4．注重反馈

考核结果的反馈具有信息与激励两个重要特点，给予工作信息反馈，激励新的工作热情。因此，考核的结果（评语）一定要反馈给被考核者本人，否则就起不到考核的作用。

5．考核与其他人事管理环节挂钩

考核的结果要与员工薪金的调整、职位的升迁以及在职培训等其他人力资源管理的环节挂钩，使不同的绩效考核等级在待遇上有鲜明的差别界限，以激励员工的上进心，达到绩效考核的目的。

6．经常化、制度化的绩效考评

为了最大限度地发挥绩效考核的功能，考核应是一项长期性的、经常性的行为。

7．考核的严格性

考核必须严格，如果不严格，流于形式，不但达不到考核的目的，也容易使员工失去对领导者的信任，造成消极的后果。

8．考评的敏感性

绩效考评的敏感性是指考评中识别和区分工作效率高的员工与工作效率低的员工的能力。如果绩效考评缺乏这种区别的能力，就会出现不公正的局面，企业就无法依据其结果进行人事决策。

9．考评的经济性

绩效考评的设计、实施和信息利用必须进行成本收益分析，只有绩效考评的收益大于为此花费大量时间、金钱和机会成本，绩效考评才是可行的和合理的，才具有实用性。

10．考评的相关性

考核的内容应与工作相关，诸如个人生活习性、喜好之类的内容，不宜包括在考绩内容之中，以保障考核的必要效度。

表 4–2 为生产人员绩效考核表。

表 4–2　　生产人员绩效考核表

结构	考核指标	考核标志与度					要数	得分
		不合格（1～0分）	合格（2分）	中（3分）	良（4分）	优（5分）		
素质结构	事业心	工作敷衍，责任心差	工作较马虎，责任心不强	责任心一般，满足于完成日常的任务	工作勤奋，责任心较强	工作一丝不苟，勇于承担责任	0.5	
	纪律性	组织纪律性差，经常迟到早退	组织纪律性较差，较少迟到早退	有一定组织纪律性，偶有迟到早退	组织纪律性较强，从不迟到早退	组织纪律性强，经常加班加点	1	

续表

结构	考核指标	考核标志与度					要数	得分
		不合格（1~0分）	合格（2分）	中（3分）	良（4分）	优（5分）		
素质结构	主动性	经常偷懒，工作懈怠	工作较被动，有时需要外界推动才去做	工作较主动，不偷懒	能积极主动地完成好本职工作	对份内份外的工作都十分积极主动	1.5	
知识结构	文化知识	具有初中以下知识水平	具有初中的知识水平	具有中专或相当于中专的知识水平	具有大专或相当于大专的知识水平	具有大学本科或相当于大学本科的知识水平	0.5	
	专业知识	缺乏本专业知识	粗线地了解本专业知识	一般地掌握本专业知识	掌握本专业知识，有一定深度	全面掌握本专业知识，对相关专业知识有广泛的了解	0.5	
能力结构	口头表达能力	讲话含糊其辞，意思不清楚	基本上能表达意思，但缺乏条理	词能达意，但过于刻板	语言简练、重点突出，较生动	语言清晰、幽默、具有出色的谈话技巧	0.5	
	创新能力	没有创新精神，工作因循守旧	工作比较保守，很少有新办法	能开动脑筋，对工作进行改进，但步子不大	工作中有一定改进成果	有魄力，善于产品创新，提高工作绩效	0.5	
	交往能力	交往能力弱，不善于与人交往	交往能力较弱，社交面窄	交往能力一般，能与人交流	交往能力较强，社交面广	善于与人交往，广泛建立业务关系	0.5	
	合作能力	性格孤僻，不愿与人合作	能与他人合作	愿意与他人合作	主动与他人合作	积极合作，乐于助人	1	

续表

结构	考核指标	考核标志与度					要数	得分
		不合格（1~0分）	合格（2分）	中（3分）	良（4分）	优（5分）		
能力结构	理解力	对分配的工作和新知识掌握的慢	理解力差，在旁人的指点和帮助下能初步掌握分配的工作和新知识	一般性地掌握分配的工作和新知识	能较快掌握分配的工作和新知识，理解程度较强	能迅速掌握分配的工作和新知识，理解深刻	1	
绩效结构	产品质量	经常出错，质量低下	偶有出错，质量较差	极少出错，质量一般	不差错，质量较高	从不出错，手工精巧	1.5	
	工作任务	不能完成额定任务	在同事的帮助下能完成任务	能独立完成任务	能按时完成任务，偶有超过	长期超额完成任务	1.5	
总分								
主管意见：________________								
员工意见：________________								
绩效改进建议：________________								

【案例 4-2】 平衡记分卡的应用。

一家生产型公司，在过去几年里取得了飞速发展。高级管理层想在中国扩大市场份额，增加对外出口量。总经理在国内一所高校读EMBA，在这里他第一次了解到平衡记分卡的系统。他请了一家咨询公司向他的高级管理团队介绍平衡记分卡方法，并在整个公司内实施。

咨询顾问先向高级管理层做了演示，然后帮助他们一起讨论公司的战略并设定公司目标。他们首先应用平衡记分卡设定了公司的战略目标、指标、目标值和行动方案，然后再按照纵向或横向联盟落实到下一层部门。

部门之间确定它们互相合作的关系，并根据部门之间相互的期望，将有关指标结合到部门的平衡计分卡中。然后再开始设定个人目标，并制订能力发展计划。运用平衡记分卡战略绩效管理软件定期对绩效进行跟踪。通过把绩效和浮动薪资计划有机结合起来，员工的积极性得到很大提高。

整个管理流程从战略逐渐转化为关键任务。业务流程经过了分析和重新设计，并且改进设计方案也得到了实施。工作描述放在最后修改，这时战略已经明确，流程也重新设计过。基本工资也根据市场变化加以调整，但是调整的幅度影响不是很大，因为浮动薪资使经理和员工只要改进绩效就有机会赚取更多。最终公司实现了战略目标，经理和员工的薪水和福利也获得了提高。

分析：这个案例中有几个关键的成功要素。

（1）总经理和高级管理层都亲自参与了平衡记分卡的整个运用过程，并保证了过程的系统性和规范性。这向全体员工表明，这个项目非常重要，将会给公司带来有益的改进。

（2）目标不但被纵向联结起来（贯穿组织的各个级别），还被横向联结起来（横跨各部门的业务流程）。

（3）每个人都知道公司在向哪里走以及到达目的地的战略是什么。这是因为高层管理人员先明确了战略并以多种方式清晰地传达到了下面的员工。平衡记分卡的目标设定流程，同时辅以每月的绩效回顾，对实现上面这些成就特别有帮助。

（4）明确的战略方案对经理和员工实施战略提供了很大帮助，并且通过每月的绩效回顾会议使员工明确应该往哪个方向努力。

（5）由于公司上下都把重点放在流程改进项目上，使得关键领域的工作成效都得到提高，促进了公司战略的成功实施。

（6）由于使用了平衡记分卡的软件，来减少实施中大量的手工操作。这套软件是专为中国的文化和商业实践设计，这就更容易定义和执行公司战略、提高整个组织的透明度、建立以提高绩效为导向的企业文化，加强对市场变化的应变速度和能力。

【练一练】 **绩效考核能力自测。**

在企业中，绩效考核能力是指管理者通过系统的方法、原理评估和测量员工业绩和效果的能力。请读者通过下列问题对自己的该项能力进行差距测评。

（1）你是否清楚每个下属的绩效目标？

A. 清楚每个下属的　　B. 清楚大部分下属的

C. 只清楚关键下属的

（2）你是否清楚不同工作类别下属的 KPI 指标？

A. 十分清楚　　B. 部分清楚

C. 不是很清楚

（3）对下属进行绩效考核时，你通常是否能严格遵循绩效考核制度？

A. 通常都能　　B. 有时能

C. 偶尔能

（4）绩效考核时，你最关注下属哪个方面的表现？

A. 工作业绩　　B. 工作态度

C. 工作能力

（5）你对下属进行绩效考核的主要依据是什么？

A. 客观事实　　B. 他人评价

C. 主观印象

（6）你是否能对下属的每项绩效指标都做出正确的评估？

A. 总是能　　B. 大部分情况下可以

C. 会有些偏差

（7）你是否能针对下属的绩效考核结果对下属进行相应的培训？

A. 总是能　　B. 有时能

C. 偶尔能

（8）你如何认识绩效考核？

A. 缺乏考核就无法进行绩效管理　　B. 是绩效管理的一环

C. 等同于绩效管理

（9）你如何为下属设定绩效考核指标？

A. 定性、定量相结合　　B. 定量为主，定性为辅

C. 只有定量或者定性

（10）作为管理者，你通常能否从绩效考核的结果中发现有待改进的问题？

A. 通常能　　B. 有时能

C. 偶尔能

说明：选 A 得 3 分，选 B 得 2 分，选 C 得 1 分。

24 分以上，说明你的绩效考核能力很强，请继续保持和提升。

4～15 分，说明你的绩效考核能力一般，请努力提升。

15 分以下，说明你的绩效考核能力很差，急需提升。

四、激励管理

激励是鼓励及指导人的过程，是最重要的管理任务之一。企业最终的竞争力来自员工，在“以人为本”的经营时代，只有不断开发出新的激励模式，才能够保证企业在经营中不断创新，保持卓越。

“你可以买到一个人的时间，你可以雇到一个人到指定的工作岗位，你可以买到按时或按日计算的技术操作，但你买不到热情，你买不到创造性，你买不到全身心的投入，你不得不设法争取这些。”

——弗郎西斯

（一）激励

激励，就是管理者遵循人的行为规律，运用物质和精神相结合的手段，采取多种有效的方式、方法，最大限度地激发员工的积极性、主动性和创造性，以保证作目标的实现。

（二）激励理论

有关激励的理论很多，这里主要介绍需要层次理论和双因素理论。

1. 需要层次理论

美国最负盛名的心理学家马斯洛系统地提出了“需要层次理论”。他认为，一方面，人生有需要的动机，只有尚未满足的需要才能影响行为；另一方面，人的需要又是按等级排列的，马斯洛把人的需要分为五个层次，即生理需要、安全需要、社交需要、尊重需要、自我实现需要。

（1）生理需要。是人类生存所必需的、最基本的需要。包括对食物、水、空气、睡眠休息等方面的需要。在这些需要没有得到满足以维持生命之前，其他的需要都不能起到激励人的作用。

（2）安全需要。是人们寻求保护，使自己免受生理与心理上侵害的一种需要。如希望自己身体健康，喜欢安全的、有秩序的、可以预测的环境，要求有稳定职业和生活保障，愿意做比较习惯或熟悉的事物等。

（3）社交需要。也称友爱或归属的需要。包括对人际交往的需要、对集体或家庭的依赖、对友谊和爱情的需要等。这一层次的需要程度因每个人的性格、经历、受教育的程度不同而有所差异。

（4）尊重需要。是指人对自己社会地位的重视，希望事业成功、希望自己具备某种知识和能力、希望能获得他人好评和认可等。包括自尊与受人尊重两个方面。

（5）自我实现需要。是一种要求发挥自身潜能，实现自己理想和抱负的需要，是比尊重需要更高一层的需要。尊重指要得到别人的重视，在社会上有个人地位，而自我实现则是要使自己成为理想的人，完成与自己最大能力相称的工作，成就一番事业的需要。这一层次的需要是无止境的，一种自我实现需要满足以后，会产生更高的自我实现需要。

2. 双因素理论

双因素理论是美国行为科学家弗雷德里克·赫茨伯格在马斯洛的需要层次理论基础上提出来的。他的研究主要围绕两个问题：在工作中，哪些事项是让人们感到满意的，并估计这种积极情绪会持续多长时间；又有哪些事项是让人们感到不满意的，并估计这种消极情绪会持续多长时间。研究发现，使员工满意的都是工作本身或工作内容方面的，称为激励因素；使员工不满意的都是属于工作环境或工作关系方面问题的，称为保健因素。

（三）激励的五种类型

（1）精神激励；

（2）物质激励；

（3）情感激励；

（4）目标激励法；

（5）惩罚性激励法。

五、绩效改进

绩效改进是绩效管理的后续应用阶段，是连接绩效考核和下一循环计划目标制定的关键环节。绩效管理的最终目的就是要促进员工能力的不断提高以及绩效的持续改善，而绩效改进就是实现这一目的的方式和手段。

“敏于观察，勤于思考，善于综合，勇于创新。”

——宋叔和

“想出新办法的人在他的办法没有成功以前，人家总说他是异想天开。”

——马克·吐温

在绩效管理的过程中，必须明确绩效管理的目的是通过梳理管理方式、方法等问题，铺设管理者与员工合作的途径，帮助员工和企业改进绩效。

（一）绩效不佳的原因

一般而言，绩效不佳有以下方面原因：

1．员工的原因

（1）对管理人员的要求不明确。

（2）该做的未完成。

（3）技能不佳。

（4）缺乏动力。

（5）对管理者或同事不满，或者与管理者或同事之间存在矛盾和严重分歧。

（6）与本职岗位不匹配。

（7）厌倦工作。

（8）缺乏发展或提高的机会。

（9）个人生活出现严重问题。婚姻问题、工作要求与家庭要求发生矛盾，出现财务危机。

2．管理人员的原因

（1）管理人员行为不当或行为方式不恰当。包括监督太严、每一个错误都要批评、所有问题都找员工商量、对员工施加不当的压力等。

（2）管理人员行为不到位。包括工作要求没说清楚、员工已具备应有的技能而管理人员不清楚、员工的建议不听也不考虑、工作上的事情不让员工知道、对员工的工作不提供支持和帮助、无视员工的要求等。

3．环境因素

环境因素包括了员工工作场所的情况、可能的障碍等。

（二）绩效改进步骤

绩效改进需要从以下几个方面开展工作。

1．分析员工绩效现状

任何的绩效改进都是基于对现有绩效的分析和判断，因此，绩效改进的第一步就是认识现状。认识现状就需要分析绩效现状的具体问题、问题的主要原因、解决问题的成本，以及由谁来主导问题的解决。

2．制订绩效改进计划

绩效改进应当有组织、有步骤地开展，因此，制订完善、可执行的绩效改进计划非常关键。绩效改进计划应当包括绩效改进要实现的目标、绩效改进的进度和评估办法等。

3．制定绩效改进的制度

绩效改进需要有严密的制度体系作为保障，良好的制度能够推动绩效改进的有序开展，从而达到预期的绩效改进目的。

4．加强绩效改进中的团队合作

企业管理中的绩效改进并非仅仅是个人的事情，有效的团队协作能够达成对绩效改进目标的共识，形成互帮互助的氛围，从而使得绩效改进能够顺利地达到预期目的。

5．发挥管理者的示范作用

当绩效改进的计划涉及理念和思想的转变时，就会面临较大的阻力。这时，作为管理者要率先通过示范作用表明转变的决心和信念，同时也带给他人转变理念和思想的勇气，从而推动绩效改进计划的实施。

6．面谈和改进

绩效管理的过程并不是到绩效考核打出一个分数就结束了。管理者还需要与下属进行一次面对面的交谈。通过绩效反馈面谈，使下属了解管理者对自己的期望，了解自己的绩效，认识自己有待改进的方面；而且，下属也可以提出自己在完成绩效目标中遇到的困难，请求上司指导。

（三）绩效反馈面谈的主要目的

（1）对被考核者的表现达成双方一致的看法。对同样的行为表现，不同的人往往会有不同的看法。管理者对员工的考核结果代表的是管理者的看法，而员工可能会对自己的绩效有另外的看法，因此，必须进行沟通以达成一致的看法，这样才能制订下一步的绩效改进计划。

（2）使员工认识到自己的成就和优点。每个人都有被别人认可的需要。当一个人做出成就时，他需要得到其他人的承认和肯定。因此，绩效反馈面谈的一个很重要的目的就是使员工认识到自己的成就或优点，从而对员工起到积极的激励作用。

（3）指出员工有待改进的方面。员工的绩效中可能存在一些不足之处，或者员工目前的绩效表现比较优秀，但如果今后想要做得更好仍然有一些需要改进的方面，这些都是在绩效反馈面谈的过程中应该指出的。通常来说，员工想要听到的不只是肯定和表扬的话，他们也需要有人中肯地指出其有待改进的方面。

（4）制订绩效改进计划。在双方对绩效考核的结果达成一致意见之后，员工和管理者可以在绩效反馈面谈的过程中一同制订绩效改进计划。通过绩效反馈面谈，双方可以充分地沟通改进绩效计划的方法和具体的计划。

（5）协商下一个绩效周期的目标与绩效标准。一个绩效周期的结束，同时也是下一个绩效周期的开始。因此上一个绩效周期的绩效反馈面谈可以与下一个绩效周期的绩效计划面谈合并在一起进行。由于刚刚讨论完员工在本绩效周期中的绩效结果以及绩效的改进计划，因此在制定绩效目标的时候就可以参照上一个绩效周期中的结果和存在的待改进的问题。这样既能有的放矢地使员工的绩效得到改进，又可以使绩效管理活动连贯的进行。

（四）设计说明

1. 绩效改进表设计的出发点

绩效考核的间接目的很多，如奖金发放、培训需求评估、晋升提拔等，但归根结底，绩效考核采用的所有直接、间接的目的都是为了提高员工个人、员工所在部门、最终提高企业的整体绩效。

很多企业在进行考核工作时，都将奖金发放或其他某个单一目的放在了首位，因此，在进行了绩效考核成果应用于这个目的之后便失去了其真正的意义。在设计考评表时，不仅兼顾到某一单一的目的，还将绩效考核的其他目的，尤其是绩效改进放在了首位。

2. 绩效改进表的种类

绩效改进表分为一般经营管理人员、中层经营管理人员两种（见表 4-3 和表 4-4），其基本结构相同，绩效不佳的原因和改进的措施选项不同。一般经营管理人员绩效不佳的原因主要从专业知识、技术、个人兴趣、资源配置（如设备）、领导支持、其他等方面选择，绩效改进措施则从教育培训、配备资源、调换岗位、积累经验等方面选择。

表 4-3　中层经营管理人员绩效改进分析表

姓名		岗位	
所属部门		填表日期	

绩效不佳项	绩效不佳原因											绩效改进措施								领导建议
	专业知识	技术困难	人力资源	硬件设备	经费不足	决策权限	贯彻制度	基层经验	时间管理	努力程度	其他	专业学习	管理培训	调换岗位	调配资源				其他	
															人员	硬件	资金	权限		
1.																				
2.																				
3.																				
4.																				
其他																				

表 4-4　　一般经营管理人员绩效改进分析表

姓名		岗位	
所属部门		填表日期	

绩效不佳项	绩效不佳原因						绩效改进措施					领导建议
	专业技术	个人兴趣	缺乏资源	执行权限	领导支持	其他	教育培训	配备资源	调换岗位	积累经验	其他	
1.												
2.												
3.												
4.												
5.												

注　1. 本表由被考评人填写并交由领导评定，作为人力资源管理与开发的重要依据。

2. “专业技术”指缺乏相关的业务知识和技术；“缺乏 / 配备资源”指没有或需要配备设备（如电脑）、权限等资源。

中层经营管理人员由于承担领导责任，引起绩效不佳的原因很多，主要从专业知识、技术困难、人力资源、硬件设备、经费不足、决策权限、贯彻制度、基层经验、时间管理、个人兴趣等方面供选择，在绩效改进措施中，主要有专业学习、管理培训、调换岗位、配置资源方面进行。

3. 填写要求

绩效不佳项：要求填写人将全年工作中绩效不理想的项目列出来。

绩效不佳原因：填表人把造成某项工作绩效不佳的原因分析出来，并在选择项内划“√”。

绩效改进项：填表人分析出绩效不佳的原因后，选择认为可以消除绩效不佳的相关措施。

领导建议：填表人的直接领导审核填表人的填写项和选择项，并签署意见，如不同意填表人的意见，在该栏目中写明。如有填表人遗漏项目，其领导有责任在表中列出，并选择答案。

注：绩效改进分析表作为对员工绩效不佳原因和采取措施的一个基础性认识，在领导确认后，需指导员工撰写相关的绩效改进计划，详细说明绩效改进的措施和方案。

【练一练】

在企业中，绩效改进能力是指管理者通过对组织问题的有效诊断，制定并实施改善措施的能力。请读者通过下列问题对自己的该项能力进行差距测评。

（1）你通常何时思考如何提高工作绩效的问题？

A. 随时都会　　B. 视情况而定

C. 工作不忙时

（2）对于目前的工作，你认为还有没有可以改善的地方？

A. 没有　　B. 可能会有

C. 肯定有，只是尚未发现

（3）当工作中出现错误时，你通常是否能够比他人提前发现？

A. 通常都能　　B. 有时能

C. 偶尔能

（4）当你有新的绩效改进措施时，你是否愿意与同事分享？

A. 非常愿意　　B. 视情况而定

C. 不太愿意

（5）你通常会接受何人对你提出的工作改进意见？

A. 所有人　　B. 水平比自己高者

C. 上司

（6）当同事在工作上有了重大业绩突破时，你会如何想？

A. 学习他的经验并改进　　B. 参考他的经验

C. 照搬他的经验

（7）你在日常生活中通常是否会得到工作上的灵感？

A. 经常会　　B. 有时会

C. 偶尔会

（8）当工作业绩难以提高时，你会有怎样的心态？

A. 保持冷静，努力寻找原因　　B. 坚持下去，坚持就是胜利

C. 沮丧，心灰意冷

（9）你通常什么时候会做工作总结？

A. 每件工作结束后都会做　　B. 根据工作的重要性程度决定

C. 上司要求时

（10）作为团队领导，你是否愿意花时间与团队成员讨论如何提高团队绩效？

A. 非常愿意　　B. 不忙的时候愿意

C. 只在团队绩效不佳时才愿意

说明：选A得3分，选B得2分，选C得1分。

24分以上，说明你的绩效改进能力很强，请继续保持和提升。

15～24分，说明你的绩效改进能力一般，请努力提升。

15分以下，说明你的绩效改进能力很差，急需提升。

【案例4-3】 应该在何时关注工资。

我们来看一个电子公司的例子，这家公司发展迅速，同时内部秩序也非常混乱。总经理要人力资源经理改变这种现象，搞清楚什么时候谁应该做什么。人力资源经理和好几家人力资源咨询公司交谈，每一家都演示了他们自己在薪资、岗位分析和工作描述方面的方法。人力资源经理最终选定了一家并推荐给总经理，当时总经理正忙于其他经营问题，于是就批准选用了这家咨询公司。

接下来就是该电子公司花大力气投资于这些细节上，而事实上这些细节完全与公司的战略相脱节，且公司战略在一开始就没有界定清楚。员工不清楚哪些才是重要的，应该专注于哪些任务。他们和主管们尽最大努力提供工作描述所需要的信息。完成的岗位分析被用来修订公司的薪资结构，然后再花很多力气来制订新的薪资计划并与员工进行沟通。实施的时候发现很多指标没有量化，因此，管理人员评估的时候带有很大的主观性。

分析：

（1）这个方法有没有帮助公司改进了它的混乱状况？

好像有一点。大多数员工对他们的工作内容以及他们的工资支付有了更清楚的认识。

公司中层管理人员是否知道了哪些事情对公司的成功具有战略意义？

没有。由于战略仍然不清晰，导致各部门经理和员工仍然在朝着不同的方向努力。

员工真的是按劳取酬了吗？

在经过了很多辛苦劳动和努力之后，新的薪资计划中设定了基本工资，人力资源经理只是简单地想要一个合理的新资结构，按绩效付酬根本不是他的目标。公司根本没有浮动薪资计划。

当总经理发现所有的努力并没有带来他想要的结果时，人力资源咨询公司提出会把浮动薪资作为一个跟踪项目来做。但总经理又把注意力转向了其他事务，于是跟踪项目也自此被束之高阁，再也无人提起。

这个案例并不特别。不幸的是，基本工资很重要，但是选择什么时机来关注它很关键。这个案例中的项目实施时间安排不当。薪资和岗位描述在公司的整个管理现代化工程中排得太早，没有与公司的战略挂钩。

（2）为什么设定目标反而导致了矛盾加剧和利润下降？

一家制药公司，决定在整个公司内实施目标管理。事实上他们之前在为销售部门制定奖金系统时已经用了这种方法。公司通过对比实际销售额与目标销售额，支付给销售人员相应的奖金。这样销售人员的实际薪资就包括基本工资和一定比例的个人销售奖金两部分。

销售大幅度提上去了，但是却苦了生产部门，他们很难完成交货计划。销售部抱怨生产部不能按时交货。总经理和高级管理层决定为所有部门和个人经理以及关键员工建立一个目标设定流程。为了实施这个新的方法他们需要用到绩效评估系统。生产部门的目标包括按时交货和库存成本两个部分。

他们请了一家咨询公司指导管理人员设计新的绩效评估系统，并就现有的薪资结构提出改变的建议。他们付给咨询顾问高昂的费用修改基本薪资结构，包括岗位分析和工作描述。还请咨询顾问参与制定奖金系统，该系统与年度目标的实现程度密切相连。他们指导经理们如何组织目标设定的讨论和绩效回顾流程。总经理期待着很快能够提高业绩。

然而不幸的是，业绩不但没有上升，反而下滑了。部门间的矛盾加剧，尤其是销售部和生产部。生产部埋怨销售部销售预测准确性太差，而销售部埋怨生产部无法按时交货。每个部门都指责其他部门的问题。客户满意度下降，利润也在下滑。

分析：这个案例的问题出在哪里呢？为什么设定目标（并与工资挂钩）反而导致了矛盾加剧和利润下降？

经过仔细分析总结出几个基本问题：

（1）设定的目标不全面。每个部门只专注于对自己非常重要的几个目标。

（2）因为这家公司的传统是一年进行一次绩效评估，目标一旦定下来就不能再改变。所以即使他们发觉有些目标有问题，也不会进行及时的修改。

（3）各部门的目标互相之间没有联系，只是和组织内上下级之间有联系。

（4）修改后的系统仍然存在定性或主观评估。这就意味着私人关系对绩效评估流程还是有很重要的影响。经理在考核绩效时仍然存在主观因素，经理和下属的关系亲密与否导致了系统的不平等性。

（5）是最重要的一点，目标不符合公司扩大市场份额的特定战略。原来的目标只关注销售额和按时交货，但是战略最重要的几个关键面没有得到特别体现。

【案例4-4】 亚太公司的绩效评估。

亚太公司到了年终绩效评估的时候了，由于上一年的时候采取了比较公开的方式，结果因为打分高低的问题出现了不少矛盾，因此，为了避免重演上年的悲剧，决定采用背靠背的打分方式，即主管人员为员工打一个分数但并不让员工知道，而员工也需要为主管人员打分作为民意调查的结果。这几天业务三部的办公室力的气氛跟往常有点不大一样。一向比较矜持冷峻的王经理这几天也对部下露出了一点笑容，平时经常上班迟到的小邓这几天早早就来到了办公室。每个人心中都各自打着小算盘。老张心想："我在这里资格最老，这么多年，没有功劳也有苦劳，没有苦劳也有疲劳。现在的年轻人，书本上的理论知识一套一套的，可真正做起业务来，还不得靠我这样的老业务员么！王经理要是比较有头脑的话，一定不会亏待我的。"小蔡暗自想："我可是名牌大学毕业的，我觉得我在这里的能力最强，去年把我评了个先进，那帮老家伙老大的不乐意，今年王经理会不会害怕别人的闲言碎语不敢把我评得太高呢?”老吴心里琢磨:“那天王经理说了句:‘现在的年轻人外语、计算机水平都比我们强,真是青出于蓝胜于蓝啊!’看来我们这些老同志是一天不如一天值钱了,不知年终奖金能分到多少?”小郭心里想:“经理看我的眼神有点不对劲,肯定是那天开会我给她提了一条意见她还耿耿于怀呢,看来今年我算倒了霉了。”看来在评估的结果出来之前,大家的心情每天都会这么紧张。每个人的小算盘还会打多久?

分析:其实绩效评估是否能够得到期望的目的是取决于很多前提条件的。因为,首先绩效评估不是一项孤立的工作,它是完整的绩效管理过程中的一个环节,所以,在绩效评估之前的全部工作都会对绩效评估产生重要的影响,绩效评估是否能做好,取决于绩效评估前后所有的活动。所以,绩效计划充当了必不可少的角色,我们在做绩效工作的时候,应当把绩效计划的任务放在前面。只有把绩效的第一个环节做好,才有可能成功地完成整个绩效工作。这就是绩效计划的重要性。

第五章

标杆管理

第一节 标杆管理概述

标杆管理的总体目标是帮助企业获得世界一流的竞争能力。随着我国社会主义市场经济体制的不断发展和完善，标杆管理必将在我国企业广泛展开，并成为企业管理活动的日常工作。

“标杆管理就是一个将产品、服务和实践与最强大的竞争对手或行业领导者相比较的持续过程。”

——罗伯特·开普（标杆管理创始人）

标杆管理的思想古已有之，“东施效颦”“邯郸学步”“见贤思齐”“师夷之技以制夷”……或正或反，无不包含标杆管理的朴素思想。但这里关心的是作为管理工具的标杆管理。

《庄子·秋水》里，有篇“邯郸学步”的故事。说的是两千年前，燕国寿陵有一位少年，干什么事都缺乏自信心。他见什么学什么，学一样丢一样，却始终不能做好一件事。为此，他和家人都很烦恼。有一天，他听人说邯郸人走路姿势很优美，就打算去学一学。到了邯郸，他感到处处新鲜。看到小孩走路，他觉得活泼可爱，学；看见老人走路，他觉得沉稳庄重，学；看到女人走路，摇曳多姿，学。就这样，今天学这个，明天学那个，没过半月光景，他连走路也不会了，最后只好爬着回去了。

这个故事给予我们的启示是：学习别人的长处，一定要立足实际，取人之长，补己之短，从中找出规律性的东西来，从而指导自己的实践。如果像寿陵少年那样盲目崇拜，生搬硬套，亦步亦趋，结果必然是人家的优点没学来，自己的长处却丢光了。

一、标杆管理的概念

标杆管理起源于20世纪70年代末80年代初，在美国学习日本的运动中，首先开辟标杆管理先河的是施乐公司，后经美国生产力与质量中心系统化和规范化。标杆管理的概念可概括为：不断寻找和研究同行一流公司的最佳实践，并以此为基准与该企业进行比较、分析、判断，从而使自己企业得到不断改进，进入或赶超一流公司，创造优秀业绩的良性循环过程。其核心是向业内或业外的最优秀的企业学习。通过学习，企业重新思考和改进经营实践，创造自己的最佳实践，这实际上是模仿创新的过程。

【案例5-1】 施乐公司的标杆管理。

说到标杆管理，我们就必须首先提及施乐公司，实际上，视其为标杆管理的“鼻祖”一点都不过分。

早在1979年，施乐公司最先提出了“Benchmarking”的概念，一开始只在施乐公司内的几个部门做标杆管理工作，到1980年扩展到整个公司范围。当时，以高技术产品复印机主宰市场的施乐公司发现，有些日本厂家以施乐公司制造成本的价格出售类似的复印设备。由于这样的大举进攻，其市场占有率几年内从49%锐减到22%。为应付挑战，施乐公司最高领导层决定制订一系列改进产品质量和提高劳动生产率的计划，其中的方法之一就是标杆管理。施乐公司的做法是，首先广泛调查客户公司对施乐公司的满意度，并比较客户对产品的反应，将施乐公司的产品质量、售后服务等与本行业领先企业作对比。施乐公司派雇员到日本的合作伙伴——富士施乐以及其他日本公司考察，详细了解竞争对手的情况，并对竞争对手的产品做反求工程。接着施乐公司便要确定竞争对手是否领先，为什么领先，存在的差距怎样才能消除。对比分析的结果使施乐公司确信从产品设计到销售、服务和雇员参与等一系列方面都需要加以改变。最后施乐公司为这些环节确定了改进目标，并制订了达到这些目标的计划。

实施标杆管理后的效果是明显的。通过标杆管理，施乐公司使其制造成本降低了50%，产品开发周期缩短了25%，人均创收增加了20%，并使施乐公司的产品开箱合格率从92%上升到99.5%。施乐公司重新赢得了原先的市场占有率。行业内有关机构连续数年评定，就复印机6大类产品中施乐公司有4类在可靠性和质量方面名列第一。

标杆管理的实质是企业明确在产品、服务或流程方面的最高标准，然后作必要的改进来达到这些标准。标杆管理是市场经济发展的产物，是一种摆脱传统的封闭式管理方法的有效工具。企业要生存，要获得竞争能力，就要全面实施标杆管理。标杆管理是组织和文化变革的种子。所以，树立正确的观念，把握实施标杆管理的内在规律和要求，标杆管理必将成为企业管理活动的日常工作。

二、标杆管理的要素

标杆管理的要素是界定标杆管理定义、分类和程序的基础。标杆管理主要有以下三个要素：

（1）标杆管理实施者，即发起和实施标杆管理的组织。

（2）标杆伙伴，也称标杆对象，即定为“标杆”被学习借鉴的组织，是任何乐于通过与标准管理实施者进行信息和资料交换，而开展合作的内外部组织或单位。

（3）标杆管理项目，也称标杆管理内容，即存在不足，通过标杆管理向他人学习借鉴以谋求提高的领域。

三、标杆管理的类型

根据标杆伙伴选择的不同，通常可将标杆管理分为五类。

（一）内部标杆管理

标杆伙伴是组织内部其他单位或部门，主要适用于大型多部门的企业集团或跨国公司。由于不涉及商业秘密的泄露和其他利益冲突等问题，容易取得标杆伙伴的配合，简单易行。另外，通过展开内部标杆管理，还可以促进内部沟通和培养学习气氛。但是缺点在于视野狭隘，不易找到最佳实践，很难实现创新性突破。

（二）竞争性标杆管理

标杆伙伴是行业内部直接竞争对手。由于同行业竞争者之间的产品结构和产业流程相似，面临的市场机会相当，竞争对手的作业方式会直接影响企业的目标市场，因此竞争对手的信息对于企业在进行策略分析及市场定位有很大的帮助，收集的资料具有高度相关性和可比性。但正因为标杆伙伴是直接竞争对手，信息具有高度商业敏感性，难以取得竞争对手的积极配合，获得真正有用或是准确的资料，从而极有可能使标杆管理流于形式或者失败。

（三）非竞争性标杆管理

标杆伙伴是同行业非直接竞争对手，即那些由于地理位置不同等原因虽处同行业但不存在直接竞争关系的企业。非竞争性标杆管理在一定程度上克服了竞争性标杆管理资料收集和合作困难的弊端，继承了竞争性标杆管理信息相关性强和可比性强的优点。但可能由于地理位置等原因而造成资料收集成本增大。

（四）功能性标杆管理

标杆伙伴是不同行业但拥有相同或相似功能、流程的企业。其理论基础是任何行业均存在一些相同或相似的功能或流程，如物流、人力资源管理、营销手段等。跨行业选择标杆伙伴，双方没有直接的利害冲突，更加容易取得对方的配合；另外可以跳出行业的框框约束，视野开阔，随时掌握最新经营方式，成为强中之强。但是投入较大，信息相关性较差，最佳实践需要较为复杂的调整转换过程，实施较为困难。

（五）通用性标杆管理

标杆伙伴是不同行业具有不同功能、流程的组织，即看起来完全不同的组织。其理论基础是：即使完全不同的行业、功能、流程也会存在相同或相似的核心思想和共通之处。如多米诺披萨饼公司通过考察研究某医院的急救室来寻求提高送货人员的流动性和工作效率的途径，提高员工的应急能力。从完全不同的组织学习和借鉴会最大限度地开阔视野，突破创新，从而使企业绩效实现跳跃性的增长，大大提高企业的竞争力，这是最具创造性的学习。而其信息相关性更差，企业需要更加复杂的学习、调整和转换过程才能在该企业成功实施学到的最佳实践，因此困难更大。

企业最好的选择就是根据需要实施综合标杆管理，即将各种标杆管理方式根据企业自身条件和标杆管理项目的要求相结合，取长补短，以取得高效的标杆管理。

四、标杆管理的四力

（一）拉动力

拉动力是标杆管理的第一动力，在标杆管理导入时注入并在标杆管理推行过程中发挥重要作用。其不仅为标杆管理工作指明方向，同时其支持程度强弱也直接决定了标杆管理的成功与否。若没有拉动力，标杆管理工作将寸步难行。

（二）推动力

推动力是标杆管理推行人员推动标杆管理良性运作的能力，是核心动力，贯穿于标杆管理推行的始终。全员的创标力需要标杆管理推行单位的挖掘，中高层的拉动力首先源于中高层对标杆管理推行人员的信任，内外部的协作力也需要标杆管理推行人员整合。

（三）全员的创标力

全员的创标力是全体员工挖掘潜能而创造标杆的能力，是标杆管理建设的结果，是标杆管理运作的长效动力。有了中高层的拉动力，全员的创标力会有所提升，但要建立标杆管理运作的长效动力，还需要标杆管理推行人员精心经营全员的创标力。

（四）内外部的协作力

内外部的协作力是指通过内外部专家及标杆合作伙伴等推动标杆管理运行的力量，是标杆管理推行人员推动力的衍生动力，由标杆管理推行人员按需整合。该股力量的作用不容忽视，关起门来推行标杆管理很可能是在推行项目改善。

【思考与行动】

（1）标杆管理的概念是什么？

（2）标杆管理的类型有哪些？对于您所在企业应如何开展标杆管理？

第二节 标杆管理的作用

标杆管理对于企业发展的意义在于指定业内公认优秀的企业作为标杆，通过学习实践，将每一个环节或需要改进的部分与标杆进行比较，找到不足并进行改进，把标杆学习融入本企业的管理工作中。

“从企业战略层面来讲，标杆管理的有效执行能够使企业突破发展瓶颈，提高竞争力；从企业管理层面来讲，通过标杆管理的运用，能够进一步理顺管理体系，提高管理效率；从企业文化层面来讲，标杆管理的落实能够使企业形成不断创新的机制，形成企业的良性循环。”

——陈泓冰（全球全面标杆管理之父）

标杆管理之所以能引起各大企业的如此重视并风靡于世界，其根本原因在于它能给企业带来巨大的实效。标杆管理为企业提供了一种可行、可信的奋斗目标，以及追求不断改进的思路，是发现新目标以及寻求如何实现这一目标的一种手段和工具，具有合理性和可操作性。

一、标杆管理是企业绩效评估的工具

标杆管理是一种辨识世界上最好的企业实践并进行学习的过程。通过辨识最佳绩效及其实践途径，企业可以明确本企业所处的地位、管理运作以及需要改进的地方，从而制定适合本企业的有效的发展战略。

二、标杆管理是企业持续改进的工具

研究表明，标杆管理可以帮助企业节省30%~40%的开支，为企业建立一种动态测量各部门投入和产出现状及目标的方法，达到持续改进薄弱环节的目的。

对标杆管理策略的贯彻落实是一个需要长期努力的渐进过程，需要在员工交流与培训上进行大量投资，需要征求从高层领导到现场作业员工的各种支持，向雇员们说明“怎样”和“为什么这样”工作，并花几个月的时间制定一整套关于雇佣、培训和衡量客户反馈的合理方法。

三、标杆管理是企业提高绩效的工具

标杆管理通过设定可达目标来改进和提高企业的经营绩效。目标有明确含义和达到的途径，可行可信，使企业可以坚信绩效完全有办法提高到最佳。

四、标杆管理是企业制定战略的工具

竞争者可能维持某种现状，通过标杆管理，企业有可能发现和应用适合本企业的新战略，超越竞争者。

五、标杆管理是企业增进学习的工具

标杆管理的另一个重要因素是，企业可以通过标杆管理方法，克服不足，增进学习，使企业成为学习型组织。树立基准，可以帮助企业员工增强信心，相信本企业还有更好的竞争手段。

【案例 5-2】 **普尔蒂公司：万科的新榜样。**

深圳万科（简称万科），中国房地产业当仁不让的领跑者。当国内同行纷纷“学习万科好榜样”之时，万科的目光却投向了大洋彼岸的美国普尔蒂公司，并将其确立为新的学习榜样。那么，究竟是一家什么样的企业，让万科如此推崇备至？

首先，让我们来认识一下“万科的新榜样”：

它放着利润丰厚的商业地产不做，而是成天琢磨着怎样把普通老百姓的家修得更漂亮、更舒适；

对于工程中出现的问题，它不仅不隐瞒，还主动教客户如何找茬——教他们怎样发现水管裂缝，哪些地方漏水……

它像造汽车一样造房子；

它宣称自己工作的重心是“金融运作而非开发建设”。

它就是普尔蒂公司，一个让万科推崇备至的美国同行，一家被誉为“全球房地产开发营运标杆”的企业。

目前，普尔蒂公司在美国房地产行业排名第一，市场占有率超过4%，累计销售房屋40万套，并创造了连续56年赢利的奇迹。

★ “从摇篮到坟墓”的终身锁定

“我们的重复购买率高达47%!”对于头顶无数光环的普尔蒂公司来说，这个指标最让它自豪，“也就是说，买我们房子的人里，近一半都是回头客。”

这个数字可不简单。要知道，美国地大物博，贫富差距悬殊，而住房又是一个相当个性化的商品，再加上普尔蒂公司的产品线覆盖所有细分市场，要做到如此高的回头率，难比登天。

如此生猛的成绩，普尔蒂公司凭什么？其实很简单，凭的就是对顾客需求的精准把握。

在普尔蒂公司流传着这样一句话，“公司要发展，靠的是顾客，而不是所谓的‘机会’。”事实上它就是这样做的。

在客户细分上，普尔蒂公司没有局限于以职业、收入、年龄等物理特征去把握客户，而是从客户的内在价值出发，按客户不同的生命周期，将客户细分为11种，即首次置业者、常年工作流动人士、单人工作丁克家庭、双人工作丁克家庭、有婴儿的夫妇、单亲家庭、成熟家庭、富足成熟家庭、空巢家庭、大龄单身贵族、活跃长者。

这种基于生命周期的客户细分，基本上涵盖了一个人“从摇篮到坟墓”的全部生命状态，每个人在生命的各个阶段，都可以从中找到自己的位置，因而能够最真实地反映客户的实际需求，因为人在不同的年龄，对住房也会有不同的要求。比如小孩到了读书的年龄，家庭就要到市区来选房子，并且最好靠近学校；等孩子长大了，不需要接送，就可以选择离市区远一点的房子；孩子上大学，家长也退休了，这时医疗配套就是优先考虑的事情。

在摸清了特定目标客户群的不同要求之后，普尔蒂公司同样会花大力气去了解他们的实际购买能力。“我们不会去造这样的房屋，它们能够满足客户的所有要求，但却大大超出了他们的实际支付能力。我们是根据客户的真实需要，再加上他们的实际支付能力，两者相结合来设计和开发楼盘的。这样，最后的结果是客户对我们的产品能够满意，而且买得起，我们也不用担心房子的销路。”

以市场细分来终身锁定客户，这正是万科最需要向普尔蒂公司学习的地方。目前，万科客户的忠诚度虽然也比较高，但以往更多依靠企业文化和客户管理，并且客户面比较狭窄，集中在对城郊接合部感兴趣的白领阶层，而不是对各个细分市场的占有。通过对普尔蒂公司的观察，王石提出要对客户进行“终身锁定”：“从他大学刚刚毕业开始工作时的小户型公寓，到他娶妻生子的三居室，再到他事业有成的独立别墅，最后一直到他退休入住的老年住宅，万科都要做。”

如果你认为让客户掏腰包买了房子，事情就算完了的话，那就大错特错了，普尔蒂公司的野心绝不止于此。“我们做的不是一锤子买卖，我们的目标是让所有入住普尔蒂房屋的人，都能在普尔蒂找到想要的、能尽情展现自我的理想的生活空间。这样，如果他以后打算换房，还会选择其他公司吗?”

在建造前期，普尔蒂公司要求项目负责人针对不同客户，对整个购买过程做好预期打算和安排。“购买者不知道建造一个房子到底是要60天还是180天，如果你不给他们设置一个预期，他们会自己来做预期的。因此，保持他们对建造过程的知情，是完全必要的。”为此，普尔蒂公司特地制作了从开盘到交房之间房屋的照片，呈现给购买者一个围绕不同时间的照片相册，让他们可以随时了解房屋建造进度。对于工程中出现的问题，普尔蒂公司不仅不隐瞒，还主动教客户如何发现水管裂缝，哪些地方漏水……

除此以外，普尔蒂公司坚持让销售人员掌握一些建筑知识，并且让他们直接参与到建造、维护等各个环节中，及时针对客户的要求提供高质量的服务。这些措施，他们叫作“预防接种”。

在房屋建成后，普尔蒂公司赋予每个社区分管的团队独立的权力来处理客户服务，让企业直接和客户建立长期联系，具体细致地了解他们的需求。在把房屋交付给客户之前，带购房者熟悉和了解房屋中每个部分的细节和功能；交房后30天跟踪服务，检查房屋的整体状况，并对出现的问题进行维修，并给客户开具一个工作清单；3个月的后续跟踪服务，并对房屋进行质量检查；11个月后续跟踪服务，对属于公司一年保修期内出现的房屋问题进行检查和维修，并与客户商讨其他问题的解决办法。

同时，有关房屋和客户的资料全都被输入了客户管理系统。如果客户有什么问题，只要发个传真，他们就会根据客户的时间，安排派出维修人员上门服务。

相比普尔蒂公司，万科的理念则是从生活细节出发，提供体贴周全的服务，创造优质的居住环境，与客户共同建立一个能展现自我品位的理想生活。这里集中体现的是社区规划和前期的物业管理服务。但是，万科还没有完全做到自始至终与客户直接的沟通，建立长期服务关系的具体规程，而这恰恰是有着47%回头客的普尔蒂公司一贯奉行的理念。

★　绑着铅块设计房子

什么样的房子才是客户想要的？怎样才能最好地了解客户的需求？无数的开发商绞尽脑汁，仍然不得要领。不过在普尔蒂公司，这根本不是问题，因为在规划每一幢房屋之前，设计师都会模拟户主的生活状态，设身处地体验一番。

"肚子上冷不丁多出个东西来，双手总是不自觉地想去抱它。"为了给孕妇设计房间，设计师甚至穿上了包裹着铅块的孕妇肚兜，来找找感觉，"5公斤重的肚兜让人弯不下腰，蜷不了腿，上楼梯尤其困难，肚子上的东西严重影响到抬腿的高度，这时明显感到楼梯的台阶高了点。肚子上多了5公斤的重量，连睡觉也成了难事。我试着往下躺，很困难，动作变得很缓慢，而且成了分解动作，费了很大的劲好不容易才躺下来，非常希望附近的墙上有个扶手可以把一下。"

从床上起来后又去卫生间，模拟孕妇进浴缸洗澡。直接迈腿进浴缸不但不容易，而且由于身体的重心不稳，孕妇可能会因此摔倒，进而发生危险。"那么在旁边做一个和浴缸一样高低的坐板，孕妇先坐在坐板上，然后慢慢挪动臀部，坐到浴缸靠墙的一边，最后再将双脚迈入浴缸，这样是不是会好一些？"

对于一些不易引人注意的细节，普尔蒂公司也早已为客户考虑到了。比如尽管洗衣机已经成为家庭的必备品，但是对于那些内衣、袜子、毛巾等小物件，一定是要用手搓，才能洗得干净。于是在洗脸池和浴室里，又增加一个用于搓洗衣物的地方。

甚至连鞋柜的大小，都是很有讲究的。一个家庭由几口人组成，他们的年龄分别是多大，每个人拥有多少双鞋子，鞋子的数量有怎样的变化规律，在普尔蒂公司的数据库都能查到。这样，在设计鞋柜的尺寸时，也就能做到有的放矢。

从一点一滴的细节出发，处处体现着人性化的设计、细致入微的关怀，这正是普尔蒂公司一贯的品质。这样的房屋，谁不喜欢？可以说，正是这样的品质和有着这种品质的员工，才创造了普尔蒂公司重复购买率高达 47% 的奇迹。

★　像造汽车一样造房子

国内房地产市场巨大，而开发商的生产能力十分有限，造一套房子至少也得好几个月。如何在保证质量的前提下，加快房屋建造速度，是摆在开发商面前的大难题。那么，让我们到普尔蒂公司的施工现场去看一看。

一辆辆满载着墙体、栏杆、门窗的大卡车陆陆续续开到施工现场，工人们操纵着大吊车将这些模块卸下，然后按照规定的程序，将它们一一组装起来，一幢房子就建好了。

一块一块地砌砖头，一点一点地往上垒，类似的情景在这里是看不到的。这些工序在工厂的流水线上就已经完成了，现场要做的就是用大吊车把大的模块，像搭积木一样组装好。

普尔蒂公司的建造速度快得惊人：5 天，就可以完成一栋房屋的框架结构；而从接到订单到交付使用，总共也只需要 47 个工作日。

标准化流水线作业带来的不仅是速度的提升，还有住宅质量的保障：不用担心面积缩水、房型变形、墙体倾斜和裂缝。而通用的产品模块和标准化的设计，更是让原材料供应、现场施工和后期维修轻松不少。同时，普尔蒂公司还可以将合同外包给专业公司，由此来转嫁成本压力。“房地产行业和零售业没什么两样，我们的工作只是设计和营销那些实际上不是自己生产的产品。”

标准化的作业不仅仅局限于生产的标准化，更是指运作流程的标准化。“房地产开发是个很复杂的系统工程，牵涉到大大小小的环节，方方面面的部门，所以十分强调流程管理。在客户服务方面，我们有一个专门的 7 步程序，第一步做什么，第二步做什么都规定得好好的，剩下的就是严格执行。”

过去，这类客户服务程序通常是在零售行业中采用，普尔蒂公司创造性地将其引入了房地产开发领域。客户签了合同以后，这一程序就开始启动。“房屋建造是在一个不可控的环境下，需要和很多不同的承包商和经销商打交道，购房者也在看着整个建造过程，因此要维持很高的客户满意度是很不容易的，但普尔蒂却做到了。”

这就是它的独到之处。这样的公司，在竞争中岂有不赢的道理？

普尔蒂公司的做法容易让我们对比万科的住宅产业化发展方向：为顾客提供舒适、安全、耐久、环境美好的可持续性发展的居住小区。可是万科的产业化，是从工程结构上开始细分，即做到了普尔蒂公司前期分包的经营模型，提高了效率，降低了成本，并且万科还在地域分散化经营中正逐步与普尔蒂公司媲美。

但是更重要的是针对不同客户的经营模块化，万科还应该多向普尔蒂公司取经。万科目前还没有系统地建立关于为客户进行融资、咨询和抵押贷款的业务，从普尔蒂的经验来看，这些业务同样是需要的，并且在后期是利润的重要来源。

六、标杆管理是挖掘企业增长潜力的工具

经过一段时间的运作，任何企业都有可能将注意力集中于寻求增长的内在潜力，形成固定的企业文化。通过对各类标杆企业的比较，不断追踪把握外部环境的发展变化，从而能更好地满足最终用户的需要。

七、标杆管理是衡量企业工作好坏的工具

标杆管理已经在世界范围内展开且变化迅速，不同企业的标杆管理者已经和正在结为一体，形成知识网络，相互体验标杆管理的方法以及成功与失败的经验教训。标杆管理通过对企业产品、服务及工作流程的系统而严格的检验，达到工作的高度满意，进而产生巨大成就感。

【思考与行动】

（1）标杆管理的作用是什么？

（2）对作为标杆的公司进行标杆比较的最佳场所在哪？

第三节 标杆管理的实施

标杆管理是一个长期的、持续的管理活动。标杆管理的实施过程就是一个“标杆环”，“标杆环”由立标、对标、达标、创标四个环节构成，前后衔接，形成持续改进、不断超越、螺旋上升的良性循环。

“‘标杆’就是一个值得模仿的榜样，它可以是工作方法、模式、流程，也可以是某个具体标准。所谓‘标杆管理’，就是通过不断模仿最佳实践、不断创新来达到或超越标杆水平的方法和途径。”

——陈泓冰（全球全面标杆管理之父）

一、标杆管理的实施步骤

具体说来，一个完整的内外部综合标杆管理的程序通常分五步。

1. 计划

主要工作有：

（1）组建项目小组，担当发起和管理整个标杆管理流程的责任；

（2）明确标杆管理的目标；

（3）通过对组织的衡量评估，确定标杆项目；

（4）选择标杆伙伴；

（5）制订数据收集计划，如设置调查问卷，安排参观访问，充分了解标杆伙伴并及时沟通；

（6）开发测评方案，为标杆管理项目赋值以便于衡量比较。

2．内部数据收集与分析

主要工作有：

（1）收集并分析内部公开发表的信息；

（2）遴选内部标杆管理合作伙伴；

（3）通过内部访谈和调查，收集内部一手研究资料；

（4）通过内部标杆管理，可以为进一步实施外部标杆管理提供资料和基础。

3．外部数据收集与分析

主要工作有：

（1）收集外部公开发表的信息；

（2）通过调查和实地访问收集外部一手研究资料；

（3）分析收集的有关最佳实践的数据，与自身绩效计量相比较，提出最终标杆管理报告。

标杆管理报告揭示标杆管理过程的关键收获，以及对最佳实践调整、转换、创新的见解和建议。

4．实施与调整

这一步是前几步的归宿和目标之所在。根据标杆管理报告，确认正确的纠正性行动方案，制订详细实施计划，在组织内部实施最佳实践，并不断对实施结果进行监控和评估，及时做出调整，以最终达到增强企业竞争优势的目的。

5．持续改进

标杆管理是持续的管理过程，不是一次性行为，因此，为便于以后继续实施标杆管理，企业应维护好标杆管理数据库，制订和实施持续的绩效改进计划，以不断学习和提高。

二、实施标杆管理的基本要求

由于标杆管理是一个涉及很多方面的过程，因此实施中往往出现一些偏差。比如人们往往将注意力只集中于数据方面，而标杆管理的真正价值应该是弄明白产生优秀绩效的过程，并在该企业（产业或国家）实施，不应该只注重某几个财务数据本身；再比如由于方案设计或者其他原因，在标杆管理实施的过程中受到成员的抵触，从而增加了实施的成本，降低了活动的收益等。标杆管理典型问题见表 5–1。

表 5–1　标杆管理典型问题

错误	可能原因	可能解决方法
标杆内容错误	对本公司了解不够	深入研究以确定关键因素
瞄准企业错误	研究不适合	更详细地进行初始研究
标杆管理未能转化成具体行动	高层管理者没有足够的承诺	说服高层管理者主动参与标杆管理项目
高层管理者缺少信心	缺乏信息或理念	把标杆管理与公司商业计划联系起来；举例说明标杆管理的优势
缺乏标杆管理所需资源	缺乏高层管理者支持；缺乏标杆管理小组承诺	标杆管理应被视为公司整体管理方法
信息不相关	数据不够多；数据未挖掘	缺乏对评估的关注，检验评估方法基础
信息错误或不精确	过分相信公开的或竞争对手的信息	检查各种信息来源的准确性
标杆管理项目不能吸引可能的合作伙伴	怀疑主义和防备性态度	阐明双方的利益；审视整个过程以选择合作伙伴
流程过分关注与合作伙伴之间的相似性	缺少明确的选择合作伙伴的标准	审视关于最佳实践的研究
太多标杆	未能定义好优先次序	把标杆管理与商业战略联系起来
合作伙伴不能提供有用信息	合作伙伴太相近	通过流程而不是组成部分来审视合作伙伴研究

研究表明，成功的标杆管理活动应具备以下基本要求：

（1）高层管理人员的兴趣与支持；

（2）对企业（产业或国家）运作和改进要求的充分了解；

（3）接受新观念改变陈旧思维方式的坦诚态度；

（4）愿意与合作者分享信息；

（5）致力于持续的标杆管理；

（6）有能力把企业（产业或国家）运作与战略目标紧密结合起来；

（7）能将财务和非财务信息集成供管理层和员工使用；

（8）有致力于与顾客要求相关的核心职能改善的能力；

（9）追求高附加价值；

（10）避免讨论定价或竞争性敏感成本等方面的内容；

（11）不要向竞争者索要敏感数据；

（12）未经许可，不要分享所有者信息；

（13）选择一个无关的第三者在不公开企业名称的情况下来集成和提供竞争性数据；

（14）不要基于标杆数据向外界贬低竞争者的商务活动。

三、标杆管理的流程模型

1. 决定向标杆学习什么

这是流程的第一阶段，是确认标杆学习资讯的使用者以及他们的需求，从而界定标杆学习的明确主题。一旦知道标杆学习的主题和需求以后，就可以确认并争取需要的资源（如时间、资金、人员），成功地完成标杆学习的调查工作。

2. 组成标杆学习团队

虽然个人也可以向标杆学习，但大多数标杆学习是团队行动。挑选、训练及管理标杆学习团队，是流程的第二阶段。团队成员各有明确的角色以及责任。团队也引进专案管理工具，以确保每位参与者都清楚自己的任务，而且团队要制定出重要的阶段目标。

3. 选定标杆学习伙伴

这是流程的第三阶段，需要认定标杆学习的资讯来源。这些来源包括标杆组织的员工、管理顾问、分析人员、政府消息来源、商业及同业文献、产业报告以及电脑化的资料库等。这个阶段也包括选定产业及组织最佳作业典范。

4．搜集及分析资讯

这个流程阶段，团队必须选择明确的资讯搜集方法，而负责搜集资讯的人必须对这些方法很熟悉。团队在联络标杆伙伴之后，依据既定的规范搜集资讯，然后再将资讯摘要分析。接下来是依据最初的顾客需求，分析标杆学习资讯，从而提出行动建议。

5．采取改革行动

影响这个阶段的因素，是顾客的需求及标杆学习资讯的用途。团队可能会采取的行动有很多种，从制作一份报告或发表成果，到提出一套建议，甚至根据调查搜集到的资讯具体落实一些变革。在这个阶段也要确认接下来是否有必要采取哪些步骤或适当的后续活动，如有必要，可以建议标杆学习活动继续下去。

四、标杆管理的相关问题

1．企业伦理问题

企业伦理是指任何商业团体或机构以合法手段从事经营时所应遵循的伦理规则，是企业在处理内外部关系时所应遵守的行为规范。简单地说，企业伦理就是处理“人”与“人”之间关系的行为规范。标杆管理中要考虑的企业伦理主要是指确定“个人”与组织间交流协议的原则、规范或标准。在标杆管理过程中可能会出现许多伦理问题，其中包括：开展标杆活动的企业有没有权利发展标杆企业管理的概念和方法等内容；如果开展活动的企业收集到标杆企业极有价值的信息，那么它有没有权利在其广告等活动中使用。标杆合作者需要在这些问题上交流相互的期望和感觉并遵循一些基本规范。它们需要建立具体的行为规则，比如不应该通过分享信息来获得竞争优势，但可以通过分享信息彼此改进或相互受益等。

2．法律问题

标杆管理要求参与者意识到这种标杆关系的一些法律问题，包括期望、所有者信息、知识产权、反托拉斯和不平等交易、证据、贬低和交易诽谤等。

期望是指每个合作者认为什么应该公开且怎么使用。企业之间应该相互意识到对方的期望。标杆企业应该问自己，分享这些信息是否会违背标杆活动者的期望。

所有者信息是指标杆企业创造、获得或控制的还没有公开发布且如无限制仍希望继续保持机密的任何信息。这需要行业规范来保证。

知识产权是指科研成果、工业设计、计算机程序等，包括专利、商标和版权。合作双方应了解各自所拥有的知识产权的性质，并对知识产权的限制进行法律咨询。

另外，反托拉斯和不平等交易、证据、贬低和交易诽谤等问题也值得关注。

3. 实施问题

标杆管理很有效，但实施中往往容易出现偏差。

（1）容易将注意力集中于数据方面。标杆管理的真正价值应该是弄明白产生优秀绩效的过程，并在本企业实施，而不应该只注重某几个财务数据本身。

（2）不明白数据的真正来源。标杆管理者往往注重绩效数据，但对数据的来源不重视，这很容易产生比较错误，从而难以进行对口比较。

（3）偏离顾客和员工。为了很快实现标杆管理目标，开展标杆活动的企业有时会采取快收慢付等手段来达到利己的收集数字的目标，这反过来会影响与顾客、供应商及员工的关系。

（4）来自员工的抵触情绪。有些员工往往不愿与新政策合作，从而成为执行的障碍之一。

（5）意识和观念问题。标杆管理是一个持续过程，而不是一次性工程。有些企业会以为别人的东西不一定是好的；有些企业怕通过标杆管理暴露自己的弱点。标杆管理是企业的长效管理，应该变为企业的日常活动。

4. 费用问题

标杆管理无疑需要一定的经费，包括差旅费和其他间接费用，如研讨费、咨询费等。降低费用的一个办法是在寻求和考察标杆企业之前做好充分的准备。1997 年的一项研究表明，在 1992 年，一项标杆管理活动的平均费用是 5 万美元，1996 年则降到了 5000 美元。这说明，合理筹划可以大大降低标杆管理活动的成本。

【思考与行动】

（1）标杆管理的实施步骤是什么？

（2）标杆管理的流程模型是什么？如何建立？

第四节 标杆管理的误区

标杆管理的真正意义远远不是标杆学习这么简单，它的灵魂在于“对标准的不断完善和创造”。所以，当企业都在关注“标准的创造”这种标杆管理的高级阶段时，就必然会促进各方面效益的增速发展。

“标杆管理是一项长期的工作，企业的领导不可能长期关注标杆管理，加之企业日常工作的压力，其执行力会明显的下降。在实践中如何推进标杆管理工作，我们认为在依靠评比、排名、表扬、奖励的同时，还要适当地、巧妙地融入企业认同的奖惩办法。”

——李爱军（国际标杆管理学会认证专家）

当前我国企业实施标杆管理中过程常常由于缺乏对于内外部条件的准确把握而陷入误区，而使标杆管理形似神不似。

一、标杆主体选择缺陷

比较目标的选择要恰当。作为标杆的公司应在某一方面做得尤为出色，并因之持续增长，获得竞争优势。许多企业最初都会在本产业内寻找比较目标，这一做法在某些情况下非常有效。然而，在大多数情况下，理想的比较目标应是完全不同产业的公司，原因之一是与自己的直接竞争对手比较，谁都会感到有些不自在；且除了公共领域的信息容易接近之外，其他关于竞争企业的信息不易获得。此外，同一产业的公司会倾向于以同样的方式来做同样的工作——产业内容易出现“近亲繁殖”问题。实际上，视野离开公司和行业越远，就越有可能取得突破性进展，并让企业的竞争优势获得跳跃性提高。因此，寻找产业外的公司来做比较对象，你通常可以得到更新、更实用的信息。例如，一家子弹生产商想找出能使弹匣更漂亮的方法，他找到的标杆对象是生产口红盒的公司，因为口红生产商利用坚硬的果壳来装饰他们的口红盒，这使盒子十分光亮，而这正是这家军火商要寻找的东西。

二、标杆瞄准缺陷

系统地界定出优秀的经营管理机制与制度、优秀的运作流程与程序以及卓越的经营管理实践的活动，即被称作标杆瞄准。许多人认为必须去公司总部才能真正确定标杆。事实上，对作为标杆的公司进行标杆管理比较的最佳场所不是在公司的总部，而是在生产服务的第一线。特别是在谈论客户满意度时，就是客户与一线员工直接打交道的地方。通过观察一线员工是如何解决日常工作中的问题，以及如何满足顾客需求，就可以获得有效的工作流程、态度和行为的第一手资料。锁定标杆时还有一个不可忽视的问题是最佳实践往往隐藏在员工头脑、企业制度、组织结构甚至企业文化中间，企业要重视这些因素的作用和影响，采取相应的措施挖掘隐性知识，并与自身的实际情况结合起来，只有这样实施标杆管理才可能取得成功。

三、标杆瞄准执行成员选择缺陷

参与标杆管理比较的团队成员应包括实际操作的人员，即业务流程的最直接参与者。他们最清楚企业的业务流程从头到尾是怎样运作的，最清楚业务流程需要改进的地方。参与标杆管理有助于企业成功实施标杆管理中得到的解决方案。没有这些人的参与，以改进流程为目的的任何主动措施都不会成功。

四、过程调整缺陷

良好的市场表现不是凭空得来的，而是通过一系列过程产生作用的。对最佳实践的学习是一个渐进性的过程，并不是一蹴而就的。需要征求从高层领导到现场作业员工的各种支持，要向雇员说明"怎样"和"为什么这样"工作；而且需要花费几个月的时间制定一整套关于雇佣、培训和衡量顾客反馈的合理的方法。

五、忽视创新性缺陷

现在很多公司尤其是那些跨国公司将标杆管理视为获取竞争优势的关键性管理工具。因为现行市场竞争的主题是创新速度，是如何确保自身的创新速度超过竞争对手。标杆管理恰恰紧紧围绕这个主题。在我国，有些企业在学习、运用标杆管理时却常常忽视这一点。如有的企业不顾自身实际，盲目攀高，只求形式，不求本质，把标杆管理简单地当成一种时髦的企业运动；有的企业把摆脱经营困境寄托于某一种成功模式之上，忽视情境对最佳实践的影响。公司的情况各不相同，在一种情境下有效的最佳实践知识在其他情境未必有同样的效果。所有这些曲解标杆管理思想实质，只模仿而不自我创新的错误做法，使得一些企业在实施标杆管理的同时，不可避免地陷入企业经营战略日渐趋同的误区。如在我国企业改革的实践中，产生并推广过一个又一个先进的管理模式，像首钢的承包制、满负荷工作法，邯钢的模拟市场倒逼成本，海尔的 OEC 等。所有的这些标杆其本身都蕴含着适应本企业运作的特点，都在实践过程中取得了良好的效果。但是有的企业为提高竞争力，只是盲目模仿照抄某一种成功的模式，在学习先进企业的同时忽视了结合本企业经营实践进行一系列创新的重要性。松下幸之助曾说："只有努力创新的商店或制造公司，才会有前途。墨守成规或一味模仿他们，到最后一定失败"。标杆管理是真正意义上的"拿来主义"，企业实施标杆管理必须抓住学习创新的关键环节，以适应企业自身特点并促进企业战略目标的实现为原则，既有组织，又有创新，才能真正发挥标杆管理的作用。片面理解标杆管理而惰于创新，不但与标杆管理的初衷背道而驰，而且也不会从根本上提高企业的核心竞争力。

总之，标杆管理局限性的突破方向不在于标杆管理自身的完善，而在于超越标杆，把价值创造作为企业的根本战略抉择，才能获得持久竞争优势。

【案例 5-3】 中国标杆企业"四宗罪"。

中国的知名企业为何如此脆弱？

企业家们不难为自己找到解脱的借口：猝然临之的宏观调控、外资企业的猛烈攻势、地方保护主义、不顾一切采用价格战的对手……但如果它们都是无法战胜的，那好公司与坏公司的差别何在呢？

过去20年间，中国企业实现了从小到大的成长。一批企业，如南德、巨人，在迅速膨胀并饱受赞誉后，轰然倒塌了。而另一批风格稳健的企业，如海尔、联想、TCL，终于在20世纪90年代中后期展现出巨大的潜力，不仅成为中国商业界的标杆与代表，更显现出不输于国际业界巨头的生命活力。但不可否认，它们仍面临难以逾越的障碍：其核心竞争力仍简单地建立于成本和渠道上。

现在正是中国企业攀登第二个台阶的阶段：从优越到卓越。而市场环境正因全球化进程发生着变化。相对于之前20年，这是一个需要付出更多勇气改变自己的过程。

我们所谓的"失败"，不仅仅指出现亏损甚至破产，也包括"失去光芒"，比如海尔和联想相继经历的。

正如仿托尔斯泰的那句名言："幸福的公司都是相似的，而不幸的公司则各有其不幸。”我们从国内正在遭遇困境的最优秀的企业的故事中，筛选出四宗“罪名”，或许你的企业同样存在——

★ 缺乏自我

“任何一个国家，任何一个民族，都必须把建设自己祖国的信心建立在信任自己的基础上”，这是华为总裁任正非 1998 年在对印度企业考察时发出的感慨。尽管这句话似乎看上去并无深意，但遗憾的是，“信任自己”的中国企业并不多。

近两年，你最容易看到的是这样两种现象：跟风与偶像崇拜。

从互联网时代开始，一向朴素的中国企业界似乎形成了这样一种观念：任何机会都可以被自己抓住。从网络到金融控股甚至到一些细分领域，都可以看到大量企业一窝蜂而上。当短信开发成为中国网站的一个新业务后，很快就成为所有企业的新业务；当网络游戏开始盈利，所有网站都试图从中获利。

但是，中国企业无不把国外一流大企业作为自己的偶像并极力效法，只要和中国企业的高管们谈起多元化、ERP、6 西格玛这些时髦的词汇，保证可以听到整套的理论，但很少有人就自身状况出发，设计出相应的管理模式。对这些中国企业来说，它们实际看到的只是国外大企业成功转型后的结果，而忽视了这些大企业在转型过程中花费的漫长等待，以及对自己核心能力的坚守。

如果说缺乏自我导致了中国企业的千人一面，那它更严重的后果其实是企业在不停的自我调整中迷失了自身。现在几乎已经很难找到一家能根据自身发展特点来制定核心竞争力战略，并持之以恒的企业，相反号称要成为“中国的 GE”或者“中国的 IBM”之类的企业则数不胜数。

2000 年，联想在网络热潮期开通 FM365.com，耗费巨资后在接下来的低潮中将其放弃。当 2003 年网络业依靠短信业务复兴，联想一无所得。现在，它又与阳光文化合作，试图再在这个领域试水。

另外一家以先进排版系统闻名的企业——方正集团（简称方正），因为该业务在全球领先而被资本市场看好，但是它提出学习 GE 的口号后，其市场形象变得模糊起来，不仅开辟新领域的效果不如预料得好，而且不少业内观察者认为，方正最核心的排版系统的优势都会丢失，因为近几年，方正忙于扩张，以致该业务在技术上没有质的突破。

反观近邻印度，他们的IT企业鲜有提出向谁学习的战略目标，而且也绝少称自己是“印度的微软”，但是成绩却举世共睹，不仅外包业务成为其核心竞争力，而且也出现了一些一流企业，如Wipro、Infosys等在IT服务等领域可以和IBM、HP直接抗衡。

“罗马不是一天建成的”，在中国企业急于打造“百年老店”与“财富500强企业”时，它们应该先创造自我。

★ 迷信管理学

《管理的实践》《追求卓越》《基业长青》《第五项修炼》《从优秀到卓越》《执行》《韦尔奇自传》《谁说大象不能跳舞》……过去三年间，有追求的中国企业家们完成了美国近30年来的重要管理学作品的速成。而正是在CEO、CFO等头衔的普及与目标管理、波士顿矩阵的广泛使用中，中国企业进入了“管理时代”。

如果说以前的中国企业全无管理意识，行动依靠的是本能与激情，那么现在中国企业正处于一个矫枉过正的阶段：即使最优秀的管理学，也不能凭空创造出市场机会，当企业家们过于将精力集中于企业内部，他也就失去了发现机会并把握机会的敏锐。

回想一下亚信的故事。这家曾被喻为“中国互联网建筑师”的明星企业，在2000年3月上市后每况愈下，原因何在?

亚信上市之时，正是网络大潮退去，其所赖以起家的系统集成业务急剧萎缩的时期。对于一家当时创业仅6年的公司，它的选择本来很多：既可以利用刚刚从美国融资的上亿美元大肆收购竞争对手，形成行业垄断力；也可以及时转型，突入其他成长型领域；还可以听从华尔街的声音，尽可能专注，收缩成本，稳住股价后等待机会。

亚信做出了一个折中选择——这或许是最糟糕的。在时任CEO的丁健的带领下，亚信一度既不选择新的领域，也不收缩成本，而是试图在既有业务内创造奇迹。丁曾将创造奇迹的愿望寄托于管理的革新之上，但在一次又一次的组织变革后，他终于发现，此时的亚信不仅已经丧失了创业时的活力，更在无穷尽的自我完善中丧失了无数外在机遇。

管理机会，而不是管理企业，这是所有国内企业家都应该反思的。杰克·韦尔奇的伟大之处并非是他发明了“群策群力”或“数一数二理论”，而是他让已经成为巨无霸的通用电气保持小企业的灵活性，能够随时把握机会。而郭士纳挽救 IBM 的全部工作，不过是指挥 IBM 这头大象在 IT 服务行业起飞时踩准步点。

国内企业对于管理学的另一种迷信，是对职业经理人的暧昧态度。或者全然排斥，或者奉若神明。在中国商界，既可以找出联想这样拒绝使用外来职业经理人的例子，也能看到 TCL 这样引入吴士宏但最终结果乏善可陈的案例，反而几乎找不到一个空降兵在中国企业取得成功的漂亮版本。在没有成熟经理人机制的中国，外来经理人如江湖郎中一样被寄予包治百病的厚望，而一旦不合心意就可能被剥夺权利。

★ 缺乏对“第二战”的准备

该如何评价这样的企业？它曾经有效把握机会，并借此一跃成为中国最优秀的企业，但是外界对其大肆褒扬之时，它已经找不到下一阶段的增长点。

在企业从无到有的第一战中，总会有一些胜利者。但这些胜利者如何在下一波竞争中保持竞争力呢？

王文京的用友软件公司（简称用友）是中国目前最大的企业级软件厂商。当他在 1988 年创办用友的时候，甚至比国内软件市场的真正起步还要早。1999 年，用友成为国内最大的独立软件供应商。王文京在接受记者的采访时说：2006 年，用友要成为一家世界性的软件公司。

为此，用友在 2002 年聘请了在软件企业管理方面具有丰富经验的美籍华人何经华出任公司总裁，但同年，也就是用友在 A 股上市一年后，王文京拿出了其中的 1 亿元用来购买国债——如果投资者需要购买国债，何必投资用友呢？

在乳品业发生着类似的故事。国内最大的乳品企业、总资产40多亿的伊利股份（简称伊利），最近因独立董事风波暴露了其投资缺乏方向的特征：伊利已经悄然进行了高达6.5亿元的国债投资。

相比而言，用友与伊利的运气并不算差。在德隆系崩溃时，人们发现其旗下金融机构的委托理财业务的客户中，包括为数不少的知名企业，浙江纳爱斯将6亿元委托中富证券理财，亚星客车将7000万元委托金新信托理财，南方汇通将3000万元委托中富证券理财……

为什么中国企业在有钱时热衷于委托理财，而不是寻找机会拓展业务？并不能因此说中国企业不思进取，但它们中的多数的确不敢承担太大的风险。多年前它们创业时，付出的几乎是零成本，这让它们形成了一个错误的思维定势：在寻找第二个增长点时，它们无法接受高昂的成本。

因此就不为第二战投资了吗？IBM本是一家生产打孔机与闹钟的公司，正是在其富有魄力的第二任领导人小汤玛斯·沃森的领导下，它进入了大型计算机领域，并由此成为令人敬畏的蓝色巨人。微软在DOS系统已经在行业占有领先地位的同时，历时数年研发windows系统，经历了前两个版本的默默无闻后，直到开始研发的第七年，windows 3.0终于获得市场成功，并使微软在此基础上最终垄断操作系统市场。现在，微软为寻找下一个增长点，斥资百亿，在游戏机、企业软件、网络等业务上大肆投资——聪明如比尔·盖茨，也无从知道谁能成为下一个windows，而他唯一的选择，就是将全部资本都投入在这场豪赌中。

最坏的决定，就是不做决定。

★　误以为金融杠杆能撬动一切

就像20世纪80年代的华尔街人士一样，从草根生长出来的中国民营企业家们在成功运用金融杠杆后很容易产生其能撬动一切的信仰。

不懂汽车的仰融当年“汇聚全球资源造中华轿车”时曾经说过一句发自肺腑的话：“早知汽车这么复杂，我就不干了。”关于仰融，一个至今没有验证的说法是，其名并非本名，而取于“仰慕金融”之意。后来仰融远走，但是造车的艰难今天已经完全体现。

德隆唐氏兄弟无疑是金融万能主义者的代表。“企业赢不赢利不重要，重要的是现金流为正”，这话本身并没什么错，但过于信服它的人反倒往往更难以持续做到后半句。

虽然从贷款、挪用金融机构资金、民间融资到募集海外基金，唐氏兄弟利用过几乎所有的金融渠道，但他们最醉心的，还是内地资本市场。他们深信自己能玩弄它而不被玩弄。

几乎任一迷信，都将使人付出代价。商业史上不乏金融撬动实业的故事，但最终的结果往往并不美妙。20 世纪 60 年代，美国商界也曾一度流行多元化战略。作为 20 世纪 50 年代“企业主导宇宙”思潮的一个延续，企业主管们随时准备着进入新的行业。当时最成功的多元化企业是詹姆斯·林的 LTV，这家横跨当时最被看好的两个领域电子和航空业务的公司，在无节制的并购和发行可转换债券中将自己送上了《财富》500 强排行榜的第 14 位，其股价更升至 150 美元——今天还有人知道这家公司吗？“股神”巴菲特说：“如果你认为自己每周都能发现新的投资机会，你就离赔钱不远了。”

遗憾的是，在见过足够多的悲剧，以及银广夏、亿安科技和蓝田股份这样的必将穿帮的虚假表演之后，很多中国企业仍没有学会认真对待资本市场的游戏规则，并将此变为自我约束的手段。你现在仍可以发出疑问：下一个让金融杠杆玩死自己的会是谁呢？可能没人知道答案，但它定会出现。

【思考与行动】

（1）标杆管理的误区是什么？

（2）如何突破标杆管理的局限性？

第五节 电力标杆管理实践

“标杆管理”这种科学管理工具运用的不足，是造成我国部分行业整体技术水平不高、员工职业素质难以提升的重要原因，因此有必要通过标杆管理主题实践的开展，要求广大干部员工在自己的岗位工作中对标先进、弥补不足，形成更系统的“比、学、赶、帮、超”管理能力，最终培养出企业不断创新的能力。

“作为企业高层管理者如何为企业推动标杆管理呢？我认为应从企业战略的角度去利用标杆管理这个工具。只有通过战略对标，才可以找到在企业自身适应产业发展中的不足，从而调整企业战略。”

——陈泓冰（全球全面标杆管理之父）

一、标杆管理在国家电网公司的应用

（一）国家电网公司同业对标的由来

对标是指企业以行业内或行业外的一流企业作为标杆，从各个方面与标杆企业进行比较、分析、判断，通过学习他人的先进经验来改善自身的不足，从而赶超标杆企业，不断追求优秀业绩的良性循环过程。所谓“对标”就是对比标杆找差距。推行对标管理，就是要把企业的目光紧紧盯住业界最好水平，明确自身与业界最佳的差距，从而指明了工作的总体方向。标杆除了是业界的最好水平以外，还可以将企业自身的最好水平也作为内部标杆，通过与自身相比较，可以增强自信，不断超越自我，从而能更有效地推动企业向业界最好水平看齐。

同业对标实质上是标杆管理的一种应用。开展创一流同业对标就是将标杆管理的思想和方法系统地引入国家电网公司各级组织的日常管理工作中。通过现状分析，对各项管理标准和业务流程进行梳理，通过与国际国内同行业先进企业的对比，找出管理工作中存在的问题和薄弱环节，通过最佳实践的总结和推广，提升业务管理水平和工作效率。

国家电网公司位列2005年《财富》全球500强第40位。总资产超过12000亿，但每年的利润只有100多亿，收益率不足2%，资产负债率已经达到了63.5%（“十一五”期间电网建设需要9000亿元，负债率可能更高），远不及石化、电信等国企的表现。加上高严案、漫延全国的电荒、农电改革受阻、巨额违规资金等问题的出现，国家有关部门终于发出了“电力体制改革基本不成功”的声音。有关人士指出：“中国电力工业体制改革已经到了最关键的转折时刻，改则兴，不改则败，市场化则兴，维护传统则败！”

为了重塑负责任的企业形象，自2005年始，以电网“安全、质量、效益”为重点，国家电网公司开展了同业对标工作。一时间，各网省公司从上到下掀起了学先进、找差距、抓管理、争上游的热潮，同业对标在国家电网公司系统内热火朝天地展开了。

（二）国家电网公司的同业对标实践

2005年1月，国家电网公司就开展创一流同业对标工作出台了指导意见和管理办法（试行），从安全生产、资产经营、电网运行、市场营销、供电质量、设备管理、人力资源、信息系统和基建管理九类共79项指标在区域公司、省电力公司和地市供电企业之间进行了对标，初步建立了对标指标体系。

开展同业对标，必须解决三个问题——“对什么进行评价”“如何评价”“如何改进”。经过学习、摸索和研究，国家电网公司生产技术部制定出一套创一流同业对标实施细则，提出了“确定一个目标、建立两个数据库、建设三个体系、开展四种分析、建立五项制度”的总体架构（见图5-1）。

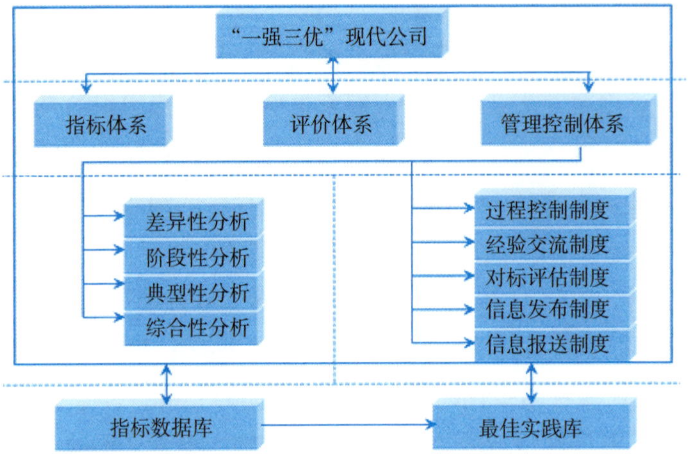

图 5-1　对标总体架构

"确定一个目标"，即紧紧围绕国家电网公司"一强三优"（电网坚强、资产优良、服务优质、业绩优秀）发展目标，全面开展创一流同业对标工作，将国家电网公司的发展目标细化落实到各项业务管理工作中。

"建立两个数据库"，即建立指标数据库和最佳实践库，为优化各项业务流程、客观评价企业、树立各类标杆提供条件，为开展科学的管理评价提供依据，为国家电网公司各项业务开展学习交流和实施最佳实践、不断创造新的业绩搭建了平台。

"建设三个体系"，即建设创一流同业对标指标体系、评价体系、管理控制体系。

指标体系是基础，它为现状分析，梳理、优化和完善各项业务流程提供条件。指标体系按企业类型，目前已经建立了区域电网公司、省电力公司、地区供电企业、超高压输变电公司、超高压管理处五类。指标体系按内容则分为基本信息和安全管理、资产经营、营销服务、电网运行、人力资源和电网建设六类评价指标。按照过程控制原则，将结果性指标与过程性指标相对应，形成由若干个单项指标逐级逐层构成的树状指标体系。

评价体系则是运用"标杆管理"理论和统计学方法，依据各类业务特点，本着突出"安全、质量、效益"指标和公司工作重点、难点及区分指标可比性的原则，确定不同指标在评价中的权重，并按从叶到根的顺序对同业对标指标数据进行分析排序，反映公司系统各单位在综合管理和各业务管理水平上的差异，使各企业明确差距、确立标杆，从管理手段、管理方法、技术标准等方面查找产生指标数据差距的原因，并制定有效措施加以改进。

管理控制体系为对标工作的规范有效运转提供制度保证，主要内容包含“四种分析”和“五项制度”（见图 5–2）。

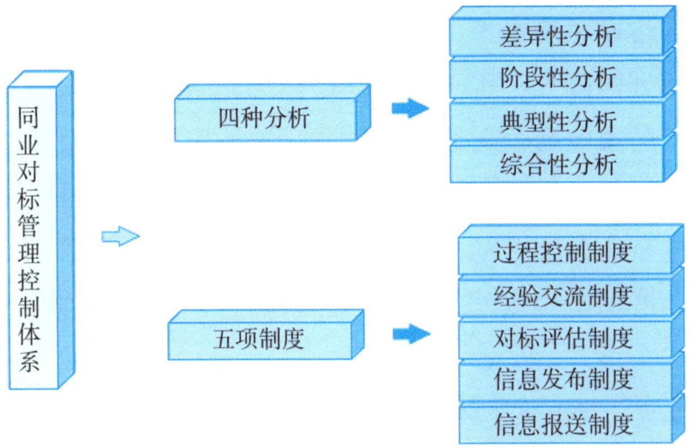

图 5–2 同业对标管理控制体系

“四种分析”，即开展指标的差异性、阶段性、典型性和综合性分析，对指标产生差异的原因、影响因素和程度、变化趋势和规律、业务流程的梳理和优化、管理手段和方法的科学性、有效性及针对性等做出诊断分析，制定完善的改进提高措施，并加以实施。

“五项制度”，即建立过程控制制度、经验交流制度、对标评估制度、信息发布制度和信息报送制度，将创一流同业对标工作制度化、程序化，完善涉及公司各项业务的过程控制手段和方法，使同业对标工作科学有效、协调有序、互动闭环地运转，全面搭建电网企业管理平台。

八年来，经历启动、推进、完善三个阶段，对标工作不断深化，指标水平不断刷新，标杆单位不断涌现，构建了“业绩对标 + 管理对标”的指标体系，建立了规范的管理流程。先后共有 164 项指标被刷新，9 个单位成为综合标杆单位，19个单位成为专业标杆单位，6个单位开展国际点对点对标。实践证明，开展对标是学习借鉴国内外最佳管理实践，提升管理水平的重要途径；是抓管理、促发展、上水平的重要载体；是评判业绩成果和管理水平的重要手段，对提升经营业绩、加快公司发展起到了积极的促进作用。

（三）国家电网公司对标工作面临的形势和任务

（1）创建“两个一流”，提出了对标工作新要求。

经过“十一五”以来的拼搏和奋斗，国家电网公司发展迈上了新台阶，公司综合实力达到了新水平，在电网规模、技术装备、安全水平等方面，已经接近或达到国际先进水平，有些指标达到国际领先水平。但与国际一流企业相比，国家电网公司在经营效益、服务质量等方面还存在差距。为加快建设世界一流电网、国际一流企业，国家电网公司必须在更高层面与国际国内先进企业开展对标，科学动态评价公司发展水平，促进管理创新和管理提升，展示发展成就，提高国际影响力，为创建“两个一流”提供有力支撑。

（2）建设“三集五大”体系，构建了管理提升新平台。

当前，国家电网公司全面推进“三集五大”体系建设，管理体制机制正在发生深刻变化。整合优化管理体系，统一规范组织模式和业务流程，提高了管理的集团化、集约化水平；建设两级运营监测（控）中心，将实现数据的动态采集、指标的实时分析。“三集五大”模式下的新体制、新机制，为深化对标管理，促进国家电网公司管理水平持续提升构建了新的平台。

（3）推进全方位国际化，拓展了对标工作新领域。

为进一步推动公司发展方式转变，国家电网公司明确提出将推进全方位国际化作为一项长期任务。要全面推进管理国际化，坚持“走出去”与“引进来”相结合，开展多层次、全方位的国际对标，学习国际先进管理理念和管理经验，有效解决改革发展中的重点难点问题，提升运营效率、效益和管理水平，提高国家电网品牌的国际影响力。

（四）深化对标管理的指导思想、总体思路和基本原则

1．指导思想

紧紧围绕创建“两个一流”目标，以加快公司和电网发展方式转变为主线，构建科学的对标体系，以国内外一流企业、公司内部先进单位为标杆，深化指标对标，创新管理对标，全面提升公司管理水平，显著增强核心竞争力和软实力，全面塑造和展示公司形象，实现从优秀到卓越的新跨越。

2．总体思路

运用标杆管理思想和管理工具，坚持公司对标与外部对标相结合、指标对标与管理对标相结合，深化省公司、大型供电企业、专业机构对标，开展国内大型集团企业、产业（科研）企业、金融企业等国内对标，开展世界500强企业、国际能源企业、典型企业和专业领域国际对标，健全组织体系，建立运行机制，强化对标分析，促进管理提升，推动国家电网公司“两个转变”。

3．基本原则

提升管理原则。将全面提升国家电网公司管理水平，作为深化对标管理的着力点和落脚点，夯实发展基础。

借鉴创新原则。学习借鉴国际最佳实践和内部典型经验，融合提炼不同标杆企业做法，结合实际，不断创新，实现超越。

展示引领原则。通过持续提升，逐步实现公司指标水平、管理水平全面领先，展示引领企业管理和技术创新，提升国家电网公司国际影响力。

4．工作目标

2013年，深化国家电网公司对标，开展国际对标，建立闭环运行机制，实现管理持续提升。

2014～2015年，深化国际对标，形成对标持续提升机制，国家电网公司主要指标初步达到国际一流企业水平。

2016～2020年，形成标杆管理成果经验与典型案例，引领大型企业管理活动，国家电网公司指标达到国际一流企业水平。

（五）深化对标管理的主要内容

主要包括建设对标平台、构建指标体系、建立运行机制三个方面。

1．建设对标平台

建立对标体系，形成公司、国内、国际三个对标平台（见图 5-3）。

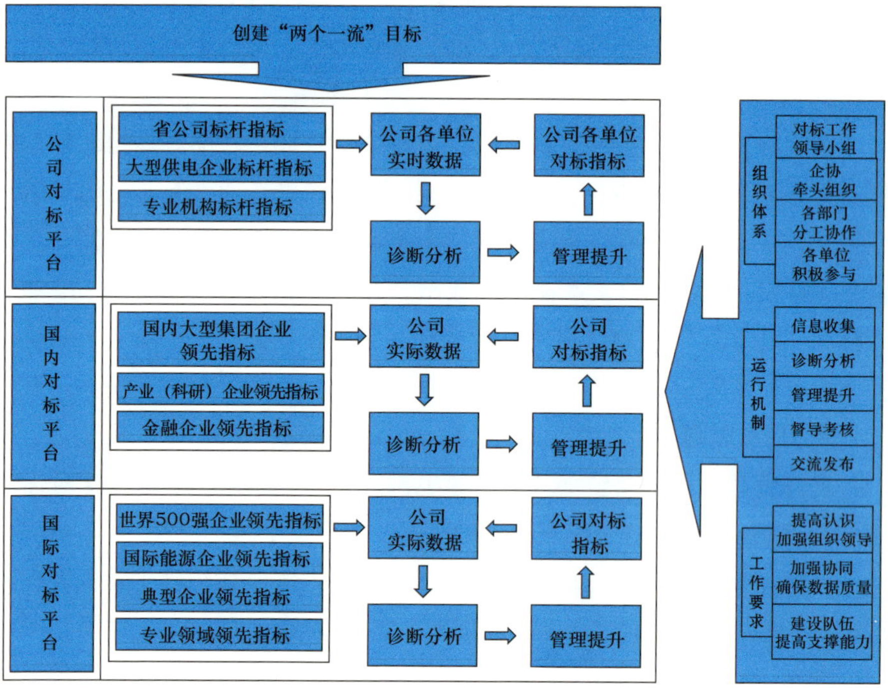

图 5-3　对标体系

公司对标平台定位：查找内部企业间差距，促进公司均衡发展。

国内对标平台定位：把握国家和社会对公司发展要求，提升公司管理水平，发挥央企表率作用。

国际对标平台定位：推进公司管理与国际接轨，提升运营效率、效益和管理水平，提高国际影响力。

（1）完善公司对标平台。适应“三集五大”体系建设要求，完善省公司、大型供电企业对标，开展省级专业机构对标，明确对标重点，优化指标体系和工作机制。

（2）建立国内对标平台。以国资委考核要求为重点，结合国内通用的企业评价方法，围绕财务绩效、人员效率等方面指标，开展国家电网公司与国内大型企业对标。组织产业（科研）、金融单位与国内同类先进企业对标。

（3）建立国际对标平台。在世界500强企业、国际能源企业、典型企业、专业领域开展国际对标。

世界500强企业对标，结合指标普适性、可比性和国际认可度，重点围绕财务绩效指标，与世界500强企业前10名开展对标。

国际能源企业对标，结合能源企业特点，重点围绕安全水平、财务绩效、服务质量、发展能力等方面指标，与国际能源企业前10名开展对标。

国际典型企业对标，统一组织、统筹协调，选择有代表性的省公司、大型供电企业，与国际典型企业开展对标。

专业领域对标，围绕国家电网公司和电网发展的关键专业领域，与相关国际企业开展对标，破解专业难题，推进技术进步，增强专业优势。

2．构建指标体系

（1）优化公司对标指标体系。按照“业绩对标＋管理对标”基本框架，以“三集五大”核心领域指标为重点，实现对标指标全专业覆盖；优化管理对标指标设置，加大管理对标指标权重，实现最大限度量化评价；加强专业间指标协同，确保指标设置合理、导向一致。

（2）构建国际国内对标指标体系。突出“两个一流”的关键特征和本质要素，国际国内对标指标体系分为“世界一流电网”“国际一流企业”两大部分。“世界一流电网”指标体系分为形态结构、技术与管理、运行绩效、绿色发展四个维度，“国际一流企业”指标体系分为战略与管理、财务与绩效、业务与市场、创新与成长四个维度。

3．建立运行机制

制定对标管理信息收集、诊断分析、管理提升、督导考核、交流发布的操作流程与规范，建立统一运行机制。

（1）信息收集。建立对标数据自动采集机制。结合两级运营监测（控）中心建设，充分利用公司数据共享和业务融合成果，实现对标信息系统与运营监测（控）系统、专业业务系统对接，规范指标数据来源，减少人为因素，确保数据客观准确。

建立常态化、网络化的国际国内对标信息收集机制。一是发挥已有资源作用，开展常态收集。利用与国内外企业和组织的合作关系，从年报、国际会议和国际组织报告、出国考察报告等渠道，常态开展信息收集工作；二是探索建立国际一流企业对标交流合作机制，按照统一口径开展信息交换和对标工作。

（2）诊断分析。健全对标诊断工作机制。建立分析模型，坚持定期分析，深化专题分析，查找管理薄弱环节，明确改进方向和目标，实现指标对标、管理对标和改进措施同步分析、同步报告，有效推动管理提升。

（3）管理提升。建立对标成果转化与管理提升机制。总结分析国际最佳实践和内部典型经验，强化转化应用和管理提升；明确责任部门和进度要求，修订标杆指标，形成公司管理标准，融入管理流程，用管理提升保证指标提升。

（4）督导考核。建立管理提升督导考核机制。定期对管理提升落实情况进行监督评价，总结管理提升成效，形成“诊断分析–管理提升–再分析–再提升”的持续改进模式。

（5）交流发布。建立对标成果定期对外发布机制。加强对外宣传，交流标杆管理成果经验与典型案例，引领大型企业管理活动，展示国家电网公司发展成就，提升公司国际影响力。

二、南方电网公司标杆管理的实施

（一）南方电网公司与日本东京电力公司的对标

按照南方电网公司的企业发展战略目标，南方电网公司选择了国际上管理著名、规模相当的日本东京电力公司为对标企业，寻找与国外先进电力企业的差距。

1．企业发展条件对比分析

★ 东京电力公司概况

日本东京电力公司（简称 TEPCO）成立于 1951 年 5 月 1 日，注册资本 6764 亿日元，总部在东京市，主营发电、输配电，是日本最大的电力公司。TEPCO 的股票在日本的东京、大阪和名古屋证券交易所上市，截至 2004 年 3 月 31 日，共有股份 13 亿 5000 万股，除东京市政府拥有 3.155% 的股份外，TEPCO 的主要股东基本上是日本的银行和保险公司等金融机构，持股数量分散，最大的股东也只拥有 4.3% 的股份，持股者总数达 86 万余人。

TEPCO 实行集中式管理，主业全部都集中在总部，并在东京及周围地区设有 10 个地区供电公司，在北京、华盛顿、伦敦设有办事处。日本政府仅在法律和政策上从能源和公用事业的角度对电力公司进行管理，其他日常管理都是企业自主。

TEPCO 属于发输配售一体化公司，拥有 190 个发电厂，发电装机容量 6282 万千瓦，其中火电厂 26 个，装机容量 3699 万千瓦，核电厂 3 个，装机容量 1730 万千瓦，水电厂 160 个，装机容量 852 万千瓦，风电厂 1 个，装机容量 50 万千瓦。2002 年秋天被政府查明在核电站安全运行上隐瞒核电站事故隐患，篡改检查检修记录之前，TEPCO 共有 17 个核反应堆进行发电，核电站总发电能力为每小时 1730 万千瓦，占其全部电力生产能力的 30% 以上。

★ 控制的地域和资源比较

TEPCO 的供电区域包括日本东京大都市区和关东一带——都八县，面积 39494 千米^2，该地区的用电量占日本全国的 34%，国民生产总值约占全日本的 38%。TEPCO 服务区域的人口为 4327 万，客户数量为 2753 万。TEPCO 目前海外市场开拓主要是在海外投资电源项目和开展管理和技术方面的服务。

南方电网公司的服务地域包括中国南方五省区，2005 年国民生产总值约占全中国的 17.6%。面积约 100 万千米^2，服务五省区人口 2.3 亿。由于历史的原因和中国经济发展的水平，服务地域的国民生产总值大大低于 TEPCO 的供电区域。南方电网公司 2004 年售电量开始超过 TEPCO，服务地域和人口、资源方面都大大超过了TEPCO。同时由于和港澳、东南亚相邻，南方电网公司的市场潜力也有TEPCO不可比拟的优势。

★ **技术水平比较**

TEPCO整体技术水平很高。1999年建设完成了190千米1000千伏输电线路（南北线）和240千米的1000千伏输电线路（东西线），作为第3个超高压外环线路。作为可靠供电的进一步措施，大城市正在铺设地下超高压输配电电缆（220、270、500千伏）。早在2000年11月，TEPCO就投运了1条500千伏地下输电电缆线路，并投运了世界上第1座500千伏地下变电站，变电站采用SF_6气体绝缘变压器，并在运行过程中采用新开发的诊断技术监视变压器和其他设备的运行状况。2002年TEPCO和住友电气合作完成了一组长度100米的、3相、66千伏/1千安、三芯平行轴电缆系统，并在TEPCO实验场完成了测试。另外，TEPCO的电网规划水平以及电力生产和运行技术上的水平和效率都很高，并在电力设备的研究和开发、新技术的应用、高效率用电设备和家用电器的研发领域处于国际领先地位。

南方电网公司目前已形成“六交三直”西电东送主通道，西电送广东输电通道最大输送能力超过1200万千瓦。广东电网已形成500千伏环网，并向东西北三个方向延伸：广西电网已形成500千伏四边形环网结构；云南、贵州电网已形成500千伏“日”字形主干环网结构；海南电网已形成220kV输电主网架。南方电网在国内首先形成远距离、大容量、超高压输电，交直流并联运行的大电网，南方电网公司在超大规模电网安全保障和防御体系运行上与世界领先国家处于同等水平。“十一五”期间，南方电网公司还要建设世界上第一个±800kV直流工程。目前这一工程前期三大科研项目，即过电压与绝缘配合、外绝缘与污秽特性、电磁环境研究已取得丰硕成果，主要关键技术问题已基本解决，为有效推动工程建设进度提供了坚实基础。在高温超导技术方面，我国第一组超导电缆系统自2004年在云南普吉变电站投入运行，申报了混合式超导电缆1项国际发明专利、超导电缆导体组合绕制方法等11项国内发明专利、超导电缆导体组合绕制装置等4项国内实用新型专利。南方电网公司在电网建设、运营和管理方面也具有鲜明的突出之处。

2. 企业主要经济技术指标对标

2005 年度南方电网公司与 TEPCO 主要财务指标、技术指标对比见表 5-2 和表 5-3。

表 5-2　　2005 年南方电网公司与 TEPCO 主要财务指标对比

单位：亿美元

比较项目	南方电网公司	TEPCO	指标比较
员工数	166 082	38 950	127 132（4.26 倍）
销售收入	234.58	459.25	–224.67（0.51 倍）
按照销售收入国际权威机构排名情况	316（2004）266（2005）	90（2004）	
利润总额	7.23	24.16	–16.93（0.33 倍）
销售利润率	3.11%	5.26%	–2.15
净资产收益率	3.08%	6.49%	–3.41（0.47 倍）
总资产报酬率	3.93%	3.38%	0.56
资产总额	326.29	1,315.25	–988.96（0.25 倍）
所有者权益	123.80	223.34	–100.56
资产负债率	61.16%	83.02%	–21.86%
总资产周转率	0.74	0.35	0.39
流动资产周转率	3.33	7.81	–4.48
应收账款周转率	56.22	14.56	41.66
销售增长率	21.03%	–1.33%	22.36%
资本积累率	4.77%	5.10%	–0.33%
总资产增长率	7.37%	–1.95%	9.32%

注　1. 按汇率 1 美元 =114 日元、8.27 元人民币计算。

2. 除特别注明年份的，南方电网公司采用 2005 年全年数据，TEPCO 采用 2004 财年数据（2004 年 4 月 1 日～2005 年 3 月 31 日）。

表 5–3　　2005 年南方电网公司与 TEPCO 主要技术指标对比

比较项目	南方电网公司	TEPCO	指标比较
供电面积	100 万千米 ^{2}	4 万千米 ^{2}	
统调装机容量（万千瓦）	5984	6038（2003 年）	–54
变电总容量（兆伏·安）	208 590（2003 年）	257 360（2003 年）	–48 770
年最高负荷（万千瓦）	5220	6320（2003 年）	–1100
年售电量（亿千瓦·时）	3476	2819（2003 年）	657
输电线路总长（千米）	44 886	39 807（2003 年）	5079
线损率（%）	7.38	5.4（2002 年）	1.98
综合电压合格率（%）	98.86	99.999（2003 年）	–1.139
综合频率合格率（%）	99.997	99.999（2003 年）	–0.002
变电站自动化率（%）	85（2003 年）	99.4（2003 年）	–14.4

注　除特别注明年份的，南方电网公司采用 2005 年的数据，TEPCO 采用 2003 年的数据。

从主要经济指标的比较来看，南方电网公司在指标方面与 TEPCO 仍存在着较大差距。TEPCO 以相当于南方电网公司 23% 的人员，管理 4.03 倍于南方电网公司的资产，获得 1.96 倍的销售额、2.11 倍的净资产收益率及 2.99 倍的利润，体现了较强的盈利能力。

从发展能力来看，南方电网公司除资本积累率外，销售增长率、流动比率和总资产增长率均处于较高水平，表明南方电网公司处于高速发展中，增长较快。

南方电网公司与 TEPCO 电力供应规模相当，从主要技术指标比较来看，还存在一定的不足。南方电网公司线损率比 TEPCO 高 1.98%，综合电压合格率低 1.139%，变电站自动化率也有较大差距，但是南方电网公司售电量已经超过 TEPCO，供电营业面积是 TEPCO 的 25 倍，能够提供目前品质的电力供应服务已属相当不易。

Return to The Most Essential Keys to Management

回归本源学管理

电力员工能力提升10项修炼

下册

员工能力与责任的提高，是企业成功之源

员工思想与素质的提升，是企业发展之本

李永莱 主编

中国电力出版社
CHINA ELECTRIC POWER PRESS

内 容 提 要

本书为《回归本源学管理——电力员工能力提升10项修炼》，全书分为上下两册，共十章，主要内容包括企业战略管理、团队管理、精益管理、绩效管理、标杆管理、创新能力、供应链管理、危机管理、社交礼仪和大数据管理。各章内容各自独立且相互关联，涵盖了员工管理能力提升所需具备的知识和能力。

本书可作为电力企业管理者和员工管理能力提升的通用培训教材，也可作为高等院校企业管理专业的教学参考书。

图书在版编目（CIP）数据

回归本源学管理：电力员工能力提升10项修炼／李永莱主编. —北京：中国电力出版社，2018.1（2018.2重印）

ISBN 978-7-5198-1594-3

Ⅰ.①回… Ⅱ.①李… Ⅲ.①电力工业－工业企业管理 Ⅳ.① F407.616

中国版本图书馆CIP数据核字（2017）第316814号

出版发行：中国电力出版社
地　　址：北京市东城区北京站西街19号（邮政编码100005）
网　　址：http://www.cepp.sgcc.com.cn
责任编辑：郑艳蓉（010-63412379）
责任校对：李　楠　马　宁
装帧设计：郝晓燕　赵姗姗
责任印制：蔺义舟

印　刷：北京博图彩色印刷有限公司
版　次：2018年1月第一版
印　次：2018年2月北京第二次印刷
开　本：710毫米×980毫米　16开本
印　张：30.25
字　数：420千字
印　数：2001—3500册
定　价：98.00元（全2册）

（二）南方电网公司对标管理实施效果

伴随标杆管理的实施，南方电网公司在各个方面取得了骄人的成绩。

完善安全生产责任考核机制，建立了“注重结果，兼顾过程”的安全生产责任目标和过程管理考核办法。建立和完善了安全控制系统。电网保持了安全稳定运行，南方电网公司系统没有发生对社会和南方电网公司造成重大不良影响、对资产造成重大损失的生产安全事故，实现了电力生产人员“零死亡”目标。

大电网资源优化配置取得明显成效，南方电网公司坚持全网一盘棋，充分发挥大电网的优势，调动一切积极因素，统筹兼顾做好五省（区）电力供应。加强了电力电量平衡协调，根据各省（区）负荷的特性差异，适时调整送受电曲线，优化了电网运行方式。

需求侧管理取得显著成效，建立了供需预测机制，进一步完善了负荷预测和自动平衡系统。

电网建设和电网改造取得了显著成效，提高了整个电网的动态调节和电网系统的可靠性水平。

经营管理业绩取得显著成效。完善了南方电网公司资产经营考核指标体系，加强供电成本特别是可控成本的管理，重视线损挖潜。开展营业稽查，堵塞“跑冒滴漏”，减少损失 7300 万元，充分挖掘内部资金潜力，减少外部融资，年底南方电网公司资产负债率低于预算目标 0.36 个百分点。

员工教育培训取得突破性成绩。建立南方电网公司教育培训体系，落实培训计划，建立了教育培训工作目标考核制度和员工教育培训积分管理制度。

【思考与行动】

（1）2005 年，国家电网公司提出的同业对标的总体架构是什么？

（2）国家电网公司深化对标管理的主要内容是什么？

编委会

主　编　李永莱

副主编　李运灵　何朝阳

参　编　（按姓氏笔画排序）

王继勇　闫雅馨　张　晶　杨艳秋

姜德胜　赵　莉　耿　利　徐成林

康　琦　薛春文

前言

企业的兴衰靠管理。随着电力企业改革趋于深入和电力市场形势的不断变化，对企业员工提出了更高的要求和更新的挑战。他们必须学会和掌握现代管理知识，善于运用综合能力，并不断提升自身素质，方能使企业在日益激烈的竞争中保持优势。即企业员工需要持续不断地学习和培训，从而保持开阔的眼界和正确的认知。

在新形势下，提高员工队伍综合能力是一项系统工程，企业要想在将来发展中更好的立足，就应抓住机遇尽快提高员工队伍综合能力，从而占据企业科学发展的制高点和主渠道。企业要在加强员工队伍综合能力的教育培训上下功夫，拥有一支知识结构新、政治素质高、业务技能全、工作能力强的新型员工队伍是每个企业未来的发展方向。

本书应这一现实要求而生。编著者们均为长期从事电力企业管理和员工培训的专家学者，他们具有丰富的一线工作经验，了解基层电力企业员工的现状和未来需求。在长期管理工作与培训教学实践的基础上，他们编撰了本书。

全书分为上下两册，内容包括企业战略管理、团队管理、精益管理、绩效管理、标杆管理、创新能力、供应链管理、危机管理、社交礼仪和大数据管理。每章内容各自独立且又相互关联，涵盖了员工管理能力提升所需具备的知识和能力。

本书着眼于企业员工综合能力的提升和修炼，更注重通用能力的更新与提高。文字力求精练简洁，摈除艰深晦涩理论。原理和案例更贴近电力企业实际，更注重实际操作和实践应用，且充分考虑到电力企业的特殊性。因此，本书是电力企业管理者和员工管理能力提升的通用培训教材。

在本书的编写过程中，得到了许多专家和兄弟单位的大力支持和热心帮助，在此一并表示衷心感谢。由于时间有限，又碍于作者自身水平和经验欠缺，书中难免存在不足之处，敬请各位读者和有关专家批评指正。

希望本书的出版，能为电力企业员工综合能力的提升提供帮助，为电力企业深化改革发展贡献微薄之力！

编者

2018 年 1 月

目 录

下册

第六章

创新能力

21世纪，每个国家都不可能离开全球市场而独立发展，在经济全球化的趋势下，我们必须在激烈的市场竞争中求生存，而成功生存的法宝就在于创新。创新的关键是创新人才的能力。

“我们要深入贯彻新发展理念，深入实施科教兴国战略和人才强国战略，深入实施创新驱动发展战略，统筹谋划，加强组织，优化我国科技事业发展总体布局。”

——习近平（2016年5月全国科技创新大会）

现在创新已经渗入到我们日常生活的每一个角落，是否具备创新能力，不仅关系到个人、所在的企业，也关系到我们生活的国家。

“创新是企业的生命，企业是创新的主体。”

——舒印彪（2016年9月B20峰会）

第一节 创新能力概述

谁有创新能力?

如果你问身边的人“什么是创新?”“什么是创新能力?”“谁能创新?”这样看似简单的问题，你一定会得到一系列不同的答案，但是有一点共识：创新是企业健康成长、基业长青的重要举措。

“海尔的竞争优势在于创新。创新对我们是至关重要的，通过创新海尔发展为大规模，通过创新把别人认为做不到的事情做到了，这个企业才逐渐发展起来。”

——张瑞敏（海尔集团总裁）

提到创新，人们往往和创造、发明、发现混为一谈，很多人认为发明、创造就是创新，其实不然，它们之间有着本质上的区别。

一、创新的概念

“创新是一个在市场上创造和产生新的客户价值的过程。”

——柯蒂斯·卡尔森（SRI 国际公司总裁）

如果没有产生新的客户价值，就可能只是发明而没做到创新。很多人往往可以发明出革命性的新产品，但是却不能成功地让市场接受他们的发明。菲洛·法恩斯沃斯在1927年发明了电视，但把黑白电视带给消费者的，却是在1939年创建了电视广播的戴维·萨尔诺夫，因为他创造了一种成功的商业模式，把电视、录像机、广播电台、节目内容和广告结合在了一起。菲洛·法恩斯沃斯只是发明了一台机器，而戴维·萨尔诺夫则是建立了一个新的产业，后者才是一个创新者。

创造与发明有相似之处，但和创新是两个不同的概念。创造就是人们为了实现开发前所未有的独创性成果目标，借助有灵感激发的高智能劳动，产生新社会价值成果的活动。这个成果是指新概念、新设想、新理论，也可以指新技术、新工艺、新产品，要求新颖、独特、有社会价值。创新是一个相当广泛的概念，不同情况下，常有不同的含义。最早将创新与创造以独特的含义严格区分的概念是由美籍奥地利经济学家熊彼得（1883—1950）提出的，他认为，创新是发明的第一次商业化应用。创新是新设想或者新概念发展到实际成功应用的阶段，强调的是应用。

创新强调的是社会实现，是一个在市场上创造和产生新的客户价值的过程，如果没有被市场认可，没有产生新的客户价值，它就可能只是发明、创造，而没做到创新。

“发明是花，创新是草。”

——鲍勃·麦卡夫

有时，创新所产生的新的客户价值看起来微不足道，如3M公司出品的即时贴（一种更便于人们记录的方法）。而有时，创新所产生的新的客户价值却具有革命性和国际性影响，如沃尔玛对产品进行集中配送和销售的商业模式。不管影响的大小，所有的创新都提供了新的附加客户价值，客户价值的定义是产品或服务所创造的收益减去其本身的成本。客户价值不仅包括有形的产品或服务，如高分辨率计算机屏幕所提供的价值，同时还包括那些无形的需求，如增加便利、提供服务和增强个人的认同感。

二、创新的特性

（一）创新产生的必然性

“现在，创新是发展、繁荣和生活质量提升的主要动力。”

——保罗·罗默（斯坦福大学）

创新是一个过程。人们对生活有很多新的需求，满足人们的需求，创新就成为一种必然。不断创新会改善我们的生活，而生活的改善又会推动人们不断去创新。

社会、济济在飞速发展，科学、技术在不断进步，原有的生产、生活方式必然要面临着挑战，创新必然是不断破坏旧的结构、创造新的结构的过程。

（二）创新行为的社会性

创新不像个人发明，它是一种企业行为或社会行为，组织内部的组织因素、技术因素和经济因素相互交织，共同影响着创新活动的推进。作为社会中的一员，不仅要培养自己的创新能力，还要注意培养自己的团队精神和与人合作的能力。

（三）创新文化的先进性

“如果没有创新，微软就只能维持两年。”

——比尔·盖茨

可以把创新比为一粒种子，需要有肥沃的土地，它才能生长，才能根深叶茂。优秀的创新文化会对民族的发展与进步起到积极的作用。不能只重视创新的本身事物，还要重视创新背后的文化、思想、制度和教育等。要善于学习中国传统优秀文化及其他创新程度高的国家和民族的先进文化，营建有中国特色的、符合新时代要求的先进文化，以利于提高整体创新水平。

三、创新能力

“一个人是否具有创新能力，是一流人才和三流人才之间的分水岭。”

——普西（哈佛大学校长）

（一）创新能力

创新能力是人们应用发明成果开展变革活动的能力，这个变革活动包括从产生新思想，到产生新事物，再到将新事物推向社会，使社会受益的一系列变革活动。创新能力也可以是根据社会实践产生的发明、创造、设想进一步施行的商业化运作的活动能力。

（二）个体创新能力构成

作为创新团队中的一员，首先要具备创新能力，个体的创新能力由四部分组成。

1．创新个性品质

包括创新意识、意志、毅力、勤奋、自信力、活力、诚信、积极乐观、胆识、团队精神、合作精神以及创造性人才的思维特质，如直觉、潜意识和灵感等。

2．创新思维

创新者能灵活掌握和运用各种创新思维方法，及时了解所需信息、发现存在问题和及时处理问题的思维能力品质。

3．创新技法

创新者能合理地选择和创造性地应用创新技法解决创新活动中出现的问题的能力品质。

4．创新技能

创新人才正确处理个人与社会的关系以促进创新价值实现的能力品质。

第二节 创新个性品质

培养创新能力，首先就是培育创新个性品质。只有铸就了创新人格品质，才能发挥创新思维、应用创新技巧和创新技能，才能提高创新能力。

“我不知道在别人看来，我是什么样的人；但在我自己看来，我不过就像是一个在海滨玩耍的小孩，为不时发现比寻常更为光滑的一块卵石或比寻常更为美丽的一片贝壳而沾沾自喜，而对于展现在我面前的浩瀚的真理的海洋，却全然没有发现。”

——艾萨克·牛顿（英格兰科学家）

创新个性品质包括创新意识、意志、毅力、勤奋、自信力、活力、诚信、积极乐观、追求卓越、创意思维、胆识、团队精神、合作精神以及创造性人才的思维特质，如直觉、潜意识和灵感等。

一、创新意识

“在识别创新思想方面最成功的公司总裁，总是善于同有创新意识的人打交道的，善于倾听他们的意见，包括听有点古怪的意见……为了获取创新思想，作为公司总裁必须乐于承认和接受由创新思想带来的种种不愉快。”

——斯威尼（美国）

一个有创新的意识的人，他总是想有所发现、有所改进。这种人大都好奇心强，敢提疑问、善于提疑问。在同样的事物面前，创新意识强的人能提出问题，并且还能设法去解决问题，也就能抓住机遇。而缺乏创新精神的人，就会在同样的机遇面前，“不识庐山真面目”。

【案例 6-1】 味精的发明。

味精的发明者是日本的发明家池田，他有随时寻找新奇事物的习惯。有一次，他感到妻子做的汤新鲜可口，就问妻子汤里加了什么东西，妻子告诉他就是海带汤，没放别的东西。这时池田就在心里想，海带这么鲜，它内部一定有能产生鲜味的物质，要是能找到这种物质，人们享受鲜味就方便了。发现了问题，下一步就是去解决问题，接着他就开始实验，经过不断的努力，最后分离、结晶、提纯，味精就这样发明出来了。

通过分析这个案例，你一定会感到自己与许多发明都是擦肩而过吧？究其原因大概就是创新意识不够强。许多发明、创造都是这样产生的，我们经常听到的一句话“机会是为有准备的人而准备的”，说的就是这个道理。

二、追求卓越

追求卓越就是把事情做得更好。追求卓越包括的含义很多。其中有三点比较重要。

（1）追求卓越，就是认真，就要看重一点点。我们都知道，只差一点点，最后就能差很多。二战后的日本，经济萧条，日本企业从美国请来管理学博士戴明，戴明告诉日本人一个观念，就是企业只要每天都能进步一点点，就一定能茁壮成长。就是这个观点，造就了松下、本田、三菱的成功。到现在日本企业评比，最高的荣誉奖还是叫“戴明博士奖”。

（2）追求卓越，就是无止境追求完美。有一句口号是：“没有最好，只有更好”。它告诉我们的就是要无止境追求完美。

（3）追求卓越，就是要超越竞争对手。2000年的世界首富，美国的零售商，沃尔玛的创始人——山姆·沃尔顿，他每天早晨4点半起床，去督促他的员工要提供最好的服务，他还经常到竞争对手的店里，研究对手产品的价格、货物的摆放、服务的质量等，目的是发现自己有哪些不足，以便及时想办法补救，最终目标是超越对手。

三、勤奋

勤奋努力工作是成功最快的一条途径。李嘉诚成功的秘诀是比别人努力2倍；日本的一个首富堤义明，他成功的秘诀是比别人努力3倍；比尔·盖茨成功的秘诀是不但自己比别人努力，还找一大帮努力的人，来一起帮助他工作。要想成功，就要加倍努力，2倍不够就3倍，甚至是十几倍。

四、创意思维

创意思维就是大脑构想创意的过程。创意具有超越性，能超越时空。

“创意创造企业的生意，想象力创造企业的利润。”

——江南春（分众传媒董事会主席）

【案例6-2】 创意思维赢来百万年薪。

中国南方，有两个青年农民一起开山，一人把石头砸成石子，卖给建房子的人，另一个人直接把石头运到码头，卖给杭州的花鸟商人，因为这儿的石头奇形怪状，他认为卖重量不如卖造型。三年后，卖造型的村民成了村子里第一个盖起瓦房的人。

后来，不许开山，只许种树，于是那里建成了果园。幸运的是他们种的鸭梨汁浓肉脆，口味纯正，每到秋季，漫山遍野的鸭梨就会招徕各地的客商，他们把堆积如山的鸭梨成筐地运往北京、上海，再发往韩国、日本。就在这个好时候，这个村民把果树卖了，开始种柳树。因为他发现来这儿的客商不愁找不到好鸭梨，愁的是买不到装鸭梨的筐。五年后，他成了村子里第一个在城里买房子的人。

再后来，一条铁路从这里经过，往北可到北京，向南可到九龙。小村也对外开放，果农开始集资办厂，搞果品加工。还是那个农民，在他的地头砌了一垛墙，3米高，百米长。这面墙面向铁路，背靠绿柳，周围是万亩梨园。坐车经过的人，在欣赏梨花时，会突然看见四个大字："可口可乐"。这是五百里山川中唯一的一个广告。为此他一年能有4万元的收入。

20世纪90年代末，丰田公司亚洲区代表山田信一来中国考察，坐火车路过这里的时候，听到了这个故事，被这个村民的创意思维震惊了，当即决定下车去找这个人。当山田信一找到这个人时，这个村民正在自己开的一个商店门口和对门的店主吵架，因为他店里一套西服标价800元，对门就把同样的西服标价750元，他标750元时，对门又标700元了，一个月下来，他只卖掉8套西服，对门卖掉了800套。山田信一看到这种情形，非常失望，感到讲这件事的人把他骗了，但是，当弄清楚真相后，立即决定以百万年薪聘请他，因为对门那个店也是他开的。

这个村民能够获得百万年薪，就是因为他的创意思维。无论在什么状况下，他总是与众不同，很有创意，他的思维总能领先一步，想到别人没有想到的事情。别人想不到的事情，他想到了，就能值百万年薪，这就是创意思维的价值。

创新的个性品质是创新人才首先需要具备的，是创新的前提。创新个性品质很多，也都很容易理解，我们就不一一赘述了。

第三节 创新思维

创新思维是创新能力的支柱，一个人的思维方式决定了他的行为方式。创新思维包括创造思维、逻辑思维和批判思维等。创新思维中常用到的是创造思维。

“点子是所有财富的起点。”

——拿破仑·希尔

一、开发右脑

创新过程中，想象力很重要。丰富的想象力是创造、创新的基础。开发想象力，提高创新能力，首先要注重右脑的开发。20 世纪 60 年代末，美国加利福尼亚工学院教授罗杰·斯佩里格研究发现，大脑的两个半球是有分工的，左脑和右脑功能不同（见表 6–1）。

表 6–1　　左右脑的协同分工

左脑	右脑
逻辑思维 语言能力 处理文字 重局部分析	记忆 直觉 擅长图像 重整体与整合

神经科学研究告诉我们，右脑有着不同寻常的功能，它是进行创造性活动的中心，人们要想在事业上有所作为，必须注重开发自己的右脑。

“国家的财富取决于所有国民具有的创造潜力。”

——约翰·沃特英尔

开发右脑的方法很多，下面提供三种方法，我们可以来亲自体验。

（1）左书。在日常生活中，我们从事的很多工作，都习惯于用右手完成，右手完成的工作是由左脑活动支配的。如果我们让右脑主管书写工作，用左手写字，就是一种开发右脑的有效方法。

【练一练】 左书。

请大家拿出一张纸和一支笔，然后用左手在纸上写两句话，如：张三，我有创新能力；95598 服务到万家。

大家看了自己写的字，一定都觉得挺有意思，实际上，我们用左手写字，是在锻炼我们的右脑。平时，我们给左脑的机会比较多，如果多给右脑一些机会，我们的想象力还会丰富一些，脑子会更灵活，思路也会更顺畅。

（2）左体操。就是用我们左侧肢体做操。我们都很清楚，右脑负责左侧身体的运动，做左体操，就是在促进右脑的活动。

（3）右脑游戏。利用右脑的游戏有很多，给大家介绍两种比较简单易行的方法。

【练一练】 趣味小游戏。

（1）左手猜拳。

方法：2人对练。（也可以是我们儿时经常玩的“石头、剪子、布”的游戏）

（2）左脚踢石比赛。

方法：在地面上画两个圆圈，每个圆圈内放入同样数量的石子；再在距离这两个圆圈位置相同的地方画一个圆圈（距前面的两个圆圈有一定的距离）；比赛的规则就是两个人分别站在两个有石子的圆圈内，同时开始用左脚踢石子，先将石子全部踢入另外那个空的圆圈内者，即为胜利者。

我们自己也能开发出很多类似的小游戏，只要是运动左侧肢体，就可以锻炼开发我们的右脑。

右脑是创造性思维的发起者，但是要完成整个创新，也要有左脑的参与，左右脑的协调练习也是很重要的。打字就是一种很好的练习方法，这时左右手要协调。还有弹、吹、打击类乐器练习，都是协调左右脑的、很有效的练习方法。

以上这些方法都不太难做，主要是能坚持做，通过长期锻炼，我们的右脑一定会得到进一步的开发。开发了右脑，创新思维就会更加活跃。

二、发散思维

发散思维也叫扩散思维，它就是充分地想，由一点向四面八方想，找出解决问题的方法越多越好。

发散思维能力谁都有，但是发散思维能力的强弱、大小，一定是不一样的，谁的能力大，谁的能力小，怎么衡量呢？衡量的标准不仅仅是想出方案的数量，一般衡量的标准有三个，即流畅度、变通度和独特度。

现在我问："一个盆有什么用？" 如果回答："和面、洗菜、泡茶、盛水、装菜"，说了 5 个，很流畅，但是没有变通，不独特，这 5 个答案都属于容器类。如果这时你再说出："烧水、煮饭"，不但是增加了 2 个答案，关键是有变通了，它成了烹饪用具。还有人说可以做面点模，这又是模具了。又有人说可以做盾，它又成了防御工具，现在这种防止弓箭射到自己的工具虽然不用了，但是有时风沙很大，甚至走路时都打脸，这时拿个盆挡着，还是挺好的，而且它又是防护类工具，可能别人看着很怪，这就称为独特。

工作、学习、生活中要经常发挥发散思维的作用，需要注意的就是不能仅仅追求数量，要从流畅度、变通度和独特度三个方面下手。不但要流畅，还要有变通，特别是要新颖独特。

【练一练】 “日”字加一笔，可以成为什么字？

参考答案：目、申、田、白、旧、甲、由：日、中、口、山、一或空白（没有规定笔多粗，拿大粗笔，把日抹掉）……（我们中国的草体字，很多字只是一笔，我拿一个大粗笔，把日抹掉，再写，可以写出无数种，可以写中文，也可以写俄文、希腊文、拉丁文等）。

三、收敛思维

收敛思维也叫集中思维，它是以某个思考对象为中心，从不同的方向和不同的角度，将思维指向这个中心点，达到解决问题的目的。收敛思维和发散思维是相对应的，如图 6–1 所示，发散思维是由一点指向四面八方，收敛思维是由四面八方指向一点。所指向的、中心的这一点就是要解决的问题。收敛思维是有目的、方向和范围的，它是封闭性、集中性的思维模式。

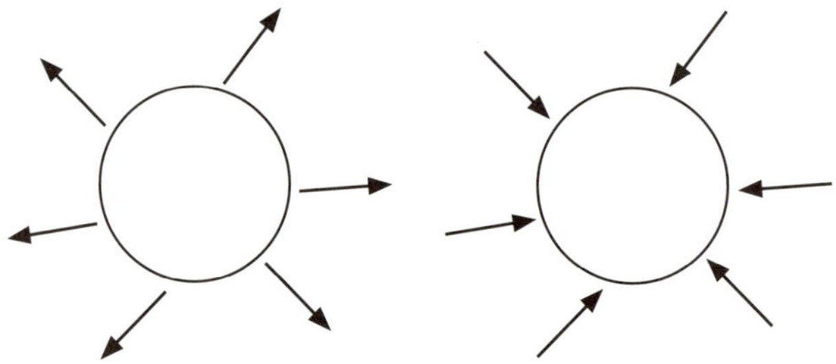

图 6–1 发散思维和收敛思维

【练一练】 数字阵。

如图 6-2 所示数字阵：横向、纵向、斜向三个数字之和均为 15。请你设计一个横向、纵向、斜向三个数字之和均为 16 的数字阵。

6	7	2
1	5	9
8	3	4

图 6-2 数字阵

参考答案：每个数字均加上 1/3。

解决这个问题，我们就要从发散思维中走出来，换一种思维方式，这时就不用去充分分析、考虑、试探、寻找了，直接针对问题就行了。这就是收敛思维。

实践应用中，往往是先发散思维，越充分越好，在发散思维的基础上，再收敛思维，从多个方案中选出一个最佳方案。同时，再把其他方案中的优点补充进来，让选出的方案更加完善。这就是人们常说的“从量求质”的一个策略。

四、变通思维

所谓变通思维，就是能以不同类别或不同方式进行思维，能从某个思想转换到另一个思想，或者能以一种新方法去看一个问题。我们经常用到的几个形容词：“随机应变”“举一反三”“穷则变，变则通”，说的就是变通思维的作用。

【练一练】 如图 6-3 所示有九个点，最少需要几条相连接的直线穿过这九个点？

图 6-3　9 个点

一般都会先想到 5 条，当我们突破 9 点所在范围的限制时，就变成了 4 条。

参考答案：见图 6-4。

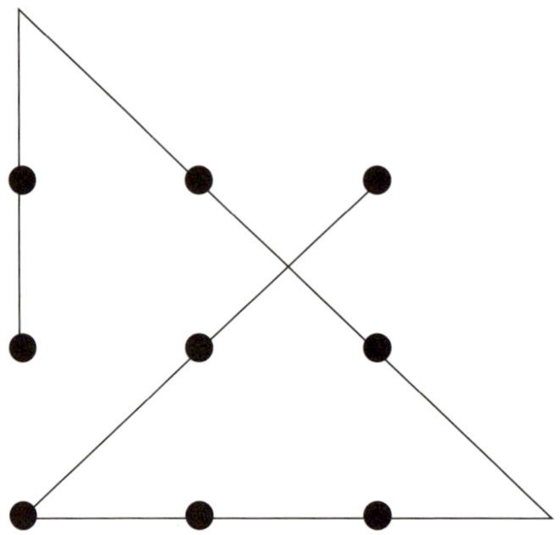

图 6-4　参考答案

进一步思考，一条直线行吗？当然没问题，只要我们改变九个点的空间位置就可以做到了。

工作中，要发挥创新能力，思维就要有灵活性。

五、越障思维

障就是以往的思维方法、思维经验，形成了一个思维定势。越障思维是指思考解决问题的方案时，摆脱以往思维定势的束缚。许多思维障碍来自于我们的习惯。越障思维就是要克服那些消极的思维习惯，开阔思路，越过那些“想当然”的、“专家早有定论”的、“以前就是这样做”的、“书上就是这么说”的等各种各样的思维定势，去充分地、自由地、多维地考虑问题的各种可能性。

思维定势的主要特征有三点：“只有一个正确答案”；采取消极的或“是的，但是”式的否定方式；过分注重逻辑思维。

我们面对问题时一定不要被固有思维限制住，要懂得换个角度去思考问题、去看问题。

六、辩证逻辑思维

辩证逻辑思维就是用辩证的方法研究事物的内在矛盾，研究矛盾的各个方面及其性质，研究矛盾各方面的力量及其相互作用、矛盾发展的方向、趋势和结果，指导人们把认识不断推向前进，从而获得新的规律性认识。辩证逻辑思维居于指挥、统帅和协调的位置。

【案例 6-3】　英雄获得了自由。

从前某个国家，有一个英雄不小心触犯了法律，定罪之后，被关在一个特别设计的囚房里。这个囚房有两个门，都没有上锁。一个门是活门，如果打开这个门，走出去，不但自由了，外面还有美女等他；另外一个门是死门，如果打开这个门走出去，他便完蛋了，因为门外等他的是一群饥饿的狮子。囚房里有两个守卫，一个十分诚实，从来不说假话；另一个则是从来不说真话。他们两个人，都知道哪一道门是活门，哪一道门是死门。

依据他们国家的法律规定，英雄囚犯在执行刑罚之前，可以问两个守卫三个问题，而且最多只能问三个问题（注意：是一共三个问题，而不是向每个人问三个问题）。

结果，触犯法律的英雄只问了一个问题后，就获得了自由。

现在请大家考虑一下，如果你是那一位英雄囚犯，你需要几个问题，怎么问，才能获得自由。我们经过积极思考，很多人可能会想到，不用三个问题，两个就够了。第一个问题是测出谁是说真话的，问显而易见的问题就可以。比如“你是守卫吗?”“这两道门有一道是活门，一道是死门，对不对?”“你穿的衣服是黑色的吗?”……而这位英雄只问一个问题，困难就解决了。他是用自己的手指着一个守卫问另一个守卫：如果我问他，哪一道是活门，他会告诉我是哪一道门。

这个问题大家考虑起来可能都感觉不难，比较顺畅，因为它用的是我们的强项，逻辑推理，也就是辩证逻辑思维能力。

创新思维还有很多种类型，如逆向思维、形象思维、联想思维、多维思维、变异思维、超前思维和综合思维等，这里不一一赘述了，只是通过几个真实的小故事来简要说明一下。

【案例 6-4】　吸墨器的诞生。

德国有一个造纸厂，因为一个工人疏忽，生产中少放了一种胶料，结果制成了大量不合格的纸。肇事工人非常紧张害怕，拼命地想办法解救，我们经常说乱中出错，这个工人慌乱中又把墨水洒在了桌子上，他赶紧用那种纸去擦，意外的是墨水被吸得干干净净，灵感来了，“变废为宝”的念头在头脑中闪过，就这样这批纸当作吸墨水纸全部卖了出去。后来，又有人做了个带把的架子，吸墨器诞生了。

吸墨器的发明者应用的就是逆向思维中的功能反转。纸的功能用于吸墨了。又比如，从楼梯到发明电梯就是利用了逆向思维中状态反转。是人动还是梯子动。

【案例 6-5】 可口可乐弧形瓶的发明。

早期，可口可乐有一种瓶子，弧形的，中间一段较细。现在看来很普通，当时可是相当独特了，现在大家想一想，看到它，我们会联想到什么？对，是女人，是漂亮女孩穿的裙子，这就是形象思维。这个瓶子的设计者也运用了这种形象思维，只是方向正好和我们相反。

可口可乐弧形瓶的设计者是一个叫罗特的制瓶工人。罗特的灵感来自女友穿的漂亮裙子。这种瓶子不滑，并且装的液体少。罗特的这项专利获得了可口可乐公司的 600 多万美元的奖励。

【案例 6-6】 铁锯的发明。

我国古代发明家鲁班，他的手被叶边上带刺的茅草拉破了，他马上想到铁刺也许可以锯木头，于是发明了铁锯。

现在很多电视台娱乐节目中经常会出这样的题目：将不相关概念的两个词语，通过 5 步以内的联想，建立起联系。这就是多步自由联想。

比如电力和进取，可以这样联想：电力—力学—学前—前进—进取。

【练一练】 把电力—创新联系起来。

参考答案：电力—力争—争创—创新。

【案例 6-7】 富豪贷款 1 美元。

一位富豪到一家银行借 1 美元，贷款部经理以为是在测试服务质量：赶紧回答说：“只要有担保，无论借多少，我们都办。”于是这位富豪从容地取出一大堆股票、债券。经理清点后说：“一共 50 万美元，做担保足够了，请办手续吧。年息6%，只要您付出6%的利息，一年后还贷，我们就把这些股票、债券还给您。”富豪办了手续后走出了银行。一旁观看的行长很不理解，就追了出去询问原因，富豪说，我来你们这里办事，随身携带这些股票、债券很不方便，又不安全，租用银行的保险箱又很贵，而我知道你们银行的信誉很好，所以想到这个办法将股票、债券放在贵行保管。

这位富豪就是利用了多维思维中的一种——立体思维。多维思维就是用立体的、多方向的、多用途的观点来观察和分析问题。富豪突破了点、线、面的束缚，让思维活起来、立起来。

【案例6-8】 “芬克斯”西餐酒吧。

饭店、酒吧一般都以招揽名人来扩大知名度，而在耶路撒冷有一家酒吧却有所不同，这间酒吧面积只有30平方米，名叫“芬克斯”，是一家西餐酒吧。当时它一再拒绝的美国国务卿基辛格的光临。基辛格当时名气可不小，有“闪电外交家”之称。就是这种思维，使它成了世界著名的酒吧。

它应用的是变异思维中的反常性处理。前面提到的身价百万的村民，他主要靠的就是超前思维。

综合思维可以是把多个对象综合，也可以是把多种思维方式综合。

创新思维的形式还有很多种，这里不一一赘述。创新过程中到底用哪种思维，要看是针对什么问题，有的时候因人而异。

第四节 创新技法

在开展创新活动时，是讲究技巧和方法的，创新技法是人们可以在大量的创新活动中运用的具有普遍规律的技巧与方法。创新技法将创新能力开发、培训具体化，直接指导人们开展创新活动，掌握创新技法也是提高创新能力的关键一步。

"人类历史上最有价值的知识是方法的知识。"

——笛卡儿

具备了创新人格品质和创新思维能力，在从事创新活动时，创新技巧和方法的使用也很关键。创新的技法有很多，一般情况下，不必追究技法的理论依据，只要明白它的原理和操作方法，每个人都能使用。创新技法有三百多种，下面研究几个最常用技法。

一、组合法

组合法是指从两种或两种以上事物或产品中抽取合适的要素重新组织，构成新的事物或新的产品的创新技法。常用的组合创新技法有同物组合、异物组合、主体附加组合和重组组合。

同物组合是指两种或两种以上相同或相近事物的组合。如杭州的一名小学生看到许多大宾馆里挂着一些大挂钟，觉得又占地方有费钱，就把大挂钟的时针改为时盘，使一口钟就能读出多个国家的相应时刻，既经济又实用。

异物组合是指两个或两个以上科学领域中的技术思想或物质产品在一起组合。如美国加利福尼亚州一个青年，考虑婴儿母亲的方便，推出装有温度计的温度匙，3 美元左右成本的产品卖到 10 美元，销路还非常好。

主体附加组合是指以某一特定对象为主体，增添新的附件，从而使新的物品性能更好、功能更强的组合技法。如多功能手杖，安装车筐、打气筒的自行车等都是运用了主体附加组合技法。

重组组合是指改变原有事物的结构组合方式，而使原有元素在不增加数量的情况下，改变原有事物性质的组合。如家电生产企业的售后服务通常由商家代理，厂家为商家支付一定的费用；而海尔集团率先将售后服务的实施改由厂家维修队完成，不但厂家没有增加费用，而且售后服务更加深入客户，显出了厂家对客户的负责精神，海尔集体的企业形象更加提升了。

这样的例子还有很多，现实生活中，组合法确实应用非常广泛。

二、换元法

换元法是针对不能直接解决的问题采用“替代”手段，使问题得以解决或使创新活动深入开展。比如古希腊科学家泰勒斯用埃及金字塔的影子长度测量金字塔的高度，我国三国时诸葛亮的草船借箭等。

【案例 6–9】 立谁为后?

春秋战国时期，齐王夫人死了，齐王对身边的七位美女都很喜欢，孟尝君的父亲田婴想知道齐王究竟想立哪一位为后，他想到的办法是：为齐王献上 7 副耳环，其中一副最漂亮。等到第二天，田婴看清楚那副最漂亮的耳环戴在谁的耳朵上时，再去劝齐王立她为后。

田婴用的就是换元法，他把最喜欢的人换成最漂亮的耳环。当然他用这种方法，投齐王所好，是对是错，我们不预讨论，我们要学习的是这种创新技法。

三、希望点列举法

希望点列举法是指通过提出对产品的希望和理想作为创新的出发点，在希望中寻找创新的目标和可能性的一种思维方法。人们对未来的追求和憧憬，往往是创新的强大动力。

希望点列举法训练步骤是：确定主题；列举主题的希望点；选出所列举的主要希望点；根据选出的希望点来考虑改善的方法。

注意：实践中，当一个主题提出了 50 个以上的希望点时，应停止讨论，第二天再继续进行。这样可以对前一天的希望点唤起新的联想，有可能提出更好的设想。如果碰到其他专业的问题，应向专家请教，以便发现更好的设想。

四、奥斯本检核表法

奥斯本检核表是一个提问的表格，其中列出九个方面的问题，对它们进行审核讨论，从而使创新活动深入。

要讨论的九个方面是能否它用、能否借用、能否变化、能否扩大、能否缩小、能否代用、能否调整、能否颠倒、能否组合。

【案例 6-10】 玻璃杯的改进。

玻璃杯的改进见表 6-2。

表 6-2　玻璃杯的改进

序号	检核项目	发散性设想	初选方案
1	能否它用	做灯罩、当量具、做装饰、当火罐、做乐器、做模具、当圆规、可实用……	装饰品
2	能否借用	自热杯、磁疗杯、保温杯、电热杯、防爆杯、音乐杯……	自热磁疗杯
3	能否变化	塔形杯、动物杯、防溢杯、自洁杯、香味杯、密码杯、幻影杯……	香味幻影杯

续表

序号	检核项目	发散性设想	初选方案
4	能否扩大	不倒杯、防碎杯、消防杯、报警杯、过滤杯、多层杯……	多层杯
5	能否缩小	微型杯、超薄型杯、可伸缩杯、扁平杯、轻型杯、勺型杯……	伸缩杯
6	能否代用	纸杯、一次性杯、竹木制杯、塑料杯、不锈钢杯、可食纸杯……	可食纸杯
7	能否调整	系列装饰杯、系列高脚杯、系列牙杯、口杯、酒杯、咖啡杯……	系列高脚杯
8	能否颠倒	透明—不透明、彩色—非彩色、雕花—非雕花、有嘴—无嘴……	彩雕杯
9	能否组合	与温度计组合、与香料组合、与中草药组合、与加热器组合……	与加热器组合

五、5W2H 法

5W2H 法是从七个方面的设问中获得创新方案的一种创新技法。它由美国陆军最早提出和使用，因为这七个提问的英文字头是 5 个“W”和 2 个“H”，故称为 5W2H 法。

5W2H 法的使用步骤是：

（1）先对一种现行的方法或现有产品，从七个角度检查问题的合理性：Why，What，Where，When，Who，How to，How much。

（2）对七个方面的提问一一审核，将发现的疑问、难点列出来。

（3）分析研究，寻找改进措施。

通常我们是画出一个表格，表格形式参考案例 6-11 中的表 6-3。

【案例 6–11】 商店的改进。

商店的改进见表 6–3。

表 6–3 商店的改进

序号	提问项目	提问内容	情况原因	改进措施
1	为什么？	此店设此行不行？	有需求	应保留
2	做什么？	搞批发还是零售？百货还是专营？维修、服务搞不搞？	适合零售	零售为主，增加服务项目
3	何地？	店设何处？此地离长途车站较近，附近有居民小区	旅客大多经过此地	增加旅客上车前后需求的商品和服务
4	何时？	何时购物？旅客在行李寄存后及有所需求时才会购物	无行李寄存处；办理托运后	开办行李寄存服务
5	何人？	谁是顾客？居民？旅客？	未把旅客当主要顾客	附近车站客运量在增加，主要顾客是旅客
6	怎样？	怎样才能招徕更多的旅客作为本店顾客？	此店不醒目，未能引起顾客注意	增设此店的购物指示牌；装饰醒目的门面
7	多少？	改进措施能有多少花费和收益？	目前尚有一定资金投入能力	装修及扩大服务需投入 1.5 万元；预计改进后营业额将增加 20% 以上

六、创造需求法

创造需求法是指寻求人们想要得到的东西，并给予他们、满足他们的一种创新技法。

创造需求的关键，就是将大家内心模糊的希望和能消除不满的东西具体化。比如：日本人爱泡澡，但是泡澡时无所事事，浪费时间。一位企业家观察到这一情景，研制了一种防水的塑料书刊。

不仅是创造需求，还有引申。产品需求一般都具有延伸性。别人卖鱼，我可以卖鱼缸；别人卖花，我可以卖花盆。

【案例 6–12】 饭店火了。

陕西汉中地区一位农民在公路旁开了一家饭店，名厨主理，饭热菜香，而且公路上往来车辆川流不息，但是这家饭店生意清淡，门可罗雀。该怎么办？这位农民就是请教了司机，才知道了长途司机最需要的是什么。随后，他在饭店旁边建了一间厕所，并写了个大大的招牌。此招果然奏效，南来北往的司机们像着了魔似的，纷纷停下“方便”，之后总要去店里解决“肚子”问题。

预测需求很重要，往往会使你事半功倍。

七、聪明十二法

聪明十二法是从十二个方面给人们以创造发明启示的方法。此法深入浅出、通俗易懂，被人们誉为创造发明的“一点通”。

聪明十二法的十二个方面分别是：加一加，减一减，扩一扩，缩一缩，变一变，联一联，学一学，改一改，代一代，搬一搬，反一反，定一定。

美国一个商人用 0.2 元从我国购回一种工艺草帽，添加了一条花布帽带，再加压定型，结果在市场上非常畅销，价格也翻了近百倍，这就是加一加方法。

信封、信纸、邮票变成明信片，将普通眼镜的镜片减薄、减小，再减去镜架，就变成了隐形眼镜，这就是减一减方法。

伞面扩大并成椭圆形的情侣伞，是一个中学生的发明，他的发明源于雨天与其他同学共用一把雨伞，结果两人都被淋湿的事实，这就是扩一扩的方法。

生活中的微型相机、浓缩洗衣粉、掌中宝电脑、折叠桌椅等都是缩一缩的产物。

牙膏中加入糖浆、果汁，并制成悦目的颜色，孩子就把刷牙当成了乐事，这是变一变的功劳。

联是联系，西安太阳食品集团（简称太阳集团）创始人李照森有一次陪客人吃饭，发现人们对一道锅巴做的菜肴很感兴趣，不由得联想到：锅巴能做菜肴，为什么不能加工成小食品呢？美国的土豆片能风靡世界，作为烹饪大国的中国也应该让锅巴食品征服世界。此后太阳集团的大米锅巴、小米锅巴、黑米锅巴、五香锅巴、牛肉锅巴、海鲜锅巴、果味锅巴、咖喱锅巴、乳酸锅巴、西式锅巴相继开发问世。李照森没有止步，他进一步用联一联的方法，开发了系列小食品，如虾条、奶宝、麦圈、菠萝豆等，年销售额亿元以上。

日本的一些企业很善于学习别人的长处，当索尼公司首先研制出“贝塔马克斯”牌录像机时，松下公司马上分析这种录像机的优缺点，然后根据用户的反映再生产出更好的品种。很快松下公司的销售量就超过了索尼公司。松下公司几乎没有投入大量资金进行研发，它是静观、取之、改进，收到了事半功倍的效果。但是要注意，学一学不是照搬，学习中要有改进、要有创新。

改不同于变，改一改带有被动性，常常是在缺点暴露出来之后才改。如原有的注射器改为一次性注射器、电话机由拨盘式改为键盘式。

爱迪生测量不规则形状容器容积的方法是用测量水的方法替代，产品中材料的替代更是广泛，如塑料桌椅、塑料水龙头，甚至塑料汽车，还有纸拖鞋、纸口杯、纸帽子、纸餐巾等都是代一代的例子。

搬一搬是将某项发明创造搬到其他领域，如将激光搬到其他领域，有了激光切削、激光磁盘、激光测量、激光手术，原本照明的电灯经过搬一搬，有了紫外线灭菌灯、红外线加热灯、装饰彩灯、信号灯。

去过哈尔滨松花江北岸的“东北虎林园”的人都清楚，游人关在笼子式的汽车里观赏行动自由的老虎，这就是反一反，它反的是普通动物园的常态。伽利略反过来思考热胀冷缩，发明了温度计。

定一定的定是指制定，据检测茅台酒所含对人体有益的微量物质至少在 170 种以上，远胜于其他白酒，而且储存时间越长，保健功能越突出。事实上消费者对茅台酒的价值判断早已超越了饮用范畴，已经扩展到收藏范畴。茅台酒股份公司根据这些实际，采取定一定的方法，从 2001 年 1 月 1 日起，实施了将每瓶茅台酒出厂前都标上出厂年份，出厂后第二年，茅台酒价格自动上调 10%，逐年依此类推。这就是茅台酒的价格年份制。

八、发明问题解决理论（TRIZ）

TRIZ 理论是苏联发明家根里奇·阿奇舒勒及其领导的一批研究人员，自 1946 年开始，花费大量人力、物力，在分析研究了世界各国近 250 万件高水平发明专利的的基础上所提出的发明问题解决理论。

“你可以等待 100 年获得顿悟。也可以利用这些原理用 15 分钟解决问题。”

——根里奇·阿奇舒勒

相对于传统的创新方法，TRIZ 理论具有鲜明的特点和优势。它成功地揭示了创新和发明的内在规律和原理，快速地确认并解决系统中存在的矛盾。

（一）TRIZ 的产生

生活、生产中的很多问题，在一般人看来是不可能解决的，但是应用 TRIZ 后，问题有了圆满的答案并产生了专利。

“发明问题的解决并不需要多少新知识，而是需要对现有知识进行良好组织。”

——根里奇·阿奇舒勒

俄语 теории решения изобретательских задач，缩写为 ТРИЗ，翻译为中文是发明问题解决理论，TRIZ 是俄语原文英文音译 Teoriya Resheniya Izobreatatelskikh Zadatch 的缩写。

冷战时期，美国为首的西方国家的特工与苏联的克格勃曾经进行过无数次惊心动魄的间谍战，其中一次就是围绕被称为神奇的“点金术”展开的。因为美国、德国等西方国家惊异于苏联在军事、工业等方面的创造能力，他们把创造这种奇迹的神秘武器称为“点金术”，可强大的克格勃使欧美国家只能望“术”兴叹。这个“点金术”就是当前世界上著名的发明问题解决理论，被简称为 TRIZ 理论。

TRIZ 的提出源于以下认识：大量发明面临的基本问题和矛盾是相同的，只是技术领域不同而已。同样的技术发明和相应的解决方案一次次地在后来的发明中被重新使用。将这些有关的知识进行提炼和重新组织，形成一种系统化的理论知识，就可以指导后来者的发明创造、创新和开发。TRIZ 体系是基于这一思路开发的，它打破了人们思考问题的惰性和片面的制约，避免了创新过程中的盲目性和局限性，明确指出了解决问题的方法和途径。

TRIZ 研究始于 1946 年，是由一位俄国学者根里奇·阿奇舒勒（G.S.Altshuller，又译阿利赫舒列尔）最先提出的，后来根里奇·阿奇舒勒被尊称为 TRIZ 之父。由于根里奇·阿奇舒勒卓越的发明才能，他进入了海军的专利评审机构进行专利的评审工作。就是在这一工作期间，在研究了成千上万项发明专利后，根里奇·阿奇舒勒于 1946 年总结出了发明背后所隐藏的规律，由此为 TRIZ 理论的建立打下了基础。

根里奇·阿奇舒勒一开始就坚信，发明创造问题的基本原理是客观存在的，这些原理不仅能被确认，而且还能被整理而形成一种理论，掌握该理论的人不仅能提高发明的成功率，缩短发明的周期，还可使发明问题具有可预见性。

根里奇·阿奇舒勒穷其毕生的精力致力于 TRIZ 理论的研究和完善。在他的领导下，苏联的数十家研究机构、大学、企业组成了 TRIZ 的研究团体，先后分析了全球近250万份高水平的发明专利，并将之归纳总结，综合多个学科领域的原理、法则形成了能指导实际新产品开发的理论方法体系，即TRIZ理论体系。TRIZ主要目的是研究人类进行发明创造、解决技术难题过程中所遵循的科学原理和法则。运用这一理论，可大大加快人们创造发明的进程而且能得到高质量的创新产品。现在，国际上已经对超过250万项出色的专利进行过研究，并大大充实了TRIZ的理论和方法体系。

（二）TRIZ中的基本知识

经过60多年的发展，TRIZ理论已经成为一套解决工程技术难题的成熟理论和方法体系，该理论体系包含了许多系统、科学而又富有可操作性的问题分析方法和问题解决方法。

“用一句话来概括，TRIZ不愧是一件瑰宝。”

——乔治·普林斯（美国创造学大师）

TRIZ对于很多人来说，还是比较陌生的，其中有很多概念与我们平常的认识还有所不同，所以有必要了解一下这些概念，以方便进一步的学习。

1. TRIZ的作用

相对于传统的创新方法，TRIZ理论具有鲜明的特点和优势。它成功地揭示了创造发明的内在规律和原理，快速确认和解决系统中存在的矛盾，而且它是基于技术的发展进化规律研究整个产品发展过程。

因此，运用TRIZ理论可大大加快发明创造的进程，提升产品创新水平。许多第一次接触TRIZ的人，后来发现自己的生活发生了改变。他们的兴趣圈得以扩展，知识得以深化；他们眼中的世界更加系统化，他们习惯于澄清因果关系；甚至TRIZ成了一些人的职业和生活风格。具体来说它可以帮助我们：

（1）澄清问题的方向，同时不错失那些平时很容易忽视的因素。

（2）对问题进行系统的分析，快速发现问题本质，准确定义创新性问题和矛盾。

（3）对创新性问题或者矛盾提供更合理的解决方案和更好的创意。

（4）学会逻辑性、分析性、系统性地思考。

（5）打破思维定势，激发创新思维，从更广的视角看待问题。

（6）显著提高创造性劳动的效率。

（7）基于技术系统进化规律准确确定探索方向，预测未来发展趋势，开发新产品。

（8）打破知识领域界限，实现技术突破。

总之，应用 TRIZ，可以拓宽人们的思路，提示问题解的思路，从而提高创新的速度和效率，为加快创新型国家和创新型企业建设推波助澜。

注意：必须避免对 TRIZ 的误解，似乎 TRIZ 是一根魔杖，只要一应用，工作效率马上立竿见影地提高。

2．TRIZ 包含的内容

TRIZ 理论包含着许多系统、科学而又富有可操作性的创造性思维方法和发明问题的分析方法。经过半个多世纪的发展，TRIZ 理论已经成为一套解决实际问题的成熟的理论体系。

“应当这样去研究别人的发现，那就是：为了发现发明的源头。”

——莱布尼茨（德国科学家）

（1）包含的主要内容。TRIZ 已经构建了较为丰富和完备的理论体系，包含的内容也很多，主要有创新原理、矛盾分析、物场分析、标准解、科学效应等内容。

（2）核心思想。TRIZ 理论的核心思想主要体现在三个方面。首先，无论是一个简单产品还是复杂的技术系统，其核心技术的发展都是遵循着客观的规律发展演变的，即具有客观的进化规律和模式。其次，各种技术难题、冲突和矛盾的不断解决是推动这种进化过程的动力。再者，技术系统发展的理想状态是用尽量少的资源实现尽量多的功能。

创新的方法还有很多，这里不一一赘述。

第五节 创新技能

创新技能是指创新人才在创新过程中，正确处理自己与社会之间关系的方式、方法的技能，它是智力技能、情感技巧和动作技能的综合。

“在创新活动中，只有知识广博、信息灵敏、理论功底深厚、实践经验丰富的人，才易于在多学科、多专业的结合创新中和跳跃性的创造性思维中求得较大的突破。”

——朗加明

“为了产生创新思想，你必须具备：必要的知识；不怕失误、不怕犯错误的态度；专心致志和深邃的洞察力。”

——斯威尼［美国］

有了好点子，想出了办法，关键还是实现创新。创新技能是指创新人才在“发现需求—发明创造—发明应用”的整个创新过程中，正确处理自己与社会之间关系的方式、方法的技能，是智力技能、情感技巧和动作技能的综合。创新人才必须重视和学习应用创新技能。本节将介绍学习能力、观察能力、问题能力、沟通能力、创新选题解题能力、借力能力、抓机遇能力、凭借信息能力、延伸大脑能力、操作能力、完成能力和行销能力。

一、学习能力

“我可以告诉你怎样获得诺贝尔奖，那就是拥有一些伟大的老师。”

——索尔·塞缪尔森

知识经济条件下的学习和以往比有很大的不同，更加重要。创新学习有些具体的要求，其中很重要一点是要有导师；而且必须是好导师，不能盲目地学，有导师是一条捷径。导师不一定很有名，但一定要是“明”师，关键时刻确实能够指点你。

需要注意的是，学习也存在着误区。人们越是经常做一件事情，特别是总能取得成功的事情，就越难找到新的方法去实现它。

我们被熟悉的事物所俘虏，被习惯所束缚。为了找到新的方法——创新，我们不得不打破成规，我们必须“忘掉”习惯。在有些情况下，如果我们不愿意把现有的学识、知识和经验拆开，不愿意忘却，那么，我们永远都不会找到创新的大门。

二、观察能力

观察，是指人们通过感觉器官感受外部的各种刺激，逐步形成对周围现象与事物的印象，了解各现象与事物之间的关系。培养观察能力必须讲究科学的观察方法。科学观察，是在一定的思想指导下的有目的的主动观察，目的在于考察客观现象、记录事实、揭露矛盾，为分析和解决矛盾提供科学资料。对创新者来说，观察能力至关重要。

英国生物学家达尔文兴趣盎然地记录下了他的第一个孩子降生以后的各种表现，通过直接观察，他发现动物和人类在表情、动作方面有共同性，从而写下了名著《物种起源》。

三、沟通能力

沟通是人与人相互了解的前提。一个人的成长从沟通开始，创新人才的发展从沟通开始，知识经济时代是人们相互紧密沟通的时代。

有一种沟通技术叫电梯游说术，电梯游说术是人的价值主张的简要总结，一两分钟就可以讲述完毕。它会引起潜在客户、合作伙伴、雇员或主管的注意，这些人绝不会忘记你的这种总结，他们还想知道更多。

四、问题能力

问题能力是指能够发现和提出问题并由自己回答或请别人回答的能力。

培养问题能力，首先是增强问题意识，每事都问“为什么”，达到真正理解；其次是信任好奇心，好奇心常常会带来意外的收获。我们小时候可能都很有好奇心，但是现在已经早就被父母给打击没了，并且作为家长可能现在又在打击自己小孩的好奇心。

作为电力企业的员工，我们都清楚电的发明，现在我们来一起回顾一下。

【案例 6-13】 电是怎么发明的?

法拉第——好奇。但是这里也有遗憾。

法拉第从小家境不好，是自学成才的科学家，19 世纪世界著名的物理实验大师。他一生的重大科研成果，都汇集在他的名著《电学的实验研究》中。这部科学名著从 1837 年开始出版，至 1855 年出齐，持续写作 24 年，这是一本以素材提供给读者的名著（不是体系）。就是因为数学知识的不足，他没能对这些素材进行升华，丢掉了电磁理论的重大科学发现。从法拉第的书中得益最深的，便是英国物理学家麦克斯韦。麦克斯韦把法拉第所做的大体上的定性电磁实验，上升到了定量的用数学表示的理论高度，完成了法拉第应该完成而未完成的工作，获得了法拉第应该获得但未获得的科学成就。

五、创新选题解题能力

人们常为创新不知从何做起而苦恼，这实际上是不知如何选题的问题。开展创新活动，选题不比解题次要，选不到课题，创新就无从谈起。选择课题，必须考虑解题的难度要与人类的知识以及个人的能力相匹配，这是正确处理选题与解题关系的基础。

创新选题应遵循的原则是需要性、创造性、科学性、可能性。

创新选题的途径包括在工作中选题、在科技文献中选题、在交谈讨论中选题、在日常生活中选题、用创新技法选题。

创新选题的技法包括 PARTY 法、观察法、学习法、缺点法、需求法、怪象思考法。

创新解题的步骤是筛选课题、完善课题、实际解题。

六、抓机遇能力

机遇是指行为或事件过程出现的、偶然的、能够给人类带来转机和出乎意料的良好效果的条件。对任何人来说，机遇总是能够碰到的。

培养抓机遇能力主要是：树立机遇意识抓机遇；“日思夜想”引机遇；以“有准备的头脑”捕机遇；闻风而动捉机遇；一物多用掘机遇；超越自我挖机遇；巧用危难创机遇。最后还要记住机遇必须要联系自我实际。

此外，还有借力能力、凭借信息能力、延伸大脑能力、操作能力、完成能力、行销能力等也是很重要的创新技能。

以上，我们研究了个体创新素养的四个构成部分。现在，我们再回过头来看一下创新是如何进行的。首先是具备创新的人格素质；然后就是具有创新思维能力，能想好点子；再就是讲求方法、技巧；最后，还得有实现创新的技能。当然也要求能与别人配合，共同完成创新。

第六节 团队创新能力

没有一个人是完美的，但是一个团队可以做到完美。创新离不开集体的力量，大多数创新发明都是集体智慧的结晶。因此，创新者要注重构建创新团队，并积极投入创新团队的先进文化建设、创新精神培育和创新活动中去。

“永远不要怀疑一小群富有思想且忠心耿耿的人足以改变世界：世界的改变确实就是这么发生的。”

——马格丽特·米德（人类学家）

中国的古语道：“三个臭皮匠顶个诸葛亮。”说的就是团队可以“足智多谋”的道理。发挥团队的创新能力，首先是营建先进的创新文化，这是创新的背景和前提。

一、营建先进文化

发挥团队创新能力，首先团队内要有创新的文化氛围，要有勇于创新、追求成功、开放包容、崇尚竞争的创新文化，并且要在全社会培育创新意识，倡导创新精神，完善创新机制，大力提倡敢为人先、敢冒风险的精神，鼓励各类人员创新、支持各类人员实现创新。

培育团队创新精神或营建先进的文化氛围，主要有以下内容：

（1）树立先进的理念；

（2）追求积极健康的情绪和氛围；

（3）讲求团队精神；

（4）不断学习，追求卓越；

（5）自觉抵制落后、颓废文化的侵蚀；

（6）建立有自己特色的文化；

（7）解放思想是发挥团队创新能力的关键；

（8）重视创意活动中的角色与原则。

【案例 6–14】 **国网黑龙江省电力有限公司管理培训中心“读书与岗位创新”培训课程讲座研讨活动。**

为提升中心教师综合素质和专业技能，完善品牌课程体系建设，打造一支精英培训师资队伍，努力适应企业改革新形势，满足企业发展对培训的新需要，同时为进一步推进中心班组建设，并结合国网黑龙江省电力有限公司工会开展的职工书屋“读书与岗位创新”讲座评比活动，国网黑龙江省电力有限公司管理培训中心培训管理部（简称培训管理部）组织教师开展培训课程讲座研讨活动，并以此为评比内容，协同工会开展“读书与岗位创新”讲座评比活动。

活动期间共进行了 7 次培训课程讲座研讨，分别为孙国强的《开拓思维启迪智慧》、杨振声的《电力企业全面运营体验式模拟训练》、赵莉的《中层高效执行力塑造》、邵薇霖的《一分钟目标》、柴迅的《工伤的认定－电力职工关心的工伤那些事儿》、杨艳秋的《苹果公司的发展带给我们的启示》、王继勇的《优秀领导的管理艺术》。

活动中，每一位讲课教师都精心准备、细致筹划，在教学设计、课件制作、案例分析、现场互动等每个环节上严格要求，给大家呈现了一系列精彩纷呈的内容，收到了很好的培训教学效果，为以后的培训教学工作积累了丰富的经验和宝贵的财富。

经过评审组评议，7 位教师全部推选上报国网黑龙江省电力有限公司参加“读书与岗位创新”评比活动。

国网黑龙江省电力有限公司管理培训中心一直重视创新，注重树立先进的理念，追求积极健康的情绪和氛围。在此次活动中，充分体现了教师不断学习、追求卓越的精神，共同研讨、同步提升的做法，让大家看到了讲求团队合作的重大意义。

二、团队创新技法

（一）脑力激荡法

脑力激荡法也叫头脑风暴法，是美国著名创造学奠基人奥斯本于 20 世纪 30 年代发明的一种智力激励法，在寻找新观点、新思维时经常用到。

1．组织形式

参加人数一般为 5～10 人，最好由不同专业或不同岗位者组成。

会议时间控制在 1 小时左右。

设主持人一人，设记录员 1～2 人。

2．会议类型

会议可以是设想开发型，也可以是设想论证型。

3．会前准备工作

会前要明确主题，选好主持人，参与者要经过一定的培训。

4．会议原则

禁止批评和评论，也不要自谦；目标集中，追求设想数量；鼓励巧妙地利用和改善他人的设想；与会人员一律平等，各种设想全部记录下来；主张独立思考，不允许私下交谈，以免干扰别人思维；提倡自由发言，越奇越好；以小组利益为重，不强调个人的成绩。

5．会议实施步骤

（1）会前准备。主要是落实参与人、主持人、课题任务。

（2）设想开发。这时要突破思维惯性，大胆进行联想，力争短时间内获得尽可能多的、有创意的设想。

（3）将设想分类并整理。一类是目前技术工艺可以实现的实用型设想，另一类是目前技术工艺还不能实现的幻想型设想。

（4）完善实用型设想。方法是再进行论证型脑力激荡，二次开发，进一步扩大设想的实现范围。

（5）幻想型设想再开发。方法是再次进行脑力激荡，通过进一步开发，就有可能将创意的萌芽转化为实用型设想。

6．团队训练组织技巧

组织训练时可采用的方法有停止—继续法、一个接一个法、分组讨论法、分组比赛法等。

需要强调的是，进行脑力激荡时，主持人的作用很关键。好的主持人是有技巧的：

（1）主持人应该熟悉创新思维和创新技法，会前要重申原则纪律，要善于激发成员思考，使场面轻松、活跃。

（2）组织轮流发言，发言要清楚、简短，避免形成辩论会或发言不均。

（3）要以赏识鼓励的词句语气和微笑点头，鼓励参与者多出设想，可以说："对，就是这样！""太棒了！""好主意！这一点对开阔思路很有好处！"禁止使用这样的语言："这点别人已经说过了！""实际情况会怎样呢？""请解释一下你的意思。""就着一点有用。""我不赞成那种观点。"

（4）要强调设想的数量。

（5）出现暂时的停滞时，可以暂时休息。

（6）注意提醒大家运用创新思维方法和创新技巧，如用检核表法、聪明 12 法等打开思路。

（7）根据课题和实际情况，要能掀起一次又一次脑力激荡的"激波"。比如从对某一问题的讨论，引导掀起设想开发的激波，及时抓住拐点，适时引导进入设想论证的激波。

（8）要周围好时间。1 小时左右要形成设想在 100 种以上。好点子通常在会议快要结束时产生，所以可以延长 5 分钟，结束也可能只是告一段落。

（二）6–3–5 法

脑力激荡法由美国传入德国后，创造学家荷立根据本民族爱沉思的习惯，创立了默写式脑力激荡法——6–3–5 法。按照这个方法，每次会议由六个人参加，每个人拿一张卡片，每次在 5 分钟内写出不重复的 3 个解题方案，然后按顺序依次交换，一共进行 6 次，这样在半个小时左右共可产生 108 个设想。

实施 6–3–5 法时应遵循的原则与脑力激荡法大体相同，特别应该遵守的原则是：课题难易要适中；采用专用设计表格（见表6–4）；顺时针方向传递；公布商讨。

表6–4　　6–3–5法用表

1A	1B	1C
2A	2B	2C
3A	3B	3C
4A	4B	4C
5A	5B	5C
6A	6B	6C

这种方法的特点是：不说话，思维活动自由奔放，6个人同时作业，效率高，可以借鉴他人的构想，人人平等。

（三）脑力乒乓法

这是两个人之间进行的脑力激荡法，就像打乒乓球一样，你来我往，轮流击球，它要求必须和自己的伙伴一起来寻找最佳观念。

脑力激荡法和6–3–5法中的规则同样适用于脑力乒乓法，此外，脑力乒乓法还要遵循下列规则：

（1）确定研究课题，两人要一起商量；

（2）两人轮流发言，并分别备记录卡，记录对方的观点；

（3）针对提出的问题，寻找观点是从一般到特殊；

（4）一方要限制另一方发表观点的时间，要有时间压力；

（5）发言要尽量讲新观点或发展伙伴的观点，进行到没有新观点出现为止。

（四）TEAM法

企业工作中4～10人组合为一个TEAM，每个TEAM对与该TEAM任务有关的一切事项负责。每个TEAM都要将企业的目标转化为TEAM自身的具体工作目标，实行自主管理。TEAM内部成员之间在工作中密切交往和协作，共同承担责任、解决问题和分享成果。

1．TEAM 工作法的特点

（1）职责下放。

（2）协作：目标是集体胜利，需要时可以不受分工的限制。

（3）工作内容丰富：人人都是多面手，不仅会做，还会思考，能解决问题。工人参与管理和技术工作，当然更加积极主动。

（4）信息沟通和共享：成员成为主人，清楚每一个环节工作，认为工作都是自己的事。

2．对 TEAM 成员的要求

（1）具备相应的知识和技能，是多面手。

（2）与 TEAM 其他成员合作，能为团队贡献自己的力量。

（3）有责任心和创造精神。

（五）综摄法

综摄法是采用自由运用比喻和类比方式进行非正式交换意见和创造性思考，从而促使萌发各种设想的一种集体创造技法。

综摄法有两个重要的思考出发点：一是变陌生为熟悉；二是变熟悉为陌生。

综摄法的特点是：提出设想时松散随便，确定方案解决问题时严谨缜密；讨论时不界定问题，而只是将当事人对问题的陈述看作是讨论的起点；每个人不必产生很多的设想，有两三个即可。

综摄法有两个重要的思考出发点：一是变陌生为熟悉，比如将“病毒”“黑客”用于计算机中；二是变熟悉为陌生，比如收音机的拉杆天线用于伞把、鱼竿、教鞭。

综摄法小组一般设主持人一名，与主题有关的专家一名，各学科人员 4～6 人，一共 6～8 人。

综摄法实施的步骤包括提出问题、专家分析问题、提出解决问题的试行方案、写出解决问题必须达到的目标、进行类比联想、选择类比、对类比进行研究、适应性联想、制定方案。

（六）六顶思考帽

当大家站在不同的角度坚持自己的观点时，讨论是最无效的，一次会议很容易演变成一场对抗性的辩论。争论的双方通常会锁定在自己的立场上，对争论的输或赢比对问题的探索更感兴趣。如果某人不赞成某个想法，就不会努力寻找有利于这个想法的论点。

六顶思考帽的思维方法就是将思考的不同方面分开，依次对问题的不同侧面进行分析讨论，以期找到解决问题的正确方法。

“思考最大的障碍在于混乱。我们总是试图同时做太多的事情，情感、信息、逻辑、希望和创造性都蜂拥而来，如同抛耍太多的球。”

——爱德华·德·波诺（《六顶思考帽》的作者）

“六顶思考帽”的主要功能在于为人们建立一个思考框架，在这个框架下按照特定的程序进行思考，可以极大地提高企业与个人的效能，降低会议成本（节省会议与决策时间）。

六种不同颜色的代表讨论同一问题的六个方面。

（1）白帽：对材料和信息的客观审视。这时的思考者是中立的，他客观地展示整个世界。

（2）红帽：分析感觉、超常的合理性。在红色思考帽下，各式各样的感觉、情绪、直觉、预感都可以表达。

（3）黑帽：讨论风险。戴上黑色思考帽，就应该小心谨慎，它可以阻止我们去做不合法的、危险的、无利可图的、有妨碍的事情。

（4）黄帽：分析利益。戴上黄色思考帽，人们只进行正面思考，积极乐观地专注于利益，要努力寻找其中价值。

（5）绿帽：产生新想法。绿色思考帽的价值在于，让每个人都留出专门的时间进行创造性的思考。

（6）蓝帽：控制思考过程。

主持会议者（戴“蓝帽”的人）可以要求与会者同时戴上相同颜色的“帽

子”，同时对问题的一个方面提出意见。比如大家都戴着“黄帽”时，即使不同意某一观点的人也要尽力去发掘这一观点的优势。这种思维管理工具可以避免批判性、辩论性、对立性，而具有建设性、设计性和创新性。

创新能力的形成和提高不是短期的行为。首先需要有创新的意识、创新的思维能力，还要掌握创新的技巧和技能，还得有团队精神，而这些都需要在实践中持之以恒地锻炼。

第七章

供应链管理

第一节 基础入门

供应链管理最根本的目的就是增强企业竞争力，其首要的压倒一切的目标是提高顾客的满意程度，即做到将正确的产品或服务，按照合适的状态与包装，以准确的数量和合理的成本费用，在恰当的时间送到在指定地方的确定的用户。

“市场上只有供应链而没有企业，真正的竞争不是企业与企业之间的竞争，而是供应链与供应链之间的竞争。”

——马丁·克里斯多夫（英国著名经济学家）

供应链管理提出的时间虽不长，但它已引起人们的广泛关注。特别是国际上一些著名企业，如惠普、IBM、戴尔等计算机公司在供应链实践中取得的成就，更使人坚信，供应链是进入21世纪后企业适应全球竞争的一个有效途径，因而吸引了许多学者和企业界人士对供应链管理进行研究和实践。

一、供应链

（一）起源

20世纪90年代以后，消费者的需求特征发生了前所未有的变化，整个世界的经济活动也出现了经济一体化特征，这些特征的主要表现包括：消费需求的多样化发展速度越来越快；高新技术的飞速发展使产品的生命周期越来越短；产品品种的飞速膨胀；客户对交货期的要求越来越高；对产品和服务的期望越来越高。这些变化对企业参与竞争的能力提出了更高的要求，原有的管理思想和运作模式已不能完全满足高质量、低成本、快速响应客户需求的要求。因为在当前的市场环境里，一切都要求能够快速响应客户需求，而要达到这一目的，仅靠一个企业所拥有的资源是不够的。在这种情况下，人们自然会将资源延伸到企业以外的其他地方，借助其他企业的资源达到快速响应市场需求的目的就是目前的一个热点，于是出现了“横向一体化”的思维方式。现在的PC行业不再像“苹果机”时代那样硬盘、主板、监视器、操作系统都由企业自己生产，而是采用采购组装的方式进行生产以便适应快速变化的市场。

现在人们已认识到，任何一个企业都不可能在所有业务领域成为世界上最杰出的企业。因此，国际上一些先驱企业摒弃了过去那种从设计制造直到销售都自己负责经营的模式，转而在全球范围内与供应商和销售商建立最佳合作伙伴关系，与他们形成一种长期的战略联盟，结成利益共同体。企业只抓最核心的东西——产品方向和市场。至于生产，只抓关键零部件或成品的制造，甚至全部委托其他企业加工，即所谓的外包。这样做的目的是利用其他企业的资源促使产品快速上马，避免自己投资带来的基建周期长等问题，赢得产品低成本、高质量、早上市等方面的竞争优势。“横向一体化”形成了一条从供应商到制造商再到分销商的贯穿所有企业的“链”。由于相邻节点企业表现出一种需求与供应关系，当把所有相邻企业依次连接起来便形成了供应链。这条链上的节点企业必须达到同步、协调运行，才能使链上的所有企业都受益。

供应链是围绕核心企业，通过对信息流、物流、资金流的控制，从采购原材料开始，制成中间产品以及最终产品，最后由销售网络把产品送到消费者手中的将供应商、制造商、分销商、零售商直到最终用户连成一个整体的功能网链结构模式。

供应链是一个范围更广的企业结构模式，它包含所有加盟的节点企业，从原材料的供应开始，经过链中不同企业的制造加工、组装、分销等过程直到最终用户。它不仅是一条连接供应商到用户的物料链、信息链、资金链，而且是一条增值链，物料在供应链上因加工、包装、运输等过程而增加其价值，给相关企业都带来收益。

【案例 7-1】 蒙牛打造全程供应链。

2008 年，内蒙古蒙牛乳业集团公司（简称蒙牛）重金签约双汇计算机软件公司（简称双汇软件），决定采用双汇软件的 SW-ECAP 企业协同应用平台打造其实时大集中的全程供应链管理系统，以实现蒙牛在高速扩张过程中始终能够对运营进行灵敏控制，能够对市场做出快速反应。

蒙牛自 1999 年成立以来，一直保持惊人的发展速度。继 2002 年底以 1947.31% 的成长率被评为首届“中国成长企业 100 强”冠军之后，增长势头不减，2005 年销售收入即突破百亿大关。目前，蒙牛超高温瞬间灭菌牛奶销量已做到全球第一，液态奶、冰淇淋、酸奶销量均居全国第一，并成为中国牛奶出口量最大的企业。

这种“火箭”式的发展速度，对蒙牛的管控能力带来了极大的挑战。在竞争白热化、产品同质化现象严重的乳制品市场环境下，蒙牛深刻意识到打造自己强大、敏捷的产业链的重要意义。为了全面整合营销体系、物流体系、生产体系、供应体系，打造从消费者到分销渠道、到生产基地、到奶站直至养殖场或奶农的敏捷供应链系统，蒙牛把信息化列为最基本、最核心的建设内容，并且明确了“选择顶尖专业厂商、建立战略合作关系”的信息化建设思路和原则。

经过全面考察和严格筛选，蒙牛最终从国内和国际最优秀的几家管理软件供应商中选择了双汇软件作为其 IT 战略合作伙伴。蒙牛主要看重的是双汇软件在供应链管理方面具有深厚的技术、产品和服务经验积累，同时具有规模化集团企业的完整供应链管理系统，而且是最先进的实时大集中式信息系统的成功案例。

蒙牛计划建设的系统包括集团总部及各事业部的分销管理体系、生产管理体系、财务管理体系及人力资源管理体系，同时包括经销商协同平台、经销商自助管理系统以及供应商协同平台，这些应用体系紧密协同，形成一个集团企业级供应链管理系统，几乎涵盖蒙牛管理信息系统的全部内容。系统总用户数预计超过一万个。该系统与蒙牛其他先进的信息系统，包括立体仓库控制系统和MES等实现对接，从而形成集团高度集成的一体化管理应用平台。双汇软件提供的系统采用先进的企业级B/S大集中计算架构，基于互联网运行，全集团只需要一个机房、一套服务器、一个数据库、一套应用软件和一个维护小组即可实现对所有应用点的实时、集中、统一管理，因此系统在硬件建设成本、运行维护成本、实施维护效率和长期可用性、可扩展性等方面将为蒙牛带来极强的竞争力，能够有力地支持蒙牛实现低成本快速复制、快速扩张。

（二）特点

供应链是一个网链结构，由围绕核心企业的供应商、供应商的供应商和用户、用户的用户组成。一个企业是一个节点，节点企业和节点企业之间是一种需求与供应关系。供应链主要具有以下几个特点：

（1）复杂性。因为供应链节点企业组成的跨度不同，供应链往往由多个、多类型甚至多国企业构成，所以供应链结构模式比一般单个企业的结构模式更为复杂。

（2）动态性。由于企业战略调整和适应市场需求的变化，供应链中的节点企业需要动态地更新，这就使得供应链具有明显的动态性。

（3）面向用户需求。供应链的形成、存在、重构，都是基于一定的市场需求而发生的，而且在供应链的运作过程中，用户的需求拉动是供应链中信息流、产品和服务流、资金流运作的驱动源。

（4）交叉性。节点企业可以是这个供应链的成员，也可以是另一个供应链的成员，众多的供应链形成交叉结构，这就增加了协调管理的难度。

“家电企业要想成为明日的赢家，首先要过供应链这一关。”

——郑正中（台湾供应链教父）

二、供应链管理的内涵

供应链管理（supply chain management，SCM）是一种集成的管理思想和方法，它执行供应链中从供应商到最终用户的物流的计划和控制等职能。例如，美国学者伊文斯认为：“供应链管理是通过前馈的信息流和反馈的物料流及信息流，将供应商、制造商、分销商、零售商，直到最终用户连成一个整体的管理模式”。现代营销之父菲利浦·科特勒则认为：供应链管理不是供应商管理的别称，而是一种新的管理策略，它把不同企业集成起来以增加整个供应链的效率，注重企业之间的合作。

供应链管理主要包括供应、生产计划、物流、需求四个领域（见图7-1）。在这四个领域的基础上，可以将供应链管理细分为职能领域和辅助领域。职能领域主要包括产品工程、产品技术保证、采购、生产控制、库存控制、仓储管理和分销管理。而辅助领域主要包括客户服务、制造、设计工程、会计核算、人力资源和市场营销。

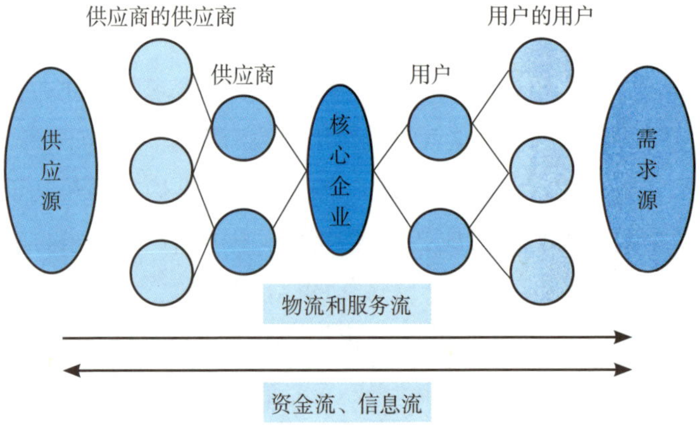

图7-1 供应链管理

三、供应链管理与物流管理的关系

（一）联系

供应链管理可以看作是穿越不同组织界限的、一体化的物流管理，供应链管理的成功实施必须以成功的企业内部物流管理为基础。

（二）区别

（1）从范围来看，物流管理只是供应链管理的一个部分。

（2）从学科发展来看，一体化物流管理分为内部一体化和外部一体化两个阶段，在内部一体化阶段，称为物流管理，在外部一体化阶段，则称为供应链管理。

（3）供应链管理的研究范围比物流管理更广泛。

（4）供应链管理的理论基础已经远远超出了传统物流管理的范围。

（5）物流管理只考虑自己路径范围内的业务，而供应链管理把对成本有影响和在产品满足顾客需求的过程中起作用的每一方都考虑在内。

（6）供应链管理在成本控制方面比物流管理更加全面。

（7）供应链管理涉及战略、战术、作业等多个层次，比物流管理涉及的层次更广更深。

四、供应链管理的目标和基本要求

供应链管理的目标即通过调和总成本最小化、客户服务最优化、总库存最小化、总周期时间最短化以及物流质量最优化等目标之间的冲突，实现供应链绩效最大化。

供应链管理就是要实现全过程、全人员、全方位质量的最优化，要点如下：

（1）改进服务；

（2）缩短时间；

（3）提高品质；

（4）降低成本；

（5）消除重复与浪费；

（6）缩减员工数量；

（7）减少客户抱怨；

（8）提高客户忠诚度；

（9）降低库存总水平；

（10）减少总成本支出。

供应链管理的基本要求如下。

1. 信息资源共享

供应链管理大量采用现代科技方法，以最优流通渠道使信息迅速、准确地传递，在供应链上的各企业间充分实现资源共享。

2. 提高服务质量，扩大客户需求

供应链管理通过生产企业内部、外部及流通企业的整体协作，大大缩短了产品的流通周期，加快了物流配送的速度，从而使客户个性化的需求在最短的时间内得到满足。

3. 实现多赢

供应链管理把供应商、制造商、分销商、零售商等联系在一条链上，并使之优化，各相关企业形成了一个融会贯通的网络整体。在这个网络中，各企业仍保持着个体特性，但它们为整体利益的最大化共同合作，实现多赢的结果。

五、供应链管理的原则

供应链管理的实施原则主要有以下七点：

（1）根据客户所需的服务特性来划分客户群。

（2）根据客户需求设计企业的物流网络。

（3）及时掌握市场的需求信息。

（4）控制时间延迟。

（5）与供应商建立双赢合作策略。

（6）在整个供应链领域建立信息系统。

（7）建立整个供应链的绩效考核指标。

“利人为利己的根基。在商业经营上，如果老是为自己着想，而不顾及他人，利也就可能随之而‘飞’了。”

——梁宪初（《管理大师谈管理》作者）

【思考与行动】

（1）供应链管理的目标是什么？

（2）你认为供应链管理优化，会产生什么样的结果？

第二节 业务流程

随着世界经济的发展和现代科学技术的进步，企业之间的竞争逐渐升级为供应链之间的竞争，供应链管理已经成为提高企业生产率和获利能力的主要竞争策略，对企业的生存和发展的重要影响日趋突显。

“供应链制胜的关键——是永远都要比对手更好地控制成本。”

——山姆·沃尔顿（沃尔玛连锁集团创始人）

供应链管理的基本业务流程主要包括采购管理、库存管理、分销管理、客户服务管理、供应商关系管理和成本管理等几个方面，其中每个流程之间都存在着或多或少的联系（见图 7–2）。

"让流程说话，流程是将说转化为做的唯一出路。"

——姜汝祥（中国管理专家）

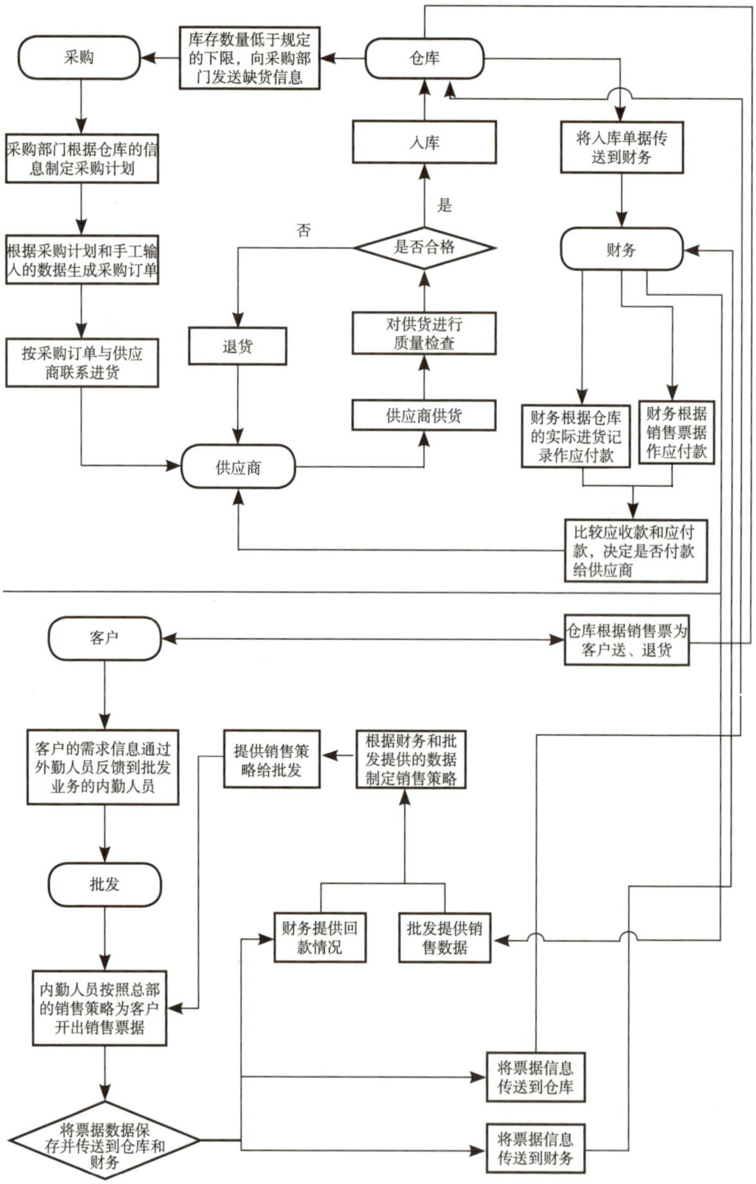

图 7-2　供应链管理的基本业务流程

一、采购管理

（一）供应链管理环境下的采购要求

（1）为订单而采购。

（2）实现采购外部资源管理。

要实现有效的外部资源管理，制造商的采购活动应从以下几个方面着手进行改进：

1）和供应商建立一种长期的、互惠互利的合作关系。

2）通过提供信息反馈和教育培训支持，在供应商之间促进质量改善和质量保证。

3）参与供应商的产品设计和产品质量控制过程。

4）协调供应商的计划。

5）建立一种新的、有不同层次的供应商网络，并通过逐步减少供应商的数量，致力于与供应商建立合作伙伴关系。

（3）从一般买卖关系向战略协作伙伴关系转变。

（二）准时化采购

准时化采购也叫 JIT（just in time）采购，就是在恰当的时间、恰当的地点，以恰当的数量、恰当的质量提供恰当的物品。

如何有效地实施准时化采购呢？下面的几个方法可以考虑：

（1）创建准时化采购班组。

（2）制订计划。

（3）与供应商建立伙伴关系。

（4）进行试点工作。

（5）搞好供应商的培训，确定共同目标。

（6）向供应商颁发产品免检合格证书。

（7）实现配合准时化生产的交货方式。

（8）继续改进，扩大成果。

（三）采购作业步骤

采购作业的主要步骤如下：

（1）采购部门收到正式请求。正式请求的内容包括所需物料细项说明、必需的质量与数量、期望交货日期和采购申请人。

（2）采购部门选择供应商。

（3）采购部门向供应商订货。

（4）监督订单。

（5）接收供货。

二、库存管理

（一）库存管理的目标

库存管理需要达到库存成本最低、库存保证程度最高、不允许缺货、限定资金和快捷等目标。为了实现以上目标，需要协调和整合各个部门的活动，使每个部门不仅以有效实现本部门的功能为目标，更要以实现企业的整体利益为目标。

（二）"牛鞭"效应

1．含义

"牛鞭"效应是供应链上的一种需求变异放大现象，是信息流从最终客户端向原始供应商端传递时，无法有效地实现信息的共享，使得信息扭曲而逐级放大，导致了需求信息出现越来越大的波动，此信息扭曲的放大作用在图形上很像一根甩起的牛鞭，因此被形象地称为"牛鞭"效应。

宝洁公司在研究"尿不湿"的市场需求时发现，该产品的零售数量是相当稳定的，波动性并不大。但在考察分销中心的订货情况时，吃惊地发现波动性明显增大了，其分销中心说，他们是根据汇总的销售商的订货需求量向其订货的。宝洁公司进一步研究后发现，零售商往往根据历史销量及对现实销售情况的预测，确定一个较客观的订货量，但为了保证这个订货量是及时可得的，并且能够适应顾客需求增量的变化，他们通常会将预测订货量做一定放大后向批发商订货，批发商出于同样的考虑，也会在汇总零售商订货量的基础上再做一定的放大后向销售中心订货。这样，虽然顾客需求量并没有大的波动，但经过零售商和批发商的订货放大后，订货量就一级一级地放大了，这就是人们通常所说的“牛鞭”效应（见图7-3）。

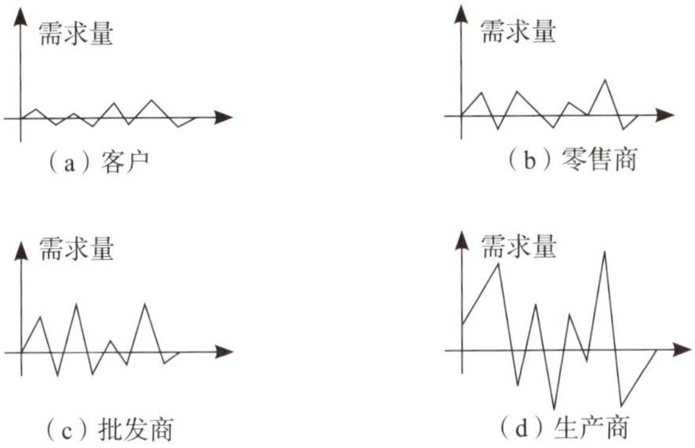

图 7-3 “牛鞭”效应

2. “牛鞭”效应产生的原因

（1）需求预测修正。

（2）价格波动。零售商和分销商面对价格的剧烈波动，往往会采取加大库存量的做法，使订货量远远大于实际的需求量。

（3）批量订货。企业订货常采用最大库存策略，这使其上游供应商看到的是一个不真实的需求量。

（4）环境变化。应对政策和社会环境的变化，最主要的手段就是保持高库存，且不确定因素越大，库存就越高，但这种高库存所反映的并不是真实的需求。

（5）短缺博弈。当市场上某些产品的需求增大时，零售商和分销商会认为这些商品将短缺，这会引发他们扩大订货量。

（6）库存失衡。就是说销售商为了掌握库存控制权往往会加大订货量。

（7）缺少协作。

（8）提前期。需求的变动随提前期的延长而增大，且提前期越长，订货量就越大。

3．解决“牛鞭”效应的方法

从供应商的角度看，“牛鞭”效应是供应链上的各层级销售商转嫁风险和进行投机的结果，它会导致生产无序，库存增加，成本加重，通路阻塞，市场混乱，风险增大，因此必须妥善解决。

（1）订货分级管理。供应商应根据一定标准将销售商进行分类，对他们的订货实行分级管理，如对于一般销售商的订货实行满足管理、对于重要销售商的订货进行充分管理、对于关键销售商的订货实现完美管理，这样就可以通过管住关键销售商和重要销售商来减少变异发生的概率。

（2）加强出入库管理，合理分担库存责任。要加强对商品出入库的管理，使上游企业可以获得其下游企业的真实需求信息，这样，上下游企业就可以根据相同的原始资料来制订供需计划。

联合库存管理是合理分担库存责任、防止需求变异放大的先进方法。联合库存管理是一种风险分担的库存管理模式，它在供应商与销售商之间建立起了合理的库存成本、运输成本与竞争性库存损失的分担机制，将供应商全责转化为各销售商的部分责任，使双方成本和风险共担，利益共享，从而有效地抑制了“牛鞭”效应的产生。

（3）缩短提前期，实行外包服务。一般来说，订货提前期越短，订量越准确，因此鼓励缩短订货期是破解“牛鞭”效应的一个好办法。此外使用外包服务，如第三方物流也可以缩短提前期。

（4）规避短缺情况下的博弈行为。

（5）参考历史资料，适当减量修正，分批发送。

（三）库存管理的方法

1．自动库存补给法

供应商经常检查采购商的仓库，补充商品，并采用电子化处理开票手续。商品一经补充，这个仓库就成为采购商的财产。

2. 供应商管理库存法（vendor managed inventory，VMI）

供应商在用户的允许下设立库存，确定库存水平和补给策略，拥有库存控制权。

3. 制造商管理库存法

零售商将自己的物流中心或仓库的管理权由制造商代为实施，但所有权仍归零售商。

4. 联合库存管理法

仓库由供应商所有，但建在采购商使用的地点，预测需求和补充存货都由供应商来完成。

三、分销管理

设计分销渠道，一般可按如下步骤进行：

（1）建立渠道目标。

（2）形成渠道战略。

（3）确定渠道结构的备选方案。

（4）衡量渠道结构的备选方案。

（5）选择渠道结构。

（6）确定各渠道成员的候选组织或机构。

（7）衡量并选择渠道成员。

（8）测量评定渠道绩效。

四、客户服务管理

“尊重个人，优质服务，追求卓越。”

——IBM（国际商用机器公司）

“企业经营的目的在于创造顾客。”

——彼得·杜拉克（《管理的实践》作者）

山姆·沃尔顿有一句名言："事实上，顾客能够解雇我们公司的每一个人。他们只需到其他地方去花钱，就可做到这一点。衡量我们成功与否的重要标准就是看我们让顾客——'我们的老板'满意的程度。"作为供应商来说，要使客户满意，就必须要满足客户的期望，客户期望主要有 10 种，即可靠性、快速反应、可接近性、沟通、可信度、安全性、礼貌、胜任能力、硬件和了解客户。

笑容多一点　　嘴巴甜一点
做事勤一点　　谈话轻一点
效率高一点　　行动快一点
点子多一点　　理由少一点
脾气小一点　　肚量大一点
小事糊涂一点　　人情味浓一点
遇到困难冷静点　　商业秘密保守点
处理问题灵活点　　待人接物热情点
了解问题彻底点　　工作紧张用心点
工作方法慎重点　　心胸大度宽容点

——某酒店服务格言《二十点》

【案例 7–2】　海尔的个性化定制服务。

2000 年 8 月，海尔公司（简称海尔）在全球开展了"我的冰箱我设计"海尔冰箱 B2C 产品个性化定制活动。哈尔滨用户宋明伟因房间摆放需要，想要一台左开门冰箱，他首先想到了海尔，到海尔网站一看，果然有用户定制服务，用户可以选择冰箱开门方式等十几个特殊需求，他按需求下订单后，海尔立即组织技术人员进行技术攻关。为了满足用户的个性化需求，海尔事业部经过紧张的现场研制和技术改造，克服了一系列技术方面的难题，4 天后终于生产出了完全符合质量标准的左开门海尔冰箱。

目前海尔的国外客户只要根据当地气候、电压条件及风俗习惯订购特需冰箱，海尔均能在一周内拿出样机，一月内组织批量生产。海尔电子商务的推出，解决了家电产品在新经济时代如何满足消费者个性化需求这一难题，真正实现了生产厂商与消费者之间的零距离。“假如你想要一台三角形的冰箱，你只需打开互联网上的海尔网站，根据网上提供的模块，设计你所需要的产品，那么7天之后这台冰箱就可以送到您的家中。”海尔首席执行官张瑞敏在许多场合都要用这个例子说明海尔以订单生产为中心的管理革命。能洗地瓜的洗衣机、能打酥油的洗衣机、三角形的冰箱等个性化产品，成为海尔发展的活力源。

五、供应商关系管理

“做生意时也要想到对方的利益。”

——松下幸之助（松下电器创始人）

（一）含义

供应商关系管理（supplier relationship management，SRM）是一种致力于实现与供应商建立和维持长久、紧密伙伴关系的管理思想，是一种实施于与企业采购业务相关的领域，通过与供应商建立长期、紧密的业务关系，并通过对双方资源和竞争优势的整合来共同开拓市场，扩大市场需求和份额，降低产品前期的高额成本，实现双赢的企业管理模式。

（二）选择供应商的步骤

（1）市场分析。

（2）寻找潜在供应商。

（3）实地考察供应商。实地考察的项目包括销售合同评审、供应商管理、培训管理、设备管理和计量管理。

（4）审核供应商，发询价文件。

（5）价格谈判。

（三）供应商关系管理的基本功能

供应商关系管理作为一种信息化平台，它的基本功能包括：采购需求计划的制定与审核管理；采购实施中的询 / 报价与招 / 投标管理；供应商报价、投标管理；采购订单管理；采购合同管理；采购到货、验收与入库管理；供应商服务管理；供应商评测管理；业务信息的分析与决策支持；与供应商的信息交流和共享。

六、成本管理

“在企业内部，只有成本。”

——彼得·杜拉克（美国管理大师）

（一）供应链成本

供应链成本包括物料采购成本、订单管理成本、库存持有成本、与供应链相关的财务和计划成本，以及供应链管理信息系统成本。

（二）控制供应链成本的方法

控制供应链成本的方法是整合供应链，对供应链管理进行彻底革新，加强信息化力度。

（三）控制物流成本的方法

通过控制物流成本，也可以起到降低供应链成本的作用。

（1）通过采用物流标准化进行物流管理。

（2）通过提高对顾客物流服务的管理来降低成本。

（3）借助于现代信息系统的构筑降低物流成本。

（4）从流通全过程的视点来加强物流成本的管理。

（5）通过效率化的配送降低成本。

（6）通过削减退货来降低物流成本。

（7）降低直接的运输及配送费用。

（8）实现“零库存”的成本效应。

（9）优化资金流，提高企业的资金效率。

【思考与行动】

（1）“牛鞭”效应的产生原因和解决方法有哪些？

（2）你认为客户对企业的期望都有哪些？

第三节 技术系统

有效的供应链管理建立在高质量的信息传递和信息共享的基础之上，信息共享是供应链管理成功实施的关键。

“人类对事物的支配只建立在技术和科学之中。”

——培根（英国哲学家）

在当今的信息社会中，信息在各个方面、各个领域的作用越来越重要。供应链是由独立的企业为达到共同盈利的目的而组成的战略联盟，各企业均以自身利润最大化为目的。组织之间有可能存在目标冲突，因此统一协调不同的利益主体就成为供应链管理的目标之一。而且，供应链上的各企业地理分布不像纵向一体化时那样集中，这也会增加供应链的运作成本，降低供应链的效率。为解决这些问题，就必须加强供应链企业之间的信息沟通，实现整个供应链管理的一体化。这就需要把当今的管理理念、管理方法和现代信息技术、信息系统紧密结合起来，以当今的信息、网络技术为依托，改善供应链的性能，实现集成化、系统化的供应链管理。

一、信息技术

（一）条形码技术

条形码技术是在计算机的应用实践中产生和发展起来的一种自动识别技术。它是为实现对信息的自动扫描而设计的，是实现快速、准确而可靠地采集数据的有效手段。条形码技术的应用解决了数据录入和数据采集的“瓶颈”问题，为供应链管理提供了有利的技术支持。

1．条形码

条形码简称条码，由一组黑白相间、粗细不同的条状符号组成，条码隐含着数字信息、字母信息、标志信息、符号信息，主要用以表示商品的名称、产地、价格、种类等，是全世界通用的商品代码的表示方法（见图7–4）。条形码是一组黑白相间的条纹，这种条纹由若干个黑色的“条”和白色的“空”的单元所组成，其中，黑色条对光的反射率低而白色的空对光的反射率高，再加上条与空的宽度不同，就能使扫描光线产生不同的反射接收效果，在光电转换设备上转换成不同的电脉冲，形成可以传输的电子信息。由于光的运动速度极快，所以，可以准确无误地对运动中的条码予以识别。

1 037166 699991

图7–4　条形码示例

2．EAN 条形码与我国通用商品条形码

EAN 条码是国际上通用的通用商品代码，我国通用商品条码标准也采用 EAN 条码结构。主版是由 13 位数字及相应的条码符号组成，在较小的商品上也采用 8 位数字及相应的条码符号。

EAN 条码主要包括四个部分：

（1）前缀码。由三位数字组成，是国家的代码（我国为 690），是国际物品编码会统一决定的。

（2）制造厂商代码。由四位数字组成，我国物品编码中心统一分配并统一注册，一厂一码。

（3）商品代码。由五位数字组成，表示每个制造厂商的商品，由厂商确定，可标识十万种商品。

（4）校验码。由一位数字组成，用以校验前面各码的正误。

3．条形码识别装置

条码识别采用各种光电扫描设备，主要有以下几种：

（1）光笔扫描器。似笔形的手持小型扫描器（见图 7–5）。

（2）台式扫描器。固定的扫描装置，可手持带有条码的卡片或证件在扫描器上移动，完成扫描（见图 7–6）。

图 7–5　光笔扫描器

图 7–6　台式扫描器

（3）手持式扫描器。能手持使用和移动使用的较大的扫描器，用于静态物品扫描（见图 7–7）。

（4）固定式光电及激光快速扫描器。由光学扫描器和光电转换器组成，是现在物流领域应用较多的固定式扫描设备，安装在物品运动的通道边，对物品进行逐个扫描（见图 7–8）。

图 7–7　手持式扫描器

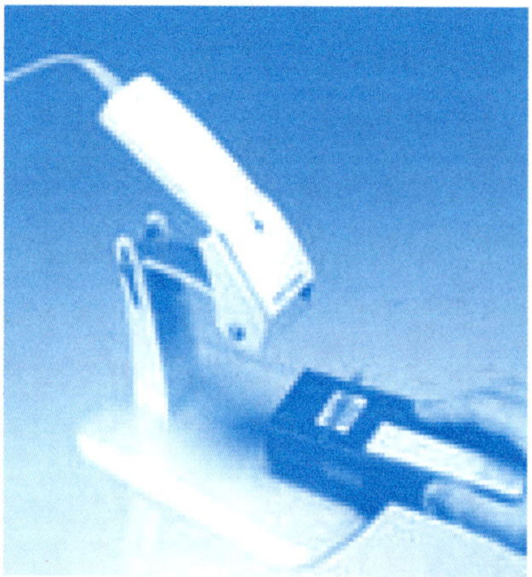

图 7–8　固定式光电及激光快速扫描器

各种扫描设备都有后续的电光转换、信息信号放大及与计算机联机形成完整的扫描阅读系统，完成电子信息的采集。

4. 条形码技术在供应链管理中的运用

（1）在物料管理方面。通过将物料编码，并且打印条形码标签，以便对物料进行跟踪管理，做到合理的物料库存准备，提高生产效率，使企业资金合理运用。

（2）在生产管理方面。通过产品标志条码在生产线上对产品生产进行跟踪，并采集生产产品的部件、检验等数据作为产品信息，当生产批次计划审核后建立产品档案。

（3）在仓库管理方面。利用条形码技术进行仓库管理，采集货物单件信息，更加准确地完成仓库出入库操作，处理采集数据，建立仓库的入库、出库、盘库、移库数据信息。

（4）在市场销售管理方面。利用条形码信息技术采集准确、及时、全面的销售数据信息，以便能够跟踪向批发商销售的产品品种和产品单件信息。

（5）在产品售后跟踪服务方面。通过产品条形码反馈产品售后维修记录，监督产品维修点信息，记录统计维修原因，建立和完善产品售后维修档案。

（二）射频识别技术

1. 简介

射频识别技术（radio frequency identification，RFID）实际上是自动识别技术在无线电技术方面的具体应用与发展。该项技术的基本思路是，通过采用一些先进的技术手段，实现人们对各类物体或设备在不同状态下的自动识别和管理。

射频识别系统主要由电子标签、阅读器、天线和相应的软硬件系统组成。其信息的传送距离由传送频率、电子标签、天线设计等因素决定。它借助于放置在物品上的电子标签，用阅读器来对标签进行扫描和读取，当天线与阅读器进行通讯时，把数字式通信信号转换为电波频率信号，将标签内的信息读出，然后将信息送入计算机系统。每个标签都具有独特的 ID 码和独特的信息，其数据容量比最大的二维码都要大得多。这些信息提供了物品所具有的各种描述，如商品的生产商、接受者、出发地、到达地、有效期限、采购日期、数量等。它无需光源就能读取数据，且读取方便快捷，甚至可以透过外包装来进行，有效识别距离更大。

2. 射频识别技术在供应链管理中的应用

（1）零售环节。零售行业采用射频标签可有效防止商品的丢失，降低丢失率，提高销售额。

（2）仓储环节。射频识别技术可以用来实现自动化的存货与取货等操作，增强作业的准确性和快捷性。

（3）运输环节。射频识别技术应用在运输车辆上，可以及时掌握在途货品，实时跟踪、监控运输车辆。

（4）配送分销环节。应用射频识别技术可以大大加快配送分销的速度，提高拣选作业与分发过程的工作效率。

（5）生产环节。应用射频识别技术可以实现自动化生产线的运作，完成在整个生产线上对原材料、零部件、半成品和产成品的识别跟踪。

（三）GIS 技术

1. GIS

GIS（geographic information system, 地理信息系统）是多种学科交叉的产物，它以地理空间为基础，采用地理模型分析方法，实时提供多种空间和动态的地理信息，是一种为地理研究和地理决策服务的计算机技术系统。

GIS 的基本功能是将表格型数据（无论它来自数据库，电子表格文件或直接在程序中输入）转换为地理图形显示，然后对显示结果浏览，操作和分析。其显示范围可以从洲际地图到非常详细的街区地图，显示对象包括人口、销售情况、运输线路以及其他内容。

2. GIS 技术在供应链管理中的应用

（1）建立车辆路线模型。在一对多收发货点之间存在着多种可供选择的运输路线，以货物运输的安全性、及时性、低费用为原则，要选择合理最优的运输方式和运输路线。

（2）建立设施定位模型。在既定区域内设立多少个仓库，每个仓库的位置，每个仓库的规模，仓库之间的物流关系，以及所有相关的设施位置等问题，运用此模型都能够较容易地解决。

（3）建立网络物流模型。网络物流模型用于解决寻求最有效的货物配送路径问题，也就是物流配送网点布局问题。

（4）建立分配集合模型。分配集合模型可以根据各个要素的相似点把同一层上的所有或部分要素分为几个组，用以解决确定服务范围和销售市场范围问题。

（四）GPS 技术

1. GPS

GPS（global positioning system，全球定位系统）是美国从 20 世纪 70

年代开始研制，于 1994 年全面建成，具有海、陆、空全方位实时三维导航与定位能力的新一代卫星导航与定位系统。

GPS 是由空间星座、地面控制和用户设备等三部分构成的。GPS 技术能够快速、高效、准确地提供点、线、面要素的精确三维坐标以及其他相关信息，具有全天候、高精度、自动化、高效益等显著特点，广泛应用于军事、民用交通（船舶、飞机、汽车等）导航、大地测量、摄影测量、野外考察探险、土地利用调查、精确农业以及日常生活（人员跟踪、休闲娱乐）等不同领域。

2. GPS 技术在供应链管理中的应用

（1）汽车运输定位与跟踪调度。车辆导航将成为未来 GPS 应用的主要领域之一。

（2）铁路运输。通过 GPS 与计算机网络实时收集全路列车、机车、车辆、集装箱及所运货物的动态信息，以实现对列车、货物的跟踪管理。

（3）军事物流。GPS 首先是因为军事目的而建立的，因此在军事物流中，如后勤装备的保障等方面应用相当普遍。

【案例 7－3】 GPS 系统战场上大发神威。

在美国发动的阿富汗战争中，地球上空悬挂的上百颗军事卫星史无前例地成了人类战争机器的核心。这场战争中常出现这样一个典型的场景：阿富汗的土地上，一名美军特种部队士兵发现了一处塔利班目标，于是用便携式全球卫星定位系统接收仪计算目标的位置和规模，并通过卫星电话告之远在佛罗里达的指挥中心。随后，一架“捕猎者”无人驾驶侦察机会前往目标地点，拍摄并实时传输回现场录像。指挥部批准轰炸后，在战区附近近 1 万米高空巡航的 B-52 轰炸机飞行员就会将 GPS 数据输入“聪明炸弹”，炸弹投放后会利用自带的 GPS 接收仪校准飞行轨迹，直奔目标，误差不超过几米。这整个过程只需要几分钟时间，而在过去的战争中，则需要花上几天。

难怪，以国防部长拉姆斯菲尔德为首的一批美国国防部官员纷纷表示，如果空间武器要在未来战争中发挥更重要的作用，就必须取得“空间控制权”。防卫战略专家关心的不仅是在全球范围内监视敌人的行动和从太空发动攻击，更希望在太空中抢占“战略高地”，把对手排除在空间优势之外。而科学家考虑的更多的是提高GPS的抗干扰能力，提高打击目标精度，现有的全球卫星定位系统向所有的军用和民用用户无差别地提供导航定位信息，而研究中的第三代GPS技术向不同用户所提供的信号则是分层次的，区分民用和军用的，这将使敌人更难对军用信息进行干扰。“GPS-研究计划”将在10年内发展出能使现有设备发射很难干扰的高能集束信号的技术。

（五）EDI技术

1. 起源

过去，国际贸易活动是一个十分复杂的贸易行为与商务过程，贸易链通常从订货开始，然后是运输，最后是货款支付。仅以出口贸易为例，涉及选择市场和客户、出口贸易洽谈、签订合同、履行合同四个阶段。特别是在合同履行过程中，涉及备货、领证、排载、报关、报检、装船、投保、议付、结汇、退税、索赔等环节。由于整个贸易活动涉及众多的参与方，业务流程错综复杂，形成了以商务链、金融链、物流链和政务链为特征的国际贸易价值链体系。

据英国贸易和产业部门2000年的调查研究显示，许多国家的贸易程序以大量的导致延迟、高成本和低效率为特征，例如，在国际贸易中执行程序的全球平均费用达到国际贸易总值的7%～10%，用于国际贸易单证文件的处理费用占国际贸易总成本的30%。特别是20世纪80年代后期，由于工业、交通与通信的发展，产业结构的调整，资本的流动与转移，跨国公司的飞速发展，极大地推动了国际贸易的发展、促进了经济全球化。全球贸易额的增长率明显高于世界经济增长率，全球贸易额的上升进一步带来了各种贸易单证、纸面文件的激增。国际贸易活动的复杂性、程序上的低效率运转，特别是纸面单证处理的低效率成了阻碍贸易发展的一个突出因素。

为了提高贸易效率，降低贸易成本，国际社会和世界各国十分重视利用技术进步手段变革传统纸面单证体系。早在 20 世纪 70 年代，联合国等国际组织就在纸面单证的标准化和简化方面开展了大量工作。80 年代后期，随着个人计算机的出现，贸易参与方将单证标准化与电脑制单相结合，以计算机网络通信和数据标准化为特征的 EDI 技术应运而生。此后，以微电子技术、通信技术、计算机技术为核心的高新技术迅速发展，使单纯的 EDI 转化为 Open-EDI、Web-EDI，为整个贸易链实现从传统纸面单证体系向电子单证体系转化提供了重要的技术手段。

EDI（electronic data interchange，电子数据交换）是将贸易、运输、保险、银行和海关等行业的信息，用一种国际公认的标准格式，形成结构化的事务处理的报文数据格式，通过计算机通信网络，使各有关部门、公司与企业之间进行数据交换与处理，并完成以贸易为中心的全部业务过程。EDI 系统主要由三个要素构成：EDI 软件和硬件、通信网络、数据标准化。

2．EDI 标准体系

早期的 EDI 标准，只是由贸易双方自行约定，随着使用范围的扩大，出现了行业标准和国家标准，最后形成了统一的国际标准。国际标准的出现大大地促进了 EDI 的发展。

EDI 标准体系是在 EDI 应用领域范围内的、具有内在联系的标准组成的科学有机整体，它由若干个分体系构成，各分体系之间又存在着相互制约、相互作用、相互依赖和相互补充的关系。我国根据国际标准体系和我国 EDI 应用的实际以及未来一段时期的发展情况，制定了 EDI 标准体系，以《EDI 系统标准化总体规范》作为总体技术文件。根据该规范，EDI 标准体系分基础、单证、报文、代码、通信、安全、管理应用七个部分。

3．EDI 的工作流程

EDI 的工作流程如图 7-9 所示。

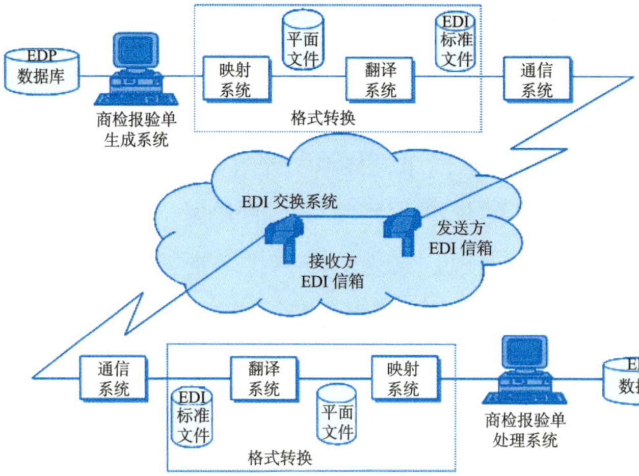

图 7-9　EDI 的工作流程

（1）发送方生成原始报文。数据的发送方在自己的应用系统中对来自于数据库或通过输入设备输入的数据进行数据的编辑处理，生成原始单据格式的报文。

（2）进行数据映射。发送方使用 EDI 映射软件将原始单据格式的报文转换为平面文件。

（3）进行数据翻译。发送方使用翻译软件将平面文件转换为 EDI 标准格式的报文。

（4）发送方对报文加封。发送方计算机自动在报文外层加上通信交换信封。

（5）发送 EDI 报文。发送方通过通信软件将标准格式的报文发送到增值服务网络或直接传给对方用户。

（6）接收方收到 EDI 报文后进行反向处理。接收方在收到 EDI 标准报文后，进行相反方向的处理，最后生成接收方应用系统能够处理的文件格式。

（7）接收方应用系统进行数据处理。接收方对所收到的报文使用应用系统进行收阅处理。

4．EDI 技术在供应链管理中的应用

不同行业可以针对本身营业特性应用 EDI 技术，以处理订购、进货、接单、出货、配送、对账及转账等业务，如零售商利用 EDI 技术处理进货、对账、转账等业务，而批发商除上述业务外，还可以应用 EDI 技术处理接单及出货。

二、信息系统

（一）快速反应系统（QR）

1．来源

从 20 世纪 70 年代后期开始，美国纺织服装的进口急剧增加，到 80 年代初期，进口商品大约占到纺织服装行业总销售量的 40%。针对这种情况，美国纺织服装企业一方面要求政府和国会采取措施阻止纺织品的大量进口，另一方面进行设备投资来提高企业的生产率。但是，即使这样，进口纺织品的市场占有率仍在不断上升，而本地生产的纺织品市场占有率却在连续下降。为此，一些主要的经销商成立了“用国货为荣委员会”，一方面通过媒体宣传国产纺织品的优点，采取共同的销售促进活动，另一方面，委托零售业咨询公司 Kurt salmon 从事提高竞争力的调查。Kurt salmon 在经过了大量充分的调查后，建议零售业者和纺织服装生产厂家合作，共享信息资源，建立一个快速反应系统来实现销售额增长。

“这个世界上，没有大的打败小的，只有快的打败慢的。”

——约翰·钱伯斯（思科公司首席执行官）

2．概念

快速反应（quick response，QR）是指通过零售商和生产厂家建立良好的伙伴关系，利用 EDI 等信息技术，进行销售时点以及订货补充等经营信息的交换，用多频率、小数量配送方式连续补充商品，用来实现销售额增长、客户服务最优化以及库存量、商品缺货、商品风险和减价最小化目标的一个物流管理系统模式。

"新经济时代，不是大鱼吃小鱼，而是快鱼吃慢鱼。"

——约翰·钱伯斯（思科公司首席执行官）

3．阶段

在美国，实施 QR 分为三个阶段：

（1）对所有的商品单元条码化，利用 EDI 传输订购单文档和发票文档。

（2）增强内部业务处理功能，采用 EDI 传输更多的文档，如发货通知、收货通知等。

（3）与贸易伙伴密切合作，采用更高级的策略，如联合补货系统等，对客户的需求做出迅速的反映。

4．作用

通过实施 QR 策略，商品的供应商和零售商为客户提供了更好的服务，同时也减少了整个供应链上的非增值成本。

"速度就是一切，它是竞争不可或缺的因素。"

——杰克·韦尔奇（通用电器公司总裁）

（二）有效客户反应系统（ECR）

1．含义

有效客户反应（efficient consumer response，ECR）是一个生产厂家、批发商和零售商等供应链组成各方相互协调和合作，以更好、更快及以更低的成本满足消费者需要为目的的供应链管理策略。

2．原则

应用 ECR 时必须遵守以下 5 项指导原则：

（1）ECR 的目的是以低成本向消费者提供高价值服务。

（2）ECR 要求供需双方关系必须从传统的赢输型交易关系向双赢型联盟伙伴关系转化。

（3）及时准确的信息在有效地进行市场营销、生产制造、物流运送等决策方面起重要作用。

（4）ECR 要求从生产线末端的包装作业开始到消费者获得商品为止的整个商品移动过程产生最大的附加价值，使消费者在需要的时间能及时获得所需要的商品。

（5）ECR 要求建立共同的成果评价体系，要求在供应链范围内进行公平的利益分配。

3. 构建

构建 ECR 系统的具体目标，是实现低成本的流通、基础关联设施的建设、消除组织间的隔阂、协调合作满足消费者的需要。组成 ECR 系统的技术要素主要有信息技术、物流技术、营销技术和组织革新技术（见图 7-10）。

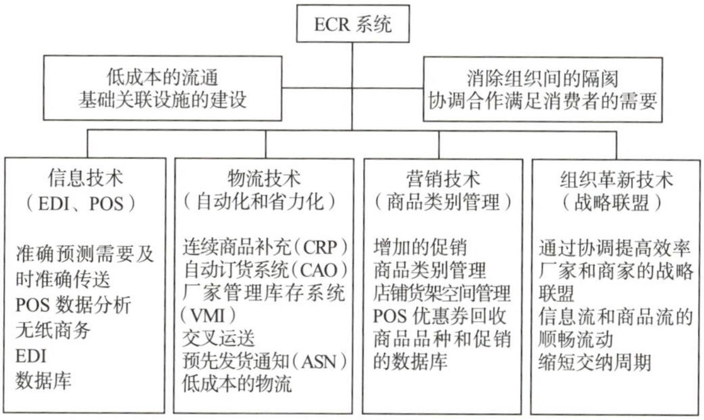

图 7-10　组成 ECR 系统的技术要素

（1）信息技术。ECR 系统应用的主要信息技术有电子数据交换（EDI）和销售时点信息（POS）。

（2）物流技术。ECR 系统要求及时配送和顺畅流动。实现这一要求的方法有连续补充计划（CRP）、自动订货（CAO）、预先发货通知（ASN）、厂家管理库存（VMI）、交叉配送（CD）、店铺直送（DSD）等。

（3）营销技术。在 ECR 系统中采用的营销技术主要是商品类别管理和店铺货架空间管理。

（4）组织革新技术。应用 ECR 系统不仅需要组成供应链的每一个成员紧密协调和合作，还需要每一个企业内部各个部门间紧密协调和合作，因此成功地应用 ECR 需要对企业的组织体系进行革新。

（三）电子订货系统（EOS）

1. 含义

电子订货系统（electronic ordering system，EOS）是指企业间利用通信网络和终端设备以在线连接方式进行订货作业和订货信息交换的系统。EOS 按应用范围可分为企业内的 EOS（如连锁店经营中各个连锁分店与总部之间建立的 EOS 系统），零售商与批发商之间的 EOS 系统以及零售商、批发商和生产商之间的 EOS 系统。

2. 规划

导入电子订货系统需要规划以下问题：

（1）选择加入的社会配套信息管理系统。

（2）与交易对象共同建立 EOS 运作规范。

（3）建立标准的商品代号与企业代号。

（4）建立商品订货簿和货架卡。

（5）建立标准的订货模式。

（6）建立商品交易档案。

（7）货架卡定位。

（8）建立统一的传票。

（9）作业人员教育培训。

（10）导入测试。

（四）订单处理系统（OPS）

订单处理系统（order processing system，OPS）是对企业订单进行跟踪处理的系统，它的主要功能包括项目管理、订单管理、售后服务、人员管理和系统维护。

企业的营运方式可分为订单生产方式和存货生产方式两类。订单生产方式是以客户的订单来组织生产，基本上库存为零，或者只能给客户提供参考样品。存货生产方式则是根据销售部门对市场的预测得出的结论来组织生产，销售人员销售的是已经生产出来的产品。

订单生产方式的订单处理流程如下：

（1）销售部在同意客户订单之前，必须了解生产部门的生产设计能力，获得生产部门的确认。

（2）销售部在接到客户的订单样品及询价后，将样品交由设计部门设计打样。

（3）市场部根据制作完成的产品样品，与生产部门讨论制造流程及可能需要的生产日程后，拟定样品成本分析报告，呈报总经理核准。

（4）销售部将制作完成的产品样品及设计图样交给客户，由其认可并商议交货期。

（5）客户同意交货期，并同意接受所制成的样品后，则由销售部组织报价工作。

（6）若客户对样品不满意，则由设计部门依据客户意见，再予修改。

（7）若客户不同意交货期，则由销售部与生产部及实际生产作业部门研究后，再与客户洽商。

（8）客户同意样品及交货期后，销售部根据样品成本分析报告，再加上运费、保险费等各项费用及预期利润，算出售价，并列表呈总经理核准。

（9）总经理同意并签字后，由销售部负责承办人员向客户报价。

（10）若客户接受报价，销售部接到客户正式订单后，首先检查订单各项条件齐全与否，订购内容是否清楚，若有涂改应盖章注记。

【思考与行动】

（1）你认为实施 QR 的成本主要有哪些？

（2）应用 ECR 时必须遵守哪些基本原则？我们在平时开展工作时如何建立好一个完整的 ECR？

第四节 绩效评价

在供应链管理中，为了能够使供应链健康发展，科学、全面地分析和评价供应链的运营绩效，就成为一个非常重要的问题。

"品牌与品牌之间的竞争，其实就是品牌背后的供应链之间的竞争。"

——郑渝生（长江商学院副院长）

任何管理工作都要通过对该工作产生的效果进行度量和评价，以判断这项工作的绩效及其存在的问题。而供应链绩效评价既是判别供应链有效性的基本手段，也是供应链绩效改进的基本前提。

"从投资收益的角度上看问题，工作干得越多，公司效益越差。公司的政策不应是按劳取酬，而应是按劳动的结果取酬。"

——刘积仁（东软股份董事长）

一、基础知识

（一）绩效评价

绩效评价是指运用一定的技术方法，采用特定的指标体系，依据统一的评价标准，按照一定的程序通过定量、定性对比分析，对业绩和效益做出客观、标准的综合判断，真实反映现实状况，预测未来发展前景的管理控制系统。

（二）供应链绩效评价

1. 内容

供应链绩效评价的内容包括内部绩效评价、外部绩效评价和供应链整体绩效评价三个方面。

内部绩效评价主要是对供应链上的企业内部绩效进行评价，主要包括成本、顾客服务、生产率、资产和质量。

外部绩效评价主要是对供应链上企业之间运营状况的评价，主要包括用户满意程度和最佳实施基准。

供应链整体绩效评价主要包括成本、顾客服务、时间和资产。

"无法评估，就无法管理。"

——琼·玛格丽塔（美国管理学家）

2. 作用

供应链绩效评价在供应链管理中的作用主要表现在以下几点：

（1）有利于消除和减少由于主观因素带来的不公正、不全面、不客观现象。

（2）有利于及时发现供应链运作过程中存在的问题，为供应链管理的合理性和可行性提供依据。

（3）有利于帮助供应链节点企业树立正确的价值观和行为取向，尽可能减少供应链总成本。

（4）有利于监督和控制供应链运营的效率，充分发挥供应链管理的作用。

3. 原则

供应链绩效评价应遵循关键性、实用性、全面性、动态性、针对性、系统性、科学性和发展性的原则。

二、影响因素

（一）供应链绩效评价的外部影响因素

（1）行业特征。不同行业供应链管理的内容和方法都有所不同，因此，其绩效评价的侧重点也有所不同。

（2）竞争者。竞争者的技术优势、产品以及流程的革新、人力资源的整合都会成为影响供应链绩效的因素。

（3）技术。技术的进步使得在以往实践中难以实施的绩效评价变得可行和容易。

（4）顾客。顾客作为供应链的市场导向和利润来源，是供应链绩效评价的主要驱动因素。

（5）经济及社会环境。经济压力通常会迫使供应链降低成本以面对世界范围的竞争，而良好的供应链管理可以帮助降低成本。社会环境的变化对于形成与供应商的伙伴关系也会产生重要的影响。

（二）供应链绩效评价的内部影响因素

（1）流程机制。供应链因其产品、服务和客户的分布特点，在业务流程的设计上会有不同的策略。

（2）合作伙伴。过去，由于供应链内部各个企业缺乏战略性合作意识，他们之间的关系往往被认为是互不相关的。

（3）组织结构。不同的供应链结构在产品制造和业务流程上的差异，直接决定着对供应链绩效目标的要求。

（4）供应链战略。供应链绩效是战略执行的结果，绩效评价要求与战略目标相一致，以反映出供应链战略的执行效果。

（5）企业在供应链中的位置。企业在整体供应链运作中所处的层次不同，绩效评价的要求也是不同的。

“你不能衡量它，就不能管理它。”

——彼得·杜拉克（美国管理大师）

三、评价模型

（一）平衡计分卡

1．含义

平衡计分卡（balanced score card，BSC）是一个对企业长期战略目标进行综合评价的方法，同时也是一个从价值和战略的角度，对企业各个部门和员工的绩效进行评价和引导，以便形成正确的决策，共同为实现企业的战略价值而努力的管理体系。

平衡计分卡中的“平衡”是指在以下四个方面保持平衡：

（1）在长期与短期目标之间保持平衡。

（2）在外部计量和关键内部计量之间保持平衡。

（3）在所求的结果和这些结果的执行动因之间保持平衡。

（4）在客观性测量和主观性测量之间保持平衡。

2．内容

平衡计分卡的内容包括以下四个方面：

（1）财务指标。财务指标主要包括收入增长指标、成本减少或生产率提高指标和资产利用或投资战略指标。当然，也可以根据企业的具体要求，设置更加具体的指标，如经济增加值、净资产收益率、资产负债率等。

（2）客户指标。客户指标主要包括：市场份额，即在一定的市场中企业销售产品的比例；客户保留度，即企业继续保持与老客户交易关系的比例；客户获取率，即企业吸引或获得新客户的数量或比例；客户满意度，即反映客户对其从企业获得价值的满意程度；客户利润贡献率，即企业为客户提供产品或劳务后所获得的利润水平。

（3）内部业务流程指标。内部业务流程指标主要包括：评价企业创新能力的指标，如新产品开发所用的时间、新产品销售额在总销售额中所占的比例、比竞争对手率先推出新产品的比例等；评价企业生产经营的指标，如产品生产时间和经营周转时间、产品和服务的质量、产品和服务的成本等；评价企业售后服务的指标，如企业对产品故障的反应时间和处理时间、售后服务的一次成功率、客户付款的时间等。

（4）学习与成长指标。学习与成长指标主要包括：评价员工能力的指标，如员工满意程度、员工保持率、员工工作效率等；评价企业信息能力的指标，如信息覆盖率、信息系统反映时间、接触信息系统的途径等；评价激励、授权与协作的指标，如员工所提建议的数量、所采纳建议的数量、个人和部门之间的协作程度等。

3．步骤

企业实施平衡计分法的具体步骤如下：

（1）建立公司的远景与战略。

（2）在企业的高级管理层中对公司的远景及战略达成共识。成立平衡计分卡小组或委员会去解释公司的远景和战略，并确立财务、顾客、内部业务、学习与成长四个方面的具体目标。

（3）为四个方面的具体目标确定最具有意义的业绩衡量指标。

（4）加强企业内部沟通与教育。

（5）确定每年、每季、每月的业绩衡量指标的具体数字，并与公司的计划和预算相结合。

（6）将每年的报酬奖励制度与平衡计分卡挂钩。

（7）经常采纳员工意见修正平衡计分卡衡量指标并改进公司战略。

（二）供应链运作参考模型（SCOR）

1．含义

供应链运作参考模型（supply chain operations reference model，SCOR）是由国际供应链协会开发支持，适合于不同工业领域的供应链运作参考模型。SCOR 是第一个标准的供应链流程参考模型，是供应链的诊断工具，它涵盖了所有行业。SCOR 使企业间能够准确地交流供应链问题，客观地评测其性能，确定性能改进的目标，并影响今后供应链管理软件的开发。SCOR 模型主要由供应链管理流程的一般定义、对应于流程性能的指标基准、供应链“最佳实施”的描述以及选择供应链软件产品的信息四个部分组成。

2. 结构

SCOR 按流程定义可分为三个层次，每一层都可用于分析企业供应链的运作。SCOR 的第一层描述了计划、采购、生产、配送和退货五个基本流程，它定义了 SCOR 的范围和内容，并确定了企业竞争性能目标的基础（见图 7-11）。

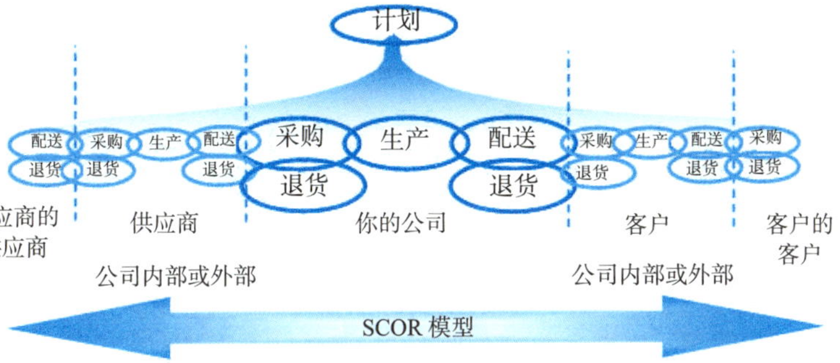

图 7-11 SCOR 流程

（1）计划。包括需求 / 供应计划。

（2）采购。包括寻找供应商 / 物料收取，原材料仓库管理，原材料运送和安装管理和采购支持业务。

（3）生产。包括生产运作和生产支持业务。

（4）配送。包括订单管理，产品库存管理，产品运输安装管理和配送支持业务。

（5）退货。包括原料退回和产品退回。

3. 应用

SCOR 在供应链绩效评价中的应用有以下优点：

（1）提供了一个标准化模型对各行业的供应链可以通用，提供了一个供应链绩效评价比较分析的平台。

（2）给出了基于业务流程的供应链绩效评价角度。

（3）提供了业务流程的分解方法，在绩效目标及指标上建立了相应的联系。

（4）强调供应链绩效评价与供应链实践相结合。

（5）为供应链绩效评价信息系统化做出了有益的尝试。

（三）标杆法

1. 含义

标杆法就是将那些出类拔萃的企业作为企业测定基准，以它们为学习的对象，争取赶上并进而超过之。一般来说，标杆法除要求测量相对于最好公司的企业的绩效外，还要发现这些优秀公司是如何取得这些成就的，利用这些信息作为制定企业绩效目标、战略和行动计划的基准。

2. 类型

（1）战略性标杆法，就是一个企业的市场战略与其他企业的市场战略进行比较，从而获得占领先地位企业的市场战略。

（2）操作性标杆法，就是以职能性活动的各个方面为重点，找出有效的方法，以便在各个职能上都能取得最好成绩。

（3）支持活动性标杆法，就是企业内的支持功能应该显示出比竞争对手更好的成本效益，可以控制内部间接费用和防止费用的上升。

3. 实施

罗伯特·坎普（Robert Camp）提出了标杆法实施的5个阶段：

（1）计划阶段。在该阶段中，企业要提出哪些产品或者职能需要实施标杆法，选择哪一企业作为标杆目标，需要什么样的数据和信息来源等。

（2）分析阶段。该阶段的主要工作是数据和信息的收集与分析。企业必须分析为什么被定为标杆的企业更好一些，它在哪些方面真正是优秀的，标杆企业与本企业的差距到底有多大，怎样把标杆企业的成功经验用于本企业的改进上来等问题。

（3）整合阶段。就是将标杆实施中的新发现，在组织内进行沟通，使有关人员了解和接受这些新的发现，然后基于新发现建立企业的运作目标和操作目标。

（4）行动阶段。确定项目、子项目负责人，具体落实绩效标杆计划和目标，建立一套报告系统，能够对计划和目标进行修正和更新。

（5）正常运作阶段。这一阶段，企业的标杆成为制定绩效计划、绩效目标的方法。

（四）物流计分卡

物流计分卡由国际物流资源公司开发，它包括一套集成的绩效指标：物流财务绩效指标，物流生产率绩效指标，物流质量绩效指标和物流循环时间绩效指标。

四、指标体系

（一）指标体系构建的原则

指标体系构建的原则为重点性、通用性、成长性、实用性、效益性和可操作性。

“你设立什么样的指标，就得到什么。”

——六西格玛管理

（二）供应商绩效评价指标

（1）产品质量。主要有产品合格率、返修退货比率、产品全面质量管理情况和产品质量体系认证情况。

（2）产品价格。主要有价格竞争优势和产品运输费用率。

（3）产品交货。主要有准时交货率、订货满足率、接受紧急订货的能力和应对突发事件的能力。

（4）财务状况。主要有流动比率、总资产报酬率和资产负债率。

（5）市场影响力。主要有销售增长率和市场占有率。

（6）技术开发能力。主要有科研费用率、新产品销售比率、主要产品的核心优势和企业的信息化水平。

（三）分销商绩效评价指标

（1）服务可靠性。主要有准时交货比率、失去销售率、顾客满意度和顾客抱怨比率。

（2）市场营销能力。主要有老顾客保有率、新顾客增长率和市场占有份额。

（3）财务状况。主要有总资产报酬率、总资产周转率、销售净利率和销售增长率。

（4）信息处理能力。主要有信息的时效性和信息传递失真率。

（5）企业信誉。主要有还贷信誉、履行合约率和行业地位。

（四）核心企业绩效评价指标

（1）与供应商的关系。主要有订单变动率、应付账款周转期和信息共享程度。

（2）企业内部。

1）产品。主要有产品合格率、返修退货比率、产品全面质量管理情况和产品质量体系认证情况。

2）财务状况。主要有总资产报酬率、总资产周转率、存货周转率、利润增长率和资产负债率。

3）协调水平。主要有资金周转时间、产需率、库存闲置率和有效提前期率。

4）发展能力。主要有员工平均培训费用，新产品销售比率和研究开发投资率。

（3）与销售商的关系。主要有准时响应比率、新产品柔性和信息共享程度。

【思考与行动】

（1）请你谈一下对标杆法的认识。

（2）你认为核心企业绩效评价指标还应有哪些？

第五节 发展趋势

伴随着经济全球化，企业经营国际化的趋势愈来愈明显。用户需求更加突出个性化，导致不确定性不断增加。高新技术的迅猛发展提高了生产效率，也缩短了产品的生命周期，加剧了市场竞争的激烈程度。这些都对供应链管理的发展趋势产生了重要的影响。

“并不是最强悍的物种或者最聪明的物种才能生存下来，而是最能适应改变的物种能生存下来。”

——达尔文（英国生物学家，进化论的奠基人）

达尔文的这句名言向我们展示了物竞天择、适者生存、优胜劣汰的道理。事实上，供应链管理也是如此，企业只有适应供应链管理的发展趋势，及时地对自身的供应链进行相应的改进，才能保证企业在供应链的竞争上始终处于有利的地位，从而使企业在残酷的市场竞争中占据优势。

一、全球化供应链管理

（一）内涵

全球化供应链管理就是要求以全球化的观念，将供应链系统延伸至整个世界范围，在全面、迅速了解世界各地消费者需求偏好的同时，对其进行计划、协调、操作、控制和优化，在供应链中的核心企业与其供应商以及供应商的供应商、核心企业与其销售商乃至最终消费者之间，依靠现代网络信息技术支撑，实现供应链的一体化和快速反应运作，达到物流、价值流和信息流的协调通畅，以满足全球消费者的需求。

（二）我国企业构建全球化供应链管理的思路

（1）选择合适的供应链管理模式。根据节点企业在供应链中所处的位置不同，供应链管理模式可以分为以分销商/制造商作为核心企业的模式、以产品/服务供应者作为核心企业的模式、以制造企业作为核心企业的模式和以建立一个协调中心为主体的模式四种。不同的企业，在组建或者加入全球化供应链的时候，应该根据自己的特点，选择合适的供应链管理模式。

（2）全球化供应链的合作准则。全球化供应链的合作准则是客户至上、核心专注、利益共享、风险共担、信任沟通和整体运作。

（3）全球化供应链的构建步骤：

1）分析内部和外部的环境；

2）寻找目标企业；

3）企业核心能力的识别；

4）建立组织成员评价标准；

5）成立全球化供应链委员会；

6）选定目标企业；

7）建立战略联盟。

二、电子供应链管理

“二十一世纪要么电子商务，要么无商可务。”

——比尔·盖茨（微软公司创始人）

（一）电子商务

事实上，电子商务并非是一种刚诞生的事物。早在20世纪70年代，电子数据交换和电子资金传送作为企业间电子商务应用的系统雏形，已经出现。多年来，大量的银行、航空公司、连锁店及制造企业已建立了供方和客户间的电子通信。这种方式加快了供方的业务处理速度，有助于实现最优化管理，使得操作更有效率，并提高了对客户服务的质量。但早期的解决方式都是建立在大量功能单一的专用软硬件设施的基础上，因此使用价格极为昂贵，只有大型企业才能应用。

Internet 的兴起为电子商务的发展奠定了基础。根据统计，在网上银行做一次资金交割，其成本只有柜台交割的 13%。Internet 的发展在环境、技术和经济上都为电子商务创造了有利的条件，电子商务作为 Internet 的一项最为重要的应用呈现在人们的眼前。

“电子商务代表着未来贸易的发展方向。”

——江泽民（前国家主席）

电子商务（electronic commerce，EC）通常是指在因特网开放的网络环境下，基于浏览器 / 服务器应用方式，买卖双方进行各种商贸活动，实现消费者的网上购物、商户之间的网上交易和在线电子支付以及相关综合服务活动的一种新型商业运营模式。电子商务涵盖的范围很广，一般可分为企业对企业（BtoB），企业对消费者（BtoC）和消费者对消费者（CtoC）三种模式。随着国内 Internet 使用人数的增加，利用 Internet 进行网络购物并以银行卡付款的消费方式已逐渐流行，市场份额也在快速增长，电子商务网站更是层出不穷。

（二）电子供应链

电子供应链就是与电子商务相结合的建立在网络上的供应链，也称为虚拟供应链。

电子供应链主要有以下几个特点：集成性、动态性、信息的实时共享性、集优性和简洁性。

（三）电子供应链管理

电子供应链管理（electronic supply chain management，eSCM）是指以电子商务等信息技术为手段，对企业的整个组织流程进行管理和改进的思想和方法。

电子供应链管理最核心的思想主要表现在三个方面，即供应链管理模式的“CEO”，其中C就是协同商务（collaborative commerce），E即电子企业（E-business），O即业务外包（outsourcing）。

（1）协同商务。传统企业的发展都是按照纵向的思维方式进行，常见的说法是“大而全、小而全”。而协同商务是从封闭、纵向思维方式向横向、开放思维方式转变。供应商、制造商、分销商、零售商和服务商以互惠互补为原则，共同面对市场竞争，企业的定位从企业自身向供应商、制造商、顾客三位一体转变，现在的商业原则已经变成协调、竞争和合作。对于中国企业而言，实施协同商务必须具备四个条件：

1）在行业有相当的规模和主导地位。

2）企业一定要有创新的管理团队和良好的商誉。

3）要有很好的企业文化和沟通机制。

4）专业化的支持。

（2）电子企业。电子企业是实施电子供应链管理的首要前提，如果企业内部都不能完成信息化，是不可能在企业间进行电子信息交互的。作为电子企业，必须具备三个E系统：第一个是企业信息管理系统（EIP），第二个是企业资源管理系统（ERP），第三个是电子供应链管理系统（ESCM）。

（3）业务外包。业务外包的实质就是利用他人的资源，包括利用他人的智慧、时间和资金三个方面。

【案例7-4】 春兰优化电子供应链。

2005年，春兰借助网络优势，使各类原材料、配件及产品的物流速度较2004年同期提高了5倍，物流区域半径也相应扩大了近5倍。

通过把自建的物流网络与Internet结合起来，在Internet上开展网上业务委托、网上产品跟踪、网上储运管理等项目，构建长途运输与短途配送相结合，专业运输与社会运力相结合，大批量、远距离运输与多品种、小批量、高频率配送相结合的综合物流体系，春兰的网上物流已越

"流"越快。

从2004年开始，春兰就对配件和产品的储存、配送、运输等纵向物流系统，以及查询、调度、结算等横向物流系统进行了整合，使各种有效资源的作用得以充分发挥。例如，春兰在北京、石家庄、上海、南京、杭州、西安等27个重点城市建立了中转型配送中心，构筑了以这些城市为龙头、形成圆形辐射、无时空限制的大区域物流网络；与此同时，对原有的电子商务进行技术改造，采用电子订货和电子数据交换等先进的信息处理系统，将产品的需求、生产和流动有机地联系在一起。通过这种整合，春兰不仅可以制定出最佳的产品库存数量、存货地点、配送运输等物流计划，优化自身效益，而且能够在准确的时间、准确的地点、以快捷的方式和恰当的价格将产品送达经销商和消费者手中。

强化以电子商务为基础的供应链管理，推动传统物流向消费末端延伸，是春兰网上物流得以加快的根本所在。近年来，春兰一方面不断加大物流建设的投入，锻造环环紧扣、运行高效的供应链；另一方面致力于向用户提供一种低成本、连贯性、自始至终的服务，目前，这种服务已见成效，用户不管在何地，均能以最快速度完成春兰产品的订购、运输和提货等物流全过程。

三、绿色供应链管理

"生存得最好的生物是对周围环境最有利的生物。"

——赫伯特·西蒙（诺贝尔经济学奖得主）

绿色供应链是一种在整个供应链中综合考虑环境影响和资源效率的现代管理模式，它以绿色制造和供应链管理技术为基础，将绿色意识渗透到整个供应链中的各个企业、部门及个人，注重对环境的保护，促进经济与环境的协调发展，是社会和企业实现可持续发展的一条有效途径。

（一）含义

绿色供应链管理（green supply chain management，gSCM）又可称为环境意识下的供应链管理，是指导入全新的设计理念，对产品开发与设计、原材料采购、生产组织、分销供应直至最终消费、废弃物回收再利用的整个供应链过程进行生态设计，通过供应链中各企业之间以及企业内部各部门之间的紧密协作，使得整个供应链系统在内外部环境管理方面实现最优化的协调统一。

（二）特点

（1）绿色供应链管理是“通向未来”的供应链管理模式。因为未来的发展趋势就是要坚持可持续发展、满足环保要求，以社会生态市场营销为发展理念。

（2）绿色供应链管理是“全过程”的绿色化管理，包括上游的供应商和下游的分销商都需要进行绿色化管理。

（3）绿色供应链管理的核心是“生态管理”视角下的协调与合作。

（三）内容

绿色供应链管理是以可持续发展作为指导思想，其目的是使整个供应链实现绿色环保、节能高效。绿色供应链管理包括以下内容。

1．绿色设计

绿色设计是指产品在原材料获取、生产、运输、使用和处置等整个生命周期中充分考虑生态、人类健康和安全的产品设计原则和方法。它旨在从源头上防止污染，从可持续发展的高度审视产品的整个生命周期，在设计阶段就充分考虑到产品在制造、销售、使用及报废后回收、再用以及处理对环境的各种影响。

2．绿色材料

绿色材料是指制造和生产过程中能耗低、噪声小、无毒性，并对环境无害的材料和材料制成品。绿色材料在制造、使用以及用后处置等生命周期的各个阶段，应具有最大的资源利用率和最小的环境影响。

3. 绿色生产

绿色生产是指对生产过程、产品及服务采用污染防御的策略来减少污染物的产生，以期增加生产效率，减少或降低人类和环境的风险。绿色生产的实现途径主要包括：改变原材料投入，副产品的利用，回收产品的再利用，以及对原材料的就地再利用；改变生产工艺或制造技术，改善工艺控制，对原有设备进行改造，将各类风险以及对生态环境的损害减小到最低限度；加强生产管理，推行清洁生产，有效地减少环境污染、节约资源能源。

4. 绿色营销

绿色营销是指供应链上各企业在市场调查、产品研制、产品定价、产品促销等整个营销活动中，都以维持生态平衡、重视环保的绿色理论为指导，使企业的发展与消费者和社会的利益一致。绿色营销的具体内容包括：收集绿色信息，作为企业实施绿色营销的重要依据；研究绿色产品，除了对绿色产品材料的选择、产品功能结构和工艺过程进行研究以外，还要考虑产品包装与运输方式、产品的使用及产品废弃物的处理等环节对环境的影响；重视绿色促销，在社会公众中树立良好的绿色形象，扩大企业的绿色影响，并做好绿色营销渠道和绿色定价等相关因素的组织工作。

5. 绿色消费

绿色消费是指消费者尽量使用环保产品、服务，对使用后易造成环境危害的产品进行妥善处置等。具体而言，绿色消费主要包括三个方面的内容，即消费无污染的产品、消费过程中尽量避免对环境造成污染、自觉抵制那些破坏环境的产品。

6. 绿色回收

绿色回收是指企业及时收回有技术缺陷的产品、废旧产品、包装物等，以最大限度地降低资源浪费和环境污染，并力求整个回收过程不给环境和社会造成危害。产品的回收在其生命周期中占有重要的位置，正是通过各种各样的回收策略，产品的生命周期形成了一个闭合的回路。

（四）实施

绿色供应链管理的实施需要考虑以下几个问题：

（1）企业应与供应商或分销商结成战略合作伙伴关系。不管是供应链中前向的供应商还是后向的分销商，从某种程度上说都是核心企业的战略伙伴，并且这一关系是维系绿色供应链得以顺利运作的重要保障。这一战略合作伙伴关系应理解为不仅是一种“信息和利益共享”的关系，而且还是一种“标准和意识同步”的协议关系。

（2）进行全过程的“生态设计”合作，优化供应过程。生态设计包括原材料生态设计、产品生态设计、工艺生态设计及分销生态设计等。要通过生态设计和合作来提高绿色供应链管理的水平，通过供应过程的优化，进行必要的流程再造来提高供应链的运营效率和降低运营成本。

（3）建立有效的绿色供应链绩效测量与评价标准体系。在绿色供应链管理中，环境指标是着重考虑的因素之一，它包括环境法规指标和积极的环境管理指标，建立绿色标准体系并严格执行是实施绿色供应链管理的关键。

（4）构筑面向绿色供应链管理的物流信息平台。在绿色供应链管理中，信息平台的构筑是实现供应过程优化管理的重要支撑点。与一般供应链物流信息管理不同的是，基于生态设计的绿色供应链物流信息管理更加强调对绿色物流信息的管理。

（5）技术支持。建立绿色供应链需要特别的环保技术作支持，如环保运输工具、清洁燃料、污水处理设备等，把先进技术与绿色供应链管理有机结合起来，才能提高企业的环境管理水平。

【思考与行动】

（1）你认为供应链管理的发展趋势是什么？

（2）你对绿色供应链管理是怎样理解的？你所在企业应如何开展？

第八章

危机管理

第一节 如何识别与预控危机

虽然说任何企业都可能遇到危机，但是这并非说危机不可预防。所谓“防患于未然”，危机管理的功夫，首先在于预防。就企业危机管理而言，“防火”胜于“救火”，当“火灾”发生以后，再去补救，造成的损失已经既成事实。对于企业而言，明智之举是不使这种“火灾”发生，及早发现危机的某些早期征兆，将危机消除在萌芽状态。即便危机发生，也不至于措手不及；打有准备之仗，损失会尽可能减少。

企业在生产经营中面临着多种危机，危机无处不在。对于企业来说，危机管理不再仅仅局限于处理突发性事件，而注重挖掘企业管理的深层次原因，日渐成为企业管理必不可少的组成部分。

“危机的出现是任何一个公司无法避免的。80% 的《财富》500 强企业的 CEO 认为，现代企业界面对的危机，就如同死亡一样，几乎是不可避免的事。”

——史蒂文·芬克

【案例 8-1】 2003 年 8.14 美加大停电。

美国东部时间 2003 年 8 月 14 日下午 4 时左右，美国东北部和加拿大部分地区发生大面积停电，致使一些城市出现交通拥堵，给成千上万的居民造成影响。随后，美国关闭了位于纽约等四个州境内的九座核电站。

美国这次的大停电，造成三大美国汽车制造厂停止生产、地铁停驶、交通阻塞、班机延误以及人民生活上的种种不便。一天的停电所造成的有形和无形的损失大约为 300 亿美元。

无独有偶，中国电脑生产商联想（Lenovo）在2005年收购了IBM的个人电脑业务，而该公司2006年公告称，在截至2006年3月份的财年中，它的净利润下降了85%。成为中国企业海外扩张的典型警示案例。

2006年2月，世界上最著名的两家饮料巨头——可口可乐与百事可乐也同时受创。英国食品标准局以官方名义公布了两家公司旗下的芬达汽水、美年达等软饮料含有防腐剂，可能致癌。时隔半年，印度又公布一项调查报告，称这两大饮料公司在其国内销售的部分软饮料中含有的杀虫剂含量远远超过规定标准。而随后美国又传出校园禁售可口可乐的噩耗。

2006年9月，日本知名化妆品SK-Ⅱ在入境时被查出含有铬、钕，由此撤柜近两个月，在此期间消费者纷纷退货，并引发不少与商家的冲突。此次事件与2005年其被消费者起诉的风波相互呼应，令一直青睐它的女士们对其望而却步。

2006年10月，继包括戴尔、东芝、联想、富士通等著名公司陆续召回笔记本电池并将其归咎于索尼之后，索尼终于对外宣布，计划大规模召回它自己的电池，如此大规模的召回，预计将使索尼当年的净利润削减一半。更糟糕的是，该消息一出，索尼面临着失去厂商和消费者信任的危险。

此外，还有博士伦护理液导致角膜炎风波、乐百氏脉动饮料抽查不合格、汪氏蜂蜜果冻不合格、丰田锐志漏油事件、黄光裕受调查波及国美等险情不断。

我们处在：

一个危机四伏的年代！

一个危机如影随形的年代！

一个与危机较量的年代！

无论哪一年，危机似乎永远存在，事件风波永远不断，然为何前车之鉴，却不能成为后事之师？商场风云变幻莫测，危机永远无处不在，谁也不知道，一个不小心，某个记者的报道、某个调查报告，甚至是某个消费者的无意发现，就会使久负盛名的企业深陷舆论漩涡、难以自拔。危机处理得好，企业就能因祸得福，化危机为契机；倘若处理不好，就可能一蹶不振，甚至陷入倒闭的境地。时代呼唤着危机管理，危机管理成为任何企业经营过程中不可或缺的因素，危机管理已经成为企业的必修课。

“预防是解决危机的最好方法”，这是英国危机管理专家迈克尔·里杰斯特的名言。中国有句古话：“人无远虑，必有近忧”，作为企业更当如此。既然危机不可避免，企业就应时时绷紧危机这根弦。只有防范危机于未雨绸缪，才能扭转危机于旦夕之间。平时多一些危机意识，多制定几套对付各种可能出现的危机的策略，危机来临时就会镇定从容得多，相对于没有危机意识和未制定危机策略的企业而言，本身就已经赢得了时间差。

一、危机与风险的概念

所谓风险，是指发生对组织不利事件的可能性。

危机则是一种对组织基本目标的实现构成威胁，要求组织必须在极短的时间内做出关键性决策和进行紧急回应的突发性事件。

对风险防范不善，造成的危害达到较大的程度时，危机就会发生。可以说，风险的存在是导致危机发生的前提。对风险进行有效的评估和管理，可以防范危机的发生。组织若对各种风险熟视无睹，或者对于已经认识到的各种风险不采取有效的措施，今天的风险就会演变为明天的危机。

二、危机意识的培养

企业危机重在防范，防范危机的突破口在哪里？

【伊索寓言】里有这样一则故事：森林里有一只野猪不停地对着树干磨它的獠牙，一只狐狸见了不解地问：“现在没看到猎人，你为什么不躺下来休息享乐呢？”野猪回答说：“等到猎人出现时再来磨牙就来不及啦！”。野猪抗拒被捕猎的利器，不是它那锋利的獠牙而是它那超前的“危机意识”。

同样，对于企业组织来说，没有危机意识，单纯的“硬性危机防预体系”是无力的，超前的、无形的、全面的危机意识才是企业危机防范中最坚固的防线。中美史克医药公司在 PPA 事件中危机公关的成功与奔驰汽车公司在“砸大奔”事件中危机公关的失败，及大量的企业案例证明，企业与企业在危机应对方面的差异，很大程度上取决于企业危机意识的差异。

西班牙人爱吃沙丁鱼，而沙丁鱼很娇贵，它们离开大海的环境以后容易死掉。为便于运输，当地渔民想了一个有效的办法：将几条沙丁鱼的天敌——鲶鱼放在运输容器里，使沙丁鱼为躲避天敌而在有限的空间里快速游动，以保持其旺盛的生命力。沙丁鱼因有畏惧感尚且能在新的环境中生存，作为在硝烟弥漫的市场中鏖战的企业经营者，更应具有对恐惧、压力乃至痛苦的心理承受能力，更应具有适应新的市场形势、运筹帷幄、决胜千里及使企业不断创新、发展的才能。

比尔·盖茨同样是个危机感很强的人。当微软利润超过 20% 的时候，他强调利润可能会下降；当利润达到 22% 时，他还是说会下降；到了今天的水平，他仍然说会下降。他认为，危机意识是微软发展的原动力。微软著名的口号“不论你的产品多棒，你距离失败永远只有 18 个月”，正是这种危机意识的体现。

早在 1992 年，处于上升阶段的小天鹅提出了“末日管理”的概念。用小天鹅董事长朱德坤的话说：“办企业、做人都要有如临深渊、如履薄冰的心态，即使走在红地毯上也要有悬崖边上行走的感觉。”他认为，企业最好的时候往往是最不好的时候，末日往往就是这样开始的。越是品牌辉煌的时候，就越有可能发生衰退。攀登到一定高度，达到一个制高点，就容易走下坡路。市场竞争是残酷无情的，你能够看到气魄非凡自诩不沉之舟的“泰坦尼克”号顷刻间被巨浪吞没，也能看到一些具有相当实力的知名品牌没多久就悄然无声，被消费者忘却。基于这些忧虑和担心，联系失败和遭遇危机的企业案例，小天鹅从中找出一种规律，危机感和风险意识使他们从观念、管理和制度等方面采取了防范措施，如“不开庆功会，却开反思会”“形成有效的制约和监督体系”“将传统的‘纵比’改为‘横比’”，努力做到避免自傲，警钟长鸣。朱德坤还提醒大家谨防“效益增长”掩盖下的经济衰退，“把自己逼到死路上去，就一定能找到活路，就一定能转危为安”，市场给予清醒者的回报是等价的。2002年，小天鹅全自动洗衣机在全国市场占有率达42.2%，他们以全国行业十分之一的人员，创造了占全行业近一半的利润，成为国内洗衣机行业首家实现亿元利润的企业。

当华为2000年销售额达220亿元、利润以29亿元人民币位居全国电子百强首位的时候，其总裁任正非却大谈危机：“华为的危机以及萎缩、破产一定会到来”。他在内部讲话中颇有感触地说：“十年来我天天思考的都是失败，对成功视而不见，也没有什么荣誉感、自豪感而是危机感。也许是这样才存活了十年。我们大家要一起来想怎样才能活下去，也许才能存活得久一些。失败这一天一定会到来，大家要准备迎接，这是我从不动摇的看法，这是历史规律。”这篇题为《华为的冬天》的文章后来在业界广为流传，深受推崇。任正非为什么总在兴盛中提醒危机？因为他看到华为的冬天一定会到来，到时候“也会像它热得让人不可理解一样冷得出奇。没有预见，没有预防，就会冻死。谁有棉衣，谁就活下。”“创业难，守业难，知难不难……唯有惶者才能生存！”华为的奋进与崛起，就归因于这种深重的危机意识与苦心经营。

海尔从“危机管理”转向“问题管理”，也有异曲同工之妙。“永远战战兢兢，永远如履薄冰”的海尔CEO张瑞敏在谈到彩电业的困难时说：“彩电业目前的经营困难可谓冰冻三尺非一日之寒，实际上是企业缺乏创新动力，无法不断拿出满足市场需求的产品。海尔注重问题管理而非危机管理模式，就是把企业出现的任何危机消灭在萌芽阶段，并通过最大限度地创造市场需求来赢得市场份额。”

无数的事例告诉我们，成功的企业都具有强烈的危机意识。他们通常是“怀抱炸弹”，进行着“末日管理”。然而正是这种深深的忧患意识和一系列的“预警”措施，使他们安然度过一个又一个“暗礁”，实现了持续的成功。

日头正午，是最辉煌的时候，也是西下的开始。虽然说的是自然现象，不能与企业生存发展进行简单的类比，但是企业要时时想到“日落西山”的时候，这是生存法则。

三、认识危机、了解危机

认识危机的特征，是组织有效识别危机的前提。否则，对于危机的识别就可能出现盲点。

（一）突发性

冰冻三尺，非一日之寒。

组织内部因素所导致的危机爆发前大都有一定的征兆，是由一系列细小的事件逐渐发展起来的。然而由于人们的疏忽，可能对这些细小的事件一无所知，也可能对这些细小的事件习以为常、视而不见，因此，危机的爆发经常出乎意料，危机爆发的时间、地点以及影响的程度常常是始料未及的。

比如，1984 年联合碳化物公司在印度博帕尔的工厂发生的毒气泄漏事件造成 3000 人死亡，4 万人受伤。其实，在事件发生之前的 3 个月，联合碳化物公司的内部文件中已经明确指出：如果任何异氰酸甲酯储气遭遇到水就可能发生毒气外泄，而该工厂过去光气外泄的记录已达 107 次，其中异氰酸甲酯与光气混合者也达 22 次。经而该文件并引未起工厂的重视，才导致这一恶性事件的发生。

由于组织外部因素所造成的危机，如地震、冰雪、洪水等自然灾害及国家政策的突然变化造成的损失等是由人们难以控制的客观因素引发的，因此具有很大的偶然性和随机性。

（二）危害性

由于危机常常是在当事者毫无准备的情况下瞬间发生，容易给当事者带来很大程度的混乱和惊恐，很容易造成决策失误，造成巨大的损失。对于企业而言，危机爆发之后，不仅会破坏企业当前正常的生产、经营秩序，而且会破坏企业可持续发展的基础，对企业未来的发展造成不利的影响，甚至还可能威胁到企业的生存。

瑞士著名的前一级方程式赛车手劳达建立的劳达航空公司，经营着从瑞士滑雪圣地到世界各地的航线，凭借其优质、富有特色的服务，劳达航空公司牢牢地占领着这一细分市场。20世纪80年代，正当劳达航空公司准备通过并购壮大规模的时候，他们的一架客机坠毁。罹难者家属的赔偿加上随之而来的乘客流失，使劳达航空公司很快就消亡了。再如，对于美国航空业而言，在"9·11"恐怖袭击事件之后的一周之内，载客率大为下降，大都不足五成，许多大的航空公司都因此而大幅裁员。

（三）公众性

大众传播业的发展，信息传播渠道的多样化、时效的高速化、范围的全球化，使组织危机情境迅速公开化，成为公众关注的焦点，成为各种媒体最佳的"新闻素材"。因此，有人评价说有关危机的信息传播比危机事件本身发展还要快。在危机信息的传播中，各种媒体最有影响，因为社会公众有关危机信息的主要来源是各种形式的媒体，而媒体对危机报道内容的选择和对危机报道的态度。有些组织在危机爆发后由于不善于与媒体沟通，导致危机不断升级。对于危机的利益相关者而言，由于危机涉及他们的切身利益，因此对危机事态的发展以及组织对危机采取的措施更是十分关注。

（四）紧迫性

对组织而言，危机一旦爆发，紧迫性非常强烈。危机的紧迫性具体表现在：第一，危机潜伏期所积蓄的危害性能量在很短的时间内被迅速释放出来，并呈快速蔓延之势，要求组织必须立即采取有力的措施予以处理，任何延迟都会带来更大的损失；第二，危机事件之间具有传导效应，一个业已发生的危机，会像石子投入水中一样引起阵阵涟漪，如果不对危机的发展势头进行有效遏制，可能引发一系列的不利影响，导致更大的危机；第三，飞速发展的现代通信技术极大地便利了沟通，如果危机爆发之后组织反应迟缓，必然使组织形象在社会公众心目中一落千丈。为获得社会公众的同情、理解和支持，需要组织迅速对危机做出反应和处理。

（五）二重性

祸兮，福之所倚；福兮，祸之所伏。

危机所带来的危害很好理解。危机带来的机会包括两个方面：一方面，危机的爆发使组织认识到自己不足，如果能对症下药，就可以有效克服自己的弱点。已经发生的危机可以看作是组织的疫苗，避免今后危机再次爆发；另一方面，危机的爆发往往使组织成为公众注目的焦点，如果组织的危机处理措施得当，就可以使组织化险为夷，转危为安，坏事变好事，形成新的发展机会。不少组织在危机发生之后过于悲观，看不到危机所带来的机会的一面，在危机处理的过程中显得消极被动，危机处理效果不理想。

杭州未来食品公司（简称未来食品公司）1997 年在四川内江成功处理婴儿中毒事件是转危为安的一个典范。在得知中毒身亡的婴儿曾食用其生产的未来牌营养米粉之后，未来食品公司迅速由总经理带队奔赴内江，在防疫站的检查结果尚未出来之前，未来食品公司就对失去婴儿的那对夫妇郑重承诺，无论未来食品公司是否有责任，如果他们再生孩子，将来孩子的教育费用由公司承担，直至孩子上完大学。在防疫站的检查结果排除了未来米粉的质量责任之后，未来食品公司趁热打铁，以向内江市精神文明建设捐赠 10 万元为契机，促成了在内江设立分厂的目标的实现。妥善处理的结果不但使未来米粉在当地的销售量直线上升，而且使未来食品公司得以在四川安营扎寨，建立生产基地。

四、如何识别危机预警信号

愚者暗于成事，智者见于未萌。

危机发生前，需要完成危机的预见、识别和监控工作。预防危机往往比解决危机更重要，不要等危机已经扩大，再去亡羊补牢。而要时刻提高警惕，建立危机预警系统，迅捷地预见到危机征兆，不断地进行危机监测，防止这些征兆转化为真正的危机，这才是危机管理中最重要的步骤。

（一）竞争对手日益强大

市场是激烈竞争的，竞争对手之间共同争夺市场占有率。如果某个竞争对手的产品或服务越来越受消费者欢迎，市场占有率逐渐升高，那么对本企业就存在着潜在的威胁。

（二）库存增加，产品积压

仓库中存货的增加一方面反映了产品销售的不利，另一方面，也表现为销售预测的不准确，生产了过量的产品。库存过多将导致企业资金断流，因而有可能带来资金周转上的困难。

（三）客户投诉索赔增加

企业受到客户投诉索赔的次数多少从一个侧面反映了产品和服务的质量。客户对产品性能，使用寿命以及对售后服务等方面提出投诉并要求索赔，这是产品和服务质量下降的直接标志。频繁的投诉将给企业带来危机。

（四）财务指标恶化

一些重要的财务指标，反映了企业经营的效率与效益，如流动比率、速动比率、资产负债率、存货周转率、应收账款周转率、销售净利率、净资产收益率等。一般来说财务指标一旦接近预警临界点，就需要特别关注，并采取措施，以避免财务危机的发生。

（五）人力资源费用负担过重

对于机构繁杂的企业来说，人力资本占据了成本费用的很大一部分，如果企业发展速度慢，员工又呈现老龄化，需要承受大量的退休职工的工资福利费，直接影响企业的效率。另外，很多国有企业往往机构重叠，一个人可以完成的工作偏偏安排两三个人甚至更多人去完成，这样无疑增加了人力资本。

从以上这些危机预警信号中，可以预见到危机的到来，以便及时采取有效措施，防止这些预警信号蜕变成为真正的危机。

五、如何从媒体报道中预见危机征兆

公司有可能在媒体竞相抢发的独家新闻中一蹶不振。

媒体的报道是社会公众认知企业的主要途径之一，这些报道有可能给企业带来危机。

（一）媒体上报道的顾客投诉

顾客对产品或服务的投诉与不满如果见之于报纸、电视、网络等媒体。则会扩大传播面，使众多消费者认同报道中的评价，从心理上对该产品产生抵触情绪。从而给企业带来信誉危机。

（二）媒体上报道的领导者言论

领导者的一些言论往往会带给消费者一些信息，如关于企业组织机构的变革、产品种类的调整、关键管理人员的调换、分支机构的开立等。另外，供应商、销售商等都可以从领导者的言论中揣摸领导者的风格、企业的凝聚力、对产品结构的调整以及核心竞争力等。

（三）企业公开发布的财务信息

上市公司必须将年度报告在媒体上公布，以便给广大投资者作为决策的参考依据。从年度报告中，尤其是通过一些重要的财务数据往往能预测公司的发展方向和发展前景，包括企业将投资的新项目、企业实行重组的可能性、新产品的研发以及企业的经营成果和财务状况等。这些财务信息一旦暴露出企业的某一薄弱环节，就会使部分投资者失去信心，严重时会引起股价下跌。

由此可见，媒体上有关企业的报道会给社会公众提供一些信息，这些信息中可能暗含了发生危机的征兆。

【案例 8-2】 假药风波。

有一次，在全国药品交易会前夕，辽宁电视台在晚间新闻中播发了一条“假药救了两条人命”的口播新闻，大意是：大连某旅店服务员发现住宿的一对夫妇昏迷在床上，地上有六个空的安眠药瓶。经了解得知这对夫妇因赌博输钱欲服毒自杀。谁知他们购买的“佳静安定片”是假冒药品，毒性很小，要致人死地必须服 50 瓶以上。此事经过媒体的炒作，致使原本全国首创、药效强、毒性小的正宗“佳静安定片”成为伪劣产品的代名词。一些经销商不明真相，纷纷要求厂家退货。

这些媒体报道加之公众产生的误解致使制药厂直接经济损失 300 万元，危及了企业的生存与发展。

六、如何从传闻和谣言中预见危机征兆

不要忽视传闻对企业的影响，“身正也怕影子歪”。

企业自身运营得好，并不意味着其他方面就无懈可击。外来的传闻和谣言同样有可能给企业带来危机。

（一）经济政策谣言

关于国家经济政策的谣言，如存贷款利率的升降、税收的加征、商品价格的升降等。对于这些来自小道的消息要认真识别，否则将人心惶惶，给企业的发展带来灾难性的影响。

（二）顾客恶意散播小道消息

顾客对产品使用性能、营业员的服务态度、产品的售后服务等方面如存在不满，则可能加以渲染，四处传播。更有甚者，可能会恶意散布一些小道消息，如经营产品中有假冒伪劣商品、某种产品被禁止生产、某种产品将大幅降价等。例如，在非典期间，有人宣称物资紧缺，粮油、日用品

将大幅涨价，诱使人们疯狂抢购。这就属于顾客恶意散播的小道消息，在短期内引起部分居民的恐慌。

（三）企业重组谣言

关于企业可能被收购、成为兼并对象的谣言将造成企业内部人心不稳，员工们担心自己将失去奋斗多年、寄予厚望的企业，甚至忧虑会失业。如果市场上的投资者也不看好兼并，那么势必抛售股票，造成公司股价下跌。

总之，企业有必要重新审视自身产品流通、服务和信息沟通渠道是否完善，以便争取在出现传闻和谣言时能尽早发现并做出反应。一旦谣言产生，要以积极、严肃的态度对待，及时提供全面、确凿的事件真相，让事实说话、让行动证明，通过多渠道、多层次的宣传，谣言自然不攻自破。

七、以小见大，及时纠正

一根火柴、一个烟头虽小，却可以烧毁一座工厂，毁灭一个企业。千里之行，始于足下。企业要从上至下培养从我做起、从小事做起，养成一个良好的、互相监督和提高的习惯。有了问题哪怕很小，不忽略、不隐藏、不推诿，而是及时纠正，那么企业危机发生程度必然会降低很多。这也就是常说的“细节决定成败”。

【案例 8-3】 **“35 次电话”紧急营救。**

一位美国记者到日本度假，到商场选购了一套音响准备送给她东京的婆婆。在挑选完毕之后，营业员按照这个已经挑好的品牌到仓库取出货并交给了这位美国顾客。当女记者回到宾馆之后，打开一看，立即“花容失色”——买来的音响只是一个空心的货样，只能摆着看看而已。对这种明显的欺诈行为，女记者撰写的《微笑背后隐藏的杀机》一文迅速出笼，并准备在第二天发送报社。然而，第二天早上她刚出门，这个商场的经理和营业员却出现在她的面前，首先送上一台真正的音响，外附送一张经典唱片，再就是一份书面的关于此事的备忘录。在这个备忘录里，记录了商场追踪这位女顾客的全部过程：

营业员发现失误——电告各门口的保安“堵截”此顾客未果——上报经理——从顾客遗漏的一张快递单据查出其父母的美国电话——再由此查出其日本婆婆家的电话——最后查出其在本地所居住的宾馆。

一共35个紧急电话挽救了一场即将上演的“商场欺诈事件”。

八、建立开放、双向、畅通的沟通渠道

员工与管理者之间能否建立开放、双向而畅通的沟通渠道是一个企业文化的体现。在一个健康、及时并不间断对话的企业里，员工可以随时随地的识别企业极为细小的弱点和缺陷，从而及早发现并改正，故而很少有危机发生。而在一个封闭的、领导层自以为是的企业里，因为员工与管理者之间缺少必要和及时的沟通，往往为将来的危机埋下了隐患。这就对领导者提出了更高的要求，企业的领导者要学会与职工进行有效的沟通与交流。

九、如何建立企业的公信力和良好的形象

在产品质量、客户管理、产品服务都做到优于同行业的基础上，企业要着力于培养员工的忠诚度和稳定度，确保企业内部基础的牢固。与此同时，企业要适当考虑通过形象宣传、公益赞助、领导人包装等在外围树立一个良好的企业形象，与媒体单位保持良好、融洽的沟通。只有企业树立了强有力的公信力、好形象，才能进一步抵御来自内部或外部危机的侵袭，将危机矛盾进行最大程度的化解。

国家电网公司提出“树立开放、进取、诚信和负责的新形象”，说明国家电网公司已经在建立企业公信力和良好的形象方面有所作为，相信这些行动会对电力企业今后抵御内外部危机的侵袭、最大程度的化解危机产生积极的影响。

第二节 如何处理与化解危机

尽管采取了多种防范措施，但仍然无法彻底避免企业危机的发生。因而，一旦发生了危机，就必须妥善处理与化解。减少危机所造成的损害，赢得公众的谅解与信任，恢复公众的形象与信誉，使企业能够在激烈的市场竞争中生存、发展和壮大。

“在现代社会里，人们对企业的社会责任的期望值越来越高。若一个企业在发生危机时，不能与公众进行沟通，不能很好地告诉公众他的态度、他正在尽力做什么，就无疑会给组织的信誉带来致命的打击，甚至有可能导致组织的消亡。”

——迈克尔·里杰斯特

一、面对危机企业该做哪些准备？

（一）组建专门的危机处理小组

在危机事件面前，为了尽可能减少损失，保持经营效率，首要的任务，就是从准备好的人力资源库中抽调人手，组建专门的危机处理小组，制定应对危机的立场和口径，并协调各项工作。小组成员至少应包括企业最高负责人、法律顾问、公关顾问、管理顾问、业务负责人、行政负责人、人力资源负责人和小组秘书及后勤人员。这些成员平时必须接受严格的危机管理训练，学习如何分析和估计潜在危险、积极开发和实施各种应对方案，如何保证有序的信息交流及落实相关决议，以及一旦危机结束怎样重建工作。

此外，在小组成员中，还应确定一名发言人，负责对外沟通联络。发言人可以是公司的CEO、COO，也可以是运营经理、产品经理、工程师、公关部长、法律顾问等。发言人一旦确定，就要接受如下训练：

（1）重温并演练核心信息；

（2）如何回答常规和刁钻的问题；

（3）如何把不希望出现的问题转移到传达核心信息上来；

（4）如何避免陷入无法招架的局面；

（5）如何答复那些此时不应回答的问题；

（6）如何改进肢体语言的应用；

（7）如何对付记者的穷追猛打。

【案例 8-4】 组建危机处理小组。

感冒药企业中的领头羊——中美史克由于其主打产品康泰克中含有国家明令禁止的PPA成分，被押上了媒体的“审判台”。危机当前，该公司首先成立了危机处理小组，在第一时间召开媒介恳谈会，表明公司的立场和态度，并赢得记者的同情与支持。同时，确定发言人，统一对外口径，避免了负面报道的再次产生，从而为康泰克重返市场打下了坚实的基础。由此可见，组建得力的危机管理小组、挑选合适的企业发言人，对企业生存起着举足轻重的作用。

（二）制订危机处理计划

处理危机需要制订计划，按计划办事。危机处理计划的制订过程，主要分为以下几个步骤：

1．确认危机

确认危机时在危机迹象出现后，通过搜集各方面的信息，对危机类型、危机来源以及可能蔓延的范围、可能造成的严重程度等做出确认，以此为基础编制危机处理计划。

2．编制危机处理计划

危机处理计划的编制是为了指导危机处理活动，使危机处理活动有计划、分步骤地进行。危机处理计划描述的是危机处理过程中的整体策略，主要包括信息的发布、多方的沟通、善后工作的开展、形象的维护、资源的配置等。

3．修改危机处理计划

计划要随经济环境、物资资源、公众反应、最新得到的信息以及实现的效果而做出调整。修改计划的工作是一个动态的调整过程，也就是说危机处理计划要不断地修改、调整和完善。

4．针对计划做好物资、人员等方面的准备

计划的实施需要一定的物质资源做基础。一方面，计划的编制要考虑现有的资源，在资源可实现的前提下编制计划；另一方面，根据制订好的计划，要使所需的资源尽快到位，有足够的物质资源做保障。另外，还要安排足够的人员，集合大家的力量来化解危机。

危机处理计划应明确、具体、有针对性，并形成书面方案，达到制度化、规范化。有了计划，危机处理就有了行动的指南，可以无遗漏地、有条不紊地进行。

二、应对危机企业该怎么做

当危机来临，企业要有勇气面对危机公关，以负责任的态度展现在公众面前，对舆论进行疏导，与媒体一起度过危机。正确的做法有以下几个方面。

（一）快速做出反应

我们生活在24小时新闻滚动播出的时代，信息不断更新，公司必须对危机做出即刻的反应。任何延误都可能被误认为是犯罪，由此而造成的公司信誉和业务上的损失是无法弥补的。

（二）联合专业公关公司处理危机

由于企业自身资源的限制，以及处理相关问题的能力所限，很多时候需要借助专业的公关公司来共同处理危机。而公关公司则会凭借其丰富的操作经验以及媒体资源，迅速将危机的影响控制住。

（三）让 CEO 出面

CEO 在公众面前的形象及其领导地位是无法取代的。CEO 不能在公司最危急的时候躲起来。CEO 应该向公司利益相关方表示关切，平息恐慌情绪，确保利益相关各方对危机保持正确的认识。重要的是，CEO 还需要团结并鼓舞员工的士气。CEO 不能在此时坐在后面指挥而让其他高层管理者冲锋陷阵。

（四）对未知的事实不要推测

对不知道的事实妄加推测，事后可能会发现推测是错误的。如果出现这样的情况，你会发现，主要利益相关各方——雇员、政府管理者以及公众都会认为这是不可宽恕的。如果媒体觉得你是在故意误导，他们会对你质疑。如果不知道实情，就直接承认，并表示将会调查并及时将结果反馈给媒体。

（五）不要隐瞒事实真相

如果事情不妙，应该直接说明真相，不要试图掩盖事实。否则，你会看到更为糟糕的结局。在二战期间，英国首相丘吉尔曾经说：“那种认为糟糕的局面很快会自行消失的看法是非常错误的领导行为。”

（六）为媒体采访敞开大门

媒体的义务就是信息报道。对媒体来说，新闻是稍纵即逝且竞争激烈的商品。他们希望抢得“独家新闻”在市场上打击竞争对手。刊登坏消息的报纸卖得比刊登好消息的多。因此，当有危机发生时，媒体对此就抱着特别的兴趣。公司至少在危机期间不能改变这种状况，因此，应该接受媒体的报道，并积极与他们合作。公司能做的就是努力控制局面。

（七）统一口径，用一个声音说话

危机小组可能包括 3 ~ 4 个成员以及一些专家顾问等，最基本的是要保证所有的公司信息要协调一致，并且只有公司发言人才能对媒体发表言论。但是所有的管理人员应该向雇员及其他风险承担者（如政府管理者和客户）传达同样的信息。

（八）频繁沟通

对媒体、企业员工和其他利益相关各方提供的信息要经常更新，防止谣言和不确定的消息四处扩散。严肃对待一切提问。注意媒体的截止日期。在当前 24 小时媒体新闻循环播放的时代，甚至有必要派人全天驻守自己的危机媒体中心。对于危机处理的进展情况也要在第一时刻通知公关，以缓解公众紧张的情绪。

企业要以负责任的态度处理危机，不仅要说到，而且要做到。企业除了与媒体保持随时沟通之外，还要以行动与公众保持随时沟通，因为只有行动才能真正解决危机。

三、应对危机企业应遵循的八大法则

面对风波，有的企业谨言慎行、步步为营，有的企业处变不惊、应对果敢；当然，也有企业在危机来临时莫衷一是、进退失措……

其实，对那些素来以诚信自律的企业而言，危机并不可怕。只要处置得宜，危机也可以是契机，甚至有希望转化为胜机。那些曾一度处于漩涡中心的企业“遇险”的原因和情形虽千差万别，但它们管理危机时的策略和方法却值得探究，通过评点商业企业危机管理的典型案例，来阐释企业危机事件管理的基本法则，并由此破解企业赖以笑傲风雨、揭开市场的奥秘。

（一）“24 小时”法则

“兵贵胜，不贵久”。企业应在获悉危机发生后的 24 小时内启动危机管理机制，并做好准备工作，如各方言论的搜集、基本立场的确认、“官方”声明的拟定等，相关资源亦应协调到位。

虽然说危机类型各不相同、企业处理危机的思路和方法因而不同、企业需着力准备的“资源”也随之各异，但由上述案例可见，就企业响应危机的速度来说，24小时确应是个极限。网络时代，“丑闻”是全球化、多介质、连坐式扩散的，企业危机事件可能被拿来做专题，在下面附一堆相关链接，就像是为企业所做的详尽履历（但大多不是“光荣簿”），信息传播的“菌殖效应”（犹如细菌繁殖般呈几何级数激增）甚至有可能在极短暂的周期改变事态的趋向。

（二）“核心立场”法则

危机一旦爆发，企业便应在最短的时间内针对事件的起因、可能趋向及影响（显性和隐性）做出评估，并参照企业一贯秉承的价值观，明确自己的“核心立场”。而在危机事件管理的过程中，各发展阶段、各工作部门均不可偏离初期确定的这一立场。换句话说，对“核心立场”的坚持应贯穿危机事件处理的始终。

【案例 8-5】 杜邦特富龙遭疑。

2004年7月8日，美国环保署（EPA）表示：由于杜邦公司20年来均未通报制造特富龙的一种关键原料（全氟辛酸铵）可能会给人类健康带来潜在危害，拟对其处以数亿美元的重罚。随后，全球消费者谈“不粘锅而色变”。7月13日，国家质检总局正式就特富龙事件发表声明，表示将迅速组织专家展开相关研究论证。直至10月13日，国家质检总局宣布调查结果：通过对占市场上份额90%的18个品牌、28个品种不粘锅产品的检测，市场上销售的主要使用特富龙涂料的不粘锅产品中，均未检出全氟辛酸铵及其盐类残留，“百日疑案”终于水落石出。

美国环境保护署的一项指控让杜邦公司在中国遭遇滑铁卢，这也算是墙外开花墙里“香”了。不过，危机管理经验丰富的杜邦公司并未因此而身败名裂。在备受质疑的三个多月里，杜邦公司（中国）的相关人士在所有对外信息发布活动中均坚称“特富龙”产品安全可靠。对核心立场的坚持让外界有关杜邦产品的质疑指斥之声逐渐平息，同时企业贯穿危机始终的坚决态度亦令部分内外受众感觉安心。

“核心立场”法则强调企业对危机事件的基本观点、态度不动摇。这种立场不应是暂时的、肤浅的、突兀的，而应是持久的、深思熟虑的、与企业长期战略和基础价值观相契合的。无论危机的来势多么凶猛，企业在危机处理之初都应向内外受众和盘托出自己的核心立场。

（三）“绝对领导”法则

【案例 8-6】 **朗科专利疑云。**

2004 年 4 月 11 日，一篇题为《优芯变忧心：朗科离职员工大曝造假内幕》的神秘文章出现在某 IT 个人网站。文章作者自称是“前朗科员工”，对朗科公司的技术和“优芯一号”提出了质疑。4 月 19 日，朗科公司才正式对外发表声明，称这是一次“网络恐怖袭击”——朗科公司市场部经理张洲宽联合其公关公司负责人汪华东紧急约见广州几家主要媒体，就事态的发展和朗科对该事件的态度，并逐一批驳了文章对朗科公司的质疑。朗科公司方面的解释显然没有起到澄清事实的作用。一些媒体开始针对神秘文章的“爆料”和朗科公司言论的疑点寻求佐证。有一种观点是：此次“网络恐怖袭击”乃是朗科公司竞争对手针对一年前朗科公司公关公司负责人的一篇“恶意文章”而采取的报复行动；同时朗科公司前公关公司负责人也加入战团，使事件真相更加扑朔迷离。

迄今朗科公司专利事件的真相仍羁留于灰色森林中，没有一个黑白分明的结论。这幕充斥着恩怨情仇的闹剧演员众多，没有“绝对领导”，缺乏强有力的管理、约束——不同的人、不同的利益集团发出迥异的声音，基于利益与意气的相互“揭发”令整个事件弥散着“阴谋”的味道，以至于内外受众根本弄不清楚谁讲的是真话、谁说的是谎言。

缺失权威必然引发混乱。如果把企业危机事件管理“项目化”，那就需要任命项目的“负责人”——绝对领导者。“绝对领导”的实质就是“集权管理”——事故处理者需要的是绝对的控制力，而不是“民主”。企业领导者应在危机乍现之时便赋予危机事件管理者充分的权柄。只要有利于危机的解决，企业所有层面的人员都是危机事件管理者可以调动的资源。

权力越大，责任越大。危机事件管理者既为一军主将，自然也要对战役的结果（危机最终是否得到妥善的解决）负全责。“主将”（绝对领导）以外，针对危机处理的不同方面，也可能会有多个“副将”——不是以日常的企业职位界定，而以其不同的危机处理功能划分——他们只对“主将”负责。

（四）“单一口径”法则

纾解危机需要“疏堵”结合——“疏”对外，“堵”对内。对于同一危机事件，企业内部竟传出不一样的声音，这是危机管理的大忌，不仅会令原本简单的事态趋于复杂，更会暴露出企业内部的“矛盾”，甚至可能由此引发新的危机。所以对内，必须杜绝那种未经授权便擅自发声的情况；对外则根据事前的部署，由危机事件管理者指定的发言人发布信息。

对同一事件传出不同的声音不但让人觉得企业管理混乱，更会令舆论和受众对其真实意图莫衷一是。朗科公司当然是反例，新兴医院也是。

【案例 8-7】　新兴医院“群口秀”。

2004年8月2日，《瞭望东方周刊》质疑北京新兴医院以巨额广告打造“包治百病”神话，随后多家媒体剑指新兴医院“广告门”。新兴医院的反应还算及时，8月4日在其网站首页张贴了“律师声明”称院方将依法追究其法律责任。

在遭受舆论重击之后，新兴医院似乎想以“人海战术”来增强反击的气势。在8月7日媒体见面会上，院方重量级人马悉数到场，依次发言，且“语气无不慷慨激昂”——“每个人的发言都各有侧重”，看上去新兴医院很好地利用了这次与媒体沟通的机会，但古语云“言多必失”——更别说是这么多张嘴齐齐发声。从事后媒体对此次“见面会”的报道看，院方的态度和言词已然引起了“公愤”——直言医院答非所问、声东击西者有之，以揶揄之辞描摹院方“表演实况”者有之，引个别发言人不冷静言语讥讽戏谑者亦有之。虽然时至今日新兴医院的诚信危机已告一段落，但院方在危机事件管理方面的不佳表现却也是有目共睹。

安内攘外，实为一体。“单一口径”法则不仅包括了企业对外的言论发布，也涵盖了企业对内的解释说明。危机事件管理者既需遴选圈定信息通路，还要切实保障信息内容的一致性和信息发布形式的一贯性——即使借助强制手段也在所不惜。尽量采用单一发言人制度——倘若因种种原因，需要不同层次的企业人员扮演信息发布者角色，那么一定要事先审核并协调统一对话口径。

（五）“360 度”法则

企业围绕危机事件所做的一切管理决策都应以企业、受众、危机波及者为决策之基准点，进行全方位的考量和筹谋。

“360 度”法则所考验的、所彰显的都是企业决策者、危机管理者的战略能力、大局意识，以及企业作为社会公民的责任感。此法则旨在从危机“相关度”的层面“平衡”企业利益（包括投资人、员工和企业自身的福祉）、客户利益、合作伙伴利益乃至舆论界（传播者与受众）利益。

（六）“信息对称”法则

在危机处理过程中，应努力避免信息不对称的情况。理想状态是，在对内、对外两个层面上，保持信息管道的双向畅通。

从操作的层面看，信息对称法则的操作要诀有四：

首先，谨记“有信息比没信息好、充分的信息比片面的信息好”。

其次，无论如何也不可让内外受众在失控状态下胡乱猜测——三人成虎，谎言、谣言和妄言扩散对企业的负面作用是不言而喻的。放任不实信息流传，等同于“往伤口上撒盐”，危机后期，企业还不得不担负起向内外受众解释清白的义务，浪费资源且事倍功半。

其三，保证对内、对外发布的所有信息都是经过精心准备、严格审核的——泰山崩于前，即便是聪辩之才亦不该信口开河、即兴发挥。

其四，不仅是对外—对内也应保持信息对称。信息不对称易使内部受众无法领会企业领导者、危机管理者的意图，于是高估危机的影响—即便危机顺利解决，上下之间产生的隔膜也可能长期存在，这有损于企业的长远利益。

（七）“留白”法则

国画讲究“计白当黑”。虚与实、亏与盈、疏与密之间，其实体现某种深刻的人生哲学。国画大抵留白甚多。说到企业危机事件管理的“留白”，则是指在危机处理中，不能盲目封闭自己的回旋空间，不能轻易放弃自己的回旋余地。

“留白”法则对应于“危机处理资源准备”和“危机影响控制”两大层面。只有留出一定的空间，企业才能在莫测的危机中闪转腾挪。一方面，企业不应仅按照危机影响评估的“最低限”进行资源（如团队、物力支持、方案等）准备；另一方面，企业也不可从自己所能承受的“最高限”来尝试控制在危机的影响（如信息管制、赔偿方案、客户关系等）。

在对外沟通时，“留白”法则尤显重要。必须安排足够的空间，为不可测度的事态、无法预言的前景预留进退趋避的余地。也就是说，对外留白意味着“缓冲”。

在WAPI风波的全过程中，英特尔的资源准备可谓“丰富至极”，业界专家、美国高官、合作者乃至用户都成为英特尔的棋子；但是，英特尔对自身言论发布却极为谨慎。对外沟通时，代表英特尔出面表态的都是职位相对较低的英特尔中国专门公关部经理，而英特尔总部和英特尔中国的高级官员均保持着耐人寻味的缄默。这无疑就为未来WAPI风波的妥善解决预留了足够的回旋空间。在应对舆论的指责时，英特尔（中国）显示出了对国情的深刻了解和对公关技巧的熟练把握。低调的、有足够弹性的表态的确在一定程度上缓解了舆论的压力。

（八）“媒体友好”法则

危机处理的核心内容，是信息传播管理。媒体是危机传播的主要渠道，向公众传播危机信息也是传媒的责任和义务。危机发生时，“3T”原则是危机处理的根本原则。所以企业应在平时与媒体，尤其是相关主流媒体建立战略性的合作关系，监控好舆论导向，并及时公布信息，有效引导舆论方向。当危机降临时，不仅使危机的负面影响降至最低，还可扭转乾坤，借势扩大企业的美誉度。

企业陷入困局并不可怕，可怕的是，企业自身真的存在着难以治疗的“隐疾”。我们会发现，“品牌六大资产”（产品、形象、消费者、渠道、视觉、商业信誉）中的任何一项出现问题，都可能波及其他的“资产项目”，都可能演化为商业企业所须应对的“危机”，并最终削弱品牌的价值。

作为企业的领导者，只有坚持诚信、洞察“规则”、严守藩篱，才能使企业在八方风雨来袭之时岿然屹立。

四、在危机处理过程中维护形象

建立良好声望的基础是负责任的行动，而不是华丽的辞藻。

危机处理过程中始终要维护企业的形象，消除危机的不利影响，重建好的形象，才能真正达到转危为安。

（一）时刻维护公众利益

企业的形象离不开公众的支持，故在危机处理过程中，应设身处地地考虑公众的利益，以公众期待为准绳，使整个组织的行动保持步调一致，通过负责任、讲信誉的行动建立起良好的形象，用实际行动来说明问题。

（二）善待受害者

应该认真了解受害者的情况，实事求是地承担相应的责任，向受害者表达歉意，并尽可能提供精神上的安慰以及物质上的补偿，做好善后处理工作。即使受害者提出过分的要求，也要大度、忍让，避免产生对立，争取有分寸的让步。

【案例 8-8】 创维电视诉讼案。

媒体曾经报道过这样一个案例：2005 年 4 月 27 日姜先生状告创维电视机起火致其妻死亡案在北京丰台法院开庭。当媒体就此事采访创维品牌推广部任曼宁时，任曼宁表示，创维将通过正常法律途径来解决此事，在法院做出正式裁定之前，创维不会对此事发表任何评论。这种表达方式显然是不谙危机管理之道之语，生硬而缺乏人情味，自然引来嘘声一片。不管是不是创维电视机的问题，但毕竟原告方承受着丧妻之痛，创维方面至少要表达和表现出对受害者的同情和怜悯。同样的观点，如果换一种说法，效果必然会更佳：“首先，不管怎样，我们对姜先生所遭受的丧妻之痛和其他财产损失表示同情和慰问。我想这是任何人都不愿意看到的。但是，目前我们不方便说太多，我想包括创维和姜先生都希望通过法律途径公正地获得裁决。如果确系是创维电视机并引起火灾，我们绝不推卸责任。而如果不是，那么我们只能对姜先生及其家属表示遗憾”。两种不同的说法，却会产生两种截然不同的效果。

（三）充分发挥和随时调动新闻媒体的权威传播功能

针对企业形象受损的内容与程度，重点开展某些有益于弥补形象受损、恢复公关状态的公关活动，及时将企业的努力与成果通过媒体向公众展现出来。同时要注意尽量反映企业的真实态度和行为，如果企业展示了一些与实际不相符的态度和行为，一旦被发现，公众就会对企业的所有言论产生怀疑。

另外，可以通过拿出一定的过硬的服务项目和产品在社会上公开亮相，从根本上改变公众对企业的不良印象。

广大社会公众对企业的危机处理工作认可和满意了，企业的形象维护了，才能真正消除危机所导致的损失。

【案例 8-9】 创维电视诉讼案。

2000 年底，国家药品监督管理局发布暂停使用和销售含有 PPA 的感冒药剂，其中包括“中美史克”公司（简称中美史克）在华的当家药品“康泰克”和“康得”。尽管该公司实力雄厚，但此突发事件如果处理不当，对其整体声誉和公司其他知名品牌（如“芬必得”“肠虫清”等）的经营无疑会造成很大的负面影响。好在中美史克平时比较注重售后服务，有良好的品牌形象，加上在危机出现后，该企业及时开展了卓有成效的危机公关工作，他们一方面迅速行动，宣布暂停生产和销售“康泰克”和“康得”；另一方面召开新闻恳谈会，向媒介通报最新消息，同时抓紧时间研制推出了新的不含 PPA 的“康泰克”。中美史克对政府、公众和媒体的坦诚合作的态度，向公众传达了中美史克视消费者为上帝的信念。正是因为这些措施落实到位，康泰克的品牌形象才得以保存下来，这种良好的形象也给新康泰克的上市铺平了道路。企业不仅保住了原有的市场份额，而且还争取到了消费者更大的信任。

五、媒体公关与沟通技巧

（一）危机沟通战术

就危机的沟通战术方面，在这里给大家介绍福莱灵克公关咨询公司特别情况小组发明的一个简单公式

（3W+4R）8F=V1 或 V2。

该公式被公关界称为危机公关成功的“金科玉律”。

1. 3W

3W 是说在任何一场危机中，沟通者需要尽快知道三件事：我们知道了什么（What did we know）；我们什么时候知道的（When did we know about it）；我们对此做了什么（What did we do about it）。寻求这些问题的答案和一个组织做出反应之间的时间，将决定这个反应是成功还是失败。

如果一个组织对于它面临的危机认识太晚，或是反应太慢，那它就处在一个滑坡上，掌控全局会变得极为困难：如果不能迅速地完成3W，它将会无力回天。对于沟通者来说，信息真空是你最大的敌人，因为总有人会填充它，尤其是竞争对手。

2．4R

4R是指在收集正确的信息以后，就应该给组织在这场危机中的态度定位：遗憾（regret）、改革（reform）、赔偿（restitution）、恢复（recovery）。换句话说，与危机打交道，一个组织要表达遗憾、保证解决措施到位、防止未来相同事件发生并且提供赔偿、直到安全摆脱这场危机。很显然，这并不是一个声明或者一个行动就能取得所有“4R”的。相反，我们需要把4R当作一个过程来执行。

3．8F

8F则是沟通时应该遵循的8大原则。

（1）事实（factual）：向公众沟通事实的真相。

（2）第一（first）：率先对总是做出反应，最好是第一时间。

（3）迅速（fast）：处理危机要果断迅速。

（4）坦率（frank）：沟通情况时不要躲躲闪闪，体现出真诚。

（5）感觉（feeling）：与公众分享你的感受。

（6）论坛（forum）：公司内部要建立一个最可靠的准确信息来源，获取尽可能全面的信息，以便分析判断。

（7）灵活性（flexibility）：对外沟通的内容不是一成不变的，应关注事态的变化，并酌情应变。

（8）反馈（feedback）：对外界有关危机的信息做出及时的反馈。

4．V1和V2

如果3W、4R和8F都做得正确了，你的组织在危机中会成为V1，即“勇于承担责任者（villain）”的形象便凸显出来。这个结果很不错，公众会认为你很负责任、会想尽办法解决问题并且让他们满意。相应的，他们会对你从轻处罚或抱怨，甚至还可以原谅你。

相反，如果你不能做好 3W、4R 和 8F，你很可能会被当作 V2，即“小丑和恶棍（vilain）”的形象。公众将认为你的行为和言辞避重就轻、不上心和不负责任。这反过来最终会导致雇员意志消沉、股东抗议、顾客投诉、管理层动荡等不良后果。

（二）内部沟通

危机的内部沟通主要是指包含企业领导干部在内的所有员工的沟通。每个员工都是企业的支撑点，正是由他们组成了企业的体系。企业员工与企业的客户一样，他们也是潜在的企业财富。危机管理的第一步，就应该从企业内部开始。

针对内部沟通，要做到如下几点：

（1）树立全员危机管理意识。企业要让员工明白危机公关对于企业的重要性，并告知他们如何掌握必要的公关技巧，如何与企业融为一体。鼓励员工就企业的一些行为和事务发表认为必要的见解和主张。

（2）告知企业究竟发生了什么危机。在一个企业，保持信息的畅通具有非同寻常的意义。当在危机发生的时候，更应该告知员工，企业目前到底面临什么样的危机，会对企业产生怎么样的影响，竞争对手可能会趁机给我们什么样的打击。

（3）告诉员工该怎么做。当危机来临的时候，企业内部的思想和步调必须保持统一，是不能够有不同声音出现的。因此，生产该怎么继续，外界咨询该怎么回答，着装和神态该如何表现等，都应该有个标准。

通过企业内部沟通，至少可以达到四个作用：

（1）激发员工对企业处境的同情，并通过危机增强企业的责任感。

（2）可以有效避免不真实、不完整的谣言和猜测由内向处传播。

（3）保持企业的有效运转，使员工不因猜测而疏于日常的工作，减少危机的破坏程度。

（4）通过危机展示企业抗击风险、坚强不屈的形象。

当年爱多电器发生财务危机的时候，包括中层干部在内的很多员工都不知道企业究竟发生了什么事情，他们唯一获取信息的渠道就是通过外围媒体的访问和猜测，导致企业上下一片混乱，员工们也无所适从。

（三）政府沟通

政府和行业协会本身就代表着权威和信任。从某种程度上说，一个企业能否与政府保持融洽和谐的关系，对企业的发展具有极为重要的意义。因为一个融洽和谐的政府关系，不仅可以使企业获得政策、审批及资源使用上的便利，而且政府还会积极帮助企业协调一些事情。这也是为什么很多跨国公司，如西门子、微软、伊莱克斯、飞利浦、通用等每次访问中国都会拜访国家领导人及各地地方政府的原因。

当危机来临的时候，进行政府沟通的最基本做法，就是在第一时间，及时将企业发生的真相、缘起、企业拟采取什么样的措施以消减危机等用书面报告的形式呈报给政府和行业主管部门。在报告中，企业要以适合的方式介绍企业在行业中的地位，以及为当地就业、税收、公益及社会发展所做出的贡献，以此博取必要的基本认同。企业主要领导要主动出面向政府和行业协会的主要领导进行汇报，以显示对危机事件的重视程度，并获得最大的同情和重视。如有可能，企业还可以动用社会名流、具有较大影响力的合作伙伴从侧面对政府进行游说和影响。当然，政府沟通的前提是企业是守法的，所有经营行为是不违背法律法规的。

在政府沟通方面，世界500强家乐福就一是个比较失败的案例。该公司在国内几乎是负面消息不断，因违规开店被商务部叫停、与供应商因进场费风波被炒货协会联合抵制等。富士涉嫌走私胶卷，也是一个反面例证。而肯德基，无论是与大众，还是与政府的公关工作都做得非常到位。2004年1月起，禽流感在亚洲部分地区肆虐，不少国家居民“谈鸡色变”，导致以经营炸鸡和鸡肉汉堡为主的肯德基连锁店生意一落千丈，亚洲一半分店生意下降。为了解除消费者对中国肯德基食品的顾虑，除了加强食品源头管理外，2月5日，中国肯德基邀请到北京市商务局市饮食管理部门领导、农业大学营养专家和畜牧业专家至肯德基店做示范性品尝，显示了其娴熟的公关能力和技巧。

（四）与媒体相处要注意的几个问题

1．坦诚相告

在当今的网络时代，超常发展的信息传播技术使大众传媒如虎添翼，无处不在的大众传媒，使组织已经没有什么秘密可言，在记者面前“兜圈子”，只能使事情越办越糟，而如实相告，记者反而不会尖刻的报道。

被誉为“现代公关之父”的艾维·李就曾提出，一家公司，一个组织要获得好名声，就必须把真实情况公布于众，如果披露真情对公司不利，就应当调整公司的行为。所以在危机中，面对记者，企业决不要隐瞒事实。当然，坦诚相告并不是“泄露”的代名词，那些属于组织的重大机密，如果有记者提问，可以明确说明不能披露的理由，只要态度诚恳，仍然可以获得谅解。

2．小心谨慎

记者都是敏感的，好追根问底，所以，在接受记者采访时，要特别小心，提供的材料一定要完整准确，尽量采用书面形式。与记者谈话要抓住主题，不要漫无边际，要言必有据、符合逻辑，任何不负责的言行都会给组织造成无法弥补的损失。

3．换个角度

新闻界与组织所处的立场、需要、动机常常是不一样的，要想使组织的有关信息能够借助媒体得以广泛传播，提供的新闻稿能够被媒体采用，就必须换个角度，提供媒体关心的、感兴趣的内容，比如赔偿办法、善后措施等。

4．注意几个“不要”

（1）不要一边发表敏感言论，一边又强调不要记录。

（2）不要发布不准确的的信息，不要臆测，不要说“假如……”“我认为……”等。

（3）不要说“无可奉告”，这样使人感觉好像隐藏了什么，激起人们的猜测。

（4）不要推测危机事件的结果，不要与人探讨有关情况，不要轻易下结论。

（5）不要使用行话和专业术语。

（6）不要推卸责任，不要指责其他组织，避免将矛盾扩大。

（7）不要提一些不合理的要求，如要求记者刊登什么、不刊登什么。

（五）消费者沟通

美国希尔顿饭店的创始人希尔顿先生有句名言一直被企业界奉为经典："一是顾客永远是对的；二是即使顾客错了，请参照第一条。"可见消费者尤其是用户（顾客）对企业的重要性。在以激烈竞争为主体的商业的第一着眼点也就是如何能够维护消费者，从而避免失去市场。

对消费者的沟通，至少要体现出这样几点：

（1）要告知消费者它们最关心的核心问题是什么，究竟发生了什么事情，危机或者问题是什么，危害性有多大，对消费者会产生什么样的影响等。

（2）表示对受害者的深切同情和亲切慰问，并提出和承诺将给予因危机事件而受到伤害的消费者必要的补偿。

（3）如果确系是企业自身疏忽等原因引发危机并造成各类伤害的，企业要通过媒体刊登道歉函，并致受害者处进行慰问，承诺给予相应的赔偿，并敦促赔偿计划尽快出台。

（4）告知包括受害者在内的消费者，危机事件的发生原因，目前企业为危机所做的努力，企业将要采取什么措施以消除危机隐患从而使类似危机将来不再发生，以及对前期因为产品缺陷或污染的处理方案等。

（5）企业将接受并乐意回答任何问题或者他们所关注的一切。比如，消费者一般应该找谁质疑和投诉？如果它们想要提供帮助，应该如何提供？如果需要，它们能找到关键的负责人吗？

（6）企业要感谢消费者长期以来一如既往的支持和忠诚，并期待着能够获得消费者的支持。而企业也将提供更优质的产品和更周到的服务回报消费者和社会。

（7）邀请受害消费者或者周边具有代表性的消费者会同部分媒体召开座谈会，就本次危机事件做深入的沟通和解释，希望通过消费者之口尽快消除危机。

（8）邀请忠诚消费者、具有地域代表性的消费者、媒体记者参观工厂和流水线，使他们对企业有一个直观的感性认识，并借用此次机会，郑重授予一些消费者荣誉员工或者优秀监督员等称号。

现在有很多沟通工具，如消费者热线、电话、因特网、信件、公告牌等，都可以为沟通起到积极的作用。

其实，在企业与消费者的互动沟通和交流中，看似花费或开销了一些费用，更多的是有利于消费者，但企业最终从中所获的利益要远远大于投入成本，最大的获利者是企业自身。

爱立信手机之所以从与摩托罗拉、诺基亚手机形成三雄鼎立退化到差点失去中国市场的地步，其最根本原因就是对中国消费者的漠视。这方面还有一个比较典型的案例就是“砸大奔”事件。奔驰公司的所有声明都有对消费者的指责，并给予它令人难以接受甚至反感的定性。第一辆奔驰被砸后，奔驰公司的声明是“极端的、没有必要的行为”“非理性的而且无意的举动”“不必要且侵犯我公司的权益的行为”。第二辆奔驰被砸后，奔驰的指责几乎升级为外交恐吓：“希望王先生的行为不会给正在进行国际化的中国造成不良影响。”此时，奔驰给人的联想只有店大欺客和蛮横自负，结果使自己为解决这一事件所做的很多努力都付之东流。最后，梅赛德斯－奔驰（中国）有限公司总裁麦基乐对他的失败公关做了检讨：“与客户沟通缺乏技巧。”这何止仅仅以“沟通缺乏技巧”所能够涵盖的？以律师代替公关、以法律代替感情，全然不顾用户的体验和感受，必然会招致唾弃。

（六）其他公众沟通

上面所指的消费者沟通，主要是针对用户或者顾客而言，除了他们之外，当危机发生的时候，企业还必须面对潜在的消费者或者根本就不相关的公众，如市场分析师、社区领导等。这些人也是危机事件的关注者，甚至也可能是危机传播的参与者。如何对这部分公众进行公关和沟通，也是企业不能忽视的。

与这部分公众进行沟通，因为不牵涉直接的经济利益关系，所以更需要投入感情因素，在掌握以上客观、公正、坦诚的沟通原则的基础上，要糅合进感情的手段，设法以联谊、负责和感恩的心态拉近他们与企业之间的距离，消除此部分公众在感情上的敌对情绪，并能够引导和转化他们传播企业的感情和文化。比如，举办“我为企业献真言”、设立“如果我是危机公关组长”等活动，通过这些活动迅速转变整个社会对危机和企业的舆论方向。

第三节 电力企业危机管理

作为与国家经济发展和人民生活关系特别紧密的基础设施行业和公共事业，电力企业面临的风险因素大大增加，大面积停电、缺电、经济案件、电力纠纷、媒体曝光等无时无刻不在威胁着电力企业的发展。事实上，电力企业不可能预见所有的危机，这就要求电力企业在危机真正发生后能快速反应，做出决策，采取行动，把突发性事件造成的不利影响尽量减弱，并控制在最小范围和最低的程度内。电力企业需要由“安全管理”提升到“危机管理”——电力企业呼唤危机管理。

考验无时不有，危机无处不在。但对于有准备、有实力、有信心者，所有的考验和危机都是过眼烟云。

一、国内外电力企业重大危机案例

【案例 8–10】 **莫斯科大停电。**

当地时间 2005 年 5 月 24 日上午 11 时，莫斯科及其南部地区突然发生大面积断电，影响波及 25 个城市。俄罗斯总统普京紧急推迟了公务活动，命令俄罗斯国防部调派战备电源，保障民用电力需求。

俄罗斯首都莫斯科南部、西南和东南部城区大面积停电，虽没有造成人员伤亡，但莫斯科市差不多一半地区的工业生产、商业活动和交通运输陷入瘫痪，2 万人滞留地铁隧道、1500 人被困电梯，移动电话网络、证券交易所、医院、银行等许多部门业务部分中断，受停电影响人口达 200 万。

俄政府事发后召开紧急会议，宣布停电事故不是恐怖袭击，而是恰吉诺变电站发生了系列爆炸和火灾，原因是设备老化和日常管理不善。

26 日，莫斯科市及卡卢加州部分地区开始分阶段恢复供电。据初步估算，此次停电事故给莫斯科市及其周边地区所造成的损失高达 10 亿美元。

像莫斯科大停电这样大规模的停电事故已经不是第一次，之前美国、加拿大、英国伦敦、马来西亚都曾经发生过大范围的停电事故。其中美加大停电被称为北美历史上最严重的一次停电事故，事故中共有 5000 万人生活受到直接影响。

【案例 8-11】 **北京京西大停电。**

1996 年 1 月 19 日 17 时 18 分左右，因首钢公司一辆吊车违章作业造成北京第二热电厂发电机组停机，18 座变电站相连的局部电网瓦解。北京西部地区发生较大范围停电。这次事故造成了较为严重的后果：国家计委、财政部、国家信息中心、工商银行的计算机网络一度停止运行。中央人民广播电台、北京人民广播电台部分节目停播；地铁瘫痪，停在隧道里的 4 组地铁列车有 2000 多乘客。由于第二热电厂停机，300 多万平方米的供暖面积停止供暖。

事后查明，如此严重的停电事故是由于首钢民建公司的一名吊车司机违章操作，导致吊车挂臂挂断了高压输电线，使北京市 11 个 11 千伏的变电站同时停止工作。

北京的那次停电事故发生于二十多年前，影响范围比较有限，但仍给我们敲响了警钟。如今中国电力设施的建设以及北京等特大城市的发展迅速，那么，类似莫斯科、纽约那样大停电会不会再次在中国上演呢？

作为这样的大停电，是无法避免的，我们无法做到零事故，这是国际的准则。我国非常关注大城市在供电的安全，北京、上海、天津、重庆等直辖市都按照国务院的应急预案制定了自己的应急预案，同时电力部门也有针对突发停电的预案。但是，我们现有的预案，实际上仅仅是解决一旦在停电情况下，城市如何能够摆脱暂时的僵局。一旦城市的大的电网失电，大的电网被解裂以后，城市能够在很短的时间内做到自修复，这个到目前为止在国内外都是难题，不可能在短期内解决。我们所需要做的就是把工作做在前面，尽量预防、避免危机的发生。

二、提高危机管理意识化解企业经营风险

在传统的计划经济条件下，由于一直处于垄断经营的地位，电力行业曾长期忽视“危机”及“危机管理”的问题。但在市场经济条件下，随着电力体制改革的不断深化，企业的生产关系和经营环境发生了深刻的变化，面临各种市场风险、运行风险、制度风险、技术风险等——电力企业呼唤危机管理。

供电企业进行危机管理，首先要对可能冲击企业战略目标的危险因素进行预防与干预，防患于未然。作为显性或潜在的供电企业危险因素，大体上包括：

（1）不合格电力产品；

（2）不合格服务；

（3）劳务、法律纠纷；

（4）负面舆论；

（5）人为事故；

（6）自然灾害等。

作为具有负面影响的供电企业突发性事件，大体上包括：

（1）大面积停电；

（2）经济案件；

（3）对外冲突；

（4）集体性上访；

（5）媒体曝光；

（6）利益损失等。

事实上，电力企业不可能预见所有的危机，这就要求电力企业在危机真正发生后能快速反应，做出决策，采取行动，把突发性事件造成的不利影响尽量减弱，并控制在最小范围和最低的程度内。

由于电力行业的特殊性，我国电力企业对安全问题历来十分重视，每年都在对安全管理进行研究和完善。近年来，国内发生了一系列的缺电、大面积停电等与电力工业相关的突发事件，对人民生产和生活均造成了严重影响。对这些突发性事件的认识，我们应当从传统的“电力安全”提升到“电力危机”理念，将危机管理引入电力行业需要迫切的提上日程上来。危机管理在电力系统中已经不再是一个处理突发性事件的临时性管理项目，而应当上升到战略管理的高度。

培养电力企业职工的危机意识，学会识别与预防危机的基本方法，掌握危机处理的基本原则和技巧，合理配置资源，学会广泛的沟通和协调，以便使电力企业在危机发生时，能够从容应对，更好地降低与化解企业风险，增强电力企业处理与化解危机的能力与信心，增强电力企业为国家、为企业、为消费者（客户）服务的能力。只有这样，电力企业才能将危机与困难消解于无形，才能将国家、企业损失减少到最小，才能树立电力企业良好的公众形象，才能不断发展壮大，才能在市场经济的大潮中立于不败之地。

第九章

社交礼仪

第一节 礼仪的起源与功能

中国素有“礼仪之邦”之称，“礼”是中国传统文化的核心，有人认为，从理论上说，礼的产生，是人类为了协调主客观矛盾的需要。

一、礼仪的起源

首先，礼的产生是为了维护自然的“人伦秩序”的需要。人类为了生存和发展，必须与大自然抗争，不得不以群居的形式相互依存，人类的群居性使得人与人之间相互依赖又相互制约。在群体生活中，男女有别，老少有异，既是一种天然的人伦秩序，又是一种需要被所有成员共同认定、保证和维护的社会秩序。人类面临着的内部关系必须妥善处理，因此，人们逐步积累和自然约定出一系列“人伦秩序”，这就是最初的礼。其次，起源于人类寻求满足自身欲望与实现欲望的条件之间动态平衡的需要。人们在追寻实现欲望的过程中，人与人之间难免会发生矛盾，为了避免这些矛盾和冲突，就需要为“止欲制乱”而制礼。从具体的仪式上看，礼产生于原始宗教的祭祀活动。

礼的本意为敬神，后引申为表示敬意的通称。礼的含义比较丰富，它既可以指表示敬意和隆重而举行的仪式，也可泛指社会交往中的礼貌礼节，是人们在长期的生活实践中约定俗成、共同认可的行为规范。还特指奴隶社会、封建社会等级森严的社会规范和道德规范。“礼”是儒家思想其中的重要组成部分，在《论语》中提到的孝、悌、让、恭、靖、宽、恕、忠都属于礼的范畴，强调的礼，主要指的是礼法，礼乐，也包括了礼仪的内容。在《中国礼仪大辞典》中，礼定义为特定的民族、人群或国家基于客观历史传统而形成的价值观念、道德规范以及与之相适应的典章制度和行为方式。礼的本质是“诚”，有敬重、友好、谦恭、关心、体贴之意。“礼”是人际间乃至国际交往中，相互表示尊重、亲善和友好的行为。古人曰：“人有礼则安，无礼则危，故曰：礼者不可不学也。”所以说，中华古“礼”传递出古人仁德的为人处世之道和尊卑有序的价值观，礼仪在古代中国是整个社会自上而下约束和规范人的思想与行为的严格的价值体系。

（一）礼仪的古礼与今义

礼仪在其传承沿袭的过程中不断发生着变革。从历史发展的角度来看，其演变过程可以分四个阶段。礼仪的起源时期：夏朝以前（公元前 21 世纪前）；礼仪的形成时期：夏、商、西周三代（公元前 21 世纪 ~ 前 771 年）；礼仪的变革时期：春秋战国时期（公元前 771 ~ 前 221 年）；强化时期：秦汉到清末（公元前 221 ~ 公元 1911 年）。现代礼仪则从内容到形式都在不断变革，现代礼仪的发展进入了全新的发展时期。

《说文解字》中对于“礼”的解释是：“履也。所以事神致福也。从示从豊，豊亦聲。”礼仪在古代所涵盖的内容较现代复杂、宽泛，特别是“礼”本身极具深意。礼仪在古代中国是整个社会自上而下的约束和规范人的思想与行为的严格的价值体系。

现在人们再提到礼仪，自然而然想到的是“礼节”“礼貌”等词汇，今日礼仪远离了古意中的“治国之道”和“等级秩序”，更多的是人们在社会生活实践中承载与表达仁德尊重之心得礼节和仪式，影响着人们的生活品质，关系着人类的进步。《现代汉语词典》对礼仪的解释很简单，就是“礼节和仪式”的意思。现代礼仪就其外在形式上比古礼简化了许多，但内容却因经济、信息的全球化而变得更加丰富多彩。有人认为，礼仪存在的本意是人与人之间、人与自然之间和谐共生。随着历史发展，“礼”的内涵已经有了延伸和扩展，在许多场合，它已经成为“礼貌”“礼节”“礼宾”“礼仪”的代名词。

（二）礼仪的特征

礼仪属于道德范畴，是礼仪和仪式的总称。从广义上讲，是指一个时代的典章制度；从狭义上讲，是指人们在社会交往中由于受历史传统、民族文化、宗教信仰、风俗习惯、时代潮流等因素影响而成的，为人们所认同并遵守，由思想所支配的外在表现的行为准则、规范和形式的总和。

1．规范性

礼仪是一种规范，礼仪规范的形成，是对人们在社会交往实践中所形成的一定礼仪关系，通过某种风俗习惯和传统的方式固定下来，通过一定社会的思想家们集中概括起来，见之于人们的生活实践，形成们普遍遵守的行为准则。这种行为准则，不断控制和支配着人们的交往行为。规范性是礼仪的一个极为重要的特征。

2．差异性

由于受历史传统、民族文化、宗教信仰、风俗习惯、时代潮流等因素的影响，不同国家、地区、民族的礼仪存在差异。

3．时代性

礼仪作为一种文化范畴，必然具有浓厚的时代特色。任何时代的礼仪由于其时代的特性和内容，往往决定了它的表现。比如，礼仪本起源于原始的祭神，因而人类最初的礼仪是从祭神开始的，如古代把裸体怀孕的妇女陶塑像作为生育女神来祭拜，这正是基于人类在蒙昧时期无法更好地保护自己而产生的强烈的对生殖崇拜的一种礼仪表现。

时代的特色对文化冲击的烙印是巨大的，可以说，每个时代的文化正是时代变迁的缩影，而礼仪文化也如此。如辛亥革命的暴发，猛烈地撞击了封建社会的上层建筑及其意识形态，也影响到了人们日常生活的方方面面，于是就造就了一代新风尚。据1912年3月5日时报记载：“清朝灭，总统成，皇帝灭……新礼服兴，翎顶补服灭，剪发兴，辫子灭，爱国帽兴，瓜皮帽灭，放足鞋兴，菱鞋灭，鞠躬礼兴，跪拜礼灭，卡片兴，大名刺灭……”。

4．发展性

我们说，时代总在不断地前进。礼仪文化也不是一成不变的，而是随着社会的进步而不断发展。一方面，礼仪文化随时代的不断进步而时刻地发生着变化，现代人所拍发的礼仪电报、电视点歌祝寿贺喜等礼仪形式就是时代进步而产生的新生事物；另一方面，随着国家对外交往的不断扩大，各国的政治、经济、思想、文化等诸种因素的互相渗透，我国的传统礼仪自然也被赋予了许多新鲜的内容。礼仪规范更加国际化，礼仪变革向符合国际惯例的方面发展。如何形成一整套既富有我们国家自己的传统特色同时又符合国际惯例的礼仪规范已成为必需。这种礼仪文化的培养和形成有助于我们的国家走向世界，更好地与国际接轨，成为地球村上一个真正的礼仪之邦。

礼仪规范的这种发展性总是与时代精神密切地结合在一起。礼仪文化的发展总是受时代发展变化的推动的，时代不前进，礼仪文化的内容自然也不会得到很好的发展。时代性与发展性和继承性都是相辅相成的。总而言之，随着时代的不断进步，人类的礼仪规范必将更为文明、优雅、实用。

二、礼仪的功能

礼仪是人类社会文明发展的产物，是人们社会交际活动的共同准则。加强礼仪教育，对于提高自身的修养和素质，促进社会主义精神文明建设，塑造良好形象，扩大社会交往，促进事业成功都具有十分重要的作用。礼仪具有多方面的功能，主要表现在如下几个方面。

（一）教育功能：弘扬礼仪传统

文明古老的中华民族，以其聪颖的才智和勤奋的力量，创造了人类历史上最灿烂的文化。几千年来，各族人民都创造了一整套独具特色的礼节、仪式、风尚、习俗、节令、规章和典制等，并为广大人民所喜爱、沿袭，这些礼仪习俗，反映了我国民族的传统美德与优良品质，勾画了我国民族的历史风貌。在我国的历史上还流传着许多讲究礼仪的佳话。比如“廉蔺交欢”（讲究礼让）、“张良纳履”（尊老敬贤）、“程门立雪”（尊敬老师）、“管鲍之交”（交友之道）、“三顾茅庐”（待人以诚），这些故事脍炙人口，妇孺皆知，对今人仍有很大的教育意义。

（二）协调功能：改善人际关系

礼仪行为是一种信息性很强的行为，每一种礼仪行为都表达一种甚至多种信息。在人际交往中，交往双方只有按照礼仪的要求，才能更有效地向交往对象表达自己的尊敬、敬佩、善意和友好，人际交往才可以顺利进行和延续。热情的问候、友善的目光、亲切的微笑、文雅的谈吐、得体的举止等，不仅能唤起人们的沟通欲望，彼此建立起好感和信任，而且可以促成交流的成功和范围的扩大，进而有助于事业的发展。

在人际交往中，不论体现的是何种关系，维系人与人之间沟通与交往的礼仪，都承担着十分重要的“润滑剂”作用。礼仪的原则和规范，约束着人们的动机，指导着人们立身处世的行为方式。如果交往的双方都能够按照礼仪的规范约束自己的言行，不仅可以避免某些不必要的感情对立与矛盾冲突，还有助于建立和加强人与人之间相互尊重、友好合作的新型关系，使人际关系更加和谐，社会秩序更加有序。

（三）塑造功能：提高自身修养

在人际交往中，礼仪往往是衡量一个人文明程度的准绳。它不仅反映着一个人的交际技巧与应变能力，而且还反映着一个人的气质风度、阅历见识、道德情操、精神风貌。因此，在这个意义上，完全可以说礼仪即教养，而有道德才能高尚，有教养才能文明。这也就是说，通过一个人对礼仪运用的程度，可以察知其教养的高低、文明的程度和道德的水准。

礼仪讲究和谐，重视内在美和外在美的统一。礼仪在行为美学方面指导着人们不断地充实和完善自我并潜移默化地熏陶着人们的心灵。人们的谈吐变得越来越文明，人们的装饰打扮变得越来越富有个性，举止仪态越来越优雅，并符合大众的审美原则，体现出时代的特色和精神风貌。

（四）维护功能：遵守社会公德

礼仪作为社会行为规范，对人们的行为有很强的约束力。在维护社会秩序方面，礼仪起着法律所起不到的作用。社会的发展与稳定、家庭的和谐与安宁、邻里的和谐、同事之间的信任与合作，都依赖于人们共同遵守礼仪的规范与要求。社会上讲礼仪的人越多，社会便会更加和谐稳定。

【思考与行动】

（1）礼仪的古义与今义有什么区别？

（2）根据生活实际，谈谈你对礼仪的认识。

（3）谈谈你对礼仪发展变化的理解。

第二节 现代社交礼仪修养

人们对礼仪有不同的解释，有人说礼仪是一种道德修养，有人说礼仪是一种形式美，有人讲礼仪是一种风俗习惯。

一、什么是社交礼仪

人们对礼仪有不同的解释，有人说礼仪是一种道德修养，有人说礼仪是一种形式美，有人说礼仪是一种风俗习惯。礼出于俗，俗化为礼。我国作为东方文明古国和东方文化发源地，素有“礼仪之邦”美誉。孔子就曾说过“不知礼，无以立也”，荀子也说过“人无礼则不生，事无礼则不成，国家无礼则不宁”。

礼仪关系着每一个人的形象塑造和人格展示，在人际交往中如果我们能善于发现和运用礼仪的每一个细节，就能顺应人与人交往的要求，同时也能给自己提供良好的机会。

（一）社交礼仪的重要性

人们在创造优美物质环境的同时还应创造和谐的人际环境。生活的意义在于不断创造和进取。同时，还应在复杂的人际关系中表现、欣赏和发展自己，从中享受无尽的乐趣。一个人能否对现实社会或周围环境有良好的、积极的适应是衡量他心理健康状况的重要标准。

从交际的角度来看，礼仪可以说是人际交往中适用的一种艺术，一种交际方式或交际方法。是人际交往中约定俗成的示人以尊重、友好的习惯做法。

【案例 9-1】 不注重社交礼仪。

小明欲向一位顾客推销保险，由于天气炎热，小明穿着一双夹脚拖和短沙滩裤就来到了客户的办公室，当时客户正在接电话，小明径直走到办公室，跷起二郎腿在沙发上坐了下来。待客户接完电话后，小明说明来意，告知客户由于路上堵车所以迟到了半小时。整个谈判交易过程中，小明一直向客户推销A款保险，时而打断客户对B款保险的提问。随即，客户与小明谈起自己家儿子考上大学一事，正当小明要回应时，邻桌的同事们聊起了前几天的亚冠足球赛，小明十分喜爱足球，一边回头跟大家谈着足球，一边为顾客准备付款合同。由于小明不注重社交礼仪，推销保险以失败告终。

（二）社交礼仪要素

1．沟通

人与人之间，无论是出生、学历、背景、性格、思维、经验、智慧等，都是不一样的。很多时候，往往是你知道的，我不一定知道；你不知道的，也许我知道。这就是为什么我们要沟通。通过沟通，一定要做到双方都了解，双方都共同进步，这样沟通才有意义。

2. 认知

俗话说，内行看门道，外行看热闹。在很多的正式场合之中，都有一定的规则。如果你不了解特定场合的规则，就会闹出笑话。比如说喝酒，喝干白可以加冰块，喝干红什么都不加。这社会，各行各业的规则都不一样，在社交过程中，有必要注重一下这些东西。

3. 互动

在任何沟通情境之中，想要获得信息的反馈，必须得学会提问。一个人提问问题的水平，很大程度上反映了这个人的思维和境界。也只有通过恰到好处的提问，才能达到互动的目的，也就是产生结果。

【案例 9-2】 手绘“致歉卡”。

2015 年春节，杭州“80 后”方女士一家要去伦敦旅行，他们的行囊中有一件特别的行李——为避免 18 个月大的女儿在飞机上哭闹影响其他乘客而准备的向邻近旅客发放的手绘“致歉卡”。为体现中国的春节习俗，方女士专门准备了红包，在边角打孔，用红线串上吉祥符，再放入“致歉卡”和巧克力。这种尊重他人、和谐互动的“有备而行”，让人真切地感受到方女士的真诚。

二、对社交礼仪的学习与应用

专业技术能力和交际能力被称为现代人必须具备的“双能力”。专业技术能力只是商务人员的基本工作能力，从公共关系领域和传播领域里来讲，还要具有交际能力。交际能力被称之为可持续发展能力。交际能力不是搞一些庸俗关系，而是处理、规范、管理好人际关系。

20 世纪，管理界有一个学派——梅奥学派也称行为管理学派。梅奥学派强调管理三要素。一是企业要发展要获得必要的资金、原料和技术；二是形成规模效益；三是组织生产，他也尤为重视这一点，即重视企业内部和外部的关系。企业管理者必须要注意与企业内部和外部搞好关系，这样企业才能持续发展。

现代社交礼仪的修养并不是天生就有的，也不是后天自发形成的，而是个人自觉学习，长期训练、培养的结果。从总体上来看，礼仪是由一系列的规范、程式所构成的，学习礼仪，要讲全面性、系统性，不能脱离实际或拘泥于条条框框，更不能把礼仪搞的过于复杂。

如培根所说："礼貌举止就像服饰，不可太紧或太烦琐，做到舒适得体，方能行动自如"。

学习礼仪，最切实可行的方法，是要抓住其重点，礼仪的重点就是交际活动中具有普遍指导意义的各项主要原则。这些原则都要悉心掌握并能高度凝练，举一反三，必能大获裨益。

【思考与行动】

（1）怎么在社交礼仪中做好沟通和互动？说说你的做法。

（2）谈谈你所知道的现代社交礼仪的常识。

（3）社会公德有哪些特征？它与礼仪的关系是什么？

第三节 形象礼仪

个人形象是人的精神面貌、内在素质的外在表现，从广义上讲，形象是个人的文化素养和道德情操等内涵，通过衣着、谈吐、举止的自然流露，是个人在日常生活、学习、工作中留给他人的印象，以及获得的社会评价。

从狭义上说，形象是个人在仪表、仪容、仪态等方面给人视觉上的第一印象。仪表，即人的外表，包括容貌、服饰、举止、姿态等。在商务及社交场合，一个人的仪表不但可以体现他的文化修养，还可以反映他的审美情趣。穿着、举止得体，不仅能赢得他人的信赖，给人留下良好的印象，而且还能够提高与人交往的能力。相反，穿着不当，举止不雅，往往会降低了你的身份，损害你的形象。

着装是着装人基于自身的社会地位、文化修养、审美情趣、身材特点，根据时间、地点、目的对所穿的服装进行的精心的选择、组合和搭配的体现。俗话说："佛靠金装，人靠衣装"。得体和谐的服饰有一种无形的魅力，可以为人们增添光彩。

一、仪表

（一）着装的原则

1．TPO 原则

TPO 是时间、地点、和场合三个英文单词的缩写。它的含义是要求人们在选择服装时首先应当考虑时间、地点、场合三项因素，并应力求使自己的着装及其具体款式与着装的时间、地点、场合协调一致，这样才能产生和谐的效果，达到美的目的。

（1）时间。一年有春、夏、秋、冬四季的交替，一天有早、中、晚三个时段。人生的不同年龄阶段，在不同的时间里，着装的类别、式样、造型应因此而有所变化。

（2）地点。代表地方、场所、位置不同，着装应有所区别，特定的环境配以与之相适应、相协调的服饰，才能获得视觉和心理上的和谐美感。如穿泳装出现在海滨是得体的，但若出现在办公场所则会令人哗然。

（3）场合。有公务场合、社交场合、休闲场合，不同的场合对服装的款式有不同的要求。如公务场合的服饰有制服、套装等，而休闲场合的服装款式为家居装、运动装等。

2．整洁大方的原则

服饰必须整洁，不能沾有污渍，衣领袖口处也需格外注意。另外，服装穿着要符合社会角色的要求：社会心理学家认为，不同的社会角色，有不同的社会行为规范，在服装穿着上也要遵守这个规范，所以当人们身处各种场所时，都要先明确自己扮演的角色，然后再为自己选择一套适合该角色的服装。

3．搭配得体的原则

服装的美是以人体的美为基础的，服装款式和颜色的选择应依穿着者的形体特点和皮肤颜色的特点来选择，才能产生良好的视觉效果。着装的各个部位、环节要精心搭配，相互呼应，注意发型、肤色、上装、袜子、鞋子、围巾、首饰、提包之间的搭配，尽可能做到整体上的完美、和谐。选择服装色彩既要注意到身材、肤色、环境、场合，还要考虑到色彩本身的搭配规律，在服装配色中要根据色彩各自不同的性质加以选择。

明代卫泳在《缘饰》中说："春服宜清，夏服宜爽，秋服宜雅，冬服宜艳；见客宜重装；远行宜淡服；花下宜素服；对雪宜丽服。"

4．注意细节的原则

着装的任何一个细节末节都要注意，否则会很狼狈。无论男士或者女士，出门都要检查衣着是否熨烫平整，有没有污迹、油腻，袜子是否有破洞，衣领、袖口是否平整等。

（二）女士服饰

得体的穿着，不仅可以使女士更加美丽，还可以体现出一个现代文明女士的良好修养和独到魅力。如美国女性政治家赖斯，在办公室里挂了两面镜子，每次出门她总是看看前面，再看看后面，很在意自己的外表。如果说西服套装是商界男士着装的最佳选择，那么西服套装应是商界女士最理想的职业着装。高层女性主管可以选穿最时髦的全套衣装，她们已经成功，能够决定她们自己的准则，而不是沿用业已建立的标准。但必须记住那种引起对你性别注意的穿着方式——穿迷你裙、紧身衫、皮肉露得多等，会败坏你的勤奋工作表现。一旦女人的性别成为人们注视的焦点，她的工作就会退居其次。

1．套装的选择

（1）面料的选择：毛制品和非纯亚麻制品。

（2）颜色的选择：选择基本色最好，不需要流行的颜色。黑、褐、灰或者条纹的图案都比较好。

（3）剪裁合体、做工考究。

（4）款式简洁大方。

2．套装的穿着

（1）长短适中、宽松适当，套装造型与体型相互补充。

（2）上衣的扣子一定要到位，如此才会显出女性的端庄和典雅。

（3）衬衣和内衣的款式和质地要考究漂亮。

（4）配好鞋袜：穿黑色高跟或半高跟皮鞋，穿肉色高筒丝袜，袜口不能露出裙摆或裤脚外边。

3．白领女士穿衣的禁忌

（1）禁忌一：发型太新潮。尽管你很陶醉于发型师的建议，梳个最新潮的“龙珠头”，但若是将它带到办公室里，一定会使同事向你投来诧异的目光，甚至让人一见到你就眉头紧锁。

（2）禁忌二：夸张化妆。如果把两颊涂得像中国大戏妆，绝对不符合白领一族。

（3）禁忌三：服装太前卫。未必人人都了解眼下的潮流是什么，也并非人人都懂得欣赏前卫打扮，在办公室搞个人时装展览会，把最潮的民族服装、东方服装和欧美服饰全部轮流披上身，会和严谨的办公环境格格不入的。

（4）禁忌四：天天扮“女黑侠”。黑色虽然是永恒的色彩，却不是万能的，一个星期有五天全黑打扮，未免缺乏生气。别以为黑色一定能显得你苗条，如果款式及裁剪不好，即使黑如墨的颜色，也对你的身材美化无济于事。假如碰上睡眠不足，黑色会让你显得更加憔悴。

（5）禁忌五：脚踏“松糕鞋”。近年来许多白领女性因赶时髦又贪方便，都穿露趾凉鞋上班，但那种超厚底“松糕鞋”或“大头仔鞋”实在难登大雅之堂，也不宜上班穿着。

（6）禁忌六：衣不称身。不妨检查一下自己穿的外套或西装是否衫袖太长，领位太大，或者裙子过长，即使你身材高挑喜欢穿较长的衣服，也不能一味地穿又长又阔的服装，因为那样会令你显得既老套又累赘。

4．合适穿着

（1）女士的穿着首先要符合自己的身材和身份。要用扬长避短的方式方法装扮自己，使自己更有品位。女士着装要注意“量体裁衣”和合适选衣，根据自己的身材高矮和胖瘦来进行选择。

（2）女士的着装要随时间变化而变换，如白天工作时，应穿职业套装，以体现职业性和专业性；晚上出席酒会，必须穿晚礼服，服饰的选择还要适合气候的特点。另外，女士的着装要与场合协调。参加正式会议、进行商务会谈时，衣着应庄重考究，随着地点和场合的不同，女士的着装也应有所不同。

（三）男士西装

我国男士的正式服装，在20世纪70年代之前以中山装为主，这种服装是孙中山先生提出并倡导的，简洁不失庄重，朴实不失美观。随着改革开放的发展，我国男士穿西装的越来越多。西装原是欧美国家的传统服饰样式，随着国际交往的日益广泛和频繁，逐渐成为国际性的礼服。

1．穿西装的要求

首先要选择合适的款式。选择西装时，要充分考虑到自己的身高、体形。如身材较胖的人最好不要选择瘦型短西装；身材较矮者也最好不要穿上衣较长、肩较宽的双排扣西装。

其次要选择合适的面料和颜色。西装的面料要挺括一些。作正式礼服用的西装可采用深色（如黑色、深蓝、深灰等）全毛面料制作。日常穿的西装颜色可以有所变化，面料也可以不必讲究，但必须熨烫挺括。如果穿着皱巴巴的西装，会损坏自己的交际形象。

再次要选择合适的衬衣。穿着西装时一定要穿带领的衬衣；衬衫一定要合体。

当你试穿一件新衬衫时，如果系上最上一粒纽扣后，能伸进去一个手指到两个手指，就是较合适的，否则不是过紧就是过松。

还要选择合适的领带。领带的颜色、花纹和款式要与所穿的西装相协调。在领带颜色的选择上，杂色西装应配单色领带，而单色西装则应配花纹领带。领带的面料以真丝为最优。领带切忌打得过长和过短，一般当我们站立时，领带的长度要长到腰带，或者盖住皮带扣。

最后配备合适的鞋袜，穿西装一定要穿皮鞋，而不能穿布鞋或旅游鞋。皮鞋的颜色要与西装相配。皮鞋还应擦亮，不要蒙满灰尘。黑色的皮鞋最为正式，而且搭配任何西装都不会出错。穿皮鞋还要配上合适的袜子，袜子的颜色要比西装稍深一些。使它在皮鞋与西装之间显示一种过渡。

当我们穿西装时，西服上衣的扣子到底是扣上还是不扣上好呢？

在出席正式场合时，扣比不扣要好。如果你不想把扣子全扣上的话，单排扣的西服基本遵循扣上不扣下的原则：一粒扣的要么扣上，要么不扣；两粒扣的只扣最上面的一颗，或者都不扣；三粒扣的扣中间一颗，或最上面两颗，或都不扣。

2．着装原则

在国际惯例中，男士着西装要注意三个三原则：

（1）三色原则。全身颜色不得超过三种颜色。非正式场合所穿的便装，色彩上要求不高，而正式场合穿的服装，其色彩却要多加注意。总体上要求：正装色彩应当以少为宜，最好将其控制在三种色彩之内。这样有助于保持正装保守的总体风格，显得简洁、和谐。正装若超过三种色彩则给人以繁杂、低俗之感。

（2）三一定律。男士在正规场合的着装有三个部位色彩要一致，即皮鞋、腰带、公文包，以黑色为佳。

（3）三大禁忌。

1）一大禁忌：穿西装时左边袖子上的商标没有拆掉。

2）二大禁忌：袜子出现问题。有两种袜子不能穿，一是尼龙丝袜，西方国家已经淘汰了；二是白袜子，袜子应与皮鞋一个颜色。

3）三大禁忌：穿夹克打领带。夹克是休闲装，不应佩戴领带，其他还有正规场合不能穿皮西装、不能穿布鞋、不能穿凉鞋等。

【案例 9-3】 着装禁忌。

张先生是一家国有企业的总经理，有一次，他获悉有一家著名的日本企业的董事长正在本市进行访问，并有寻求合作伙伴的意向。于是，他想尽办法请有关部门为双方牵线搭桥。让张总经理欣喜若狂的是，对方也有兴趣同他的企业合作，而且希望尽快与他见面。到了见面的那一天，张总经理对自己的形象刻意地进行了一番修饰。他为了能给对方留下精明强悍、时尚新潮的印象，特意给自己进行了一番时尚的打扮：上穿夹克衫，下穿牛仔裤，脚蹬旅游鞋，肩挎双肩包。结果双方见面后，事与愿违，而且问题就出在着装上。

原来日方认为，此人着装随意，个人形象不合常规，给人的感觉过于前卫，尚欠沉稳，与之合作之事必须慎重考虑。

【思考与行动】

（1）如果你参加晚宴，并在那里会见一位重要的商务客人，你应该怎么选择服饰？

（2）女士在身着职业装时，应该怎么样选择首饰和手提包？

（3）领带有几种基本系法？

二、仪容

仪容，即人的容貌，由发式、面容以及人体所有未被服饰遮掩的肌肤所构成，是个人仪表的基本要素。在人际交往中，每个人的仪容都会引起交往对象的特别关注，并影响到对方对自己的整体评价。外在的表现是内在的反映，在个人的仪表问题之中，仪容是重中之重。仪容通过对面部和头发的修饰，展现每个人的个性、喜好、修养等，仪容不仅是打扮和美容，实际上是人的精神面貌的体现，能使人在工作中保持良好的精神风貌。

（一）仪容修饰

通常需要注意以下四个方面：

（1）面容清洁。男士应剃净胡须、刮齐鬓角、剪短鼻毛，女士可适当化淡妆，并避免使用气味浓烈的化妆品。

要不要化妆，这是个人的选择，但在国际交往中，有身份、有地位的女士，没有一个不化妆的，因为化妆不仅可以使人增强信心，也是对自己和他人的尊重。化妆要因人而异、因地制宜，每个人的化妆要求也不是一成不变的，应根据不同的场合化不同的妆。另外，要适时补妆。化妆时要避人，切忌旁若无人地当众操作，因为当众化妆是很失礼的，被视为对他人的妨碍，也是对自己的不尊重。

【案例 9–4】 **合适的妆容。**

雯雯是大学毕业生，毕业后在一家大公司做文员，她上班时毅然放弃了自己钟爱的“清纯少女”形象，化起了整洁、漂亮、端庄的“白领丽人妆”，到了休息日和节假日，她又给自己来了个大变脸，化起了自己喜爱的“清纯少女妆”。一年过去了，她在工作中能得到领导的青睐吗？在生活中又能得到朋友的喜欢吗？答案显然是肯定的。

（2）口腔清洁。牙齿洁白、口腔无异味，在工作、社交场合不要食用葱、蒜、韭菜等气味刺鼻的食物。

（3）发型修饰。头发要勤于梳洗并修剪一个适合自己的发型，发型应符合自己的气质、脸型、身材和职业。

（4）手的清洁。要随时随地清洗自己的双手，使之处于干净状态，尤其要经常修剪与洗刷指甲，不让污垢残留。

（二）香水的应用

（1）和谐。使用香水时应该注意到周围的环境和相处人群，如年轻人的嗅觉比较发达，就比较适合用一些清香柔和的香水，适度感是和谐、美丽的基础。对于新买的香水可以放置一段时间再使用，味道会更加清新怡人。

（2）注意浓度。香水在空气中的蒸汽浓度是有限制的，香水使用过量不仅得不到想要的香气，反而会丧失本味，变得很难闻。

（3）喷洒部位。香水应该用在不易出汗、脉搏跳动的地方，如果喷洒在出汗比较多的地方会跟汗水的味道混合，香水也会容易发生化学反应，丧失本来的味道。另外，两种不同的香水不宜混在一起使用，混合后的香味会使原来的每一种香水都失去纯味，且很可能闻起来极不舒服。

（4）喷雾法。这是最常用的方法，让喷雾器距离喷洒补位 10～20 厘米，喷出雾气，范围越广越好，随后站立于香雾中约 1 分钟，这样能涂洒得更加均匀，留下淡淡的幽香。

此外，香水使用者还应该清楚，有些地方和场合不适宜使用香水。比如到医院探视病人、参加葬礼或宗教仪式、参加品茶会等，另外，参加聚餐时香水最好不用或在腰部以下点到为止，这是对他人的尊重，是个人基本修养的体现。

【思考与行动】

（1）结合实例，谈谈你对生活中不同场合“品质着装”的看法。

（2）你同意“女性素面即对他人的不敬”的说法吗？为什么？

（3）工作中，身边女同事喷着浓烈的香水，你会怎么对她进行建议？

（4）为什么不能当众化妆？

三、仪态

在日常的人际交往中，人们的感情流露和交流经常会通过各种姿势的变化来表示，这就是“体态语言”。它是无声的，但有时比有声的语言更富有表现力。人的各种身体姿态是内心活动的一面镜子，别人从你的日常生活中的所作所为，可以判断出你是否有教养。文明礼貌的仪态是一种教养，也是人与人之间交往的宝贵财富。

得体的举止因社会角色和场合不同而有所区别，具体分为生活举止和职业举止。生活举止即人们在日常生活中的姿态和动作，较为自然随意，可直接真实地反映个人的教养及文化素养，它是个人长期生活的行为习惯；职业举止即人们在一些特定服务行业中的姿态和动作，较为刻意但不失情理，可以经过短期培训习得表面肢体做法，但其所要表达的内在的服务理念则与个人生活举止息息相关。

（一）站姿

站姿是人的静态造型动作，是人体造型的基础和起点，站立是生活中最基本的一种仪态，正确健美的站姿给人以挺拔笔直、舒展俊美、精力充沛、积极进取、充满自信的感觉，并给他人留下美好的印象。

正确健康的站姿是：两眼平视前方，收颌梗颈抬头，表情自然，稍带微笑；两肩平正，微微放松，稍向后垂；两臂自然下垂，中指对准裤缝或双手自然地在体前交叉相搭，放置小腹位；胸部挺起，收紧腹部，腰部正直，臀部向内向上收紧；双腿直立，双膝并拢，两脚夹脚成60度（外八字）。从人的身体侧面观察，人的脊椎骨呈自然垂直的状态，身体重心置于双足的后部。其具体要求如下：

一是平：即头平正、双肩平、两眼平视。

二是直：即腰直、腿直，后脑勺、背、臀、脚后跟成一条直线。

三是高：即重心上拔，看起来显得高。

（二）坐姿

坐姿也是人的静态造型动作。端庄、优雅的坐姿能表现人体静态的美感。入座时，应以轻盈和缓的步履，从容自如地走到座位前，然后转身轻而稳地落座，并将右脚与左脚并排自然摆放。

坐下后，上身要挺直。双肩要平正，不要弯腰驼背，两臂自然弯曲，头、颌、颈保持站立时的样子不变。女士就座时，双膝一定要并拢，不可分开；并拢的双腿可放在中间或者身体两侧；两手应掌心向下相叠或两手相握，放在两腿中部并靠近小腹，或放在身体的一侧。如果你的裙子很短，一定要小心盖住。经常走动或工作的女士，需要上高台就座的主要嘉宾，都不适合太短的裙子。其具体要求是：

女士入座时，若着裙装，应用手将裙稍微拢一下，不要等坐下后，再重新站起来整理衣裙，女士就座，不可跷二郎腿，更不可将双腿叉开。

男士可以交叠双腿，一般是右腿架在左腿上，但腿脚不能不停地晃动。

（三）蹲姿

蹲姿虽不像站姿、坐姿那样频繁使用，但也是不能忽视的体态。有时我们不得不蹲下去，在地上拾一些东西，但一般人比较习惯随意地弯下腰，使臀部向后翘起，上身向前倒，这看上去实在不雅观，也不礼貌。注意自己举止的人，尤其是女士，应该注意蹲的姿势。正确的方法是，一只脚在前，另一只脚在后向下蹲下，前一只脚的小腿垂直于地面，用全脚掌撑地，两大腿紧靠，后一只脚的脚跟提起，并用前脚掌撑地；前脚的膝盖高于后脚的膝盖，臀部向下，上身基本保持直线，稍向前倾。

（四）行姿

协调稳健、轻松敏捷的行姿会给人动态之美，表现朝气蓬勃、积极向上的精神状态。行姿的基本要求是：

（1）上身基本保持站立的标准姿势，挺胸收腹，腰背笔直。

（2）两臂以身体为中心，前后自然摆动，膝盖伸直。

（3）脚尖向正前方伸出，行走时双脚踩在一条线缘上。

体态随时表现在你的举手投足之间，完美的仪态就在你的站、立、行之间。优雅的体态是个体有教养、充满自信的完美表达。人的体态还能折射着装的效果，一个萎靡不振的人，即使穿着昂贵、漂亮的服饰，也不会给人带来好的感观。

【思考与行动】

（1）怎样掌握不同仪态的基本要求？应用如何？

（2）怎样才能使得自己的举止更优雅？

第四节 交往礼仪

人际关系是通过人与人之间的交往表现出来的，这些交往得以正常进行，需要人们用一定的行为规范来调节、增进和约束彼此间的关系。随着国际交往的日益发展，交往礼仪越来越成为人们在社会生活中不可缺少的礼节。

交往礼仪具有普遍性。在任何国家，任何场合，任何人际交往中，都会体现个人（国家）的素质，所以人们都必须自觉地遵守礼仪。

（1）规范性。讲究礼仪，必须采用标准化的表现形式才会获得广泛的认可。

（2）对象性。在面对各自不同的交往对象，或在不同领域内进行不同类型的人际交往时，往往需要讲究不同类型的礼仪。

（3）可操作性。在具体运用礼仪时，“有所为”与“有所不为”都有各自具体的、明确的、可操作的方式与方法。

（4）有丰富性。每个国家都有都有不同的文化，也有不同的礼仪。在社交场合中，如何运用社交礼仪，怎样才能发挥礼仪应有的效应，怎样创造最佳人际关系状态，这同遵守礼仪原则密切相关。

一、交往礼仪的原则

（一）真诚尊重的原则

苏格拉底曾言："不要靠馈赠来获得一个朋友，你须贡献你诚挚的爱，学习怎样用正当的方法来赢得一个人的心。"可见在与人交往时，真诚尊重是礼仪的首要原则，只有真诚待人才是尊重他人，只有真诚尊重，方能创造和谐愉快的人际关系，真诚和尊重是相辅相成的。

真诚是对人对事的一种实事求是的态度，是待人真心实意地友善表现。真诚和尊重首先表现为对人不说谎、不虚伪、不骗人、不侮辱人，所谓"骗人一次，终身无友"；其次表现为对于他人的正确认识，相信他人、尊重他人，所谓心底无私天地宽，真诚的奉献，才有丰硕的收获。

（二）平等适度的原则

在社交场上，礼仪行为总是表现为双方的，你给对方施礼，自然对方也会相应地还礼于你，这种礼仪施行必须讲究平等的原则。平等是人与人交往时建立情感的基础，是保持良好的人际关系的诀窍。在交往中，平等表现为不要骄狂，不要我行我素，不要自以为是，不要厚此薄彼，更不要傲视一切，目空无人，更不能以貌取人，或以职业、地位、权势压人，而是应该处处时时平等谦虚待人，唯有此，才能结交更多的朋友。

适度原则即交往应把握礼仪分寸，根据具体情况、具体情境而行使相应的礼仪，如在与人交往时，既要彬彬有礼，又不能低三下四；既要热情大方，又不能轻浮谄谀；要自尊却不能自负；要坦诚但不能粗鲁；要信人但不能轻信；要活泼但不能轻浮；要谦虚但不能拘谨；要老练持重，但又不能圆滑世故。

（三）自信自律的原则

自信的原则是社交场合中一个心理健康的原则，唯有对自己充满信心，才能如鱼得水，得心应手。自信是社交场合中一份很可贵的心理素质。一个有充分自信心的人，才能在交往中不卑不亢、落落大方，遇到强者不自惭，遇到艰难不气馁，遇到侮辱敢于挺身反击，遇到弱者会伸出援助之手；一个缺乏自信的人，就会处处碰壁，甚至落花流水。

自信但不能自负，那么如何剔除人际交往中自负的劣根性呢？自律原则是正确处理好自信与自负的又一原则。在社会交往过程中，在心中树立起一种内心的道德信念和行为修养准则，以此来约束自己的行为，严以律己，实现自我教育、自我管理，摆正自信的天平，既不必前怕虎后怕狼的缺少信心，又不能凡事自以为是而自负高傲。

（四）信用宽容的原则

信用即就讲究信誉的原则。孔子曾有言："民无信不立，与朋友交，言而有信。"强调的正是守信用的原则。守信是我们中华民族的美德，在社交场合，尤其讲究，一是要守时，与人约定时间的约会，会见、会谈、会议等，决不应拖延迟到；二是要守约，即与人签订的协议、约定和口头答应他人的事一定要说到做到，所谓言必信，行必果。

宽容是人类一种伟大思想，在人际交往中，宽容的思想是创造和谐人际关系的法宝。宽容他人、理解他人、体谅他人，千万不要求全责备、斤斤计较，甚至咄咄逼人。总而言之，站在对方的立场去考虑一切，是你争取朋友的最好方法。

二、见面礼仪

（一）握手礼

我们生活中最常见的见面礼就是握手，它可以在极短时间内拉近交往双方的距离。握手礼通常是在见面、道别、致谢或恭贺等相互问候、表达情意时所采用的一种礼节。握手多适用于公务场合和社交场合。握手是人们交往中一种常见的见面礼节，握手虽然常见，也最常用，但是真正能把握住其中要领的人并不多，握手尽管只是 2 ~ 3 秒极为短暂的沟通方式，但是相关的细则则较为繁杂，承载着丰富的交际信息。握手时要真诚专注，平等适度，要把握其中的细节，需要注意以下三点：

1．握手的标准姿势

握手的标准姿势如图 9–1 所示。

图 9–1　握手的标准姿势

（1）双方的距离约一步远；

（2）上身应向前倾一些；

（3）手掌相握呈垂直状态；

（4）握手时应伸出右手。

2．握手的顺序

一般讲究“尊者决定”。

（1）上下级之间，应先上级伸出手后，下级才能接握；

（2）长幼之间，应长辈先伸手后，晚辈才能接握；

（3）男女之间，应女方先伸手后，男方才能接握；

（4）有客来访时，主人先伸手，以表示热烈欢迎；

（5）告辞时，待客人先伸手后，主人再伸手与之相握；

（6）朋友和平辈之间，一般谁伸手快，谁表现更为有礼；

（7）祝贺对方、宽慰对方，以及表示谅解对方时，要主动伸手。

3．握手应注意的问题

（1）一忌：用力过重或过轻。

（2）二忌：握手的时间太长，3 ~ 5 秒为宜。

（3）三忌：心不在焉。

（4）四忌：握手时掌心向下压。

（5）五忌：不摘手套、帽子。

（6）六忌：交叉握手。

（二）打招呼

见面打招呼是最常见的礼仪，见面打招呼在西方国家是一种良好的礼节性习惯，无论对方是男是女，是老是少，凡是双方相遇，哪怕是匆匆的路人，只要目光相视，就会微笑着主动向对方打招呼，因为视而不见会显得不友善。所以，要养成见面打招呼的习惯。

在打招呼中，要注意以下问题：

（1）尊重对方。由于文化差异，中国人和西方人不同，一般习惯于向自己所熟悉的人打招呼，对陌生人总会下意识地保持距离。倘若主动与素不相识的人打招呼，反而会遭人误解。

（2）注重场合。如果在公共场合遇到久违的好朋友，也不要太激动，如在会场上猛然跳起来或者在大街上冷不丁地高喊朋友的名字，都是很失礼的行为。

（3）有礼有序。称呼要视对方的年龄、性别、身份、职业等不同而不同。对年长者要体现出谦恭、尊重的语气，对同辈要体现出诚恳、友好的语气。一个好的称呼，不仅是为了满足自己，而是要满足对方，让对方乐于接受。

（三）鞠躬礼

“鞠躬”起源于中国，鞠躬既适合于庄严肃穆或喜庆欢乐的场合，又适合于一般的社交场合。随着社会文明的提高，鞠躬礼在人们的生活社交，商业服务中的使用越来越频繁，深深的表达对他人的敬意和感激之情。

正确的鞠躬姿势：

（1）首先得站好，以良好的站姿为基础，双手在身前搭好，双眼注视对方，面带微笑。

（2）鞠躬时，以臀部为轴心，将上身挺直的向前倾斜，倾斜的角度也不一样，一般是 90、45 度和 15 度，目光随身体自然下垂到脚尖 1.5 米处，鞠躬完之后，再恢复到标准的站姿，目光再注视对方脸部。弯 15 度左右，表示致谢；弯 30 度左右，表示诚恳和歉意；弯 90 度左右，表示忏悔、改过和谢罪。

（3）鞠躬时应做到文明，鞠躬的同时要问好，声音要热情，亲切。

行鞠躬礼时，应取立正姿势，脱帽，双目注视受礼者，面带微笑，以腰部为轴，整个腰及肩部向前倾斜15～30度，目光也随鞠躬自然下垂，表示一种谦恭的态度。行礼时，可以同时问候“您好”“早上好”“欢迎光临”等，也可致谢或致歉。鞠躬礼毕，直起身时，双目还应有礼貌地注视对方，使人感到是诚心诚意。

生活中常有一面鞠躬一面翻起眼睛看着对方的情况，这种方式非常不妥，应该避免。鞠躬时，嘴里不要吃东西或叼着香烟，这是不礼貌的。

男性在鞠躬时，双手要放在裤线稍前的地方，女性则将双手在身前轻轻搭在一起。如日本人的鞠躬礼是以双手搭在双腿上，鞠躬时，双手向下垂的程度越大，所表示的敬意就越深。

受礼者，除是长辈、上级、老师、宾客还礼可不鞠躬，而用欠身、点头、微笑致意以示还礼外，其他人应以鞠躬礼相还。

（四）介绍礼仪

介绍是指个人或单位在应酬交往中，为了使交往对象彼此有所了解而说明情况。在人际交往中，互相不认识的双方需要彼此认识，并进一步合作交往时，首要的环节就是介绍。所以说，介绍是交际的桥梁，也是人们有效交往中的第一个“见面礼”。介绍是使交往双方相互认识、建立联系的一种社交方法。了解介绍的规则和礼节，就等于掌握了一把打开社交之门的钥匙。

在人与人的交往中，介绍有以下三类。

1．自我介绍

自我介绍是向被交往对象推介并让之了解自我的一种重要的、有效的社交方式。当我们想同某人结识，却又一时没有找到合适的介绍人时，那么我们不妨作自我介绍。

自我介绍时，需要掌握好自我介绍的艺术，通常要注意以下三个方面：

（1）介绍的时机要适当，通常是初次见面或对方有兴趣的时机；

（2）举止应庄重、大方，必须充满自信；

（3）介绍内容视交际需要决定介绍的繁简，通常有三个要素构成，即本人姓名、供职单位及职务。

自我介绍应真实简洁、清晰流畅、坦率自信地进行。

2. 团体介绍

团体介绍是指两个交往的团体之间或者是交往者个人与团体者间的双向或单向的介绍，一般都在比较正式的场合进行。

团体介绍的顺序为：两边都是单位的，要先把地位低的一方（东道主）介绍给地位高的一方（客人）；第二种，一边是单位，一边是个人，则是先把个人介绍给集体，然后再介绍集体。

3. 介绍他人

为他人作介绍时，先介绍谁？后介绍谁？是一个比较敏感的礼仪问题。这其中要遵守两条原则：一是个人或是少数人优先被介绍给其他人，二是位尊者优先了解对方情况。

在会议或者是宴会上，经常会遇到集体介绍的情况，这时对于介绍人来说，应该先介绍贵宾，后介绍一般客人。如果是会议上的介绍，应先介绍职务高的，依次往后介绍。如果会议有客方参加，在主客安排上，一般应该先介绍客人，后介绍主人，这样表示对客人的尊重。

为某两个人做介绍的顺序：

（1）先把地位低者介绍给地位高者，再把地位高者介绍给地位低者；

（2）将年轻者介绍给年长者；

（3）将年龄和职务相当的男士介绍给女士；

（4）将客人介绍给主人；

（5）将未婚者介绍给已婚者；

（6）将个人介绍给团体；

（7）将晚到者介绍给早到者。

这七种情况，其共同点是："尊者居后"的原则。这样的礼仪规范，都是表示对年长者、女士和尊者的尊重。需要提醒的是，要按不同的场合判断应该给予哪位人士最大的尊重，然后先为此尊者引见其他人，以体现对尊者的敬重之意。而在口头表达上，则是先称呼尊者，然后再介绍，这种介绍顺序是遵守国际通用惯例，搞错顺序会令人不舒服。

【思考与行动】

（1）对于请来为同事们作讲座的老师进行一个介绍。

（2）遇到尊敬的师长该怎么打招呼？

（3）在参加一个很重要的学术会议时，交换名片的顺序是什么？

三、交谈礼仪

交谈是社会交往中必不可少的内容，也是一门艺术。“一人之辩重于九鼎之宝，三寸之舌强于百万之师”，在人类发展史上，交谈作为一种社会现象，是和人类劳动、生活、交际活动一起发展起来的。交谈的艺术性体现在：尽管人人都会，然而效果却大不一样。所谓“酒逢知己千杯少，话不投机半句多”，正说明了交谈的优劣直接决定着交谈的效果。与人进行一次成功的谈话，不仅能获得知识、信息的收益，感情上也会得到很多补偿，是一种莫大的享受；而参与一场枯燥无味、死气沉沉的交谈，除了是时间上的浪费之外，还会有一种受折磨的感觉。

（一）交谈的语言

在语言方面，交谈的总体要求是文明、礼貌、准确。语言是组织交谈的载体，交谈者对它理当高度重视、精心斟酌。

1．语言文明

作为有文化、有知识、有教养的现代人，在交谈中一定要使用文明优雅的语言。粗话、脏话、黑话、荤话、怪话、气话等，绝对不宜在交谈之中采用。

2．语言准确

在交谈中，语言必须准确，否则不利于彼此之间的沟通。这方面要注意的问题主要有发音标准、语速适度、口气谦和、内容简明、少用方言。

（二）交谈的主题

交谈的主题也称为交谈的话题，所指的是交谈的中心内容。一般而言，交谈主题的多少可以不定，但通常在某一特定时刻宜少不宜多，最好只有一个。唯有话题少而集中，才有助于交谈的顺利进行。话题过多、过散，将会使交谈者无所适从。

在交谈之中，以下五类具体的话题都是适宜选择的：

一是既定的主题。既定的主题即交谈双方业已约定，或者其中某一方先期准备好的主题。例如，求人帮助、征求意见、传递信息、讨论问题、研讨工作一类的交谈等，往往都属于主题既定的交谈。选择这类主题最好双方商定，至少也要得到对方的认可。它适用于正式交谈。

二是高雅的主题。高雅的主题即内容文明、优雅，格调高尚、脱俗的话题。例如，文学、艺术、哲学、历史、考古、地理、建筑等，都属于高雅的主题。它适用于各类交谈，但要求面对知音，忌讳不懂装懂，或班门弄斧。

三是轻松的主题。轻松的主题即谈论起来令人轻松愉快、身心放松、饶有情趣、不觉劳累或厌烦的话题。例如，文艺演出、流行时装、美容美发、体育比赛、电影电视、休闲娱乐、旅游观光、名胜古迹、风土人情、名人轶事、烹饪小吃、天气状况等等。它适用于非正式交谈，往往允许人们各抒己见，对其任意进行发挥。

四是时尚的主题。时尚的主题即以此时、此刻、此地正在流行的事物作为谈论的中心。此类话题适合于各种交谈，但其变化较快，在把握上有一定难度。

五是擅长的主题。擅长的主题指的是交谈双方，尤其是交谈对象有研究、有兴趣、有可谈之处的主题。须知：话题选择之道，在于应以交谈对象为中心。例如：与医生交谈，宜谈健身祛病；与学者交谈，宜谈治学之道；与作家交谈，宜谈文学创作；等等。它适用于各种交谈，但忌讳以己之长对人之短，否则会话不投机半句多。因为交谈是意在交流的谈话，故不可只有一家之言，使之难以形成交流。

【案例 9-5】 称谓变化。

按照传统习惯，在餐饮行业，用餐客人对服务员最初是直接唤作“服务员”“服务生”，之后有一段时间将年轻的女性服务人员称为“小姐”，这种称呼原属于旧时代与“先生”“太太”等并列的产物。近几年，“帅哥”“美女”等称谓突然开始大行其道，几乎完全取代了对服务人员原有的称谓，无论称谓如何变化，在公共场合用餐时都避免不了大呼小叫的尴尬，所以最为合适的方法就是“无声手势”表达法，这种交流方式既便捷又不好干扰他人。

【思考与行动】

（1）在和别人第一次见面时，怎样确定交流的主题？

（2）在和别人交流时，怎么样控制自己的语速？

第五节 商务会议礼仪

商务人员在日常交往中所必不可少的一件事情，就是要组织会议、领导会议或者参加会议，因此会议自然而然地成为商务活动的有机组成部分之一。

不管什么形式的会议，都是你在他人面前体现形象和气质的机会。会议礼仪，是召开会议前、会议中、会议后及参会人应注意的事项，懂得会议礼仪对会议精神的执行有较大的促进作用。

一、准备工作

（一）会议准备

现代化的会议离不开各种辅助器材，在召开会议之前，就应该把各种辅助器材准备妥当。

桌椅、名牌、茶水等是最基本的设备，可以根据会议的需要摆成圆桌型或报告型，如果参加会议的人数较多，一般应采用报告型，不需要准备座位牌；如果参加会议的人比较少，一般采用圆桌型，并且要制作座位牌，即名牌，让与会人员方便就座。

现代科技的发展带来了投影仪、幻灯机、录像机、激光指示笔或指示棒等视听设备，给人们提供了极大的方便。在会议召开前，必须先检查各种设备是否能正常使用，如果要用幻灯机，则需要提前做好幻灯片。录音机和摄像机能够把会议的过程和内容完整记录下来，有时需要立即把会议的结论或建议打印出来，这时就需要准备一台小型的影印机或打印机。

（二）会议组织者的礼仪

作为会议的组织者，也就是会议的策划和服务者，要在会议整个期间都能体现出清晰的思路，在会议组织过程中既要热情和耐心，还要做到处变不惊，给予及时果断的处理。

会议接待人员形象塑造：

（1）所有员工按公司要求统一着装。服装应保持清洁、完好，扣子齐全，不漏扣、错扣。打好领带，配穿皮鞋，上衣袋不装东西，裤袋少装东西，并做到不挽袖口和裤脚。

（2）接待时注意力集中，展现良好的精神状态，无疲劳状、忧郁状和不满状。立姿端正，抬头、挺胸、收腹、双手自然下垂。行走步伐有力，步幅适当，节奏适宜最新会议接待礼仪基本常识最新会议接待礼仪基本常识。

（三）会议主持人礼仪

成功的主持人是外在形象和内在素养的统一，言行举止要表现得令人叹服。

1．会议主持人仪表礼仪

（1）主持人应衣着整洁，大方庄重，精神饱满。

（2）主持人站时要双腿并拢，腰背挺直，坐时坐姿要端正，腰部挺直，颈部梗直，面视前方，虚视全场，双臂前伸，两肘轻按桌沿。

（3）主持过程中，切忌出现搔头、揉眼、抖腿等不雅动作。

（4）主持人对会场上的熟人不能打招呼，更不能寒暄闲谈，会议开始前，或会议休息时间可点头、微笑致意。

（5）主持人言谈应口齿清楚，思维敏捷，简明扼要。

2．主持人主持会议过程注意事项

（1）会议开始后首先介绍参会人员；

（2）控制会议进程；

（3）避免跑题或议而不决；

（4）控制会议时间。

（四）出席会议者的礼仪

（1）衣着整洁、仪表大方、按时到会。

（2）依会议安排落座。

（3）别人讲话时，应认真倾听，记录与自己工作相关的内容或要求。

（4）不要在别人发言时说话、随意走动、打哈欠等。

（5）在开会过程中，如果有讨论，最好不要保持沉默，这会让人感到你对工作或对单位漠不关心。

（6）发言应简明、清楚、有条理。

（7）反驳别人不要打断对方，应等待对方讲完再阐述自己的见解，别人反驳自己时要虚心听取，不要急于争辩。

（8）会中尽量不离开会场，如果必须离开，要轻手轻脚。

（9）如果长时间离开或提前退场，应与会议组织者打招呼。

（五）会议座次礼仪

会议根据规模划分有小型会议和大型会议。

1．小型会议室座次安排

（1）面门而坐；

（2）居右而坐；

（3）居中而坐；

（4）自由择坐。

小型会议一般都是在小型会议室进行，而小型会议室摆放的一般是椭圆桌或长桌，如果会议涉及的是宾主双方人员，那么双方人员各自在桌子的一边就座。

倘若会议桌横放，那么会议室面向正门的一侧为上座，应请客方就座；背对会议室正门的另一侧则为下座，应留主方就座。此为面门为上。

如会议桌是竖放的，进门时的右侧为上座，由客方就座；进门时的左侧为下座，由主方就座。此为以右为上，遵循的是国际惯例。

双方会议人员应各自坐在自己方一侧的正中间。副手坐在主要领导右边的第一个座位，其他参加会议人员以职位高低为序，依次右一个、左一个地分别坐在主要领导的两侧。

2．大型会议座次安排

（1）一般来说，主席台位置要面门设置。

（2）主席台位次居中为上，以右为上，前排为上。

（3）主持人可在前排正中，也可在前排最右侧。

（4）发言席设在主席台正前方，或在其右前方。

二、签到与发言的礼仪

（一）签到

设一张签字台，配上1～2名工作人员，如果接待档次比较高，可以派礼仪小姐承担。签字台备有毛笔、钢笔和签到本。向客人递钢笔时，应脱下笔套，笔尖对自己，将笔双手递上。如果是毛笔，则应蘸好墨汁后再递上。签到本应精致，以便保存。如需发放资料，应礼貌地双手递上。接待人员应经常向会议组织者汇报到会人数最新会议接待礼仪基本常识礼仪大全。

（二）引座

签到后，会议接待人员应有礼貌地将与会者引入会场就座。对重要领导应先引入休息室，由企业领导亲自作陪，会议开始前几分钟再到主席台就座。

（三）接待

与会者坐下后，接待人员应递茶，或递上毛巾、水果，热情向与会者解答各种问题，满足各种要求，提供尽可能周到的服务。

会议接待服务礼仪培训帮助会议接待人员塑造良好的公众形象，向与会者提供周到、热情的会议接待服务礼仪，在展现个人风貌的同时，也为公司树立良好的公众形象。

（四）发言

会议发言有正式发言和自由发言两种，前者一般是领导报告，后者一般是讨论发言。正式发言者，应衣冠整齐，走上主席台应步态自然，刚劲有力，体现一种成竹在胸、自信自强的风度与气质。发言时应口齿清晰，讲究逻辑，简明扼要。如果是书面发言，要时常抬头扫视一下会场，不能低头读稿，旁若无人。发言完毕，应对听众的倾听表示谢意。

开会的时候，如果需要发言，发言应简明扼要。听其他人发言时，如果有疑问，要通过适当的方式提出来。别人发言时，不要随便插话，这样破坏会议的气氛；开会时不要说悄悄话和打瞌睡；没有特别的情况不要中途退席，即使要退席，也要征得主持会议的人同意。要利用参加会议的机会，与各方面疏通，建立良好的人际关系。自由发言则较随意，应注意，发言要讲究顺序和秩序，不能争抢发言；发言应简短，观点应明确；与他人有分歧，应以理服人，态度平和，听从主持人的指挥，不能只顾自己。

如果有会议参加者对发言人提问，应礼貌作答，对不能回答的问题，应机智而礼貌地说明理由，对提问人的批评和意见应认真听取，即使提问者的批评是错误的，也不应失态。

会议参加者应衣着整洁，仪表大方，准时入场，进出有序，依会议安排落座，开会时应认真听讲，不要私下小声说话或交头接耳，发言人发言结束时，应鼓掌致意，中途退场应轻手轻脚，不影响他人。

【案例 9-6】 **会议礼仪。**

小李是某公司职员，有一次公司应邀参加一个重要商务会议，公司安排部门经理与小李参加该会议。由于交通堵塞，等小李赶到会场，会议已经进行了几分钟。小李急急忙忙推开了会议室的门，与会人员都注意到了他的到场，刚坐下不久，会场上又响起了优美的乐曲，原来是他的手机响了，小李成了全会场的焦点，甚是尴尬。

不管是参加自己公司还是其他单位的会议，都必须遵守会议礼仪。因为在任何商务场合特别是这种高度聚焦的场合，稍有不慎，便会严重有损公司及自身的良好形象。

【思考与行动】

（1）与会者的言行仪态有哪些礼仪要求？

（2）会务礼仪表现在哪些方面？

（3）请检查自己在主持会议、参加会议时，礼仪方面是否正确？找出自己的不足并加以纠正。

第六节 职场礼仪

职场礼仪，是指人们在职业场所中应当遵循的一系列礼仪规范。学会这些礼仪规范，将使一个人的职业形象大为提高。职业形象包括内在的和外在的两种主要因素，而每一个职场人都需要树立塑造并维护自我职业形象的意识。

职场礼仪的基本点非常简单。首先，要弄清职场礼仪与社交礼仪的本质区别，职场礼仪没有性别之分。比如，为女性开门这样的“绅士风度”在工作场合是不必要的，反而有可能冒犯对方。请记住：工作场所，男女平等。其次，将体谅和尊重别人当作自己的指导原则。

一、面试

面试是大多数毕业生择业的必经之路，也是学生进入社会的最后一道门槛，在十几分钟或二十几分钟内展示出十几年积累的最佳状态绝非易事，所以必须把握得当。

（一）面试技巧

初步印象和最后印象。最初和最后的五分钟是面试中最关键的，在这段时间里决定了你留给人的第一印象和临别印象以及主考人是否欣赏你。最初的五分钟内应当主动沟通，离开的时候，要确定你已经被记住了。

完整地填妥公司的表格——即使你已经有简历。很多公司都会要求你填一张表，你愿意并且有始有终地填完这张表，会传达出你做事正规、做事善始善终的信息。

谨记每次面试的目的都是获聘。你必须突出地表现出自己的性格和专业能力以获得聘请。面试尾声时，要确保你知道下一步怎么办，和雇主什么时候会做决断。

重视面试仪表，准备好面试所需衣饰。面试着装要求简洁、大方、干练且保守，熨烫平整，突出职业化特征。男士应该选择深色正装西服套装为佳，配浅色衬衫及简洁领带，不佩戴首饰。发型精神清爽，面部干净整洁。女士着装较男士多样，可选择素雅的西装套裙、衬衫裙装等上班族特征鲜明的保守搭配，色彩不宜过于艳丽，配饰少而精，切忌夸张，鞋跟高度适中，不宜选择平跟鞋或细高跟。尽量不要用香水，如果有此习惯，特别注意香型的选择和用量。

（二）面试中，忌不良习惯

面试时，个别应试者由于某些不拘小节的不良习惯，破坏了自己的形象，使面试的效果大打折扣，导致失败。

（1）手。这个部位最易出毛病。如双手总是不安稳，忙个不停，做些玩弄领带、挖鼻、抚弄头发、掰关节、玩弄考官递过来的名片等动作。

（2）脚。神经质般不住晃动、前伸、翘起等，不仅人为地制造紧张气氛，而且显得心不在焉，相当不礼貌。

（3）眼。或惊慌失措，或躲躲闪闪，该正视时，却目光游移不定，给人缺乏自信或者隐藏不可告人的秘密的印象，容易使考官反感；另外，死盯着考官，又难免给人压迫感，招致不满。

（4）脸。或呆滞死板，或冷漠无生气等，如此僵尸般的表情怎么能打动人？必须改掉，一张活泼动人的脸很重要。

（5）行。动作时手足无措，慌里慌张，明显缺乏自信；反应迟钝，不知所措，不仅会自贬身价，而且考官会将你看“扁”。

总之，面试时，一定要改掉这些坏习惯，并自始至终保持斯文有礼、不卑不亢、大方得体、生动活泼的言谈举止。这不仅可大大地提升自身的形象，而且往往使成功机会大增。

二、办公电话礼仪

电话是职场中不可缺少的工具，在商务活动交往中，都要利用电话与别人取得联系和交谈。人们通过电话给人的印象完全靠声音和使用电话时的习惯，要想通过电话赢得信任，就必须掌握使用电话的礼节与技巧。

（一）电话礼仪

随着科学技术的发展和人们生活水平的提高，电话的普及率越来越高，特别是商务人员，每天要接、打大量的电话。看起来打电话很容易，对着话筒和对方交谈，觉得和当面交谈一样简单，其实不然，打电话大有讲究，可以说是一门学问、一门艺术。以下是有关电话礼仪方面的要求：

1．保持最优美的声音

（1）速度。语速适中，语速太快，则对方会听不清楚；太慢，则对方会不耐烦。

（2）音调。语调温和，音调太高，则对方听得刺耳；太低，则对方会听得不清楚。

（3）音量。适中，和平时说话的声音一样就可以了。

（4）笑容。让对方觉得你的声音是带着微笑的，娓娓而谈才让人感到舒服和和谐。

2．接电话的技巧

（1）铃声响起，迅速接听，力争在铃响三次之前就拿起话筒。

（2）报出名字及问候。首先自报单位、姓名。

（3）确认对方名字。

（4）询问来电事项再汇总确认来电事项。

（5）礼貌地结束谈话。

（6）挂断电话。

3．打电话的技巧

（1）拨出电话。

（2）自我介绍。

（3）确定对方及问候。

（4）说明来电事项。

（5）再汇总确认。

（6）礼貌地结束谈话。

（7）挂断电话。

4．电话注意事项

（1）打电话要坚持用“您好”开头、“请”字在中，“谢谢”收尾，态度温文尔雅。

（2）选择适当的通话时间，一般不易在早上 7 点以前、吃饭时间或晚上 10 点半以后打电话。电话交谈所持续时间，以 3 ~ 5 分钟为宜。

（3）结束对话时，不要忘记说“谢谢”或“再见”。

（4）挂断电话之前要把通话要点确认一遍，放电话一定要轻，不能“啪”一声重重挂上，最好先轻按切话器。

（5）与上级、长辈、女士、客户等通话，无论你是通话人还是发话人，都最好让对方先挂断。

（二）手机礼仪

手机是现代文明的产物，为人们的通信带来了极大的方便，由于它具有不分时间、地点、随时随处都可以拨打接受信息的特点，所以使用时，除了要遵守拨打固定电话的礼仪规范外，还应注意如下礼仪要求：

（1）由于手机随时随地都可能响铃，因此，在会议、重要场合一定要调至振动模式。

（2）在特定场合（驾驶汽车时、飞机上、加油站、医院等）要关闭手机。

（3）无论是拨打还是接听，声音都要适度，特别是在公共场合打手机，说话声不要太大，以免影响他人或泄露公务与机密。

（4）铃响只需自己听到即可，不必当扬声器，造成声音污染。

（5）先拨客户的固定电话，找不到时再拨手机。

（6）在和别人交谈时，要接手机则须先声明，“对不起，我先接个电话，”以示尊重。

【思考与行动】

（1）打电话时，谁先挂？

（2）为什么说在商务交往中要注意“电话形象”？

（3）说说电话礼仪中常用的礼貌用语有哪些？

三、有效融入职场

职场是绝大多数人要经历的地方，职场打拼既是人们的工作，更是多数人无法避免的生活方式，轻松愉快的工作氛围是职场诉求之一。由陌生人偶遇而成的逐利群体极易产生矛盾，这不仅会增加企业内耗，更会降低个人的生活品质，产生心理压力。所以建立融洽的人际关系可以减少矛盾，提升团队合作意识，更有利于企业发展。如何在职场发挥的游刃有余，实现自己的最大价值，是该我们好好去学习去总结。

（一）了解企业文化

首先就是要了解企业的企业文化，只有先熟悉了企业的文化，才能树立起自己的目标，知道自己该干什么，不该干什么，这是在职场中立足的关键。

（二）懂得尊重

与同事相处的前提就是尊重，包括自尊和尊重同事两个含义，不要把同事之间的交情混同于朋友，朋友之间没有利益冲突，而同事之间有明晰的利益关系，所以应该理性为之，所以不仅是要尊重领导，要去尊重公司中所有的人，因为只有尊重别人，别人才会尊重你，说不定某天公司里职位最低的那个人反而会帮到你。控制个人情绪，不要将个人喜欢带入工作，所谓尊重同事要表现在一视同仁，无论怎样的年龄、职务、性别、经济条件和背景，都不要差别对待。另外，不要在同事之间拉帮结派，这是避免群体矛盾的关键。

（三）学会感恩

企业给了你一个平台，让你有机会去发挥，去展示自己的才华，你要感恩这一切，用心做事去回馈企业，懂得知恩图报的人，运气都不会太差。

（四）低调做人，高调做事

这是一种大智慧，应用在职场上更是一种完美的诠释。

（五）努力学习，永不满足

只有不断地学习，才能有前进的步伐，才能有能力去攀爬更高的高度，不要太奢望别人教你很多，你要自己自主地去学习，只有学到手的东西，才是自己的。

（六）热情，积极，改掉拖延症

对所有的任务都充满热情，你的工作会做得更加出色，积极面对各种挑战，你的成功会比失败多得多，要尽力去改掉自己的拖延症，早干晚干都要干，不要拖拉，领导更喜欢效率高的员工。

（七）沟通协作

任何人要获得成功都离不开团队的支持，懂得与他人合作，和别人沟通，可以少走很多弯路，合作往往能发挥出不可估量的潜力。

（八）执行力百分百

领导都喜欢和重用能够出色地完成自己安排的任务的下属。同事之间因为有利益冲突，要想融洽相处，就要是非分明、勇于承担责任，遇事要沉稳冷静面对，凡事三思而后行，依据事实而言，不可借口推脱。只有分清责任并勇于担当，才能建立好良好的信誉。

四、商务乘车礼仪

在商务搭车礼仪中上下车的根本礼仪是很重要的，它的首要原则是便利来宾。通常是让领导和客人先上，司机、伴随人员后上。下车时，司机、伴随人员先下，领导和客人后下。

（一）上车礼仪细节

（1）上车时，为领导和客人打开车门时，应左手固定车门，右手护住车门的上沿（左侧下车相反），避免客人或领导碰到头部，确认领导和客人身体安全进车后悄悄关上车门。

（2）如果外出就事，同去的人较多时，对方热心相送，这时应在主动向对方道谢之后，先上车等候。由于送行典礼的中心环节是在两边的首要领导之间进行的，若是所有人都要等领导上车后再与主人道别上车，就会减弱两边领导道别的气氛，而上车时也会显得紊乱无序。所以，若是同乘一辆车，员工要先上车，并自动坐到后排去。若是分乘几辆轿车，则应到各自的车内等候，只需留下一个与领导同车的人伴随领导道别即可。

（3）环境允许的情况下，应当请女士、老一辈、上司或嘉宾先上车。

（4）若与女士、老一辈、上司或嘉宾在双排座轿车的后排就座的话，应请后者首要从右侧后门上车，在后排右座上就座。随后，自己再从车后绕到左侧后门登车，落座于后排左座。

（5）主人亲自开车时，出于对乘客的尊重与照看，主人应最后上车，最先下车。应为同车的主宾打开轿车的右侧后门，用手挡住车门上沿，避免客人碰到头。客人坐好后再关门，注重不要夹住客人的手或衣服。然后从车尾绕到左侧为别的客人开门或本人上车。

（二）下车礼仪细节

（1）下车时，司机、伴随人员先下车，为领导和来宾开车门，并应一手固定在车门上方，一手护住车门。若是很多人坐一辆车，那么谁下车最方便谁先下车。

（2）若是陪领导到会或重要的典礼，抵达时对方已做好迎候预备。要等领导下车后再下车，不然就会有抢镜头之嫌。这种情况下领导怎么下车呢？若是三排以上商务车，由领导边上的人开门，再避到后排，为领导下车让出通道。若是是双排车，迎接的人中自然会有人为领导开车门。

（3）在人多而且适宜的场合中，男人先下车，女士、老一辈后下车，服务人员先下车，领导后下车。

（4）若无专人开车门，伴随人员则应先从左侧后门下车，从车后绕行至右侧后门，打开车门，让女士、老一辈、上司或嘉宾下车。

（5）乘坐有折叠椅的3排座轿车时，应当由在中心一排加座上就座者最后登车，最先下车。

（6）乘坐9座3排座轿车时，应当由低位者即男士、后辈、下级、主人先上车，高位者即女士、老一辈、上司、客人后上车。下车时，次序则正巧相反。只有坐于前排者可优先下车，打开车门。

第十章

大数据管理

“大数据开启了一次重大的时代转型。就像望远镜让我们能够感受宇宙，显微镜让我们能够观测微生物一样，大数据正在改变我们的生活以及理解世界的方式，成为新发明和新服务的源泉，而更多的改变正蓄势待发。”

——维克托·迈尔 – 舍恩伯格

这是一个中国古时候的故事。一个粮店的老板总是准确地记录每次交易的对象、货品种类和数量。比如账本上清晰的记着：六月初八，城东王家，一斗米。久而久之，对于老主顾，老板通过账本上的数据计算出每家每个月每种粮食大概需要多少，当这位粮店老板估计出某个主顾家粮食所剩不多时，就直接带着粮食送货上门，主顾们是既惊叹又高兴，粮店的生意当然越来越好。这个故事对于今天的某些销售行为依然存在借鉴意义，是数据分析思维的典型体现。

企业的管理已经成为企业核心竞争力的重要组成部分，而管理学自古以来就与数据分析有着密不可分的关系。早在20世纪初，古典管理学家泰勒在探索科学管理方法过程中的经典实验就开始利用数据分析来比较各种不同因素对工厂员工劳动生产效率的影响，可以说是管理学数据分析的先驱。泰勒基于实验数据分析提出的组织层级、薪酬分配等管理思想对现代企业管理仍有非凡的借鉴意义，计件、计时薪酬分配制度甚至沿用至今。21世纪以来，得益于信息技术的飞速发展，劳动生产效率得到史无前例的提升。互联网已经逐步成为国家基础设施的一部分，“大数据”“云计算”已经从技术概念成为现实工作和生活的一部分，越来越多的人认为DT（date technology）时代已经来临。遗憾的是，在这个数据为王的时代，大部分企业的管理还停留在“信息化”的层面，比如人力资源管理的日常工作依然围绕简单统计汇总，涉及数据层面大多停留在计算同比环比，几乎没有把数据挖掘、数据分析等大数据理念和方法利用到企业日常管理实践中，失去了辅助决策的绝佳工具。

我国相当一部分电力企业的管理现状还带有计划经济时代国企管理的影子，无法更好地适应新形势下瞬息万变的经济环境和市场环境。我国经济下行压力依然存在，电力企业在市场中面临促环保、去产能等政策压力和市场趋于饱和的竞争压力。企业的管理层越来越需要在短时间、低成本的条件下做出正确的、顾全大局的决定。

本章尝试通过引入数据分析的思路和方法，阐述企业管理与大数据结合的意义和价值，模拟大数据在企业管理日常实务中的具体场景，探讨大数据在企业管理中实现辅助决策的途径。鉴于目前大数据的挖掘、分析和辅助决策等环节在电力企业管理实践中尚没有形成完整的、可供参考的先例，本章对大数据应用场景的介绍将不局限于电力企业的管理，以求用最典型的应用实例为读者直观地展示大数据的魅力和带给我们的种种变革。

第一节 从数据分析到大数据分析

从数据到大数据，直观上看只是数据体量上的发展和处理技术上的演变，但仔细考究不难发现，两者之间的差别十分巨大，大数据不仅仅是“数据大”，不仅是体现在数据的体量和计算技术上，更重要的是在数据思维上的革命性的变化。

数据分析古而有之，通常以数学为基础，通过对既得数据进行抽样、清洗、利用统计学方法提取有用信息等步骤详细研究数据内容并概括总结其中规律。数据分析的数学基础在20世纪就已确立，但直到计算机广泛使用才使得高效率、大范围、经常性、详细化的数据分析成为可能，互联网技术的发展使数据分析逐渐得以推广并为广大企业所熟知和使用，目前数据分析已经成为现代企业辅助决策的重要工具。

从古至今，从“数据”到“大数据”，两个时代在数据本身、数据处理和数据思维上，主要发生了如下演变：

（1）数据体量变得非常大，而且变大的速度不断加快。描述数据量的单位通常是GB或者TB，而大数据中EB甚至ZB将不再是遥不可及的数量级。谷歌公司认为从人类文明曙光到2003年数以万计的时间长河里人类一共产生了5EB数据，而到2010年每两天人类就能产生5EB的数据。虽然无法掌握这种判断的准确依据，但不可否认的是从没有哪个年代像现在一样产生如此海量的数据。谷歌公司每天要处理超过30亿条来自全世界的搜索请求，仅2015年春节假期（7天）中国银联卡跨行交易就达到2.7亿笔，互联网的深度应用使企业经营行为高度信息化，以智能手机为首的智能设备使个人的生活行为、位置轨迹甚至身体生理指标都被各种类型的数据所描述，小到一个人大到一个企业、一个国家，都在时时刻刻产生和贡献着可被记录和分析的数据。

（2）分析对象从抽取的样本到全体数据。过去的数据分析大多基于统计学思想和工具，而统计中的重要一环就是随机抽样。抽样的弊端就是一定程度上的“片面”，对偶发性和特殊个体的关注明显不够。现在以强大的计算能力为依托，把全体数据作为分析对象已经能够实现。这种变化不单单是表面上的被分析数据量增大，这种量变已经达到质变的层级。在这个方面专家们喜欢用照片和视频举例，一张照片是静止存在的，如果一秒钟轮番展示超过24张内容连续的照片呈现的效果就是“视频”，而视频和图片之间明显存在质的不同。同样，当我们大规模增加所采集、分析的数据量时，就可以做很多在小数据量的基础上无法完成或者即使可以完成也无法得出有效结论的事情。从宏观意义上讲，从随机抽样到全体数据是“大数据思维”的重要体现。甚至有观点认为，广义上的大数据分析并不局限于数据的“量”。比如对于足球比赛中某个球员主罚点球习惯的统计分析，分析对象是这名球员职业生涯中迄今为止所有的点球数据，可能他只在比赛中主罚过 50 次，在训练中练习了 3000 次，那么针对这 3050 个数据的分析也可认为属于“大数据”范畴，因为这个分析的目标是数据总体而非随机抽取的样本。从这个意义上讲大数据的“大”指的是相对意义而非绝对意义。

（3）从总结过去到预测未来。数据分析向来都能完成这两件事，只是偏重点有了变化。传统的数据分析的结论重点在于总结过去，吸取经验教训，为了在今后能够扬长避短，同样的错误不犯第二次。虽然不能有效预测未来但是对未来局面的应对和经验的传承亦有深刻意义。而大数据的核心在于预测，总结过去只是预测未来的手段而非目的。它是把数学算法和计算机技术运用到海量的数据上来总结规律从而预测未来事情发生的可能性。一封邮件被视为广告邮件或诈骗邮件而被过滤掉的可能性，从一个人横穿马路时行进的轨迹和速度来判断他能及时穿过马路的可能性，从一个人的生活习惯、状态来判断他的消费能力、喜好，都是大数据可以预测的范围，这些预测或是方便生活或是避免事故。之所以能够预测或者判断成功，关键在于它们是建立在过往的海量数据的基础之上的。此外，随着系统接收到的数据越来越多，它们可以改善自己，不断完善自己的算法以加强在应对复杂局面或偶发局面时的判断能力，提高预测准确率。

（4）从追求精准到追求效率。传统的数据分析把“精准”排在首要位置，因为数据量不大，效率完全可以得到保证。到了大数据领域，面对海量的数据，绝对的精准已经不再是我们可以达到的目标，就像我们可以统计一个超市一天的销售额精确到 1 分钱，但，面对海量工商业企业和个体统计一个国家的 GDP 甚至预测 GDP 走势的时候，精确到“分”已经不再是我们的首要需求，我们更希望高效迅速地得到结论，精确度到“亿元”已经足够。大部分数据是具有时间价值的，过了相应的时间范围，数据挖掘和分析得出的结论可能会变得毫无意义。比如 2018 年才统计出 2015 年的全国 GDP，就算精确度很高也没有价值。当然，大数据并不忽略精度，只是在效率和精度的取舍和把握上与传统数据分析有所差别，随着计算技术的逐渐普及、发展和低成本化，“精度”和“效率”这对自古以来就存在的矛盾会在一定程度上逐渐弱化。

（5）从重视因果关系到重视关联关系。人类正是从不断探索因果关系的过程中发现真理的。寻找因果关系是人类长久以来总结经验、吸取教训的重要手段。即使在某些情景下确定因果关系很困难而且意义不大，人类还是习惯性地寻找缘由并弄清楚自己身边发生的一切。在大数据时代，我们无须再把大量时间和精力花在研究事物或事件之间的因果关系上，而应该转向寻找事物之间的关联关系，这个转变会为我们高效地提供非常有价值的观点。相关关系也许不能准确地告知我们某件事情为何会发生，但是它会提醒我们某些正在发生或者可能发生的事情。比如沃尔玛公司并没有分析为什么啤酒和尿布放在一起会增加销量，只要按照这个规律把这两种商品摆在一起就够了，反正目的就是增加销量。分析因果关系这种“专业的事”还是应该交给细分行业内的“专业的人”去做。许多情况下，大数据中发现的关联关系已经可以帮助我们了，我们应该更多地关注寻找新的、更有趣的关联关系，并应用好这些关联关系。就像“效率和精确度”的冲突一样，我们并非忽视因果关系，只是侧重点有所不同。比如通过海量的医疗记录发现橙汁和阿司匹林对抑制癌细胞有效，可以一边用于临床挽救生命一边探寻其中的药理，在探明因果关系之前可能已经给更多人带来了希望。从这个意义上讲，关联关系也会为探寻因果关系指明方向。

（6）从严格的专业划分到打破专业界限。传统的数据分析有着明显的专业界限，数据来源比较单一。比如财务分析就是针对财务数据，利用财务专业知识，在财务相关制度框架下得出的分析结论，这种结论具有极强的专业性和清晰的来龙去脉，但对未来的预测通常准确性不高。大数据时代的数据分析显然并不局限在一个预先设定的行业或者框架内，数据来自多种数据源，且种类和格式十分丰富。如针对某一个居民区的用电负荷的预测，可以利用电力行业内的相关专业数据（过去若干年的负荷曲线等），但在大数据时代视野可以放得更宽。可以利用这个居民区内每个家庭成员的实时位置、瞬时行为和交通状况等外部的、跨专业、跨行业的数据来判断各个家庭的用电高峰将提前还是推迟，比如天气状态是“大雨”，该家庭成员目前所处街道状态为“拥堵”，他刚刚在加油站通过电子支付加过油，预计此时的交通方式是“驾车”，通过对历史上所有同类数据的分析可得知他回到家大概在35分钟之后，40分钟后他家中的各类厨房电器将开始工作。通过对跨行业的多种相关数据的分析，我们可以相对精确地预计一个居民区未来一个时段内的负荷曲线。在大数据时代，“数据”本身并不带有行业界限，这使得原来很多无法得出准确判断的问题变得易如反掌。本章后面会讲到大数据与“精准扶贫”，个别人利用造假的材料骗得了本不属于他的扶贫款，这种人在大数据时代将变得无所遁形。每一次消费和社交行为都是社会数据的一部分，大数据分析将对整体人群的经济状况和信用等级做出准确的判断，筛选出涉嫌诈骗的“异类”。

从技术层面看，从数据到大数据还有相当多的不同，比如数据需要时时更新，时效性更强。随着数据的更新，模型和算法也会随之调整，比如信息会被充分“数据化”而非仅仅“数字化”。随着移动互联网和云计算技术的迅速发展，大数据分析和传统数据分析将会越来越“不同”，这种“不同”更重要的是体现在思维的变革上。如今大数据对于我们像是一座未知的矿山，能开采出煤炭还是金矿石，还是其他的我们从未见过的新资源、新能源？我们需要做的只是开始挖掘！

第二节 数据分析与管理

这是一个刚刚起步的领域，很多概念甚至还没有统一的、公认的表述，但这并不影响管理学与大数据结合带来的巨大优势和无尽能量。

我们主要把目光投向社会公共管理和现代企业营销管理。公共管理具有背靠整个社会这个大“数据库”的先天优势，应用大数据技术提高社会公共管理水平具有重要的现实意义，而营销管理几乎是当今大数据应用最广泛的领域了。仔细想来这并不奇怪，就像当年国企还在对要不要上 ERP 项目犹豫不决的时候，部分民营企业已经开始靠 ERP 系统增加效率效益一样，这一切都是利益驱动。大数据在营销管理领域中的应用是最容易立竿见影、见到成效的，换句话说就是最容易看到回报、赚到钱的。因此推动大数据技术在营销领域的发展和应用显得易如反掌，同时营销领域内的深度应用也在推动大数据技术逐渐完善。

企业经营的两个关键环节是生产和营销。生产部分企业比较容易把控，比如新建一条生产线会增大多少产能，比如原材料的价格，基本都有准确的数字。营销是企业不容易把控的环节，虽然营销的内涵博大精深，各种新手段、新方法层出不穷，但最终能不能迎合需求面、消费者买不买账谁都没有把握。换言之，需求面的决定权完全掌握在客户手中。营销过程中的“因果关系”是非常难琢磨的，客户购买了某企业的产品，是因为刚好解了燃眉之急，还是同事同学的极力推荐，还是感觉价格很有吸引力，或者就是因为看外观很舒服，或是因为刚进商场就看到了直接买了？我们无从知晓，可能是上述因素之一，也可能是多种因素的共同影响。每个购买者都有“个性”，是独一无二的个体，传统营销手段大多针对某一阶层的人群，不具备考虑每个消费者“个性需求”的能力。

在过去企业对“信息技术”的理解更多在于“技术”而忽视“信息”本身。企业的信息技术部门往往只负责服务器交换机等网络设备的采购、管理和维护，而对信息本身的开发和利用显得不够重视。对于“大数据技术”，数据本身的重要性必须得到充分重视，技术服务于数据才能使企业在数据分析过程中获得足够的竞争优势。

一、大数据与公共管理

社会管理是个宏大的课题，似乎和我们距离遥远，却又和我们息息相关。社会管理领域中的主角是政府组织，而政府组织通常并非走在科技的前沿。但在大数据时代，越来越多的政府组织选择敞开胸怀拥抱新技术、新思维，其对大数据技术的热情甚至超过老牌科技企业。电力企业承担着为用户提供可靠优质电能的社会责任，积极探讨大数据思维和技术对提高服务质量、降低停电风险有较强的现实意义。

【案例 10-1】 大数据与美国流感。

2009 年美国出现了一种新的流感病毒——甲型 H1N1 流感病毒。这种病毒包含有禽流感、猪流感和人流感三种流感病毒的基因片段，感染性强，传播迅速。各国的公共卫生机构都担心一场致命的大规模流感即将来袭。更糟糕的是，我们无法在短时间内研发出对抗这种新型流感病毒的疫苗。公共卫生专家能做的只是尽量切断病毒的传播途径，减慢病毒的扩散速度。但要做到这一点，他们必须准确地知道这种流感病毒集中出现在哪个区域。

和其他国家一样，美国要求医生在发现新型流感病例时告知疾控中心。但由于患者们可能患病多日到了无法自行控制病情的地步才会去医院，同时医院对患者检查建档、确诊并把相关信息传回疾控中心也需要时间，因此，疾控中心向社会通告新流感病例时往往会有一到两周的延迟。对于这种传播速度极快的病毒，信息滞后两周的后果将是无法挽回的。这种滞后导致公共卫生机构在疫情暴发的关键时期不能及时了解最新情况并采取相应措施。

在这个不大不小的社会危机面前，谷歌公司的大数据分析令人印象深刻。在每天海量的检索请求面前，谷歌公司试图寻找检索词条的内容、频率和流感的关联关系。按照惯例，谷歌公司会重点抓住那些和流感关系更密切的词条，比如“咳嗽”“体温 38 度”“感冒药”等，这类词条的密集出现可能的确与流感有关。但事实上，他们建立的分析系统并不依赖于语义层面的理解。他们设立的系统唯一关注的就是特定检索词条的使用频率与流感在时间和空间上传播情况之间的联系，哪怕是内容上看起来与流感毫无关系的词条。为了测试这些检索词条，谷歌公司总共处理了约4.5亿个不同的数学模型，再将得出的预测与2007年、2008年美国疾控中心记录的实际流感病例进行对比，然后谷歌公司的软件发现，将45条检索词条的组合用于一个特定的数学模型后，他们的预测与官方数据的相关性高达97%以上。和疾控中心一样，他们也能判断出流感的发源时间、区域和感染密度，而且判断过程非常快，几乎没有时间差。

正是基于大数据，2009年甲型H1N1流感爆发的时候，与习惯性滞后的官方数据相比，谷歌公司成了一个更高效数据发布者。更让人惊叹的是，谷歌公司采用的办法并不“劳民伤财”。不需要传统形式上的联系医院查阅病历，它完全建立在大数据的基础之上。这是当今社会所独有的一种新型能力：以一种前所未有的方式，通过对海量数据进行分析，获得具有巨大社会价值和经济价值的结论、产品或服务。基于这样的技术理念和数据储备，下一次流感来袭的时候，我们将拥有一种更好的预测工具，以精准控制流感的传播。

【案例10-2】 大数据与犯罪研究。

2015年1月，由30多名专兼职研究人员组成的中国政法大学犯罪大数据研究中心成立了，这是一个在人员配置上充分“跨专业”的研究机构，研究人员中既有来自高校和可研机构的学者，也有来自司法部门和监狱管理部门的资深警察，当然还有从事云计算平台、大数据挖掘、人工智能领域的一线专家。这个平台通过犯罪情报、环境相关数据的动静态采集和大数据分析技术，建立犯罪预测和感知模型，并通过机器学习不断进化数据挖掘模型，最终通过大数据手段在一定程度上消灭犯罪行为的土壤，预警、预防犯罪行为的发生。谷歌公司也建立了仇恨犯罪数据分析系统，通过机器学习技术在互联网上完成仇恨新闻索引，把包含“仇恨犯罪、倾向或辱骂行为”内容的媒体文章整合在一起，建立小到"反犹太涂鸦"大到相关诉讼案件的仇恨犯罪数据库，当这个数据库的体量足够大的时候就可以为研究人员提供具有参考价值的仇恨犯罪发生指数，为避免和预防仇恨犯罪做出贡献。

无论在国内还是国外，大数据在犯罪研究方面都还处于起步阶段。这将是一个全新的社会管理课题，大多数国家在这个领域处于同一起点，对于我们这是个好机遇，也是个大挑战。

【案例 10-3】 大数据与机票价格。

早在十多年前，奥伦·埃齐奥尼就开始采用大数据的思维和处理方式来预测机票价格的走势了，尽管当时还没有大数据的概念。奥伦·埃齐奥尼需要乘坐飞机去参加弟弟的婚礼，按照惯例飞机票越早预订价格就越便宜，于是他在婚礼之前的几个月，就在网上预订了一张去洛杉矶的机票。在飞机上，奥伦·埃齐奥尼好奇地问邻座的乘客花了多少钱购买机票。当得知虽然那个人的机票比他买得更晚，但是票价却比他便宜得多时，奥伦·埃齐奥尼感到非常气愤。于是，他又询问了另外几个乘客，结果发现大家买的票居然都比他的便宜。

对大多数人来说，这种被敲竹杠的感觉也许会随着他们走下飞机而消失。然而，奥伦·埃齐奥尼是美国有名的计算机专家之一，在他眼中，世界就是一系列的大数据问题。飞机着陆之后，奥伦·埃齐奥尼下定决心要帮助人们开发一个系统，用来推测当前网页上的机票价格是否合理。作为一种商品，同一架飞机上每个座位的价格本来不应该有大的差别。但实际上，票价差别很大。其中缘由可能只有航空公司自己清楚。奥伦·埃齐奥尼表示，他不需要去解开机票价格差异的奥秘，他要做的仅仅是预测当前的机票价格在未来一段时间内会上涨还是下降。这个想法是可行的，但操作起来并不是那么简单。这个系统需要分析所有特定航线机票的销售价格并确定票价与提前购买天数的关系。如果一张机票的平均价格呈下降趋势，系统就会帮助用户做出稍后再购票的明智选择。反过来，如果一张机票的平均价格呈上涨趋势，系统就会提醒用户立刻购买该机票。

奥伦·埃齐奥尼创立了这样一个预测系统，它在测试过程中帮助虚拟的乘客节省了很多钱。这个预测系统建立在41天之内的12 000个价格数据基础之上。这个预测系统并不能说明原因，只能推测会发生什么。也就是说，它不知道是哪些因素导致了机票价格的波动。机票降价是因为有很多没卖掉的座位，或是季节性原因，还是因为小长假即将来临，它说不清楚。这个系统只是利用其他航班的数据来预测未来机票价格的走势。这个项目后来发展成为一家科技创业公司，名为Farecast。通过预测机票价格的走势以及增降幅度，Farecast票价预测工具能帮助消费者抓住最佳购买时机。系统的预测结果是根据美国商业航空产业中，每一条航线上每一架飞机内的每一个座位一年内的综合票价记录而得出的。

到2012年为止，Farecast系统用了将近十万亿条价格记录来帮助预测美国国内航班的票价。Farecast票价预测的准确度已经高达75%，使用Farecast票价预测工具购买机票的旅客，平均每张机票可节省50美元。Farecast是大数据公司的一个缩影，也代表了当今世界发展的趋势。

其实不仅是机票，商品的价格从来都是不断变化的，而通常我们对这种变化的判断能力十分有限。在大数据时代，政府可以通过技术手段大致预测关乎民生的商品的价格走势，比如蔬菜和肉的价格。当价格可能出现异常的涨跌时，政府部门可以提前采取行动或避免农民的亏损，或避免过高的物价，以维护市场的稳定和民生的和谐。当然这一切都是以大量的过往数据为基础的，能否尽早开始采集和积累社会生活中各个细节产生的数据，是摆在政府机构面前的重要问题。

【案例 10-4】 大数据与城市交通。

高德地图交通大数据每个季度都会发布中国主要城市交通分析报告。这是一份有趣的专业报告，读者不仅惊叹于部分城市的拥堵程度，还对基于大数据分析得到的看似“无厘头”的结论津津乐道。2017 年的一季度报告显示济南高峰拥堵延时指数达到 2.136 倍（也就是正常通畅的时候需要 1 小时的路程，在拥堵时段需要 2.136 小时才能通过），拥堵程度排名全国居首。但比较乐观的是济南同比 2016 年拥堵仅涨 1.9%，在本季同比上涨的城市中排 20 名以外，拥堵增幅在逐渐减小，尤其是城中心区拥堵在逐渐缓解。在一季度有三个主要城市的高峰拥堵程度超过北京，分别是济南、哈尔滨、呼和浩特。还有一些比较有意思的结论，比如网络科技人员多分布在南方城市，3 成人拥有汽车，最喜欢的汽车品牌是大众，早晨出行时间集中在 8 点到 9 点，而下班时间集中在 6 点前后，明显晚于非 IT 行业的下班时间，加班现象比较普遍；再比如汽车用户在上海中石油虹梅路加油站加油次数最多，被称作一季度全国最受欢迎的加油站，全国十大最受欢迎的加油站主要分布在进城主干道的旁边；还有就是在一年中的大部分月份，在沈阳开车更费油。甚至还有一些看似不可思议的结论，比如奔驰车主爱去火锅店和飞机场，宝马车主更喜欢购物广场和商业园区，奥迪车经常出现在政府机关、国家级景点和三级甲等医院附近。

这些结论都是基于高德地图海量交通出行数据得出的，包括来自交通行业浮动车和 7 亿高德地图用户数据。通过对海量时时交通数据的分析，为正在路上的驾驶员提供相对躲避拥堵的行驶路线，也为政府职能部门治理交通拥堵提供可信赖、有价值的数据支持和理论参考依据。

高德地图还发布了中国“互联网 +”交通城市指数和节假日全国公路网出行大数据预测等一系列报告。报告以高德地图交通大数据发布平台、大数据开放平台、阿里云 ODPS 及相关数据挖掘支持为基础，描述城市拥堵现状、呈现拥堵演变规律、预测未来发展趋势，并专注拥堵成因及解决对策的研究，为公众提供最快到达的出行建议，减少因拥堵造成的时间成本，提高出行效率，同时辅助政府出台管理政策，制定更合理的改善措施，助力城市治堵缓堵。

【案例 10-5】 大数据与金融安全。

美国主流的个人信用评分工具 FICO 利用大数据分析来控制风险的主要思路是：把借款人过去的信用历史资料与数据库中的全体借款人的信用习惯相比较，检查借款人的信用趋势和经常违约、随意透支甚至已经破产的各类陷入财务困境的借款人的信用趋势是否相似。通过已经建立的各个模型的比对，查找出欺诈风险较高的借款人，对其采取更严格的审核措施或者更高的借款利率。

大数据与风控结合的逻辑在于“用已经发生的行为和其中的逻辑来预测未来”，本质上就是对历史上欺诈行为的归结分析，不断完善金融风险特征数据库，据此比对新的金融行为。比如移动互联网端突然出现的异地登录或者突然更换设备登录，都将被视为风险的信号，用于预测本次金融行为涉嫌欺诈的可能性。截至目前，我国在这方面还处于谋划和建设阶段，对于金融机构来说还并未“飞入寻常百姓家”。基于大数据技术的风险控制还仅仅存在于专家学者的研究报告中，但这并不掩盖大数据与金融安全领域结合带来的巨大活力和光明前景。

社会管理似乎自古以来都是最“难”的管理，数据量巨大算是因素之一。在这之前，这些数据更像是“负担”，因为统计困难而且经济收益不高，比如人口普查对于大多数国家都是令人头疼的事。但如今这一切有了质的变化，庞大的数据和强大的数据分析技术为高质量的社会管理奠定了基础。我国正在大力推进精准扶贫工作，通过精准帮扶对象、精准帮扶措施、因村精准派人、精准项目安排、精准资金使用等手段，最终取得精准脱贫成效，大数据技术完全可以在这些环节中大显身手。在可以预见的未来，政府机构可能未雨绸缪地为百姓提供衣食住行上的个性化服务，政策制定将更加有的放矢，公共服务和社会保障整体水平将达到前所未有的高度。

我国的公共管理和大数据结合正处于起步阶段，电力服务和大数据的结合也在积极的探索中，越来越多的政府机构和企事业单位对大数据展现出浓厚的兴趣，比如 2015 年在贵阳成立的大数据交易中心，就是在政府的主导下成立的中国第一家以“大数据”命名的交易所。这是政府机构在迈向大数据时代的重要一步，为大数据更好地服务于公共管理和企业管理奠定了基础。

二、大数据与产品销量

大数据时代需要重新考虑整个营销过程，因为可以通过技术手段更精确地定位企业已有客户或潜在客户的需求面，传统蛮力式的广告覆盖和价格战显得过于粗糙而不够精准。电力企业可能对现代营销技术并不敏感，这在过去是体制决定的。但如今电力体制改革不断走向深入，全国各种形式的售电公司已经如雨后春笋般出现在售电市场中。当竞争来临时，营销就显得很重要。全面了解每一个客户的真实喜好和需求，做到精准分类和聚类已经成为做好营销的必要条件。

电商的长足发展为大数据营销奠定了坚实的基础。每个客户的喜好、购买习惯和消费能力都变成了实实在在的数据。这些数据对营销的“精准”性起决定性作用。比如企业在其 APP 端推送广告的时候，在展现产品特性的同时，能否考虑到目标客户的高优先级需求，让用户每次都满怀希望和惊喜点开广告？如果真是这样，那这次广告推送转化为销售额的概率就不会太低。

【案例 10-6】 大数据与酒店营销。

Aron 酒店通过各种渠道搜集客户的相关数据，哪怕是客户无意中的一句赞扬或是抱怨。网站上客户住宿后的评分和评价无疑是接近、了解客户需求的捷径。酒店利用计算机技术自动筛选本酒店官网和其他各大酒店预订网站上客户的评价信息和个人公开信息，并把他们归于上百个不同的类别。针对这些类别，酒店开展精准的广告投放。例如酒店发现某几位客户的若干次住店评价显示他们对酒店的住宿环境、窗外景观更在意，而对房间的价格并不敏感，那么针对这几位客户的广告推送就围绕高价的套房和海景房，而不推荐更经济的普通房间。当发现某位客户抱怨房间中的洗发水并非其喜欢的类型时，酒店会及时更换洗护用品，并在他下次入住时提前做好准备。Aron 酒店全方位利用数据分析完善营销过程，就连某位顾客喜欢在晚餐时段饮用葡萄酒都被纳入营销数据，官网页面的配色和版式、广告的措辞也都源于数据分析，最大限度精准地定位目标客户并迎合其消费需求。更有趣的是，Aron 酒店通过大数据分析发现他们的客户群体与某品牌香水的客户群体有明显的交叉，于是有了住店赠送香水代金券、在指定商场购买香水赠送酒店积分的营销策略，受到了 60% 以上客户的欢迎。通过大数据技术使酒店的淡季入住率提高了 55%，年度营收提高了 31%。

为什么借助大数据分析技术可以实现了企业营收的增长？简单来说就是大数据技术可以更好地利用企业掌握的各类数据，当然这些数据并不限于企业本身。这些数据可以让企业发现之前无法发现的客户特质和关联关系，使企业更精确地找到可辨识、可预测的客户个体和群体。

【案例 10-7】 **大数据与亚马逊图书推荐。**

1997 年，24 岁的格雷格 · 林登在华盛顿大学攻读博士，研究人工智能。在网上卖书是他的副业，他注册的网店运营两年就已经生意兴隆。没错，这家网店就是日后大获成功的亚马逊。在早期，网站的书评和推荐内容是由人工亲自完成的。当时，亚马逊聘请了一个由 20 多名书评家和编辑组成的团队，他们写书评、推荐新书，挑选非常有特色的新书标题放在亚马逊的网页上。这个团队创立了"亚马逊的声音"这个版块，成为其竞争优势的重要来源。《华尔街日报》的一篇文章热情地称他们为全美最有影响力的书评家，因为得到他们好评和推荐的书籍销量都会猛增。

杰夫·贝索斯（Jeff Bezos），亚马逊公司的创始人以及总裁，决定尝试一个极富创造力的想法：根据客户个人以前的购物喜好，为其推荐具体的书籍。从一开始，亚马逊已从每一个客户身上捕获了大量的数据。比如说，他们购买了什么书籍？哪些书他们只浏览却没有购买？他们浏览了多久？哪些书是他们一起购买的？客户的信息数据量非常大，所以亚马逊必须先用传统的方法对其进行处理，通过样本分析找到客户之间的相似性。但这些推荐信息是非常原始的，詹姆斯·马库斯（James Marcus）回忆说："推荐信息往往为你提供与你以前购买物品有微小差异的产品，并且循环往复。"

格雷格·林登很快就找到了一个解决方案。他意识到，推荐系统实际上并没有必要把顾客与其他顾客进行对比，这样做其实在技术上也比较烦琐。它需要做的是找到产品之间的关联性。1998年，格雷格·林登和他的同事申请了著名的"item-to-item"协同过滤技术专利。方法的转变使技术发生了翻天覆地的变化。由于系统分析的过程中前所未有地使用了所有的数据，推荐结果更加理想。格雷格·林登回忆道："在组里有句玩笑话，说的是如果系统运作良好，亚马逊应该只推荐你一本书，而这本书就是你将要买的下一本书。"

现在，亚马逊必须决定什么应该出现在网站上。是亚马逊内部书评家写的个人建议和评论，还是由机器生成的个性化推荐和畅销书排行榜？批评者说了什么？或者是顾客的点击意味着什么？从字面上来讲，这是一场人与机器的战争。亚马逊做了一个关于评论家所创造的销售业绩和计算机通过数据分析所产生的销售业绩的对比测试，结果发现两者之间的业绩相差甚远，通过数据推荐产品所增加的销售远远超过书评家的贡献。计算机可能不知道为什么喜欢海明威作品的客户会购买菲茨杰拉德的书。但是这似乎并不重要，重要的是销量。最后，编辑们看到了销售额分析，亚马逊也不得不放弃人工在线评论，最终书评组被解散了。如今，据说亚马逊销售额的三分之一都是来自于它的个性化推荐系统。

知道人们为什么对大数据分析产生的推荐信息感兴趣可能是有用的，但这并不是问题的关键，关键是分析结果可以创造销量。这种洞察力足以重塑很多行业，而不仅仅是电子商务。传统的销售人员早就被告知，他们需要了解是什么让客户做出了选择，要把握客户做决定背后的真正原因；大数据分析却成为一个看似反其道而行之的新途径。亚马逊的推荐系统梳理出了有趣的相关关系，我们暂时还不知道每种关联关系背后的真正逻辑，但已经可以显著地增加销量。现在还不是断定孰是孰非的时候，可持续的销量才是硬道理。

下面是一个关于沃尔玛商品摆放的案例。看到这个标题你一定认为这是一个“啤酒和尿布”的故事。当然，它是利用数据分析工具增加商品销量的经典案例，研究明白其中的“数据思维”几乎成为大数据营销初学者的必修课。但沃尔玛作为世界上最大的零售商，显然不会停留在“啤酒和尿布”这个关联关系上止步不前，数据分析每天都在完善以往的结论并且发现新结论。现在要说的是另外两种商品，虽然本质差别并不算大。

【案例 10-8】 **大数据与沃尔玛商品摆放。**

沃尔玛是世界上规模最大的零售商，拥有超过 200 万员工，销售额比部分小国家的国内生产总值还多。在近几年互联网企业快速积累用户数据之前，沃尔玛拥有的数据资源在美国企业中可能是最多的。在 20 世纪 90 年代，沃尔玛通过把每一个产品及其交易过程记录为数据而彻底改变了零售行业。沃尔玛可以让供应商监控销售速率、数量以及存货的情况。沃尔玛通过打造透明度来迫使供应商管理好自己的物流。在许多情况下，沃尔玛不接受产品的“所有权”，除非产品已经被销售，这样就避免了存货的风险也降低了成本。从这个意义上讲，沃尔玛运用这些数据使其成为世界上最大的“寄售店”。数据资源当然还会发挥更大的价值，沃尔玛与天睿资讯公司一起研究掌握的数据，发现了有趣的相关关系。2004 年，沃尔玛对历史交易记录这个庞大的数据库进行了观察，这个数据库记录的不仅包括每一个顾客的购物清单以及消费额，还包括购物篮中的物品、具体购买时间，甚至购买当日的天气。沃尔玛注意到，每当在季节性飓风来临之前，不仅手电筒销售量增加了，而且蛋挞的销量也增加了。因此，当季节性风暴来临时，沃尔玛会把刚出炉的蛋挞放在靠近飓风用品的位置，以方便行色匆匆的顾客从而增加销量。

过去，人们需要先有了想法，然后才能收集数据来测试这个想法的可行性。如今，我们有了如此多的数据和更好的工具，要找到相关系变得更快、更容易，所以很多时候我们不必再绞尽脑汁地去找“想法”，诸如“啤酒与尿布”“手电筒与蛋挞”这类的想法单凭我们的思考是很难想到的。在这个过程中人类的大脑被一定程度的解放了，销量却得到很大提升，而且成本相对低廉。

三、大数据与用户体验

当今相当一部分零售交易在电商平台上完成，而用户对电商平台的种种要求近乎苛刻。统计结果显示，如今 79% 的网民通过手机购物，但其中 40% 的顾客会直接放弃页面加载时间超过 3 秒的商品。亚马逊每天的成交额近 1 亿美元，网页或者 APP 页面加载速度慢 1 秒造成的全年损失约 16 亿美元。谷歌公司每秒处理超过 6 万条检索请求，搜索结果所用时间快到几乎零延迟，如果结果提交晚 0.4 秒会造成每日检索量减少超过一千万次。我们在电商平台上购物，卖家承诺包邮“顺丰”将是一件非常令人愉快的事，反之物流不够快成为差评的一个重要根源。由此可见，客户对于“快”的苛刻要求已经成为电商平台和卖家的头等大事。在“快”的领域，利用大数据技术可以创造相对完美的客户体验。

【案例10-9】 大数据与京东速度。

这个案例包含笔者的亲身经历，笔者曾经晚上十点在京东手机APP下单，单独买了机箱、主板、显卡、硬盘、内存条等不同品牌的硬件产品。令笔者惊讶的是，快递员在第二天上午九点就敲响了门。通过查阅相关信息（大多是媒体消息）发现，京东平台的平均配送时间约是淘宝平台的三分之一，大数据技术的应用与完善的自营物流体系做出了主要贡献。京东平台通过大数据对历史海量成交记录进行分析，发现如果客户停留在某个商品页面的时间超过15秒，那么他最终完成购买的可能性超过50%，如果客户同时把商品加入购物车，那么他最终完成购买的可能性超过70%。因此在实际使用中假设当某个地区有100人浏览某商品并加入购物车，但还在犹豫是不是要确定购买时，京东已经向这个地区最近的物流中心发了70件货。当这100人中有部分人决定完成交易时，发现物流时间非常短，因为商品在被购买前就已经离用户非常近了。京东的大数据应用已经融入其经营的每个环节，截至2016年年底，京东大数据集群服务器数量已经超过1.5万台，数据容量超过200PB，每天约有20万个作业运行。

目前几大电商平台都在积极利用大数据提高服务质量和用户体验，当然也包括广告推送。当我们在平台上购买一款商品时，页面上会出现相关推荐，推荐我们购买配套使用的产品，或者是通过大数据分析得出的相关产品，就像啤酒和尿布。电商平台从建立之初就特别重视“相关推荐”这个功能，认为它是增加额外销量的法宝。比如一位用户购买了一包辣条，看到平台推荐的其他口味的零食就可能再多买一点。但这其中也有弊端，传统的、简单的数据分析和大数据分析的差距在此显现。几年前曾有朋友抱怨说在淘宝某网店购买了牛肉干，虽然口味不错，但很难消化，吃过之后胃不舒服。关键是从此每次登陆淘宝，系统都会推荐他继续购买牛肉干类的零食，让他觉得很烦。如今得益于数据技术这种场景发生的概率会越来越低，系统通过对过去交易数据的分析，很可能当你购买这款牛肉干之后推荐你购买山楂片之类助消化的产品。再比如一位用户购买了电冰箱，但这种家电显然不是消耗品，不需要经常购买，所以再推荐同类电冰箱毫无意义，推荐一些冰箱除臭工具，冰箱装饰贴等都是不错的选择，当然这一切都由数据分析技术基于对过去海量成交数据的挖掘得出结论。

【案例 10-10】 大数据与坐姿研究。

日本先进工业技术研究所开展了一项关于坐姿大数据的研究。起初这项研究被用于对汽车防盗系统的升级。生活中很少有人会在意其他人的坐姿，但是它真的可以提供很多有价值的信息。当一个人坐着的时候，他的身体形态、习惯坐姿和重量分布都可以量化和数据化。工程师团队通过在座椅下部安装总共 360 个压力传感器以测量人对椅子施加压力的方式。把人体臀部压力特征转化成了数据，这样就会产生专属于每个就座者的精确数据资料。在这个实验中，通过对大量真人实例的“学习”，这个系统能根据人体对座位的压力差异识别出乘坐者的身份，准确率高达 98%。

这项研究有广泛的实际意义。它可以作为汽车防盗系统安装在汽车上，有了这个系统之后，座椅就能识别出驾驶者是不是车主；如果不是，系统就会要求司机输入密码；如果司机无法准确输入密码，汽车就会自动熄火。把一个人的坐姿转化成数据后，这些数据可以扩展出一些切实可行的服务甚至是一个前景光明的产业。例如通过汇集这些数据，我们可以利用事故发生之前的姿势变化情况，分析出坐姿和行驶安全之间的关系。系统还可以在司机疲劳驾驶的时候发出警示或者自动刹车。同时，这个系统不但可以发现车辆被盗，而且可以通过收集到的坐姿数据来协助警察识别盗贼的身份。

这是汽车领域的关于大数据技术的应用，但其应用范围并不限于此。比如高档饭店应用这项技术改造他们的座椅，当客人坐下时，服务人员可以相对准确地判断客人的身份，从而提供更个性化的服务来提高用餐者的用户体验。

当然，用户体验领域是个博大精深且没有终点的领域，深度应用大数据的电商平台已经推出一个全新的概念——用户画像。通过一个用户购买产品的品牌、数量、价位、犹豫时间、邮递地址等来预估这位用户近乎全面的个人信息，甚至工作行业、家庭成员、年龄也相差无几，当平台获得用户相对完整的“画像”时，产品推荐将更加有的放矢，推荐的几乎都是用户需要、喜欢、随时可能购买的商品。

四、大数据与产品基因

好的营销如果没有好的产品做基础，给用户的感觉更像是骗局。既然通过大数据技术可以更精准地定位客户，可以提高服务速度来强化客户体验，当然也可以决定产品的基因，让产品生来就具备吸引客户眼球的属性。

【案例 10-11】 大数据与《纸牌屋》。

《纸牌屋》(House of Cards)是一部由美国 Netflix 公司出品的电视剧。这部剧一开播就赚足了观众的眼球，在 Netflix 公司的播放平台上一季度就带来了超过 300 万的新增流媒体用户，直接促使该公司股票价格飙升。《纸牌屋》开拍前出品方从 3000 万付费用户的相关数据中总结收拾习惯，包括用户对众多知名导演和演员的态度和评价，包括用户历史视频点播的基础数据(播放时间、地点、使用的终端等)，甚至包括用户看视频时哪些片段被重复播放、哪些片段被直接跳过。然后通过数据分析技术，确定了《纸牌屋》的导演、大部分演员和关键剧情。Netflix 公司通过数据采集、数据挖掘等手段，确定了将要拍什么、谁来拍、谁来演、怎么播等一系列问题，精准、高效地实现用户洞察、用户定位和用户转化，做到了由用户确定产品的基因。

用户需求决定产品，这个观点在大数据技术出现之前就已经得到普遍认同。应用传统方法调查用户需求存在一定的弊端。一是不精准，传统的市场调查样本十分有限，而且调查过程细致程度不高；二是不够快，传统的市场调查手段需要耗费很多时间，这在当今瞬息万变的市场环境中容易使企业不能及时做出调整而贻误战机。如今大数据技术让我们拥有更好的解决方案，让我们能更迅速、深入的了解用户，并发现过去无从得知的重要关联关系。

大数据可以帮助选择“正确”的导演和演员，这使我们浮想联翩。在不久的将来，大数据技术是否可以成为企业甚至政府系统选人、用人的辅助手段呢？是否可以成为公务员考试的补充考察手段呢？这些想法听起来天方夜谭，却可能离我们并不遥远。

值得欣慰的是，通过大数据建立信息优势并非只有政府和大公司才能实现。不断涌现的开源技术可以让任何善于利用数据的公司都能获得同样的优势。从刚刚成立的创业公司到富可敌国的老牌企业在大数据面前几乎处于平等的地位，多大规模的企业都有机会以合理甚至低廉的代价获得大数据分析带来的竞争优势。

第三节 大数据分析基本技术

数据库技术已经在过去数十年中取得了长足的进步，数据存储硬件领域也是如此。低成本的大容量存储技术使得大数据分析不再高高在上，而是开始渗透到日常生活和工作中。

当我们初识大数据的时候会发现，大部分典型案例都来自谷歌。这并不奇怪，来自全球的用户每天通过谷歌发起数十亿次检索请求，这使得谷歌的数据库规模大到超乎我们的想象。应用大数据的前提是已经掌握了大量的历史数据，并尽可能时时更新。从这个角度看，大数据相关技术和手段（包括人工智能、机器学习和一系列的数据挖掘技术）就显得十分重要，因为他们是目前我们不断自动收集、筛选、分析数据的主要工具和途径。

在西方，自 20 世纪 60 年代以来数据库和信息技术已经系统地从原始的文件处理演变成复杂的、功能强大的数据库系统，1969 年 IBM 公司发布层次型数据库管理系统标志着数据发展进入“层次型和网状型”阶段。20 世纪 70 年代诞生的“关系型”数据库管理系统沿用至今，用户可以通过查询界面或查询语句方便灵活地访问数据，与之相应的数据建模工具、索引和存取方法不断被开发和推广。

我国数据库发展相对滞后。20 世纪 70 年代能理解“数据库”含义的不过是极少数顶尖的科学家。1978 年恢复高考后的第一批学生几乎是我国接触数据库技术最早的大学生，而就算对于他们，数据库也不过是印在油印讲义上的一个概念。直到 1982 年萨师煊教授起草了“数据库系统概论”教学大纲，我国的数据库领域才有了“星星之火”。如今我国数据库技术的深度应用和普及正展现出燎原之势，对技术的应用和创新水平与西方并无明显差距。

得益于计算机硬件技术的飞速发展，功能强大的计算机、传感器和大容量存储设备变得价格亲民，这对数据技术的发展起到关键的推动作用。高级数据分析起源于 20 世纪 80 年代末，一些高级数据模型诸如扩充关系、对象 – 关系等逐渐被建立和使用，管理复杂结构化数据的能力逐步得到提升。大数据技术可以看作信息技术发展、进化的结果，数据库技术和数据管理产业仍在不断地发生变革。

这里初步分析了大数据分析，其中的个别概念和方法甚至在学术界也争论不休，我们只把它当作帮助我们理解数据技术的敲门砖，不必深究细节。

一、初识数据挖掘

数据挖掘技术理论上适用于任何类型的数据结构，常见的基本数据形式包括普通数据库数据、数据仓库数据和事务数据。最常用的关系型数据库是当今最丰富的数据源和信息源，也是数据挖掘技术面对的主要对象。数据仓库是一种新的数据存储结构，它本质上也是数据库，区别在于它是一种多个异构数据源在单个站点以统一模式组织的存储结构。数据仓库中的数据来源于对多个分散数据库中数据的清理、变换、集成，并定期刷新。事务数据的每一条数据代表一项事务，用户点击一次鼠标或键盘、打开一个链接、完成一次网购都属于一项事务。基于事务数据库的数据挖掘是零售业的最爱，其中“频繁项集”可以体现频繁在一起销售的商品集合。

除了上述三种数据类型外，还有很多其他类型的数据，它们具有各种各样的形式和结构。如时间序列数据（如股票价格和成交数据）、数据流（如监控录像和传感器数据）、超文本和多媒体数据（如互联网上广泛存在的文本、图片、音视频）等。随着互联网技术的发展，各种新的数据结构和类型被不断开发和应用。数据类型的多样性并不妨碍反倒很多场合有助于我们挖掘其中的价值，这里的“价值”通常被称为“知识”或“有趣的模式”，总之就是从数据中得到的有用的结论。

数据挖掘方法由一系列相关专业技术支撑，相关专业的新思路新技术不断被吸纳到数据挖掘领域形成新的数据挖掘方法。下面列举一些对数据挖掘技术发展有重大影响的学科领域。

1. 统计学

统计学研究数据的收集、分析、解释和表示已有超过300年的历史，数据挖掘与统计学联系十分紧密，甚至在很多应用场景下可以认为大数据分析就是统计学原理与大数据的结合。统计学的本质是利用变量及其概率分布刻画目标属性的行为，统计学建模广泛用于对数据和数据类建模。在数据挖掘过程中，对统计学原理的应用要把握好尺度，因为大部分统计学方法的计算过程及其烦琐，当烦琐的计算遇到海量需要计算的数据时，产生的结果很可能是灾难性的，这时需要精心设计算法，排除可能的陷阱，尤其是需要连续处理快速、实时数据流的时候。

2．机器学习

机器学习是近几年的明星领域。基于机器学习和深度学习的人工智能技术让很多人叹为观止，比如谷歌的 AlphaGo 连续战胜多位世界顶级围棋选手而成为全世界家喻户晓的明星。机器学习就是计算机程序基于数据自动学习识别复杂的模式，并对未知模式做出智能的判断。什么意思呢？比如利用机器学习技术识别什么东西是“车”，我们给计算机三千张不同车的照片让它“学习”，在这之后计算机识别出一张未知图片里是否有车的准确性几乎可以超过 95%。有人做过一项实验，结果表明当计算机学习了超过八万张“椅子”的照片后，它对一个事物是否属于“椅子”的判断能力已经超过我们中的绝大部分人。与数据挖掘高度相关的机器学习过程包括监督学习、无监督学习、半监督学习和主动学习。监督学习和无监督学习对应着数据挖掘中的“分类”和“聚类”，对于分类和聚类任务，机器学习研究通常关注模型的准确率，同时也强调挖掘方法在大型数据集上的有效性和可伸缩性。

3．信息检索

顾名思义，信息检索是在一定范围内搜索文档或文档中信息的科学。这里所说的文档相对广义，不局限于文本文档，可能是音频、视频或其他任何类型的文档。信息检索假定所搜索的数据是无结构的，检索过程主要靠关键词，不包括复杂的结构，与数据库系统中的 SQL 查询有明显不同。信息检索的典型方法采用概率模型，把文本文档看作“词”的包，即出现在文档中的词的多重集。随着数字化存储的深度普及，政府系统、图书馆、档案馆等涉及数量巨大并与日俱增的文本和多媒体数据，它们的高效检索和分析是摆在数据挖掘面前的富有挑战的问题。因此文本挖掘和多媒体挖掘与信息检索方法集成已经变得日益重要。

当然还有很多技术领域与数据挖掘有重要关联，比如模式识别、可视化、算法等。大数据技术像是一艘航空母舰，它功能强大，但需要很多基础理论和基础技术的支撑，就像如果没有高质量的钢材、舰载机、反潜、雷达等技术，航母很难被制造或发挥战斗力。

二、数据属性

我们接触的实际数据往往不是高质量、可以直接应用的数据，可能来自不同的数据源，采用了不同的保存方式，也可能包含噪声，因此在真正进行数据分析之前需要对所面对的数据进行预处理。在预处理过程中我们需要了解所面对的数据具有哪几种属性；每种属性拥有何种类型的数据值；这些值是离散的还是连续的；有没有明显的离群点，是否需要舍弃其中的部分数据；适用于哪种分析模型。这就需要了解最基本的内容——数据属性和基本统计描述。

数据集由数据对象组成，数据对象代表着实体或事务。例如对于超市，一个对象可以是一名顾客、一名员工、一个商品或一次销售；对于医院，一个对象可以是一名患者、一名医生或一次治疗。数据对象一般简称为对象或者被称为样本、实例或数据点，数据对象的特征称为属性。比如对于超市的会员数据，会员的属性一般包含姓名、会员 ID、电话、手机等。属性的类型由该属性可能具有的值的集合决定，包括标称属性、二元属性、序数属性和二元属性等，它们又分为定性属性和定量属性。

（1）标称属性的值代表某种名称、类别、编码或状态。比如描述人类的属性，“姓名”的值就是名字，“性别”的值可以是男或女，“婚姻状况”的值可以是已婚或未婚。需要说明的是，计算机领域通常用数字来描述这些属性的值。比如在性别的描述中，用数字“1”表示男性，用数字“0”表示女性；比如在会员系统中每个会员都有用于辨识身份的一串数字表示的会员 ID。因为这些数字的值只用来描述属性而不具有数值性质，所以不能直接把这些数字用于常规定量计算，就像用一个人的身份证号减掉另一个人的身份证号得出的结果毫无意义。然而，寻找其中的“众数”（最常见的值）是有意义的，比如在一项事务集当中我们可以统计哪种性别的人最常出现。

（2）二元属性本质上是标称属性，只是这个标称属性只包含两个类别或两种状态并且非此即彼，因此二元属性也被称为布尔属性，对应计算机中的 0 和 1。比如性别，1 表示男性，0 表示女性；比如描述一个人是否拥有驾驶证，1 表示拥有，0 表示尚未拥有；比如描述患者检查结果，1 表示阳性，0 表示阴性等。通常用 1 表示需要更多注意的结果，比如检查结果呈阳性。

（3）序数属性顾名思义是一种有序属性，它的值存在序列意义。比如银行把用户的信用属性标注为 1—信用极好、2—信用较好、3—信用一般、4—信用较差、5—信用极差，这里的 5 个数字包含序列关系，如果一个人的信用是 3，另一个人信用是 1，那说明后一个人信用更好。序数属性的中心趋势可以用众数和中位数（整个序列的中间值）表示，一般不使用其均值。

以上三种属性都属于定性属性，它们中的数字只用于描述特征而非数量。比如信用一般用“3”来描述和苹果的重量是 3 千克所表达的意义完全不同。

（4）数值属性是定量的，是可度量的，比如刚刚做提到的“重量”，描述数值属性的数字具有实际数值意义，可以用来参与加减或更复杂的模型计算。数值属性可以是区间标度的或者比率标度的。区间标度的属性可以划分区间和比较差异，比如温度 5 摄氏度称为零上，比如 20 摄氏度比 10 摄氏度高出 10 摄氏度。比率标度属性可以计算比率或者倍数。比如温度，并不能因为今天是 10 摄氏度而昨天是 1 摄氏度就说今天的温度是昨天的 10 倍，温度是区间标度属性而非比率标度属性。经济和金融领域普遍采用数据的比率标度属性用于计算倍数或百分数。

除此之外，对于属性的分类还包括离散属性和连续属性等。

三、数据的基本统计描述

数据的基本统计方法几乎全部来自传统统计学，基本统计描述常常用于对数据进行预处理，从整体上把握数据的全貌。

中心趋势度量使我们对大量数据形成最基础、最直观的印象，掌握数据分布的中部或中心位置。这里介绍三个概念。

一是均值，就是数据的平均数，这是统计学中最简单、最常用也最有效的体现数据“中心”的度量，求得大量数据的和除以数据个数就是均值。值得注意的是现实中的一部分数据带有权重，因此在计算均值时不是简单的相加而是加权求和，计算结果得到加权算术均值或简称加权平均。这种最简单的度量方法当然也存在弊端，均值容易受到少数极端数据的影响。比如统计一个班级的平均成绩，如果有若干名分数特别高的学生，那么这个班级的平均分就比较高，事实上这个班级大部分同学学习成绩并不理想。为了应对这个弊端，有时候我们在计算均值前对数据进行选择，忽略数据序列中排位最高和最低的 2% 的数据来计算“截尾均值”，以降低极端数据对均值的不良影响。

二是中位数，是另一种中心趋势度量，指有序数据值的中间值。比如数字序列 1 ~ 9 的中位数是 5，如果共拥有偶数个数据，那么中位数可以是中间的两个值，或根据实际需要取其平均值。中位数的取值原理非常简单，但面对大数据时取得中位数并不容易，计算量非常大。所以在实际数据分析运用中，经常选择把整个数据集划分成几个部分或阶层分别计算中位数，或者选择不计算精确的中位数，只计算近似值或者只获取中位数所在的区间即可。

三是众数，指的是数据集合中出现次数最多的值。定性属性和定量属性都可以采用计算众数的分析手段。众数的计算结果可能是一个也可能是多个，对应的数据集分别被称为单峰的数据集和多峰的数据集。

当然还有一些方法用于体现数据的中心趋势，比如中列数（数据集中最大值和最小值的平均值）。除了中心趋势，还需要掌握数据的分散情况，包括基本统计学概念中的方差、标准差等，也包括数据分析中常用的极差、四分位数和四分位数极差等。上述统计概念的共性是对于容量较小的数据集计算通常很方便，而对于大数据而言，找到其中的最大值、最小值尚且需要一定的计算量，再进行其他的复杂计算其难度可想而知。因此在实际情况中采取合适的分析思路和先进的算法显得尤为重要。

了解数据的基本统计描述可以让我们对大数据的基础计算分析问题有概念上的印象，作为电力企业的管理人员，浅层次的概念理解有助于我们建立大数据思维，了解实际工作中哪些部分可以和大数据技术相关联，或者仅仅和计算机技术相关联，并通过对这种关联的挖掘和采用相应技术工具来提高工作质量和工作效率。

四、数据分类

分类是一种重要的数据分析形式。这个看似简单的概念几乎贯穿数据分析的始终。这是一个容易理解的统计过程，先对数据的某一个或几个属性划分界限，然后把整个数据集按照这个界限分配进去。比如银行职员会划分哪些客户属于信用等级高的优质客户，哪些客户存在不良信用记录而需要进入贷款黑名单。这都需要准确分类。在数据分析领域如何进行分类呢？通常需要两个阶段，一是学习阶段，二是分类阶段。

在学习阶段，需要建立描述预先定义的数据类或概念集的分类器，其中分类算法通过分析来构造分类器。这个过程往往依赖机器学习技术，在机器学习中，一般将样本分为训练集、验证集和测试集，分类算法可以通过从训练集“学习”来构造分类器。训练集由数据库元组及与其相关联的类标号组成。以银行为例，算法面对的训练集可能是这样的：一组包含姓名、年龄、收入情况和风险等级等属性的银行客户数据，通过学习过程发现“年龄小、收入低的客户风险等级偏高”等规律作为分类规则，用于分析新客户的风险等级。当然实际应用情况比这个例子复杂得多，在机器学习中一个案例的分析可能要尝试数千种至上亿种模型。

上述例子中，风险分几个等级是事先规定好的，这个等级属于类标号，学习的过程就是确定什么样的条件对应于哪个类标号的过程，这种已经事先提供类标号的学习过程叫作监督学习，与之相反的是无监督学习，无监督学习对应数据分析中的聚类，或者可以直接说聚类本质上就是无监督学习的过程。

经过了第一个阶段——学习阶段，计算机已经确定了分类算法，完成了建立“分类器”的过程，在第二个阶段将使用这个算法进行分类。首先需要评估分类器分类的准确率，此时需要利用样本中的测试集，用每个测试元组的类标号与学习模型对该元组的类预测进行比较，分类器正确分类的检验元组占测试集中总元组的百分比称作分类器在给定测试集上的准确率。当然这也是一个复杂的过程，读者可能注意到了，这里提到了训练集合测试集的使用，却没有提验证集。验证集主要用于对各种算法的选择和对算法参数的调整，这个过程并非必须存在，如果存在的话应在使用测试集之前。同时，对测试结果的分析也同样是个复杂的过程，通常需要计算准确率、误分类率、真正例率、真负例率等多个量来评定一个模型的性能，尤其是面对特种行业的数据集时这种检验更为复杂，比如医学数据，医生可能在 1 亿份数据中只关注 50 个特殊病历，剩下的正常人并不是医学关注的焦点。在这种类不平衡的情况下我们对分类模型的选择和测试（通常计算灵敏性和特效性）会更加谨慎，过程也相对复杂。

决策树归纳是分类的重要手段，决策树很容易转换成分类规则。决策树归纳是从有类标号的训练元组中学习决策树，是一种类似流程图的结构。其中的每个非树叶节点表示一个属性上的测试，每个分支代表该测试的一个输出，每个树叶（终端）结点存放一个类标号。一个典型的关于顾客是否可能购买计算机的决策树如图 10–1 所示。

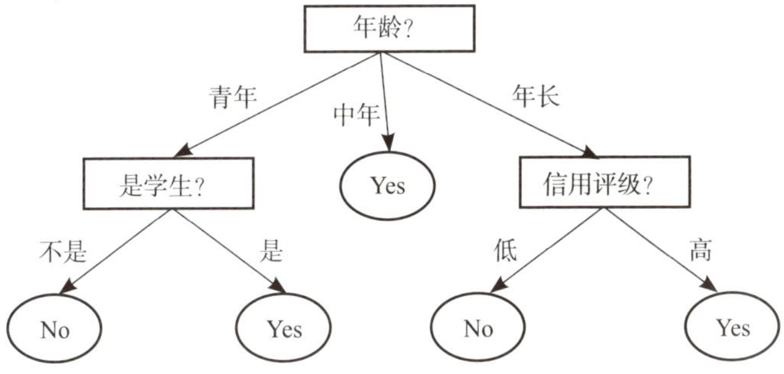

图 10–1　顾客是否会购买计算机的决策树

20 世纪 70 年代后期，决策树算法被开发出来，称为迭代二分器。决策树分类器的构造不需要任何领域知识或参数设置，因此适合于探索式知识（感兴趣的结论）发现。决策树可以用来处理高维数据，用树的形式表示很直观，容易被人接受和理解。决策树归纳的学习和分类步骤是基本的、简单的、快速的，而且它还具备相当高的准确率。目前决策树归纳算法已经广泛应用在医学、制造、金融、天文等领域的分类中。决策树是许多商业规则归纳系统的基础。

完整的决策树分类过程还包括属性选择度量、决策树剪枝和可视化等方面的复杂问题。除了决策树分类，基于贝叶斯定理的贝叶斯分类具备高效率和高准确度的特点，也属于经典的分类方法。

五、数据聚类

这是大数据的重要思维之一。和前面提到的分类不同，在聚类分析之前没有划分类别的“标准”，还是以银行为例，客户按风险等级分类，但在聚类分析之前，我们并不掌握“风险等级”标准。什么是聚类分析呢，假设自己是老板，手下有 5 名主管为你工作，你想把公司的所有客户组织成 5 个组，分别交给这 5 名主管管理。怎么把所有客户组织成 5 个组呢。标准可能有很多，根据客户的年龄、职业，还是其他的属性？事先没有确定标准，只是期望每个组内的客户尽可能相似。聚类分析就是帮我们实现此类意图的工具。

聚类分析是以数据的相似性为依据把对象划分成子集的过程。每个子集是一个簇，划分的结果是同一个簇中的数据彼此相似而不同的簇中的数据彼此不同。由聚类分析产生的簇的集合称作一个“聚类”。从这个定义可以看出，对同一对象的聚类结果很可能是不同的。比如对 100 个人进行聚类分析，可以按性别得到男人、女人两个簇，也可按身高所处范围得到 4 个簇，还可能按肤色得到若干个簇。聚类分析已经广泛应用于商务智能、图像模式识别、Web 搜索等领域。

在商务智能中，聚类分析可以对大量客户进行分组，每个组中的客户具备高度的相似性，这种相似性在聚类分析之前很难被觉察到。此外，具有大量项目的咨询公司可以利用聚类分析技术改善项目管理，把具有相似性的项目交给同一个团队，使项目的开展和诊断过程效率更高，团队处理起来也更得心应手。

在图像识别应用中，聚类可以在手写字符识别系统中用来发现簇或子类。最近几年，每当春节来临之际支付宝就会推出集“五福”活动，用手机的摄像功能扫描“福”字即可。我们发现，无论是正楷的“福”字还是毛笔书法比较写意的“福”字，识别的准确率还是比较高的。不同写法的福字看起来都不像同一个字，如何做到高识别率呢？可以先大量收集各种不同的福字，通过聚类分析把这些福字分为若干类，使用基于这些子类的多个模型可以大大提高整体识别的准确率。

在 Web 搜索中也有许多聚类应用，互联网中 Web 页面数量巨大，关键词搜索常常返回大量命中（hit），可以利用聚类分析将搜索结果分组并以简明、容易访问的方式提交。目前已经具备把文档聚类成主题的聚类技术，这些技术已经广泛地用在实际的信息检索中。

作为一种数据挖掘功能，聚类分析也可以作为一种独立的工具，用来洞察数据的分布，观察每个簇的特征，再将进一步分析集中在特定的簇集合上。另外，聚类分析可以作为其他算法（如特征化、属性子集选择和分类）的预处理步骤，之后这些算法将在检测到的簇和选择的属性或特征上进行操作。

由于簇是数据对象的集合，簇内的对象彼此相似，而与其他簇的对象不相似，因此数据对象的簇可以看作隐含的类。在这种意义下，聚类可被称为自动分类。再次强调，分类和聚类至关重要的区别是聚类可以自动地发现这些分组标准，这是聚类分析的突出优势。

对聚类分析的主要要求如下：

一是可伸缩性。许多聚类算法在小于一定数据规模的小数据集上运行良好，当面对大型数据库（比如电商和 Web 搜索）时，对大型数据集的聚类可能导致有偏结果，因此我们需要具有高度可伸缩性的聚类算法。

二是处理不同属性类型的能力。许多算法是为聚类数值（基于区间）的数据设计的，然而，应用可能要求聚类其他类型的数据，如二元的、标称的、序数的，或者这些数据类型的混合。越来越多的应用需要对诸如序列、图像、文档之类的复杂数据类型进行聚类的技术。

三是处理数据噪声的能力。现实世界中的大部分数据都包含离群点或未知、错误的数据。例如，传感器读书通常包含噪声，有些数据可能因为传感器采集机制问题而不正确，有些读数可能因周围对象的瞬时干扰而出错，聚类算法如果对噪声敏感，就会产生低质量的聚类结果。

四是聚类高维数据的能力。数据集中的数据可能包含大量的维度或属性，例如当文档聚类时，每个关键词都可以被认为是一个维度，我们可能需要面对成百上千的关键词。许多聚类算法擅长处理低维数据，这就对聚类分析造成困扰，使我们不得不在聚类之前降低数据的维度。发现高维空间中数据对象的簇是一个挑战，特别是考虑这样的数据可能非常稀疏，并且高度倾斜。

对聚类分析的要求还包括可解释性和可用性、簇的分离性等，而且，要求还在随着应用的不断深入与日俱增，摆在数据工程师面前的挑战是无穷无尽的。

第四节 大数据与电力系统

电力系统的大规模数据采集目前还处于建设阶段，大数据技术在电力系统中的应用前景十分光明。

本节主要研究大数据与电力系统可能的结合点与应用前景分析。虽然目前电力系统还没有典型的大数据应用案例可供学习、参考，但大数据已经被纳入各大企业的发展计划。中国电机工程学会信息化专委会发布的《中国电力大数据发展白皮书》中把2013年定义为中国大数据元年，在现在和今后一段时期大数据技术将不断发展并与各行各业深度融合，作为全球第二大经济体的基础能源支撑体系，中国电力工业将不可避免地进入“大数据时代”。

如今中国电力工业面临着化石能源枯竭和国家环境保护政策趋紧的双重挑战，传统的投资拉动增长的发展方式已经困难重重而面临转型。装机容量尤其是新增装机容量是衡量中国电力工业发展的重要指标，近年来虽然装机容量绝对数字始终呈增长态势，但其增幅已经大不如前。一方面，中国整体经济下行压力依然存在，社会对电能的需求已经告别了过去的井喷式发展；另一方面，电力工业近年来快速增长透支的产能需要时间消化。另外，新的发展需求和规则也在要求新的发展模式。这对中国的电力工业发展提出了新的问题，我们能否有新的契机来寻求新的电力工业价值的增长点？虽然挑战重重，但机遇也前所未有。

电力系统与大数据技术结合的前提是电力系统拥有大数据。当前电力企业（包括电网企业和发电企业）的工作重点和建设重点大多集中在生产环节，生产环节的数据收集和分析已经开始得到重视，但还处于数据挖掘的初级阶段，离“大数据”还有一定距离。电网企业近年来对配用电环节的关注度明显上升，用电信息采集系统已经处于大面积推广阶段，意味着与用户交互最多的配用电环节开始得到重视。这其实是电力大数据最具备发展潜力的领域，大型互联网公司和大数据走得比较近的重要原因是每天有大量用户在无偿地贡献数据，电网企业面对全国所有用电客户，可以说基础资源储量比互联网企业要丰富得多。

当前信息通信技术对中国电力工业的价值贡献正处于量变到质变的关键节点，而变化的本质就是电力信息通信与电力生产以及企业经营管理的深度融合。其最终表现形式必将是电力数据的爆发性增长。中国的电力工业经过几十年来的高速发展，随着下一代智能化电力系统建设的全面展开，中国的电力系统已经成为世界上最大规模关系国计民生的专业物联网。

一、大数据与新能源发电

资源与环境领域的政策变化给电力工业带来了新的挑战，传统化石能源面临逐渐枯竭和污染环境的双重压力，如何不断在电源侧扩大新能源发电占比是今后电力工业发展面临的重要问题，目前新能源发电形式主要包括太阳能发电、风力发电、生物质能发电、地热能发电和潮汐能发电等，下面以当下建设规模比较大的风力发电和太阳能发电为例探讨大数据与新能源发电的契合方式。

风力发电是将风能通过风力发电机转换为电能，其基本原理是利用风吹动风轮，通过风轮带动发电机转子旋转，进而产生电能。风力发电与常规发电相比，具有能源充足、无环境污染、占地面积小、工程建设周期短等优点。风能是清洁的可再生能源，从这个角度看风能可能是最优秀的能源之一——绝对清洁、取之不尽而且没有开采成本、在自然界普遍存在。在当今世界的新能源开发技术中，风力发电是比较成熟和具有商业价值的发电方式，其装机容量正在不断扩大，全球风力发电量占总发电量的比例也在逐步增加。据统计，至 2016 年年末，中国风电装机容量已经达到 149 吉瓦，德国风电装机容量 49 吉瓦。2016 年全年，中国并网风力发电占总发电量的 4%。无论发展规模、发展速度，还是整个新能源发电产业链，中国在世界上都处于领先位置。

然而事实却没有我们预想的那么美好。有关媒体曾经指出：2016 年中国浪费的风电，可以供一个大城市用一整年。这看起来似乎与风能的优秀背道而驰，但这个结论并非空穴来风。据统计，2014～2016 年，中国部分地区弃风呈攀升趋势：2016 年弃风总量高达 497 亿千瓦时，是 2014 年的 4 倍。甘肃、新疆、内蒙古、吉林和黑龙江五个省（区），3 年弃风量就接近 800 亿千瓦时，约等于天津市 2015 年全年的用电量。这组数字让我们对弃风造成的损失感到震惊。李克强总理在 2017 年政府工作报告中也提到，“抓紧解决机制和技术问题，优先保障可再生能源发电上网，有效缓解弃水、弃风、弃光状况”。

这里所说的“技术问题”归根结底在于如何应对风能和光能的不稳定性或者说不确定性。随着风电并网规模的快速扩大，风电和光伏发电的不确定性对电力系统与电力市场的稳定性、充裕性及经济性的影响也日益彰显。

以风电为例，风速几乎完全由风机所处的地理环境和气象环境决定，难以人工控制。虽然较大规模（千万千瓦级）风电基地的大范围功率波动都具有季节性变化规律及昼低夜高的特征，而且风速的短时不确定性随着集群规模的增大而有所平缓，但其波动性、间歇性和随机性与电力负荷相比仍然突出得多。虽然时间序列法等仍是风速预测的主要方法，但其误差特别是最大误差难以掌控。

风速的整体不确定性由风本身的随机性及风速预测的模糊性构成。有效的风速预测虽然不会减少风速的随机性，但可降低其模糊性，从而使风速的整体不确定范围降低到风速预测的最大误差区间，为优化机组组合与经济负荷调度提供最大程度上的依据，减小风速对电力系统的不可预知扰动。目前对于风速的预测主要可实现降低风速的长期平均误差，但现实表明我们还需关注短期平均误差，甚至瞬时误差，把风电对电网不可预知的影响降到最低，最终达到减少弃风的目的。

数据分析技术在此大有所为。把数据分析技术用于风电功率预测已经有了的初步研究成果，思路是通过对过往一段时间内的本地详细气象数据和周边地区气象数据、本地地表环境变化、光照强度与空气温度湿度等一系列瞬时数据和瞬时风速相比对，依靠机器学习技术建立环境数据与瞬时风速的关系模型，并根据此时和未来环境相关数据进行短期及超短期风电功率变化趋势预测。

比较先进的预测方法是基于空间相关性数据的风电功率预测。风电场风速和不同风电机功率之间具备一定的空间相关性。这种空间相关性指的是不同空间位置处的风电场和风电机组所面临的风速在空间上的相关程度。风电场或风电机组的风速及功率在空间上并非统计独立，而是具有一定的关联性。某个特定位置的风速值和功率值不仅在时间上有一定的自相关性，而且在空间上受到其他处于不同位置的风电场或风电机组（如尾流效应）以及所处空间的拓扑结构（如风电机组的排布，风电场的地形、粗糙度）和环境条件（如气压、温度等）的影响。因此，可以根据风速在空间中呈现的变化连续性和相关性特点，通过数据分析方法，在离风机、风场不同距离、不同位置的点或区域建立合适的数据采集设备和空间相关模型，就可以由若干个位置或区域的已知风速、功率值推测相邻位置或区域的未知风速和功率值。

上述方法中普遍使用了“数据分析”，预测方法目前还没有达到运用大数据的程度，但基于大数据技术的解决方案是风速预测领域未来的发展方向。在实际运用中为了提高短期和超短期预测的准确性，降低单个模型带来的预测误差，可以考虑采用多种模型同时预测，并加权计算结果的组合方法。

国家电网公司曾在新闻发布会上提出了 20 项措施缓解弃风弃光问题，并表示力争到 2020 年根本解决新能源消纳问题，弃风弃光率控制在 5% 以内。这无论从理论上还是从实际情况看都是个极具挑战的目标，充分利用大数据技术与新能源发电结合带来的优势，对实现目标有重要的现实意义。

二、大数据与智能配电网

对于电力系统，配电网是离用户最近的地方，大量的用户是数据采集的坚实基础，事实上这也是目前电力系统在数据技术方面下功夫最多的领域。虽然暂时看来，智能电能表与服务器端的通信还存在许多需要解决的问题，但数亿块智能电能表已经部署在客户端成为电能数据采集的“基础设施”。

电网建立了多个服务于配用电业务的信息化系统并已经投入使用多年，尤其是通过配电、用电、营销等专业系统积累了一定量的数据资源，配用电业务数据从总量和种类上都已初具规模，具备了相对良好的数据基础。根据不同的数据源，可以将智能配用电数据分为电力企业内部数据和外部数据。电力企业内部数据产生于各个专业的信息系统。这些数据包括静态数据和实时数据，其中静态数据包括电网设备模型参数、线路拓扑结构、电力用户资料数据等，具有长效性，实时数据包括遥信、遥测数据，包括设备运行状态、电量计量等，具有时效性。外部数据来源相对广泛，向社会公开的地理信息数据、气象数据、互联网数据、公共服务部门数据、社会经济数据等，这些数据也为电网企业的运行、管理和服务等提供支持。

不要小看了外部数据的作用的意义，它通常会为我们带来意想不到的收获。这是大数据本身的一个特点：数据本身没有专业界限，拥有数据的企业，其数据往往在企业业务以外的领域也具备重要价值，甚至是更重要的价值。比如根据电力用户的用电数据，可以出判断城市中哪些房屋是空置的，以及房屋的空置规律，还可以准确地计算各个住宅小区的入住率等。

随着智能电网的发展，电力公司用电信息采集系统、电力营销系统和客户服务信息系统等积累了各行各业海量用电信息。目前这些数据主要应用于电力公司内部营销业务辅助决策，海量用电信息的数据价值还没有充分地挖掘和体现。这一问题目前吸引了很多专家学者的目光，中国电力科学院在智能配用电大数据应用问题做了深入研究，其研究成果值得读者们持续关注。

全面综合地分析利用各类电力数据和与各种自然、社会因素相关数据，发现并认知用户用电模式，挖掘影响用户用电行为模式的各个关联因素，深入理解用户的用电行为并对未来负荷进行预测。通过数据采集、传输（目前难点之所在）清洗、存储和处理技术，把用电信息采集数据、客户服务数据、地理信息数据、人口和气象数据等来自异构数据源的数据进行整合。针对电力数据与其他各类数据所承载的不同数据特征，研究这些特征的提取技术与描述机制，为上层的应用提供分析基础。

目前企业掌握的数据大多为结构化数据，主要是运行数据、状态数据和用电数据等，电网企业已经具备了对结构化数据的处理和分析能力。对于半结构化和非结构化数据，主要包括文本、声音、图像、视频等，属于近年来基于多媒体技术采集的数据，数据总量很大（非结构化数据和半结构化数据占企业总数据量的 80% 以上，且还在不断增加），电力企业目前尚不具备处理能力。

大数据与智能配电网结合的一个重要应用就是用户用电行为模式认知，对用户用电行为的认知意义重大，而且可以衍生出一系列的后续价值。用电行为模式的认知是发现众多用电行为的规律，利用各类数据分析发现影响用电行为的各种关联因素。提取用电负荷、电量、电费台账、缴费信息、客户信息、电网网架结构、电价政策等企业内部数据，结合自然数据和社会公开数据，建立多层次、多粒度、多刻面的用电行为模型，从不同分类视角综合全面描述用户用电行为，形成模式识别方法。并以此为依据，利用各类数据，从用电行为上将相似的用户聚类，并对每类用户的行为模式进行识别与分析，提取模式特征，支持用电行为模式的深入理解。

理解各类因素与用电行为模式关联关系，可面向政府、居民和工商业用户提供定制分析服务类应用，如面向政府提供经济发展趋势预测、区域居民房屋空置率分析、电价和补贴政策的决策支持；面向电力用户的精准营销辅助决策、用户信用评估、需求响应方案制定、能效提升方案制定。一户家庭的用电行为可以间接体现其消费能力、生活习惯等，数据背后的价值无法估量。

通过深入的用户用电行为分析，掌握用户用电规律，对于需求侧管理、负荷预测等电网运行管理有重要的意义，同时能够根据用户用电需求提高电力服务水平，特别是通过深入分析各类别各行业用电信息，对于政府掌握经济运行情况和制定相关政策具有重要的价值。

三、大数据与负荷预测

目前我国电网联网规模已经非常大，普通用户用电负荷的变化对电网的冲击越来越显得微不足道，因此负荷预测精准度对电力系统的影响正在通过各种技术手段而逐渐减弱。尽管如此，精确预测负荷在电力系统中仍有重要意义。负荷是电网调度计划制定、市场交易和电网规划的重要依据，为电网运行和电网规划等众多应用提供基础数据，其预测精度既影响计划的合理性和校核的准确性，也会影响到电网的安全稳定运行，同时直接影响到配电网规划中电源的布点以及目标网架的结构和规模。因此，人们一直致力于研究新的预测模型，提高预测精度。负荷变化具有一定的周期性，但同时受到气象、地理、经济等各种因素的影响，加上不同的负荷类型本身的特性和变化规律，使得精确预测负荷具有一定的难度，现阶段负荷预测仍存在一定误差，在智能电网环境下，电源形式的多元化、供需双方的互动化与控制的智能化将对负荷预测提出更高的要求。

从数据分析角度看，负荷数据是负荷预测的基础，掌握海量的负荷数据是提高负荷预测精度的重要前提。负荷数据包括实时负荷数据和历史负荷数据。实时负荷数据是当前时刻电网系统负荷的实际值；历史负荷数据是电网负荷的历史数据，通过历史负荷数据分析掌握负荷变化规律。对于用户负荷数据，包括全部负荷数据、分行业分类别负荷数据、用户负荷曲线等数据，通过用户负荷分析能够更细粒度掌握负荷需求和变化特征。

电网企业营配贯通业务的开展给配用电数据的价值挖掘带来了更大的空间，在电网运行、用电营销、气象地理信息、社会经济、互联网等多源数据融合的基础上，可衍生出大量新的应用，给电网可靠运行和精益化管理带来新的技术手段，同时对优化电网运行方式、降低管理成本、提升电力公司经营效益、提高用户服务水平有极大的促进作用。

目前电网企业大数据的发展规划并不仅仅局限在“大数据”本身，而是“物联网＋云计算＋数据处理”的综合概念，前景十分光明。

第五节 大数据的坎坷之路

大数据取得的成绩有目共睹且令人惊叹，但这并不表示大数据技术已经完美无缺。我们在相信大数据的未来的同时，还要清醒地意识到脚下之路并不平坦。

大数据已经在一些细分领域取得了令人惊叹的进展，比如谷歌翻译。通过对大量经典人工翻译书稿数据的学习和分析，基于大数据和机器学习技术的全新翻译系统已经大大提高了翻译的准确程度和人文程度，而且随着时间的推移，翻译系统学习的人工翻译书稿越来越多，机器翻译的水平会越来越接近人工翻译，原著本会最大限度地得到传承。

但是目前我国大数据发展水平依然有待提高。

大数据开启了一次重大的时代转型。与其他新技术一样，大数据也必然要经历硅谷臭名昭著的技术成熟度曲线：经过新闻媒体和学术会议的大肆宣传之后，新技术趋势一下子跌到谷底，许多数据创业公司变得岌岌可危。当然，不管是过热期还是幻想破灭期，都非常不利于我们正确理解正在发生的变革的重要性。我们要抱着接受大数据、重视大数据、利用好大数据的态度来迎接即将发生的技术变革，同时我们也要意识到大数据现阶段的不足之处，不要因神化大数据而做出舍本逐末的决定。

大数据归根结底是信息技术，它只是信息技术发展到今天的带给我们的一种技术形式，只是协助我们处理问题的工具，它不能改变问题的本质。就像当我们提到“互联网 +”的时候，很多科技公司开始盲目地投入到“互联网 +”汽车、“互联网 +”家电的设计和制造，这是很难获得成功的。以造车为例，一辆汽车包含大大小小约三万个零部件，造出一辆能可靠行驶的汽车涉及诸多研发、制造和测试环节，这些环节需要扎实的工业和制造业基础，不是大数据或者“互联网 +”技术能代替的。所以无论大数据还是互联网，都只是为我们解决问题提供一种新的思路和途径，并不能改变问题本身。

大数据的前路依然漫长，大数据在通往技术普及、改变我们生活方式和工作方式的路上还面临诸多挑战。

一、大数据的采集与集成

目前真正实现大数据应用的公司基本都是服务大量用户的互联网公司，这些公司在数据收集方面中具备得天独厚的优势，每天都有大量用户在无偿地、源源不断地通过自己的使用行为向互联网公司提供数据。当我们谈论大数据在电力系统中的应用时，更多的是在展望未来。从技术角度，大数据与电力设备故障预警、电网负荷预测、用户用电行为预测等领域都有较好的契合点，也出现许多研究成果，但截至目前并没有成熟的应用实例，企业并没有积累出足够多、高质量的数据是一项重要原因。

工业数据采集的成本并不算低。比如设备状态数据的采集，需要在传统设备上加装数以万计的传感器，并建设传感器与服务器之间的通信网络。所以对于工业企业数据采集成本远远高于互联网公司。除此之外，过去企业接触的数据以结构化数据为主，在大数据时代数据向结构化、半结构化与非结构化三者融合的方向变革；数据来源的多样化，特别是移动终端的广泛应用，使大量数据需要同时带有时间与空间的标志；数据质量复杂化，很多有用的信息被淹没在大量无关或弱相关的数据中，可能面临处理噪声严重或局部缺损的数据。

二、大数据的存储和分析

大量多态异构数据的高效、可靠、低成本存储模式是大数据的关键技术之一，存储技术对数据流之间的交互索引与转换效率影响很大。数据压缩技术可以减少数据传输量及提高存储效率，但增加了数据处理环节及计算负担，也可能影响数据质量。

分布式存储是近年来的新概念，它的主要理念是利用在多台计算机（服务器）上搭建的分布式文件系统，把数据分散存储在不同地理位置的物理介质中。其带来的好处：一是采集的数据文件可以就近上传，对骨干网带宽要求并不苛刻；二是可采用多套低端小容量的存储设备分布部署，相对集中式存储设备价格和维护成本较低；三是小容量设备分布部署，对机房环境要求低。

无论哪种存储方式，都要权衡对存储空间及实时性的影响，如对实时数据采用实时数据库或内存数据库；对核心业务数据采用传统的并行数据仓库系统；对大量的历史和非结构化数据采用分布式文件系统等。算法在处理复杂结构数据时相对低效，使我们不得不事先为复杂结构的数据建立索引结构来帮助搜索，并相对合理地将非结构数据结构化。

大数据本来的价值密度很低，目前数据挖掘的成本和技术成熟程度还不能让大数据应用充分普及。在大数据分析领域，大数据的形态描述、基本运行规律及其可控性依然有待研究。其中，最复杂的是人类社会行为信息，其决策行为必须与物理系统及信息系统相结合。目标领域的信息若能与关联领域的信息相结合，则不但知识量（此处知识指的是在数据得到的有价值的结论）得以增加，而且更有可能揭示综合性、交叉学科的未知知识，甚至从统计型数据中发现其关联关系和因果关系。知识的涌现性反映在模式、行为和智慧上。例如将提高风机效率的研究与气象信息、电网信息联系，其效果将大大提升。大数据与云计算为之提供了数据资产的保管、搜索的技术，但也不是数据越多越好，而信息的提炼与知识的发现一般很难通过直观方式的分析和解读来获取。数据驱动的分析方法包括聚类、判别、回归、识别、隐变量、主因分析、时间序列。需要处理大规模的不定解问题，及必要时信息的补充问题，利用特征的相关性来发展统计学，有效地表达高维随机变量函数的联合概率分布。

目前支持大数据分析的学科或技术有遗传算法、神经网络、数据挖掘、专家识别、回归分析、聚类分析、关联分析、数据融合、机器学习、自然语言处理、情感分析、空间分析、时间序列分析及其他计量学方法。例如谷歌采用机器学习和神经网络来分析服务器群的数据，掌握大量变量之间的交互，神经网络在无显式编程下自适应学习，大大提高了服务器群的效率，能发现普通人注意不到的复杂互动关系。

随着大数据的应用从离线走向在线甚至实时，所面临的系统复杂性、数据复杂性和计算复杂性挑战更为严峻。目前虽然出现了一些较为有效的方法，如流处理模式、批处理模式以及两者的融合，但仍未有一个相对普适的实时的分析处理框架，在合理精确性的前提下实现快速的随机优化。

大数据学科的兴起与人类需求密切相关，其中的信息挖掘及知识提炼环节必须与待求解问题紧密结合，而应用环节则是大数据技术发展的动力与归宿。因此，大数据研究应该遵循问题导向、需求牵引及数据共享的原则。必须结合具体的目标问题，将采集到的低价值的大数据加工成高价值的思想或知识，大数据技术才有生命力。若没有应用企业的深度参与，若不能按照商品的规律运行，大数据技术就难以真正取得收效。此外，若没有各管理部门对数据共享的落实，大数据技术也只能是纸上谈兵。

知识作为资源，需要像物质资源那样分配及流通。为此，需要对知识产品定价，并从数据使用的视角揭示信息流与科学活动的内在规律。目前对大数据应用的关注，主要集中在电子商务与服务业这些新兴、以统计关系为主的领域，较少涉及具有较强因果关系的领域，如电力系统及能源市场等领域。

三、大数据安全

这几乎是大数据技术面临的最严峻的挑战。对于信息技术，数据可靠性和通信网络安全性有史以来就被摆在重要位置，但即使是防御技术非常先进的今天，数据专家们也一致认为大数据安全问题依然是大数据技术的软肋。数据泄露和分析结论泄露造成的结果可能是灾难性的。例如通过电力负荷数据分析可以体现住宅的空置率，如果这种数据落入不法分子手中结果可想而知。大数据安全还涉及每个人的个人隐私，无所不在的数据收集让我们几乎变成完全透明的人，如果涉及个人隐私的数据被非法利用将会把大数据的安全问题延伸到社会安全问题上来。

移动互联时代中，人们在不同场合产生各种数据足迹；大数据技术将大量行为信息聚集在一起，就很可能暴露其隐私。现在普遍的脱敏手段是隐去部分信息，比如描述个人信息：姓名王 ××，性别男，身份证号 230121××××××××0958，电话号码 186××××9977。表面上我们并没有获得这个人的全部信息，但当提供关于一个人足够多的此类脱敏信息时，大致“猜”到这个人是谁的可能性很高，这也不利于个人隐私的保护。但由于尽可能地获取信息本来就是应用大数据技术的目的，故收集隐私信息与隐私权的保护存在着矛盾。如何协调共享与隐私，需要制度与监管的保证。

美国和加拿大“8 · 14”大停电前的几个月，北美电力可靠性委员会曾警告说，随着电力业务的复杂化，越来越多的电力公司不遵循 2002 年发布的非强制性的安全导则，致使一些数据采集与监控网络被蠕虫病毒破坏。大数据安全是一项包括技术层面、管理层面、法律层面的社会系统工程，其保障体系的框架由组织管理、技术保障、基础设施、产业支撑、人才培养、环境建设组成。应该研究数据源和传输的可靠性，研究信息系统故障或受到攻击时的行为，以及信息的阻塞、淹没、丢失和出错对大能源可靠性的影响。

我国贵阳市大数据交易中心成立后的一次大数据论坛上，当贵阳市长和各位互联网企业家探讨大数据安全问题时，竟然没有人提出切实可行的保障大数据安全的做法，最终的结论是“要用大数据技术来保证大数据的安全”，这到目前为止还仅仅是个概念。可见数据安全之路，道阻且长。

四、数据的欺骗性结果

我们不能盲目地相信数据分析的结果，尤其是当数据规模还没有达到“大数据”层面的时候。即使数据体量已经达到了大数据规模，我们也只能利用其中的关联关系，不能对因果关系轻易下结论。有一个有意思的故事：腾讯大数据曾经统计过通过微信的充值功能给手机充话费的额度分布，得出的众多结论中有一条是男性用户充值额度是同时期女性用户充值额度的1.4倍，认为男用户的手机使用费用比较高。这表面上看起来并没有什么不妥。但文章下面得赞数第一的评论是：男性用户大多数时候需要为女友或老婆的手机充值。当然腾讯数据分析得到的结论不必深挖其原因，只要结论本身能服务于营销就好，但是这个类似玩笑的故事还是提醒我们，不要轻易为数据挖掘结果下有关因果关系的结论。

【案例 10-12】 橙色车拍卖。

Kaggle 是一家为所有人提供数据挖掘竞赛平台的公司，它举办了一次关于二手车的质量竞赛。二手车经销商将二手车历史数据提供给参加比赛的统计学家，统计学家们用这些数据建立一个算法系统来预测经销商拍卖的哪些车有可能出现质量问题。经过统计学家分析表明，橙色的车有质量问题的可能性只有其他车的一半。买车的人看到这个结论开始更多关注橙色车辆。

这里有两个问题。一是二手车的历史数据的规模，如果数据规模不够大，数据挖掘结论可能存在一定的偶然性；二是打算卖车的人看到这个结论会怎么办，把自己要卖的车改成橙色？

即使数据挖掘得到的结论完全没有问题，我们也不能被表面上的“成功”冲昏头脑，因为结论可能是片面的。就像奥巴马说美国2009年以来收入增长13%，这个数据当然是科学统计的结果，但他没说其实这13%都是由少数人撑起的——只有最富裕的1%的居民收入增长了，其余99%的居民收入呈现不同程度的下降。

五、大数据应用

在查阅大数据相关资料的过程中，寻找案例是个艰难的过程。当今媒体上针对大数据的文献或报道在反复强调大数据概念，相当一部分企业借大数据概念炒作品牌、夸大事实，踏踏实实分析技术和解决方案的文章凤毛麟角，真正融入你我的日常工作和生活并且实实在在利用大数据解决实际问题的案例，那是少之又少。一线互联网公司在搞大数据，风投资本在搞大数据，银行金融业在搞大数据，专家教授在谈大数据，可是大数据仍然高高在上。对于普通百姓，大数据技术真得让我们的生活变得更美好了吗？增加我们的收入了吗？改进我们的生活方式了吗？作为普通职工，我们真正感受到大数据为企业、为我们的日常工作带来的变革了吗？相信大多数人的感受还不够明显。也就是说，大数据目前还仅仅被当作企业精准营销服务的工具，对于普通百姓的“落地”之路还很漫长。我们日常生活中使用电脑、平板、手机的数据，被软硬件服务器采集加以使用，但我们却没有因为贡献大数据而让生活更智能，反而因为隐私泄露招致广告和营销电话的骚扰，这并不是大数据该有的逻辑。从这个角度来看，实实在在改善现状、解决问题的数据才是“有用的”大数据。

大数据的应用不能只是讲概念，对于大多数人来说，不管你说得有多酷炫，他们只想看到产品和案例。基于大数据开发了什么产品、解决了什么问题，这是大数据发展先进程度的直接评判。在中国，不单单是电力，金融、医疗、农业、旅游、教育、环境保护、健康等领域的大数据也处于萌芽阶段，技术空白点和市场空白点都很多。

这里列举大数据当前发展阶段种种不尽人意之处，不是否认大数据，而是对大数据期望之切，是为让读者更清楚地认识大数据发展现状，从我做起，从自己所处的行业做起，齐心协力解决问题，化解矛盾，促进大数据持续健康地发展和普及。所以，我们还需要不断劝自己沉下心来，不要被概念冲昏头脑，专注于我们擅长的细分领域，向着让大数据“飞入寻常百姓家”的方向，矢志不移地走下去。